Наталия Шур

ЗА СВОБОДОЙ.
ИЗ ЖИЗНИ ОДНОЙ РУССКОЯЗЫЧНОЙ ОБЩИНЫ В АМЕРИКЕ

НАТАЛИЯ ШУР

ЗА СВОБОДОЙ

ИЗ ЖИЗНИ ОДНОЙ
РУССКОЯЗЫЧНОЙ ОБШИНЫ
В АМЕРИКЕ

2010

Шур Наталия. За свободой. Из жизни одной русско-язычной общины в Америке. – М.: Дом еврейской книги, 2010. 504 с., ил.

То в одной стране, то в другой в биографиях известных людей вдруг обнаруживают «бабушку из Одессы», передавшую своим потомкам гены таланта и трудолюбия. У автора тоже была такая бабушка, расстрелянная фашистами...

Эта книга о людях сходной судьбы, которые преодолели себя и, покинув привычный мир, пересекли океан, чтобы с головой погрузиться в бурный поток новой жизни. В наш космический век не нужно сорока лет скитаний по пустыне, чтобы стать полезными обществу, равноправными гражданами великой страны.

Мы открываем для себя Америку: ее славную историю, потрясающую воображение природу и доброжелательный, трудолюбивый народ. Не теряя своих корней, мы учимся быть по-американски толерантными и счастливыми.

Мы – свободные люди в свободной стране.

Дизайн обложки – *Юрий Персион*
Дизайн иллюстраций – *Деонисий Набатов*

ISBN: 9785983700390　　　　　　

Приношу глубокую благодарность всем тем, кто давал мне интервью, рассказывал о своей жизни, делился своими взглядами на события, происходящие в нашей стране и в мире.

Многих из моих собеседников уже нет с нами, и пусть эта книга будет памятью о них. Их потомки должны знать, что своим однажды принятым непростым решением покинуть авторитарную страну они встали с колен, не тратя на это долгие годы. Они обрели человеческое достоинство, вывели из пустыни своих детей и внуков, чтобы они свободно жили, работали, дышали. В каждой семье есть свои первопроходцы. Честь и хвала им!

Искренне благодарю также всех, кто помог оформить и издать эту книгу – попытку с позиций здравого смысла обобщить жизнь русскоязычных людей в Чикаго и осознать, что привнесла в нашу жизнь иммиграция и что мы потеряли.

Оглавление

От автора

Идея написать книгу пришла в золотистый день индейско-бабьего лета, когда я сидела на берегу слегка заросшего озерца. Неподалеку седовласый чернокожий джентльмен в галстуке мастерски вытаскивал из воды и тут же отпускал на волю мелкую рыбешку. Ко мне подошла средних лет крепко сбитая кореянка (или мексиканка?) и, уважительно кивнув на книжку, которую я читала, поинтересовалась, откуда я, а получив ответ, раздумчиво сказала:

– Русские, не успев приехать, уже водят машину, учатся в колледже и открывают свое дело. А я живу в Америке 20 лет, а читать не научилась. И только один из моих 11 детей стал бизнесменом, – и представила маленькую сухонькую женщину в соломенной шляпе: – Это моя мама. Ей 93 года.

Тут уж присвистнула я, а они, довольные, с хитрецой улыбаясь, двинулись дальше вдоль берега, на ходу собирая только им ведомые травы.

Каждому своё? Очевидно, только так можно ужиться в этом необъятных размеров доме. Мудрость Америки, на мой взгляд, заключается в том, что она предоставила своим гражданам свободу выбора. Нет, никакой она не плавильный котел: этот вавилонский конгломерат за 2-3 поколения переплавить невозможно. И надо ли?

Этим трем поколениям, волею судьбы оказавшимся в океане новой жизни, и посвящена моя книга. Здесь нас называют «русскими» в отличие от евреев, носящих кипу или черную шляпку. Более ёмкое понятие – «русскоязычные», потому что нашу общину – евреев, составляющих большинство, русских и украинцев – объединяет русский язык, а еще больше советское прошлое, ибо даже прожив в Америке четверть века, ментально многие остаются советскими людьми.

Эмиграция дается нелегко: старшему поколению из-за сложности освоения нового языка, среднему – из-за страха потерять работу. И только нашим внукам привольно, потому что язык сам входит в них, менталитет они являют уже американский и «советские» гены, слава Богу, здесь не прорастают.

Зато в Америке расцветают таланты, которые ждали своего часа и выплеснулись будто из раскалённого вулкана, неожиданно и ярко. А наши культурные традиции, как полезные добавки в сплаве, упрочняют и облагораживают общество, вписывая свою страницу в многоцветную американскую историю.

Вместо предисловия
Как я стала журналистом

Черная речка в Санкт-Петербурге печально известна
дуэлью великого поэта земли русской А.С. Пушкина, смертельно раненного в этом гнилом месте в 1837 году. Через
сто лет, в 1937-м, неугодных людей в Северной столице
расстреливали уже сотнями и тысячами.

Однако мне, новорожденной, повезло, потому что в
ту страшную ночь, когда пришли за отцом, наша квартира была пуста – за несколько минут до «визита» раздался
телефонный звонок и незнакомый доброжелатель крикнул: «Беги! Главного взяли». За главным инженером следующим был мой отец, главный энергетик военного завода в Шлиссельбурге, под Ленинградом.

В чем были, мои родители успели уйти в разные стороны: мама со мной на руках к своей сестре на Черную
речку, отец – на вокзал, где вскочил на подножку первого
отходящего поезда и, оказавшись в Мариуполе, затерялся среди рабочих завода «Азовсталь».

Его старший брат Леонид Гинцберг был профессиональным революционером, печатал прокламации, которые мальчишкой мой отец разносил по Одессе в школьном ранце. В 1937-м Леонид работал начальником строительства Солнечногорского химкомбината под Тулой,
был арестован в московской электричке и расстрелян без
суда и следствия. Реабилитирован в 50-е. Мою бабушку,
называвшую меня *голден фейгеле* (золотая птичка), фашисты расстреляли в Одессе. Она шла впереди колонны, под-
бадривая других.

С началом войны отца, уже ведущего энергетика, назначили в группу по эвакуации завода «Азовсталь» и его восстановлению на Урале.

...Я отчетливо вижу залитый сентябрьским солнцем перрон в Мариуполе и пассажирский состав с гроздьями висящих в дверных проемах людей. Втиснуть нас с мамой в этот поезд отцу не удалось – люди сидели даже на крыше. Уехали мы значительно позже, последним товарняком с оборудованием. Наш вагон был забит технической документацией: мой матрац находился почти под потолком и ночью опустился вниз, а меня засыпало рулонами. То-то утром поднялся переполох! От бомбежек в памяти остался страх, ожидание удара – голова сама вжималась в плечи – и зарево удаляющихся пожаров.

Ехали больше месяца; высадили нас в голой степи, уже запорошенной снегом. Наскоро соорудили деревянные бараки и, пока родители строили Челябинский металлургический завод, мы, дети, запертые в тесных комнатушках, коротали время, перестукиваясь.

Помню, как тысячи отовсюду эвакуированных людей рыли котлован для будущей доменной печи. На ветру трепыхалось полотнище: «Ударим по фашистам уральской сталью!» И ударили: очень скоро с соседнего Челябинского тракторного завода на фронт пошли танки.

Мамин брат воевал; мамина сестра со своей малолетней дочкой пережила блокаду Ленинграда благодаря тому, что сдавала кровь и за это получала кусок хлеба. Когда блокаду прорвали и они приехали к нам, это и впрямь были кости да кожа, и взгляд отсутствующий. Обе рано умерли от рака.

В 50-е грянул «челябинский Чернобыль»: прорвало трубопровод, перекачивающий радиоактивные отходы, – выселяли целые деревни. Долгие годы это оставалось тайной за семью печатями, как, впрочем, и существование «атомных» городов Челябинск-40 и Кыштым или «атомных шарашек», о которых говорили шепотом. Только недавно мы начали понимать, почему очень многие из родителей наших одноклассников преждевременно скончались от разных форм рака. Почему мой отец умер от лейкемии в 60 лет.

Более 20 лет он был директором челябинского Гипромеза, спроектировавшего огромный завод, но наград у него почти не было: на разных партийных уровнях его вычеркивали из списков сначала из-за немецкого имени Фридрих, а потом из-за еврейского отчества Абрамович.

Мои родители были разных национальностей, но прожили жизнь в согласии. Моя мама, Замогильнова Татьяна Алексеевна, вышла из семьи ярославских шинников. По «ленинскому призыву» ее приняли в партию и направили учиться в МГУ на химика. По распределению направили на военный завод, где она вручную делала порох в изолированной камере, чтобы при взрыве ничего не повредить. Человеколюбиво, не правда ли? Но почему-то многие седели.

Она взяла фамилию отца, за которую, когда его уже не было в живых, ее избил подвыпивший сосед. Суд даже не принял жалобу к рассмотрению, и хулиган отделался... товарищеским судом.

Когда я училась на 2-м курсе Московского института стали и сплавов, состоялся XX-й съезд КПСС. Вместе с «самиздатом» он убедил меня, что власть в стране незаконная и преступная.

Гордость за народ я испытала в начале 90-х – тогда вся Москва вышла на улицы в едином порыве свергнуть власть ненавистной КПСС. Мы ходили на демонстрации как на праздник. Чувствовали себя гражданами великой страны. Однажды по шагающим рядам пронеслось: «Нужен валидол!», и тотчас же в обратном направлении передаваемая из рук в руки поплыла целительная упаковка. А потом город хоронил троих юношей, погибших за свободу во время путча, – русского, еврея и татарина. Это были лучшие дни солидарности народа и его не квасного патриотизма.

Эйфория закончилась быстро. Началось то, что в народе назвали «прихватизацией». Почти все сотрудники нашего научно-исследовательского института были отправлены в бессрочный отпуск, оборудование распродано, помещения сданы в аренду – Всесоюзный институт стал перевалочной базой для среднеазиатских ковров.

...Америка поразила. Удивительно, но в этой стране всё работает, всё рационально и комфортно. В воздухе витает стремление к соревновательности, совершенствованию, творчеству. На моих глазах менялось отношение моих соотечественников к жизни, работе и собственности. И мне захотелось писать об этих людях.

Быть журналистом я мечтала всегда, но даже не пыталась – слишком лживыми и трескучими были советские газеты. В Америке всё по-другому: я ездила по стране, видела свободный, созидающий и доброжелательный народ, который вызывает уважение, вдохновляет. Здесь, как весной, пахнет свободой.

Поначалу было трудно: ни Ленинки под боком, ни Интернета путёвого – тогда это была бессистемная свалка. Как-то мне поручили написать о 40-летии Московского фестиваля молодежи и студентов. Я в панике – что делать? Звоню приятелям-москвичам.

– Что-нибудь о фестивале 1957 года помните?

– Конечно. Правда, тогда я была, по выражению моего мужа, безнадежно брюхатая и меня всячески оберегали от толпы. Мы побывали на концерте в Ждановском парке, где впервые услышали песню «Ариведерчи, Рома» в исполнении четырех маленьких итальянцев. А моя подруга из Умани знала иврит и встречалась с делегацией из Израиля. Хотя «широкое» общение с иностранцами полностью контролировалось.

Так с мира да по нитки я написала статью «Первый глоток свободы», и после ее выхода в свет мне сразу позвонила «подруга из Умани», ныне живущая в Чикаго, чтобы найти давно потерянных друзей.

Осознала же себя журналистом, когда после приема у губернатора представителей этнических массмедиа мне позвонили из газеты «Чикаго трибьюн» и спросили, что я предпочитаю носить – брючный костюм или платье, а «наш» человек, обиженный какой-то моей публикацией, по привычке организовал поток писем в редакцию от «возмущенных» читателей. И ведь напечатали – плюрализм, однако.

Я полюбила эту страну и горжусь тем, что мои соотечественники, такие разные, заняли в ней достойное место.

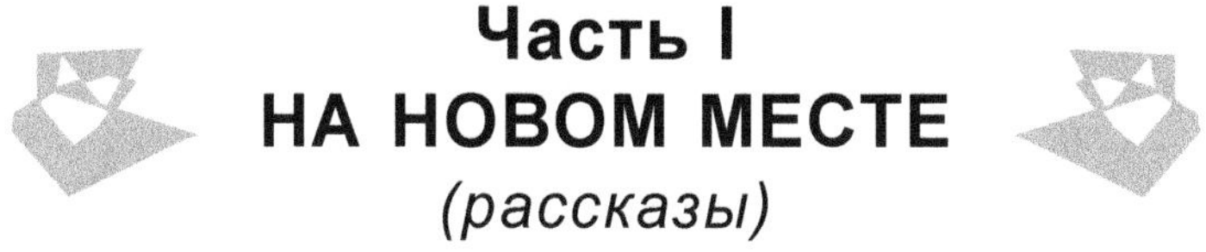

Часть I
НА НОВОМ МЕСТЕ
(рассказы)

Когда б вы знали, из какого сора
Растут стихи, не ведая стыда,
Как желтый одуванчик у забора,
Как лопухи и лебеда.

А.А. Ахматова

Глава 1-1. Программистка

Авиалайнер легко оторвался от взлетной полосы, оставив позади «Шереметьево-2», расцвеченные желто-оранжевыми пятнами подмосковные леса и скрывшийся в облаках бсспокойный человсчсский муравсйник со вссми его страстями и автомагистралями.

Так или примерно так начинаются многие повествования наших дней в отличие от прошлых: «Все счастливые семьи похожи друг на друга...» Ну разве счастливый подастся в Америку?

Пассажиры, словно освобождаясь от земного притяжения, задвигались, устраиваясь на долгий путь поудобнее.

– Боже, что я делаю! – еле слышно прошептала сидящая рядом со мной молодая женщина. Она неотрывно смотрела в иллюминатор, так что я видела лишь длинные, до плеч, русые волосы, нежный овал лица и пушистые ресницы. Пока я раздумывала, уместно ли отвлечь ее от горьких мыслей, она повернулась и, как мне показалось, затравленно посмотрела на меня своими серо-зелеными, с рыжинкой, грустными глазами.

– Познакомимся? – предложила я.

– Меня зовут Вероника, – она застенчиво улыбнулась, – было придумано, чтобы папа звал Викой, а мама Никой. Выбирайте...

Мы летели на один и тот же симпозиум в Чикаго и сразу нашли общих знакомых; вместе болтались по «беспошлинной зоне» в Шенноне и любовались заснеженной Гренландией, как бы осязая через стекло ее вечный холод. Из отрывочного рассказа Вероники проступил ее мятущийся характер, глубоко скрытый за внешней мягкостью. Тогда я не предполагала, что через несколько лет эмигрирую в Америку и мы встретимся, чтобы нанизать на одну нитку бусинки загадочной ткани под названием человеческая судьба.

...Тот злополучный день начинался как обычно, с дребезжания будильника и кухни, где надо быстренько сообразить что-то на завтрак и накормить, а потом выпроводить своих мужичков – Олега и Митьку, благо садик находился по дороге на отцовскую работу и одной обязанностью у нее становилось меньше. Затем уж и самой нырнуть в многолюдье метро...

Они поженились, еще учась в институте. Олег был весьма обходителен с женским полом и ему платили взаимностью как сокурсницы, так и в седых кудельках преподавательницы с кафедры иностранных языков. Вероника его выбрала сама, не раздумывая, признала семейным лидером. Она считала себя счастливой и как простая советская женщина после восьмичасового рабочего дня безропотно стояла в очередях, мыла-убирала, создавая вокруг мужа уют и всячески способствуя его карьере.

Свою работу она любила, без нее жизнь не мыслила. Они, четверо молодых женщин – научные кадры, расположились в небольшой комнате, где можно было, не боясь начальства, по телефону воспитывать детей и решать им задачки, а также примерить и разыграть, например, полученное по бартеру китайское плащевое пальто...

Ровно через пятнадцать минут после начала того рабочего дня раздался тихий стук в дверь и в узкую щель просунулась голова заведующего лабораторией. Убедившись, что макияж закончен, он вошел боком, отвесил общий поклон и обратился к Веронике:

– Этот пиджачок Вам оч-чень к лицу, Вероника Владимировна, Вы будете прекрасно смотреться на выставке в Сокольниках. Там американцы демонстрируют промышленные лазеры, и доклады как раз по Вашей теме – английский попрактикуете.

Отдельного кабинета у него не было и, милейший человек, он слегка побаивался своих женщин, особенно когда они собирались вместе.

– Это только командированному в Англию профессору, из бывших детдомовцев, между прочим, во время экскурсии по заводу «случайно» попадает стружка нихрома, – встряла языкатая Машка, – а лазер в сумочке не унесёшь – дырку прожжёт.

– Вперед, и мы увидим много интересного! – радостно бросила уже на ходу Вероника: она недавно поступила в заочную аспирантуру и была непрочь совместить приятное с полезным. И погода сегодня золотобагряная, и Митьку можно пораньше вызволить из детскосадовской неволи, то-то обрадуется.

Войти в выставочный павильон всё равно, что пересечь государственную границу – начинается хоть и «загнивающий», но очень привлекательный капитализм с устойчивым запахом хорошего кофе. Молодые стендисты из «Дженерал Моторс», как фокусники, тонюсеньким красным лучиком прошивали отверстия в металлических болванках и кирпичах, словно это были брикеты сливочного масла. Удивительно, но всё работало! На свои вопросы по ходу докладов Вероника получила ответы весьма уклончивые, из чего заключила, что научных грядок для возделывания на ее долю хватит, и с чувством удовлетворения заспешила по залитому солнцем Лучевому просеку к выходу в сторону собачьей площадки, где они с Митькой в числе зрителей часто наблюдали, как натаскивают собак на «диверсанта» в защитной робе. Это была уже их вотчина, их Летний сад.

Запахи осени дурманили, и ноги сами свернули в лес, в городскую оберегаемую природу, а мысли витали, «как у девушки, нежные» – у кого это в литературе были волосы цвета опавшей листвы? И вдруг – стоп кадр – и далее замедленная съемка: навстречу, похрустывая сучками, под ногами ломавшимися, и взявшись за руки, шли двое. И ее муж, которого она считала Богом дарованным, своим любовником, другом, судьей, отцом ее ребенка, наконец, смотрел на свою маленького роста спутницу таким нежным и неподдельно преданным взглядом, что у Вероники потемнело в глазах. Она медленно опустилась по стволу березы на землю, и окружающая белоствольная стража защитила ее, скрыла от уже чужих глаз. Она видела только слепяще-синее, в овчинку, небо над головой. Вот так... вот так, наверное, чувствует себя душа человека в гробу, пока на девятый день не отлетит на свободу.

Она не помнила, как вернулась домой, твердя японское заклинание от всех бед, которому под большим секретом обучила ее Машка и которое следует повторять много-много раз, когда тебе плохо: «Мне с каждым днем во всех отношениях становится всё лучше и лучше».

Очнулась на своем балконе, рассматривая с двенадцатого этажа сплюснутые фигурки движущихся внизу людей. Жалко, что она не зомби, а то бы уже лежала, как тот мотоциклист в шлеме, виденный во время путешествия по Прибалтике, распростертый на асфальте, а за ним, как хвост кометы, бледно-розовое с красным облако. Это воспоминание отрезвило своей неэстетичностью: соберется толпа любопытных, будут вздыхать и жалеть. Этого ты хочешь? «Не дождётесь, – крикнула она вниз. – Чтобы я из-за этой малявки, нимфетки набоковской, лежала там бездыханной? Не дождётесь!»

Надо сосредоточиться. Как там у японцев? Мне с каждым днем во всех отношениях...

– Алло, мам, заберешь Митьку на пару дней? Нет, мы не уезжаем, потом все расскажу; ну спасибо, ты мой верный Санчо Панса, что бы я без тебя делала!

Теперь собрать его командировочный чемодан, этому мы научились за десять лет супружеской жизни, написать ироничную записку и все выставить за дверь – и закрыться изнутри и не отвечать, не отвечать на звонки. Чтобы не видеть, не поддаться этим лживым глазам. А ведь было, было, на что не хотела обращать внимания; был звонок и вкрадчивый голос оповестил, что на конференцию в Санкт-Петербург мэтр прихватил с собой молодое дарование в образе эмансипированной дипломницы... И эти бесконечные командировки... А когда вместе были в отпуске в последний раз? Мне с каждым днем...

Самыми невыносимыми были ночи, что-то темное – и ты Брут! – заползало в дом, делало тело ватным, без желаний. Она боялась встреч с друзьями и знакомыми, отключала телефон, запирала двери. Но однажды на настойчивый звонок открыла – перед ней стоял Ромка, ее близкий друг, почти родственник, который жил этажом ниже, и родители по очереди водили их через дорогу в английскую школу и возили в усадьбу Мураново; но тютчевские строки их не трогали и они прятались в музейном камине. Несколько лет назад семья уехала в Америку; Роман удачно вложил свой настырный характер в собственное дело и даже зачастил на родину, соблазняя московское правительство экологически чистым оборудованием. Он завёлся с порога.

– Вся Москва дзотов понастроила! Что, дубовые двери перевелись и надо жить в железном сейфе? Намедни зашел в один дом передачку отдать... Открывает молодая женщина, седые волосы до пояса, спрашиваю, у вас что, и с краской для волос дефицит? Обиделась... Где твой мужик-то? Придется распить «Наполеона» на двоих – контракт подписал. Да ты какая-то постная сегодня... Как Елена Александровна? Мои старики тоже скрипят помаленьку, вот «гуманитарную помощь» передали, думают, вы здесь голодаете...

Они сидели на тесной кухоньке, как бывало; сегодня солировал Роман.

– Ты знаешь, у меня, конечно, самолета пока нет, но на жизнь не жалуюсь. А вот вашей кухни не хватает. Ты чего ревешь? Надралась, что ли?

– Рома, мне плохо...

– Ну валяй, рассказывай!

– Рассказывать нечего, все до противности банально. Я не могу находиться с ним в одном городе – он парализует мою волю. Хоть на Таймыр беги...

– Да ты что? Отнимешь у сына отца?

– Как я могу жить с ним? Меня даже не ревность убивает, а предательство.

– Ладно, не распаляйся. А если ты серьезно, могу помочь. Существует несколько сравнительно честных способов высадки на чикагский Таймыр. Твои лазеры еще поют? О'кей. Осенью будет конференция материаловедов, настучи тезисы и получишь приглашение. Программировать-то умеешь?

– В институте учили и на курсы ходила, но вообще-то я – пользователь.

– Слушай сюда. Сейчас только ленивый не идет в программисты. Есть свежий пример: один шустрый музыкант потратился, окончил курсы и чуть ли не каждый день ходил на интервью; на 51-й раз получил работу.

– Ты хочешь, чтобы я полгода голодала?

– Женщина, зри в корень: не рынок, а два пирожных сразу! У тебя почти год до отъезда, выучи пару современных языков. И при деле будешь! Кончай из себя Антигону строить.

– Слушай и ты, златоуст: я не Иван безродный, чтобы и мать, и сына бросить.

– Между прочим, когда мы уезжали, твоя мать очень даже хотела присоединиться.

– Тогда была избирательная кампания и куняевцы на площади перед метро шабаш устроили, а моя наивная мать написала заявление в милицию про разжигание национальной розни, но пришел участковый с нижайшей просьбой заявление отозвать. Его на порог не пустили, да что толку! А потом отец умер, не до отъезда было.

– С того времени, полагаю, куняевцы не исчезли. А в Америке есть фирмы, которые платят меньше, чем другие компании, но оформляют своим сотрудникам гринкарты. Сразу мишпуху вызовешь, пока новый Афганистан не начался, сын еще спасибо скажет. Так что, не дрейфь, старушка, и на твоей улице зацветут бананы.

...Всё так и было: после нескольких попыток Веронику приняли на работу. Впервые увидела *къюбиклы* – гениальное изобретение человечества: каждый компьютер со своим хозяином с трёх сторон отгорожен от общего зала невысокими перегородками, так что и воздуху хватает, и будто в отдельном кабинетике блаженствуешь – можно сладко потянуться и даже вздремнуть ненароком.

Атмосфера была приятная, интернациональная: все на равных, помогают друг другу. У нее появились две подруги, индуски. Одну, Прию, называли плантаторшей: у нее в Индии деревня осталась (и зачем ей демократия понадобилась?), а Риджите родители по звёздам мужа выбрали, и брак, представьте, оказался удачным. Конечно, им недоплачивали – не деньги, а «американская трагедия», зато в китайских ресторанах вечеринки устраивали, а по пятницам разрешали приходить на работу в джинсах и угощали горячими бубликами. Заветную зеленую карту тоже выдали исправно. Вероника подала на воссоединение семьи; сразу же и работу поменяла – к дому поближе и денег побольше.

Хозяйка новой фирмы была молода и экстравагантна. Ее правая рука, чернокожая Кэрол с походкой молодой пантеры, жила в ее доме, возила ее на роскошном «Кадиллаке», озвучивала все ее указания, однако многие решения принимала самостоятельно.

Это был островок социализма. Замучили митинги с призывами сосредоточиться и напрячься. Сотрудники делились на две соревнующиеся команды и носили разного цвета футболки с вышитой фирменной эмблемой. Последний производственный спор решился в соседнем парке перетягиванием каната. Смешно? Кэрол пришла на работу в спортивных трусах, в перчатках и первая ухватилась за середину веревки, конец которой обмотал вокруг пояса упитанный Джо. По свистку он умело упал на спину, обеспечив победу своей команде.

Грустным было то, что все части проекта разрабатывались параллельно и при попытке их соединить – рушились. Начинались ночные бдения. Когда в очередной раз у Вероники программа *скрудапнулась* и не было ни одной идеи, как ее поправить, и разболелась голова, она решила, что утро вечера мудренее. Дома не успела раздеться, как позвонила Кэрол и сказала, что завтра Вероника может не утруждать себя приходом на работу.

Увольнение перенесла тяжело. На пособии сидела несколько месяцев, обреченно наблюдая, как быстро тает шагреневая кожа ее сбережений. Для первого взноса за таунхауз мать продала свою квартиру в Москве, да и бывший подкинул на мелкие расходы: как ни крути, жильё ему оставили; на балконе уже детские колготки сушатся. Но напоминание о нем уже не задевало душу, не до ностальгии – выживать надо.

Свой «городской дом» полюбила с первого взгляда: он был расположен в зеленой деревеньке с прудом, увенчанным фонтаном, и шелестящими флажками для отпугивания гусей. Как в Обломовке, днем жизнь замирала, только в бассейне плескались неугомонные мальчишки. Мите там было хорошо, английский пошел, как по писанному, так что сразу во 2-й класс приняли. Первый урок Вероника наблюдала в дверную щелку. Учительница всех подняла и развернула лицом к стоящему в углу звездно-полосатому флагу. Дети приложили руку к груди, их губы шевелились. Это было задолго до 11-го сентября.

Наконец, нашла работу – в даунтауне, на 18-м этаже огромного небоскреба. Ее компьютер стоял у окна и, поднимая от стола глаза, она видела Мичиган. Он стал другом: зеленоватый цвет воды вдохновлял, свинцовые волны тревожили, белые барашки звали расслабиться, а солнечный голубой штиль с белоснежном парусом на горизонте манил в дальние страны.

В тот ужасный день Елена Александровна, проводив их на работу-учебу, как обычно включила телевизор. Вид дымящихся башен поверг в ужас, она бросилась к телефону. Ну что они там, вымерли? Оказалось, их сразу эвакуировали.

Очевидно, уже тогда их предприимчивый супервайзер Эйджей (придумали же называть человека по инициалам!) задумал разработать программу для экстренной эвакуации людей из небоскребов. И когда началась рецессия и в соседних фирмах программистов увольняли целыми отделами, и каждый ждал, что в любую минуту его могут вызвать и указать на дверь, у них работы было невпроворот.

Однажды, когда Веронику особенно безжалостно терзали сразу три клиента, ее вызвал Эйджей. Она похолодела и выждала несколько минут, чтобы унять дрожь в коленках.

– Ну-с, как вы? в порядке? – вальяжный Эйджей удобно развалился в своем необъятном кресле, эффектно держа паузу и прекрасно понимая, что его жертва приготовилась к худшему. – Мы поручаем вам ответственное дело. Наш клиент в Солт-Лейк сити просит перевести программу на Интернет, это займет месяц-другой, там у нас бригада работает.

От сердца отлегло, но вырвалось как-то совсем по-советски:

– У меня ребенок...

– На выходные пожалуйте домой, фирма платит. Менеджера Джимом зовут. Удачи!

... Из Чикаго улетала зимой, а попала в цветущую весну. Прямо в аэропорту взяла в рент блестяще-белую «Малибу» и осторожно повела ее мимо плакучих ив и аккуратных домиков, вдыхая аромат свежепостриженной травы.

– Упс, еще один агент КГБ? Добро пожаловать! – седовласый Джим повел ее на рабочее место, по пути указав на торчащую за перегородкой стриженную под ежик темную макушку, – а здесь обитает агент номер один, автор программы Влад. Располагайтесь. Наши требования Эшли сформулирует, сейчас ее пришлю.

Но Влад опередил – она даже не успела разложить свои нехитрые пожитки. Он вошел, спокойный и уверенный, глаза искрились улыбкой, а в голосе звучали располагающие к нему доверительные нотки.

– Разведка донесла, что высажен русский десант. Ты даже себе не представляешь, как здорово, что не китайский! Мне здесь слова сказать не с кем! Как там в Чикаго?

– Рецессия... знакомые по полгода не работают.

– Это когда сосед без работы – рецессия, а когда у тебя ее нет, это уже депрессия.

– Я панически боюсь оказаться на пособии, а то бы не оставила ребенка на бабушку.

– А я вообще виртуальный отец – общаюсь с дочерью исключительно по Интернету.

Тут им пришлось перейти на английский, потому что влетела Эшли и пространство заполнилось междометиями.

– Вау! В Чикаго модны такие жилетки? – сама она была одета в шорты и мятую футболку; ее миловидное лицо и крепко-сбитая фигура излучали энергию. – Завтра мы с Джимом приглашаем вас на ланч, а сейчас за работу!

Перевела дух Вероника только в отеле. Как напутствовала ее Эшли, полежала в джакузи, поплавала в бассейне, заказала «здоровую еду» с вином за счет фирмы и растянулась на диване в своем двухкомнатном люксе, включив безрекламный телеканал НВО, которого дома не было. Неплохой «концлагерь с усиленным питанием», не так ли?! Кто бы мог по достоинству его оценить, так это подруга Машка, как ее не хватает... Веронику по вечерам охватывало саднящее чувство одиночества, хотелось плакать.

...На ланч Влад вез всех на своей машине, потому что Эшли прикатывала на работу на велосипеде, а Джим убежденно передвигался только пешком – час туда, час обратно – как полевой командир, не расставаясь с висящим на боку планшетом. В ресторане Эшли, с аппетитом уписывая свиные ребра (если очень хочется, то можно!), не упустила случая подтрунить над простодушным добряком:

– Вэро-ныка, знаешь, почему Джим не закрывает дверь своего кабинета? Ему везде чудится *секшуал харразмент*.

– Обижаешь, Эшли, раз в день дверь закрывается на ключ, – Влад хитро прищурился.

– О *ейс*, – Эшли уже приступила к башне из мороженого, – когда он смотрит передачу про Симпсонов, никто не должен его тревожить, хоть потоп!

Джим достал из планшета инкрустированную трубку и, затянувшись, вздохнул:

– Человек грешен, ему приятно видеть, что он не последний: есть кто-то поглупей. Это очень мудрая передача, хотя скрипучий голос героини будит меня по ночам. Женщин же боюсь, не скрою.

– Есть анекдот, – Влад рассказывал с удовольствием, артистично меняя тембр голоса.

– Увидел программист лягушку и рассеянно сунул ее в карман. И говорит лягушка человеческим голосом: «Женись на мне, я сделаю тебя самым счастливым человеком!» Он отвечает: «На жену у меня нет времени, а вот говорящая лягушка – это здорово!» В другой раз увидела программистка лягушку и положила ее в сумочку в полиэтиленовом мешочке. «Выходи за меня замуж – я сделаю тебя счастливой женщиной, не пожалеешь!» – сказала лягушка из мешочка. «Я так не думаю», – возразила программистка вечером, обгладывая косточки из наваристого бульона.

– Никак, и у тебя проблемы с женщинами?! – сказала Вероника по-русски.

... Работать было приятно, никто не дышал в затылок, можно было подумать и сделать нечто изящное и эффективное. Эшли была довольна, но выставляла все новые требования. Влад заходил за Вероникой на ланч, чтобы, по его выражению, отдохнуть от тарабарского языка. С ним было легко, он всё понимал с полуслова. О себе рассказал, что бывшая жена, закончившая московскую консерваторию, играла для прихожан в церкви и ушла к немолодому местному меценату, заявив, что Влад ей как подружка, а ей надобно поклонение. Суд разрешил ему брать дочь на выходные.

– Если бы был сын, я бы поспорил, а взрослой девчонке нужна мать... И вообще, что, я буду забирать ее, как нищий, с черного хода? Дудки! Подписал контракт на выезд, на два года квартиру снял. Дочка во время Олимпиады приезжала – к теннису ее пристрастил. Сам играю в теннисной лиге, для заполнения вечеров. Хочешь попробовать?

– Спрашиваешь, когда-то увлекалась...

Влад играл классно; приятно было смотреть на его ладную фигуру, сильные, с накатом, удары. Веронике он выделил фирменную ракетку, учил, наставлял; она купалась в его внимании. Как же в этой жизни не хватало ей надежного мужского плеча, как временами хочется опереться, расслабиться...

Играли после работы, чуть ли не каждый вечер, и дни полетели незаметно и слишком уж быстро. Утром просыпалась с улыбкой – «римские каникулы» продолжались! Но домой возвращалась каждую неделю – это святое: ждал сын.

А потом город вместе со всеми кортами и цветущими клумбами не по сезону завалило снегом. Коротали вечер в ресторане под тихие переливы рояля. За окном причудливые огни подсветки вырывали из тьмы согнутые, сдавленные тяжелыми шапками снега тюльпаны. Вероника кивнула на обреченные цветы:

– Мы с тобой вот такие же подранки, но ты, видать, уже распрямился, а у меня до сих пор побитое крыло ноет.

– Время вылечит...

– Трудно! Америка не для слабых. И здесь другая крайность – чувствую себя машиной для зарабатывания денег. Работу воспринимаю как наркотик, чтобы не думать, что будет дальше. А потерять ее страшно, и это давит.

– Тебе не кажется, что ты занимаешься самоедством? – его поучения и даже насмешки не обижали: ей нравилось быть рядом с ним. – Ты лучше посмотри, какую красивую программу мы сочинили! И вообще, учись у американок радоваться жизни – никаких сантиментов. Возьми Эшли – образец независимой женщины: работа и спорт, ну еще дети. Мужа выставила: ленивый, денег не приносит и вообще лишняя обуза, но есть «партнер» – с ним на паях дом купила. И заметь, всегда с улыбкой, всегда хорошее настроение.

– Большая любительница маленьких радостей жизни... Такой надо родиться.

– А я завидую тебе – через два дня будешь дома, с сыном...

Ей вдруг захотелось крикнуть: «Люби меня, и сына я тебе рожу!», потому что в эту самую минуту она осознала, что любит его – сопротивляется, боится, но любит. Все ее существо до самых пяток наполнилось этим долгожданным чувством – «остановись мгновение, ты прекрасно», – и слова могли вспугнуть, расплескать его. Она не закричала, нет, потому что с радостью ощутила еще, что в жизнь ее снова вернулись краски, как будто черно-белый фильм неожиданно заменили цветным.

Не заметив, какую бурю он вызвал в ее душе, Влад сказал вполне прозаично: «Лети в пятницу ночным рейсом – смотаемся в горы на закат посмотреть». Он мог не сомневаться, она готова идти с ним хоть на край света.

...Горы очищали и исцеляли, как будто побывал на богомолье. Было трудно оторвать взгляд от каменных вершин, стекающих струек леса и белого безмолвия. Они были заворожены, медлили до последнего, а потом мчались по хайвэю, считая минуты до отлета. Почти на ходу Вероника пересела в свою «Малибу» и... припустили цугом. Притормозив у входа, Влад крикнул ей: «Беги прямо на посадку, машину я сдам! Жду в понедельник!» Попрощаться не успели...

Почему она не осталась? Она смотрела в темноту ночи, и ей хотелось быстрокрылой птицей вылететь из иллюминатора, чтобы вновь увидеть его, а не ждать смиренно до понедельника. Эшли бы так не поступила.

Дома получила сообщение от Эйджея: благодарю, мол, за хорошую работу, другие закончат, а твой передовой опыт уже запродан в заморские страны, готовь техдокументацию.

...В последний раз мы встретились с Вероникой в аэропорту «О`Харе» случайно: я провожала друзей в Европу, и мой взгляд выхватил ее хрупкую фигурку из длинной очереди на регистрацию. «Вот, летим в Таиланд спасать бангкокские небоскребы», – сказала она с улыбкой Мона-Лизы. Я сказала: «Всё будет хорошо!» Но что-то непрошенное блеснуло в ее ресницах. Или мне показалось?

Глава 1-2. Плывущий по течению

Семен стоял над свежезасыпанной могилой жены и не утирал слез, солеными струйками растекавшиеся по лицу. Его голова безвольно поникла на грудь, как любимые ею темно-красные розы на венках, совсем некстати стоящих теперь на этом пятачке, занимая место, которое он уже облюбовал в своих мыслях для березки и скамейки, потому что каждый день его неотвратимо тянуло сюда.

В умелых руках Семена скамейка получилась добротной, много времени не потребовала... Теперь он сидел вечерами один на этом глухом кладбище и вспоминал каждый день их совместной жизни, начиная с того самого дня, когда в их 7-ом «А» кто-то крикнул: «Новенькая!» и классный руководитель Анна Ивановна ввела за руку маленькую и тоненькую девочку по имени Вера Ванфу. У нее были черные миндалевидные глаза и брови вразлёт, а вид такой испуганный, что Семен сразу назвал ее для себя Мышонком.

Для Вовчика и Крысы, местных «хулиганов и головорезов», по выражению той же Анны Ивановны, это была сущая находка, потому что уже с неделю они были не у дел и явно скучали. До цепи их неприятностей Крыса любил принести в класс свою подопечную крысу Лариску и, прицелившись, любовно опустить ее за шиворот зазевавшегося ученика. Анна Ивановна не стала долго терпеть девчоночий визг в классе: изловчившись, она поймала это длинное породистое животное за хвост и на вытянутой руке отнесла его в живой уголок.

Месть «гангстеров» была страшной. В их небольшом городке все знали друг друга в лицо, и в классе Анна Ивановна проходила по разряду «старая дева», тем более, что она постоянно носила очки, которые все время поправляла, и наглухо застегнутое платье цвета и фасона маодзедуновского кителя. И вдруг разведка донесла, что эту скромницу сопровождал в кино некий джентльмен, при усах и бакенбардах.

Это ли не повод? И вот на уроке математики, когда измазанная мелом Анна Ивановна большим деревянным циркулем чертила на доске сопряженные окружности, Вовчик поднял руку и наивно спросил:

– Анна Ивановна, а что такое бакенбарды?

Обоих друзей отправили за родителями, и на неделю школа погрузилась в море спокойствия. И тут привели Верочку. Очевидно, из-за ее малости Вовчик сразу окрестил ее «Ван-тьфу», но Крыса взял тайм-аут, чтобы придумать что-нибудь покровожадней. И придумал. Когда через несколько дней его вызвали к доске отвечать урок по истории, почти в каждом предложении он употреблял словосочетание «татаро-монгольское иго» и при этом пристально смотрел на Веру.

Ему объясняли, что она – посланец стран восходящего солнца и вообще такая капелька не может быть игом, но он долбил, как дятел, свои глупости и на уроках литературы, и даже в кабинете биологии.

Тогда пришла очередь Семена. Он мечтал стать боксером и занимался в секции Дома пионеров, так что ему не составило большого труда в мешке для сменной обуви пронести в класс свои боксерские перчатки. После уроков он знаком попросил Крысу задержаться, закрыл дверь на стул и показал враз остолбеневшему шантажисту пару мастерских приёмов. С «игом» было покончено, но довольно скоро эти двое стали дразнить их с Верой «жених и невеста – тили-тили тесто!» Воображение-то куцое!

А причиной было то, что в их школе во вторую смену работала музыкалка, и Вера выходила на крыльцо со своей казавшейся в ее руках огромной скрипкой уже затемно. Семен к тому времени тоже освобождался, иногда хорошо побитый, и на почтительном расстоянии следовал за ней, чтобы всяким крысам было неповадно тронуть его Мышонка.

В один прекрасный день Вера остановилась, подождала, пока он подойдет поближе, и своим тихим, чуть хрипловатым из-за частых ангин голосом сказала, ломая невидимую стену школьной отчужденности:

– Пойдем, я тебе папину коллекцию покажу.

Они жили на отшибе, в поселке для научных работников, где купили зимнюю дачу в сосновом лесу, чтобы поправить девочке слабое здоровье. Ее отец был потомственным геологом, и в его кабинете светились и переливались радужными цветами уральские самоцветы, собранные в причудливые колонии.

С того самого времени стал Семен постоянным Вериным телохранителем. После школы провожал ее домой; вместе они делали уроки, а потом под звуки скрипки он погружался в мир минералов: желто-оранжевый сердолик, красная и зеленая яшма, загадочный малахит волновали его, а Вера в его мальчишеских грёзах представала не иначе, как хозяйкой Медной горы.

Были они неразлучны; постепенно все к этому привыкли и никто не удивился, что почти сразу после школы они поженились. Хотя Вера подросла и стала вполне среднего роста, для Семена она по-прежнему осталась Мышонком и Верочкой. Она потом, смеясь, рассказывала, что выросла в считанные дни, когда, просыпаясь по ночам, тихо кралась к холодильнику и съедала всё, что там было, а мама делала вид, что ничего не замечает, и к ночи запасы пополнялись.

Они уже жили отдельно в небольшой квартирке, которую Семен собственноручно отделал деревом, чтобы ей легче дышалось. Он как-то незаметно окончил институт по инженерной специальности и довольно успешно работал в одном из «почтовых ящиков», которых по их Казанской дороге было как маслят после хорошего дождя.

Главным же предметом его забот всегда была Верочка. После окончания консерватории она играла в молодежном оркестре и часто уезжала в турне. Иногда солировала. Семен знал наизусть весь ее репертуар. Она никогда не фальшивила, даже на репетициях или дома. Просто сбивалась и останавливалась, тогда он кричал из соседней комнаты: «Попробуй помедленнее!» Он гордился ею и восхищался, когда она в длинном темно-вишневом платье стояла в вытянутом световом кругу от двух юпитеров, и ее скрипка пела так нежно и печально, что хотелось плакать.

Здоровье у нее было слабое, она часто возвращалась с гастролей совсем больная, и он ее заботливо выхаживал, безнадежно упрашивая бросить работу или ограничиться уроками. Но ей нравилась атмосфера современного концертного зала и запах пыльных провинциальных кулис – без музыки она жить не могла.

Семен благословлял каждый прожитый день их счастливого десятилетия, потому что он предчувствовал беду, ходившую за ними по пятам на мягких, кошачьих лапах. Вера подхватила гонконгский или какой-то еще грипп и не смогла справиться с болезнью. Она растаяла, как облако, оставив ему лишь воспоминания о мимолетном счастье да скрипку, которую они называли «Страдивари». Своими изящными линиями она напоминала ему Верочку и, в память о жене, он повесил скрипку вместе со смычком на стену, как икону.

...На сороковой день после ее смерти, когда он как всегда сидел на своей скамейке, рядом молча опустилась Валентина, не очень близкая Верина родственница. Он встречал ее на семейных торжествах, но знал о ней мало. Жила она где-то на столичной окраине и, приезжая на электричке, смотрела на них свысока, как на провинциалов. Ее отец женился на русской женщине, что в московской корейской общине не поощрялось, и только Верин отец, чуждый предрассудкам, признавал этот брак. Валентина была похожа на свою мать; круглолицая и коренастая блондинка с большими руками и ногами, она была полной противоположностью хрупкой, темненькой Верочке. И голос у нее был высокой и дребезжащий:

– Ну, чего ты один сидишь здесь в потёмках? Сорок дней ведь... Пойдем к родителям, вот я и бутылку припасла.

– Не могу я им в глаза смотреть... Это я не уберег ее...

– Перестать ерунду городить! Ты у них один остался – идем!

... Как недавно и как давно он был здесь! По-прежнему за стеклом сиял всеми своими прозрачными гранями горный хрусталь и на крахмальной скатерти стояли изысканные блюда корейской кухни, которые он так любил:

жгуче-острая, похожая на скользких оранжевых червей морковка, проращенные бобы и молодые побеги папоротника.

Верины родители осунулись и постарели. Обнявшись, они поплакали втроем, пока Валентина хозяйничала на кухне.

После первой же рюмки все поплыло у Семена перед глазами – и что за дрянь плеснула ему Валентина?! Она же и до дома его довела: у него полный провал в памяти случился и что-то нестерпимо жгло внутри. Едва добрался до постели; но когда голова коснулась подушки, к нему, как часто бывало, во сне пришла Верочка – и он блаженно улыбнулся... Однако на этот раз ее нежный образ заслонила и разделила их нависшая над ним полная желтая луна, и незнакомый голосом прошептал: «Мой милый, забудь всё, расслабься...»

...На работу Семен опоздал, но Тарасыч, его начальник, отнесся к нарушению режима с пониманием – сороковины все-таки. Он как будто ждал Семена и сразу потащил его в свою каморку.

– Вот что, Семен, ты – человек библейский, непьющий! Я тебе покажу одну бумагу, ты ее прочти про себя с выражением, а потом изложишь свои оргвыводы.

Письмо было адресовано заведующему отделом внедрения и начиналось без обращения: «А поохотиться здесь есть где! И заяц прыгает, и лиса крадётся... Только вот снегу ноне навалило: собака нейдет – на руках ее несу. А в аптеке весь тройной одеколон уже попили, за денатурат принялись. Установку, которая "Катя", пока не запустили – мудрёная больно, техпомощь нужна. Так что подсобляйте. С приветом Николай».

– Василий Тарасович, скажите прямо: надо ехать?

– Не только, Сеня; приказом назначу тебя курировать и промышленное опробование, и серийное производство, а то с этими горе-внедренцами нам премии не видать. А у тебя и голова есть, и обе руки не левые, как у этого охотника.

Конечно, наладить выпуск их детища, «Катю», означало переселиться на завод, по крайней мере, на ближайшую пятилетку или мотаться туда-сюда каждый месяц. Да начальству виднее...

На прощание старый трудяга с оставшимся от войны шрамом через всю щеку смущенно улыбнулся одной стороной лица и сказал:

– Ты это, Сеня, того... может, там сибирячку какую присмотришь...

Он всегда приходил во Дворец культуры, когда там Вера выступала... Сеня поспешил уйти, смущенно пробормотав: «Бывайте!»

...Так даже и лучше получилось: захватила работа, а главное – ответственность; времени себя жалеть не оставалось. К охоте, к лесам тоже пристрастился: там свободнее дышалось и решения всякие технические быстрее приходили в голову. Но одышка замучила, видно, моторчик барахлить начал.

Дома бывал наездами, чтобы на основной работе не забывали; потом старикам своим надо было подсобить с садом-огородом да и за могилкой присмотреть, Верочке обо всем доложиться.

В один из таких приездов неплотно закрытая дверь вдруг распахнулась и на пороге появилось крошечное создание в розовом платьице, с гигантским бантом на голове. У нее были большие миндалевидные глаза и брови вразлет...

– Мышонок! – ахнул Семен, еще ничего не понимая. Следом вошла улыбающаяся Валентина с тяжелыми сумками в руках. Бросив всё на стол, она сказала:

– Будем отмечать день рождения. Человек родился! Твоя кровушка-то! И не смотри на нее так подозрительно – у меня с твоей мадам Баттерфляй общая прабабка. Я говорила тебе, Верочка, что твой папа скоро приедет, вот он и появился. Не бойся, подойди к нему.

Семен осторожно взял ее на руки, чувствуя, как трепещет загнанным в угол воробушком ее сердечко. Поискав глазами в своем холостяцком доме что-то подходящее для подарка, он снял с гвоздя скрипку, их «Страдивари», и протянул дочери.

...С появлением этого маленького человечка жизнь у Семена изменилась. На заводе он просиживал все вечера, чтобы поскорее закончить неотложные дела и вернуться из своего сибирского далёка домой. Валентина охотно привозила маленькую Верочку и даже надолго оставляла ее у Сениных стариков, которые души в ней не чаяли.

С Валентиной отношения складывались сложные. Он ее боялся, с ужасом вспоминая, как утром его выворачивало наизнанку от ее приворотного зелья. Когда они с Верочкой оставались у него переночевать, он запирался в своей спальне. Но девочку удочерить согласился, и они отправились на это торжественное мероприятие втроем. В загсе служительница Фемиды, строго посмотрев на Семена, изрекла:

– Прежде всего следует оформить брак. Мы это можем сделать немедленно, в порядке исключения, учитывая интересы ребенка.

Семен к такому повороту событий не был готов и беспомощно озирался по сторонам, не зная, как поступить. На помощь пришла Валентина:

– Сеня, ты же понимаешь, что это формальность, всё останется по-прежнему, не переживай. А Верочке, действительно, нужен законный отец.

Они зарегистрировались, и Семен уехал во внеочередную командировку. Его «Катя» пошла в серию, его поздравляли, но забот прибавилось.

Как-то вечером, выходя из автобуса около заводского общежития, он догнал женщину с большим чемоданом. Это была его знакомая Клавдия Васильевна, врач из заводского медпункта; он пару раз заходил к ней измерить давление, когда становилось невмоготу. Она слабо возражала, но он донес поклажу до ее дома. И чайку зашел попить.

С мороза в просторной комнате было тепло и уютно; под зеленым абажуром он оттаял, пожаловался на судьбу. У Клавдии Васильевны были добрые глаза, слушала она участливо и ответно рассказала о себе. Она настрадалась с пьющим мужем, недавно с ним развелась, вот переехала и, пока сын в армии, она совершенно свободный человек.

Семен стал приходить к ней каждый день, чтобы излить душу, как на вериной могиле. Жаль, что командировки выпадали всё реже, потому что теперь он приезжал прямо к ней.

Так и жил он, будто плыл по течению – не поймешь, то ли холостой, то ли женатый, и неизвестно, на ком именно.

С дочерью контакта не получалось: она была избалованной, с характером крутым и своенравным. Брови умудрилась как-то скруглить, глаза подкрашивала, так что очень походила теперь на свою мать, и называть ее, как прежде, Верочкой у него язык не поворачивался.

Валентина тоже изменила стратегию своего поведения, все больше заявляя свои супружеские права, в основном финансовые. Оно и понятно: Вера взрослеет, ей много чего надо. Обычно они приезжали по субботам, известив знакомых, что отправляются «на фазенду», очень уж хотелось красивой жизни, подсмотренной в мексиканских сериалах.

А потом грянул гром. В тот раз Валентина приехала одна, решительно вошла и заявила, что как-то она упросила Сениных родственников, собравшихся ехать в Америку, вписать в свой запрос о выезде и их семью, включая стариков. От него всё скрыли, пощадив до поры. Но сейчас надо действовать – пришел вызов.

– Опять без меня меня женили! Валентина, ты же знаешь, меня не выпустят.

– Ты всегда был эгоистом! Не понимаешь разве, что без тебя у нас нет прямого родства, да и вообще мы пропадём там без мужчины! И Верочке отцовская рука просто необходима. А из «ящиков» уже выпускают, надо только на лапу дать.

– Не умею я этого делать.

– Научишься! – она уже теряла терпение, в голосе зазвучал металл.

И пошел «старче» к Тарасычу: так, мол, и так, вышла старуха из-под контроля, прошу уволить по собственному желанию и замолвить словечко в соответствующем отделе, чтобы препятствий не чинили. Тарасыч склонил свою мудрую, уже седую голову – иди, мол, вози свою пиццу и ни о чем не беспокойся. Любил он Сеню. И жалел.

...В Чикаго прибыли всей «хеброй». Стариков сразу на федеральное довольствие поставили, сняли большую квартиру на всех. Сеня выгородил себе кабинетик, замаскировав свой диванчик книжными полками. Работу нашел сравнительно быстро – такого классного слесаря и токаря еще поискать надо. Потом его и менеджером над мексиканской командой поставили. Ему это очень напоминало работу на таёжном заводе: и здесь, и там ребята рукастые, надо только хорошенько объяснить, чего от них хотят, ну и заплатить, естественно, чтобы за место держались.

Постепенно осмотрелся и подивился чикагским контрастам. Летом только в объятиях кондиционера жить можно, а если открыл окно, на тебя таким влажным жаром повеет, будто в русской бане пару поддали – аж дух захватывает. С другой стороны, зимой столько снегу наметёт, что еле успеешь до работы машину из сугроба выкопать. И чтобы никто это иммигрантским потом политое место не занял, не забудь табуреточку оставить – дескать, не занимай! А гуси? Так и хочется вскинуть берданочку и пальнуть по этим жирным птицам, непуганно разгуливающим по улицам и приводящим в полную негодность окружающую зеленую среду.

Но самое удивительное – здесь вполне мирно уживались евреи, торжественно шествующие во главе многочисленного семейства в субботнюю синагогу, с пакистанцами, заполоняющими в день своего национального праздника все окрестные улицы, и с индусами, придающими району особый, доселе незнакомый Семену колорит своими магазинчиками с воздушными тканями и такими первозданными украшениями, словно перекочевали они сюда из какой-нибудь «индийской гробницы».

Вера ходила в такую многонациональную школу, но училась через пень колоду. Свою скрипку знаменитую спустила еще в Москве, все равно бы не выпустили, да и без проку она ей: «Серенького козлика» толком спеть не может. И вообще, странное дело, у молодой девчонки нет никаких устремлений, кроме телевизора, который она смотрит ночи напролет, отвлекаясь только на дискотеку.

Больше всех повезло в этой жизни Валентине. Она просто расцвела. С двумя подругами обихаживала древнюю, лет за сто, американскую леди. Работа непыльная: сиди, смотри телевизор или спи. Научилась водить машину и в конце недели с утра объезжала все гараж-сейлы, так что квартиру свою, предварительно проводив стариков в субсидированный дом, превратила в филиал краеведческого музея: картины пре-рафаэлитов в потрескавшихся рамах, вазы напольные стиля ампир, супницы из благородных домов, букетики сухие по стенам развешаны. Себя тоже не забывала: шляпки, горжетки меховые аккуратно складывались в многостворчатые шкафы – ведь страусиным пером футболку не украсишь. А в хорошем вкусе Валентине отказать нельзя.

Семен же затосковал. Ему бы по первой пороше с ружьишком в поля отправиться, да где на чикагщине найти егеря с собакой? Не по нашим деньгам. Пристрастился было с поляками по грибы ходить – опят в пору дождей можно подкараулить, но веснушчатый полицейский пригрозил большим штрафом за ущерб, причиненный заповеднику, как будто кто-нибудь из американцев на это добро позарится, так ведь и сгниёт всё на корню без пользы.

И сел он писать письмо ненаглядной Клавдии Васильевне. Дни, мол, бегут, мы не молодеем, а дочь, ради которой положил жизнь на плаху, уж совсем взрослой стала, сама на жизнь зарабатывает – дома зажиточные убирает, так что пришло время и собственную судьбу устроить. Во всей Америке никто ему так и не приглянулся, поэтому просит ее нижайше быть его Прекрасной дамой, а точнее купить путевку на какой-нибудь круиз и прибыть в любую точку Соединенных Штатов. Хорошие друзья не забываются.

Ответ не заставил себя ждать: «Уважаемый Семен Ильич! Как Вы там в своих Америках поживаете? Весь завод Вас помнит и шлет низкий поклон. Теперь мы стоим по одну сторону баррикад в единой борьбе с терроризмом и можем не скрывать наше знакомство и род деятельности на благо человека.

Честно говоря, Ваш перевод меня смутил, потому как в жизни не держала в своих руках столько зелёных сразу. Но никакой круиз мне не продали из-за того, что Ваша страна пуще всех террористов боится разведённых женщин. Так что приезжайте лучше Вы к нам, Вам сподручнее. Крепко целую, Ваша Клава».

«Любовная лодка разбилась о быт»... Семен чувствовал себя таким же потерянным, как тогда на кладбищенской скамейке. Как незаметно подкралась одинокая старость...

И единственная дочь не в утешение...

Их дружба с поляками не прошла даром, и теперь Веру не оторвешь от этой веселой и бесшабашной Марыси, влияющей на его суровую дочь прямо-таки магически. Закончив с горем пополам школу, Вера поставила на своем образовании жирную точку и тоже повеселела. Они с Марысей самостоятельно купили машину и никто не знает, куда они ездят каждый день и что делают, не говоря уже о ночах...

Как-то проходя мимо Вериной комнаты, он краем уха услышал обрывок их разговора. Марыся сказала раздумчиво:

– Семья у вас какая-то странная: каждый живет за своей ширмочкой.

– Теперь ты понимаешь, почему я хочу уйти? – горячо откликнулась Вера.

Эти слова задели Семена; впервые он посмотрел на себя со стороны – не он ли виноват в том, что не получилось семьи, что дочь так скрытна и черства с ним? Но что он может сделать, если Валентина настраивает ее, как скрипку? Не рассказывать же девочке, что ее мать – хищница?

Ради дочери он даже пытался пересилить себя и прикоснуться к Валентине, но натолкнулся на ее безразличие. И тогда он решил, что она его никогда не любила, их близость ее не интересует – она фригидна, а муж нужен, чтобы похвастаться подругам.

Когда Вера заявила, что они с Марысей сняли квартиру и от родителей она съезжает, он еще пытался образумить дочь. Сказал, что хочет дать ей образование, что у него сердце кровью обливается оттого, что она моет чужие полы. Но она, как, бывало, ее мать, ринулась в атаку.

– Ишь, какой чистенький выискался! Просто праведник! А ты спросил, хочу ли я находиться в этом доме? Да понимаешь ли ты вообще, что испортил жизнь моей матери? Тебе этого мало? Надо меня перекорёжить?! Не на ту напал! – выкрикнула она гневно и ушла, громко хлопнув дверью.

...Так нестерпимо болит спина, как будто там что-то оборвалось. Надо прилечь. Надо собраться с силами и доползти до своего диванчика за книжными полками... еще пару шагов, еще чуть-чуть... Верочка, милая, я уже иду к тебе, осталось совсем немного и мы, наконец, будем вместе...

Воя подъехавшей к подъезду скорой помощи он уже не услышал.

Глава 1-3. Из окна «бабушкиного» дома

Таких высотных домов в Америке много. Как конвойные вышки, разбросаны они по стране одиночества вместе с дюжим чернокожим охранником и обязательным журналом для регистрации посетителей.

На своем шестнадцатом этаже Ксения любила, отложив работу и заварив кофе покрепче, посидеть в час заката у окна, наблюдая, как гаснет день. Солнце еще освещает плоские крыши домов и переливается на отполированных боках машин, непрерывным потоком льющихся по ручейкам-улицам, но тени уже удлиняются, погружая город в тягучие сырые сумерки. Закрыв глаза, прокручивает она свою прошлую жизнь, эту заигранную и неповторимую пластинку.

Печкой, от которой вьются ее мысли, обычно оказывается пансионат «Звенигородский», по созвучию с соседней деревней Мозжинкой «размозживший» ее жизнь. Она видит себя, стоящей в конференц-зале перед внимательной аудиторией, слетевшейся на симпозиум. И костюмчик из темно-голубого букле сидит на ней ладно, и доклад вызвал интерес и дискуссию, а главное – мама обещала присмотреть за маленькой дочкой и теперь, после доклада, можно отдохнуть и отвлечься от повседневности.

Вечерами набивались в чей-нибудь номер, ставили на журнальный столик пару бутылок с нехитрой закуской, и начинался разговор «за жизнь». В последний вечер дружескую обедню подпортил случайно затесавшийся производственник, который долго слушал, потом осушил стакан и заговорил:

– Вот смотрю я на вас, столичных, и диву даюсь – в каком мире вы живете? Приезжайте к нам в Верхнюю Салду и тогда поймете, что все ваши нули дутые и эти заумности никогда внедрены не будут. Мужик все и всегда будет делать на коленке, потому как с утра он уже принял на грудь. И мне как технологу не до науки: единственная забота, чтобы он по пьянке под ток не угодил или станком палец не отрезал. А надысь бабы в обед в новую печь поспать залезли, так эту махину, не проверив, закрыли да на сушку поставили. Два дня в цеху жареным пахло.

– Пойдем, прогуляемся, – шепнул Ксении сидящей рядом сослуживец, Павел, с которым они вместе приехали на конференцию...

Они шли по расчищенной тропинке среди засыпанных снегом сосен. Было тихо, и поскрипывание шагов гулко катилось по лесу. Павел никак не мог отрешиться от спора:

– Почему нас врагами считают и любое техническое новшество воспринимают как посягательство на устои? Ну что за страна такая?

– «Все тонет в фарисействе»... Осенью я неделю провела в подшефном совхозе. Там кроме нас, пригнанных научных крепостных, пашут одни бабы и пара забулдыг-инвалидов. Я запустила руку в стог, так она черной стала от гниющего сена, а что зимой будет? Никому-ничего-не надо.

– Но нам-то надо, – Павел обнял ее за плечи, – смотри, как прекрасна ночь.

Они стояли на высоком берегу Москва-реки. От яркой луны и ослепительного снега было светло. Но это была их ночь, и стылый лес прикрыл их своими мохнатыми лапами. Одним движением скинув дубленку, Павел бросил ее на провалившийся снег...

Семейное положение

Ее будущий муж читал на их курсе политэкономию. В полувоенном френче вошел он в многоярусную аудиторию и представился: «Василий Иванович Игнатов, член партии, офицер запаса», прищелкнул каблуками. Ксения, сидевшая в первом ряду, как и положено «непробиваемой отличнице», прыснула в кулак, потеряв на минуту очки. И откуда такой выискался? Он нахмурился и начал лекцию, обращаясь только к ней. Тут уж развеселились подруги; к ней полетели записки с междометиями. Потом много лет это был самый веский довод в пользу ее высокомерия. Но тогда со всей пылкостью юности ждала она этих лекций и даже проводила нехитрые эксперименты, пересаживаясь с места на место и наблюдая, спрятавшись за чью-нибудь спину, что будет. Васенька, как окрестили его студентки, с порога кидал взор на ее место, а если оно пустовало, начинал нервничать, искал ее глазами, пока не вспоминал про спасительную перекличку. Так они доигрались до того, что пришлось срочно расписываться и рожать, потому что ее мама даже слышать ни о чем другом не желала.

Васенька был заботливым отцом и мужем, но страдал от того, что никто его не принимал всерьез. Ксения все силы отдавала сохранению семьи, однако в своих мечтах видела другого. Павел был легким, вальяжным, полная противоположность ее закомплексованному мужу. После той встречи в лесу надежда загорелась в ее душе, но очень скоро растаяла – стало ясно, что влюблен он... в свою карьеру и ничего в жизни менять не будет. Привыкнуть к этому было трудно, она страдала, но редкие, всегда неожиданные свидания радовали. Она даже где-то прочла, что два соединенных семейных треугольника помогают сбалансировать энергию и способствуют стабильности обоих. С годами она смирилась.

Эмиграция

Дети взрослеют быстро. Катя вымахала на полголовы выше отца, являя характер независимый и неуступчивый. От нее ушел муж, когда Вовику исполнилось два года.

В окна рвалась перестройка, улицы столицы превратились в оживленную барахолку военных времен. Научно-исследовательский институт, где работала Ксения, потихоньку стал филиалом Черкизовского рынка. Людей отправляли в бессрочные отпуска. Как-то заглянула Катя и заявила матери:

– Я уезжаю в Штаты – получила рабочую визу. Возьмешь Вову к себе? А когда я там обоснуюсь, привезешь его.

Васенька ехать отказался. Смешно, кричала Ксения, кому нужна сейчас твоя политэкономия социализма? Но он уперся: «Тебе нечего делать здесь, а мне там. Уезжай, я устроюсь». Собираясь в дальнюю дорогу, Ксения понимала, что не вернется. Пришло время вырваться из треугольников.

Новая жизнь

...И зажили они втроем в уютном американском домике. Выплачивая *моргидж,* дочь работала, не покладая рук, как могут работать только иммигранты. Ксения помогала ей во всем. Вовик рос вольнолюбивым и общительным американцем, у него даже появился друг подстать ему. Этот взрослый американский увалень с подходящим именем Боб для комфортной рыбалки поставил на лед их небольшого домашнего озера палатку, включил сильный фонарь и музыку на полную громкость, как дома. Вова мимо такого «фана» пройти не мог. А потом мама Катя пошла искать пропавшего сына. Словом, в свадебное путешествие они поехали втроем, а Ксения осталась одна в опустевшем доме.

Днем она еще что-то судорожно делала, но даже пара рыженьких оленей, вдруг появившаяся на их подтаявшей лужайке, не вызвала ее улыбки. Вечерами комок подкатывал к горлу, и сердце наливалось горячим свинцом. Одиночество заполняло ее, заливало ее комнату, она ясно видела его презрительный оскал. Надо перебираться в город, поближе к людям. Туда, где дышит и волнуется Мичиган.

Раз вышла на берег, глубоко вдыхая морозный воздух, и присела на скамейку, глядя, как под ярким солнцем ветер гоняет по синей воде огромные торосистые льдины. «Вот и окончился круг»...

Оказаться бы на той льдине, лечь на спину и смотреть-смотреть в голубое небо, слушать, как бьется прибой, сливаясь с непостижимой стихией...

– Можно приземлиться? – донесся низкий голос.

– Землитесь, – ответила она рассеяно. – А Вы что, летчик?

– Нет, я живущий на земле художник. Вот витал в облаках и принес Вам кое-что.

Она увидела внимательные глаза с чуть насмешливым прищуром, надвинутый на лоб берет, из-под которого выбивались седые пряди волос, и длинный шарф, намотанный поверх пальто. Точно. Художник. И поднесла к глазам протянутый лист. От зябкой фигурки, одинокой на фоне снежного празднества, веяло такой безысходностью, что на глаза навернулись слезы.

– Неужели так заметно? – спросила беспомощно. В этой новой жизни не принято быть слабой и не дай Бог жаловаться на судьбу. *Keep smiling!* – что означает: не переноси на других свою немощность.

– Не волнуйтесь, – заговорщицки улыбнулся незнакомец, – только у художника такой цепкий глаз. Вот, думаете, сколько чаек на той льдине? Одна? А вот и нет – у нее лапки толстоватые, значит, их двое. Чуть сдвиньтесь, видите? Когда умерла моя жена, мне тоже хотелось поплыть на спасительной льдине в открытое море. Но время лечит. У Вас что-то случилось?

Как моряк с затонувшего корабля, Ксения готова была схватиться за любой плавающий обломок в поисках твердого дна.

– Вот начинаю все с начала... На ту льдину, что больше похожа на голубоватый айсберг, сгрузила свои грехи, пусть растают под этим ласковым солнцем... Мне бы хотелось остаться здесь навеки...

– Для этого даже не надо быть волшебником. Вон тот высотный дом видите? Сверху вид замечательный. Нравится? Тогда пошли! Зовут меня Григорий Ильич, и не волнуйся, детка, тебе ничто не угрожает...

Он привел ее к чернокожей менеджерше, которая сидела перед зеленым экраном компьютера и негнущимися пальцами с длиннющими ногтями нажимала клавиши, раскладывая пасьянс. Как сторожил этого бастиона он поручился, что Ксения ни кошек, ни собак привечать не будет...

Общими усилиями придали квартирке веселенький вид, здесь уж дочка расстаралась. На день рождения она подарила матери норковую шубку, вызвав у той горькие мысли: «Откупилась; хочет заменить живое слово декорациями». Но сказала польщенно:

— Екатерина, ты с ума сошла! Куда я в ней пойду?

— В оперу; мужчины оборачиваться будут.

— А-аа, ноги отёчные спрятать... как царица Савская.

Григорий Ильич, видя, что с ней происходит, предложил попозировать ему, будто с целью экономии на натурщице. Она согласилась, а потом недоверчиво рассматривала свои портреты. И, странное дело, те самые морщинки, которые всегда вызывали у нее досаду и даже бессильный гнев, на холсте выглядели совсем нестрашно. Осмелев, она накинула на голову цветастый платок, покрыла лицо темной пудрой и заявила, что сегодня будет старой мексиканкой. Григорий Ильич, уловив что-то интересное в ее позе, взялся за кисть.

Когда этюд был готов, Ксения хотела что-то возразить, но не нашла нужных слов и, схватив чистое полотно, начала писать, вспоминая, как вычерчивала, стоя за кульманом, диаграммы; как от руки рисовала параболы и синусоиды. Краска послушно ложилась на шероховатую поверхность. Не зря она сидела натурщицей в этой маленькой мастерской, впитывая каждое движение мастера. Короткими, уверенными мазками наметила она силуэт, будто занималась этим всю жизнь.

Григорий Ильич с ревнивой улыбкой смотрел на нее, не мешал. Когда ее порыв самовыражения прошел, уступив место усталости, он, откашлявшись, сказал примирительно:

– Ксюш, давай завтра соберем интересный натюрморт и начнем все с начала. Если появилось желание писать, это надо делать не торопясь, с чувством.

– И Вы думаете, у меня получится?

– У тебя твердая рука и есть чувство пропорции. Дерзай!

Она работала до изнеможения, до чертиков в глазах, забывая об отдыхе, обо всем, только бы не вернулся тот комок в горле. Григорий Ильич усложнял задания, то поставив перед ней зеркало и предложив написать автопортрет, то, приобщая к абстрактному искусству, велел изобразить известную картину в виде геометрических фигур.

В ее гостиной появился свой массивный мольберт и скамеечка, уставленная керамическими стаканами с кистями и стопкой бумажных тарелок, будто нарочно придуманных для смешивания красок. Писала она волшебные города, в вечернем освещении рыбацкие лодки под горбатым мостиком и воду, воду во всем ее многообразии, стараясь передать игру света на поверхности. Однажды Григорий Ильич вошел, когда она трудилась над пейзажем в своих любимых желтовато-сиреневых с зеленью тонах.

– Остановись! Картина готова.

– Но у меня совершенно не прорисованы ветви...

– Я беру ее на выставку. Ищи раму, желательно попроще.

...Она еле дожила до того дня. Вернисаж был назначен в огромном зале. Весело подмигивали огни многоярусных люстр, множимые блестящим мраморным полом. Народ гудел, столпившись перед заградительной красной лентой. Кто-то говорил речь, участникам раздавали красные гвоздики.

Ее картина висела в верхнем ряду и излучала грусть. Как я раньше, до того... – подумалось. Она принимала поздравления, пробовала эти отвратительно-сладкие пирожные, ей было радостно от непривычного чувства полноты жизни и... где-то в подсознании страшно потерять это чувство. Что это – обретение себя, желание созидать или теплая волна благодарности тому, кто возродил ее из небытия? Наверное, всё вместе... Всё, что рождает в человеке творчество и приносит удовлетворение...

Ксения очнулась от воспоминаний – солнце уже спряталось за горизонт, пора ужинать. Надо постучать Григорию Ильичу, чтобы пришел, сегодня его любимые баклажаны.

Звонок в дверь не был неожиданным. Но когда он появился в белом костюме, при галстуке, с охапкой каких-то невероятных цветов и опустился перед ней на колено, она пошатнулась и, чтобы не упасть, тоже опустилась на пол.

– Наверное, я смешон и старомоден, но игра в «Пигмалиона» для меня плохо кончилась. Я потерял чувство безмерной привлекательности своей свободы.

Она уткнулась в его плечо, слезы душили. Ей захотелось рассказать, как долго, может быть, всю жизнь, она ждала этой минуты. Когда придет не принц, не капитан алых парусов, а этот нескладный, немолодой, но такой всепонимающий, такой теплый человек, что ничего не надо рассказывать. И она прошептала:

– Ты стал приходить в мои грезы с того самого дня ... с двумя чайками на льдине. А свобода... свобода нужна и для двоих.

Глава 1-4. Капитанский банкет

До недавнего времени вокруг островов гавайского архипелага ходил пароход «Независимость». Эта была старая, но вместительная и уютная посудина, которая не только давала приют на неделю, но оставляла неизгладимые воспоминания о проведенных здесь днях, полных экзотики и очарования.

Есть люди-гурманы, с упоением дегустирующие не изысканные вина, а жизнь. Им не в тягость встать пораньше, чтобы полюбоваться восходом солнца или влезть на вершину сыпучих дюн, чтобы взглянуть на открывающиеся там, за поворотом, дали. На Гавайи со всего мира съезжаются люди этого племени, чтобы приблизиться к тайне мироздания, подобравшись к кратеру уснувшего вулкана или прикоснувшись к хаотичным нагромождениям застывшей лавы, которая совсем недавно стекала по этим склонам прямо в океан, образуя страну черных песков.

Особо нетерпеливые с рассветом располагаются на верхней палубе, чтобы не пропустить торжественного момента, когда корабль приближается к очередному острову. Из утренней дымки проступают очертания гор, затем панорама сбегающих вниз белых, в тёмной зелени домиков, и ...наш ковчег мягко встраивается в шумы южного города-порта с его нарядной толпой, стройными пальмами и заманчивыми, убегающими вверх улочками.

В одно из таких торжественных прибытий в морскую гавань мы сидели на палубе, обсуждая современный пейзаж с яхтами, катерами, мачтами кораблей и проносящимися прямо над головой самолетами, поднимавшимися с соседнего аэродрома.

– Привет соотечественникам! – сказала на чистом русском языке немолодая красивая женщина с копной длинных рыжих волос, привлеченная нашим громким спором на экологические темы. Она сидела за соседним столиком вместе с седым улыбчивым джентльменом и двумя похожими девочками, видимо, близнецами.

Пароход уже пришвартовался, и все заторопились допить свой утренний кофе и занять места в экскурсионных автобусах, поэтому мы обменялись лишь восторгами по поводу благоприятной погоды и пожеланиями интересного дня. Эту моложавую, как оказалось, бабушку звали Алина и покинула она Москву более 25-ти лет назад.

Их семью я уже приметила во время приема, который традиционно устраивал капитан корабля. Молодой и загорелый, он стоял, как изваяние, в белоснежной морской форме и с гавайским венком из бледно-розовых орхидей на шее, а принаряженные – в вечерних платьях и смокингах – пассажиры выстроились в длинную очередь, чтобы сфотографироваться с ним на память. Здесь царила церемониймейстер – гавайская женщина с таким же нежным венком из орхидей на голове. Она сразу оценила, что *гранд-родители* высокого роста и усадила семью перед капитаном, как бы в его дружеские объятия. На них обращали внимание: они были хорошо сложены, спортивны и очень подходили друг другу, как олимпийская пара фигуристов. И танцевали здорово: будто заправские ковбои, отплясывали американские танцы в стиле кантри, так что я поначалу даже решила, что они работают в музыкальном салоне, вдохновляя публику своим мастерством.

Мимолетный разговор с Алиной получил неожиданное продолжение. Вечером уже в конце тура корабль должен был проплыть мимо действующего вулкана, и народ заранее расположился на боковой палубе, чтобы лицезреть захватывающее зрелище. Мы опять оказались рядом; разговор начался с общих сожалений по поводу того, что все фотографии с капитанского банкета – такая глупая случайность! – по техническим причинам не получились. Как жаль! Такая память! И тут Алина обронила фразу:

– Такой вот капитанский банкет изменил всю мою жизнь.

Я попросила ее продолжить, потому что чувствовала, что эти воспоминания приятны ей и доставят удовольствие ее мужу как дорогие семейные реликвии, которые трепетно хранят и временами реставрируют. И она, взглянув на звездное небо, начала так:

«...Вы верите в любовь с первого взгляда? Бывает? Но редко! Я с вами согласна, и моя жизнь пример тому.

Поверьте, в молодости я была хороша собой и длинконога, любила танцевать и носить мини-юбки. И замуж выскочила на 5-м курсе... Но мы быстро развелись; я окунулась в работу – участвовала во всех конкурсах в уверенности, что делаю нужное дело; и не иначе как за эту свою веру вдруг нежданно-негаданно получила путёвку в полукапиталистическую Югославию.

Как я была счастлива! Французская «Каравелла» доставила нас в Белград. Это была просто другая планета: булыжные мостовые, белые столики кафе под платанами и море машин, стоящих на улицах и тротуарах. Поразил огромный музей современного и абстрактного искусства, которое люди с интересом воспринимали и спокойно обсуждали. Они тоже были другими: раскованными, приветливыми; казалось, что они дышат другим воздухом – воздухом свободы!

Но нашу, в основном, женскую группу волновало другое. Все занялись бизнесом, обменивая по Марксу товар – водку и сигареты – на товар. Те, кто помоложе, «кремпленницы», метрами приобретали дотоле неизвестный кремплин, а женщины постарше, «королевские мохерницы», прямо в автобусе, громко считая петли, вязали шарфы, чтобы на таможне их выдать за свои и не платить пошлины.

Были и идейные. Моя соседка по номеру Нина Васильевна преподавала историю и на дух не переносила все эти капиталистические штучки, закабаляющие свободолюбивый славянский народ. Ее неистовство трибуна естественно вылилось на Бориса Резникова, известного в Москве патентоведа, неосторожно пошутившего:

– Знал бы, что братья по партии так преуспели, иконку б прихватил!

Дискуссия была жаркой, но я старалась не встревать и изучала город в одиночку, несмотря на увещевания руководителя группы Василия Петровича, уверенного, что нам лучше быть «в стаде». Наша югославская гид Зоря отнеслась к нему с подозрением:

– Вася, Вы были летчиком?

– Почему ты так решила? – встрепенулся он.

– Да у вас глаза больно голубые!

У меня была своя сверхзадача – привезти сувениры друзьям и родственникам. Больше всего заказов я получила на необыкновенную заграничную жвачку. И еще я впервые увидела пакетики с соками, которые можно потягивать через соломинку, рассматривая старинные особняки «маленького Парижа» и Белградский Монмартр, населенный бородатыми художниками и поэтами, вдохновенно читающими стихи под майским дождем.

Чтобы попасть на Адриатику, мы пересекли Черногорию с ее каньонами и водопадами. На перевале дождь сменился градом, а потом снегом, и мы с замиранием сердца считали каждый из 25-ти поворотов узкого серпантина, ведущего к морю.

По контрасту с горными красотами в гостинице возник скандал. Кому-то по ошибке выдали ключи от неприбранных комнат, и они вернулись в вестибюль разъярёнными. Нина Васильевна бичевала язвы капитализма.

На шум легкой и стремительной походкой вышел чернокудрый красавец, высокий и стройный, с жгучим пронзительным взглядом и мягкой улыбкой. Мы уже обратили внимание, что черногорцы – удивительно красивый народ, но в нем, а это был гид украинской группы Радэ, было воплощено всё тепло и страсть Адриатики. Я судорожно вспоминала, с полотна какого художника он сошел, и уже не могла оторвать от него глаз.

Пошептавшись с портье, он сказал почти без акцента по-русски, что есть свободные одноместные номера в неотапливаемом корпусе. Наши немногочисленные мужчины изъявили желание померзнуть и я тоже, понимая, что Нина Васильевна угомонится нескоро. Радэ подхватил мой чемодан и по дороге рассказал нам, что нашими соседями будут его друзья, которые в свой отпуск ремонтируют на ближайшей верфи советский корабль, а вообще они археологи и непрочь бы поработать в Союзе. Борис тут же пригласил всех к себе познакомиться и отметить наше благополучное приземление.

Гости пришли с гитарой и пели свои гортанные песни, а один из них виртуозно исполнил на губной гармошке «Калинку». Его жена была родом из Кёльна и выразительно похлопывала себя по бедру, когда её угощали шоколадными конфетами. Было весело. Все они были черногорцами и наперебой рассказывали анекдоты о себе:

— В полдень радио вещает: «Доброе утро, рабочий народ Черногории!»

— Летит Гагарин над Черногорией и показалось ему, что один житель страны все-таки работает. Решил проверить это на следующем витке, — а тот уже спит.

— Нас с русскими двести пятьдесят миллионов, но мы значительно раньше начали пользоваться кредитами и лицензиями.

Тут Борис, снисходительно наблюдавший за происходящим, не выдержал:

— А про свои долги вы забыли? Еще неизвестно, чем всё это кончится! И заметьте, у вас пять или шесть городов носят одно имя — Титовоград, Титоужице и так далее, что напоминает некий культ, несмотря на «малый капитализм».

— А я не люблю политику — сердцу там места нет. Ну вот, как понять, что ваши самолеты два дня шли над Югославией, а газеты писали, что Израиль напал первым? — это сказал Радэ, и я с новым интересом посмотрела на него, замершего, как горный тур, в темном проёме балконной двери.

Вместо ответа в комнату ворвался Василий Петрович:

— Кончайте, уже час ночи!

— Ну почему, Василий Петрович, — Борис оттеснил его в переднюю, — здесь не пионерский лагерь все-таки...

— Ночью, с западными немцами!

— Вася, здесь шестеро наших, четверо югославов и одна жена югослава.

— Не положено. Это ночная оргия; а вы забылись и потеряли бдительность.

— Вася, ты зря не расстраивайся: мы укрепляем братские связи! Сдашь нас в Москве в целости и сохранности — и махнёшь в санаторий.

Но настроение было испорчено – стыдно перед гостями: они к такому не привыкли.

...Чуть свет раздался звонок: «Доброе утро! говорит Радэ. Хочешь на море?»

Я вмиг проснулась. Скорей! Влезть в джинсы! Ну куда запропастилась тельняшка? И зачем лифт, когда быстрее бегом по лестнице?

Он сидел на решетке газона, улыбаясь какой-то детской улыбкой. Он взял меня за руку и повёл к морю дальней дорогой мимо белых вилл с черепичными крышами и деревьев, усыпанных пунцовыми апельсинами, тяжело оттягивающими ветви. Море, тихое и беззвучное, блестело на солнце. Гористые берега бухты темнели в утренней дымке. Город просыпался: в редких лавчонках снимали с окон железные решетки, на верандах кафе поднимали цветные зонтики. Сезон начинался только в июле, но уже начали красить в белое стулья и смолить лодки. Мы говорили обо всём, как будто были знакомы всю жизнь. Остановились на пирсе, сердце у меня колотилось...

– Закрой глаза, – сказал Радэ и я почувствовала на своих щеках и глазах его губы.

– У нас так не принято...

– Любить – это красиво, жизнь не остановишь. Ты увидишь, что будет у вас лет через десять! А у тебя такие красивые волосы.

И он закрыл моими волосами от посторонних глаз наш первый поцелуй...

Ближе к вечеру был праздничный обед в честь Дня Победы. В большом зале накрыли длинные столы для всех групп, на почетном месте сидели югославские партизаны и советские ветераны. Официальные речи, Вася тоже сказал суконный тост. Но вдруг оркестр заиграл «Катюшу» и все подхватили, голоса слились в едином порыве. Со сладостным и эгоистическим чувством победителей посмотрели мы на немецкую и австрийскую группы: там было много пожилых людей, которые наверняка воевали. Мы же знали о войне по рассказам, но чувствовали: мы с победителями одного племени.

Зажгли свечи, оркестр плавно перешел на песню «Наш адрес – не дом и не улица, наш адрес – Советский Союз», и немцы зааплодировали. Неловкость исчезла. А когда раздалась волнующая мелодия вальса «На сопках Манчжурии», Радэ подхватил меня и мы закружились в середине зала под гром аплодисментов и женские завистливые взгляды. А под музыку *хоро* за нами выстроился целый хвост, который пошел извиваться между столиками. В какой-то момент Радэ шепнул: «Бежим!»

У подъезда ждала машина с его приятелями, и мы поехали в гавань, где стоял белоснежный корабль, носящий имя какого-то адмирала, не Нельсона, конечно.

Капитан давал банкет в честь Дня Победы. Всё сияло чистотой и полированным деревом. Радэ во главе этой маленькой делегации от Черногории преподнес капитану огромный ключ от страны и сказал, что мы всегда будем вместе, потому что наша дружба скреплена кровью, и что до сих пор в горах есть селения, где все женщины в черном, потому что, если черногорская женщина теряет сына или брата, она всю жизнь носит черное...

А потом мы сидели на крутом утесе перед лунной дорожкой. Небо было низкое и черное, усыпанное жемчужинками звезд. Мы молчали, слова были лишними...

– Давай прыгнем, здесь нет камней.

– Идти за купальником?

– Зачем тебе купальник? Ты – такая красивая! – он сорвал с меня платье и осыпал поцелуями, шепча незнакомые слова, из которых я улавливала только упоительное *ля мур*... Любовь... она пришла так внезапно, так ослепительно... Так безнадёжно.

...Когда я поднялась на свой этаж, с моих волос еще падали капли морской воды. В холле, утонув в кресле, сидел Василий Петрович. Я боялась расплескать своё чувство и, не останавливаясь, пробормотала:

– Диверсий не обнаружено, спокойной ночи.

...На другой день мы с Радэ попрощались у моря и больше никогда не виделись... Боже мой! какое это страшное слово – никогда.

Он звонил, пытался приехать в Москву, но не удалось. А фотография с того капитанского банкета, где мы, молодые и счастливые, улыбаемся в окружении моряков, до сих пор украшает наш семейный альбом.

Конец путешествия был для меня, как в тумане. Я смотрела в окно автобуса и видела его глаза, чувствовала его руки... Помню лишь как прекрасное видение Дубровник, эту каменную сказку: посреди бирюзового моря под ослепительным солнцем стоял окруженный крепостной стеной и башнями белый город под красными крышами... Я все время думаю, неужели он разрушен войной? И где теперь мои черногорцы? Если бы что-то в этом мире зависело от меня, я бы этого не допустила...

Видя моё сомнамбулическое состояние, в Сплите Борис с приятелем позвали меня в кино:

— Клёвый фильм «Дон Жуан-1974» — такого в Союзе не увидишь!

Фильм немного отвлёк меня от грустных мыслей. Это была, наверное, лучшая роль Брижит Бордо: как страстно она моет руки молодому священнику, как соблазнителен ее танец и пластичны движения пантеры, решившей погубить недостойного.

Когда мы вышли из кинотеатра, то не сразу поняли, что происходит. В вечернем небе бушевал фейерверк, толпы людей заполонили тротуары, а по улицам разъезжали машины и автобусы, забитые кричащими и жестикулирующими мужчинами и подростками, сидящими на крыше. Оказалось, местная команда завоевала звание чемпиона Югославии по футболу, и этот карнавал будет петь и плясать всю ночь.

Движение транспорта было приостановлено и, с трудом пробиваясь через толпу, мы опоздали к назначенному времени. Василий Петрович нервничал, все были голодные и злые. Мы, конечно, извинялись, оправдывались, но реплики сразу приняли неприятную национальную окраску:

— Они всегда думают только о себе.

— А Вася уже решил, что вы в Израиль подались!

После запоздалого ужина Василий Петрович опять сидел в нашем холле и знаком указал мне на кресло рядом.

– Не считаешь ли ты, Ясногородская, что противопоставляешь себя коллективу? Уж лучше бы шарфики вязала.

– На это у меня не хватает воображения...

– И я о том же. Ночами гуляешь, пьёшь с немцами, женщин против себя восстановила... А что мне прикажешь делать? Я должен реагировать... – Вася наморщил свой лоб Сократа. – Но! Мизер перебивается девятерной... Или ты вечером придёшь ко мне в номер, или я всё, как есть, отпишу тебе на работу.

И он ушел, клацая железными подковками по мраморной лестнице. Мне больше всего хотелось запустить в него чем-то тяжелым, но я, униженная, только мстительно и довольно беспомощно крикнула вдогонку:

– А как насчет не советской, а мужской гордости?

...Обратно ехали поездом. После праздничной Югославии всё казалось убогим, как эти несвежие скатерти и грубые официантки в вагоне-ресторане. И когда я увидела доброе, в морщинках лицо встречавшего меня отца, у меня из глаз беззвучно полились слезы и я сказала, что не хочу жить в клетке и уеду из этой страны навсегда.

И мы уехали... год провели в Италии, где я исступлённо учила английский, как будто мне предстоял бой не на жизнь, а на смерть.

И действительно, Америка стала моей битвой за выживание, но не краткой и победоносной, а каждодневной и нудной. Было грустно и одиноко: мужчин для меня не существовало, женщинам я не доверяла. Работа тоже не радовала, настроение было ужасным. Чтобы не поддаться хандре и хоть как-то отвлечься от прозы жизни, купила абонемент в дансинг-клуб.

Так я встретила свой американский Дождь – познакомьтесь, фамилия моего мужа Рейн».

При этих словах мистер Рейн, который сидел чуть поодаль и играл со своими внучками в тихие игры, заулыбался и доверительно помахал мне рукой:

– Как пошиваешь? Зтра-ствуй! Спасибо!

Внучки тут же ритуально зажужжали, демонстрируя русское «ж», а Алина, выдержав паузу, продолжила:

«У моего Рейна от рака умерла жена, оставив маленького сына. Он, сам доктор, не смог помочь, но в память о ней посвятил себя таким больным. И частенько одинокими вечерами заходил в тот клуб, где они до того любили танцевать, садился в угол, и ему приносили что-нибудь холодное и крепкое.

Там мы и встретились. В тот дождливый вечер какая-то сила подхватила меня и понесла, да так, что я легко перепрыгивала через лужи и увёртывалась от порывов холодного ветра. Я вошла и не сразу справилась с зонтом и плащом, а потом вспомнила, что забыла свои танцевальные туфли, и остановилась в растерянности – не идти же за ними по дождю.

И вдруг я увидела – даже схватилась за сердце – что из тьмы зала прямо на меня идет Радэ. Он был всё таким же красивым и стройным, только виски стали седыми и усталыми глаза. И, протягивая мне танцевальные сапожки, он сказал по-английски незнакомым, низким и бархатным голосом:

– Я так долго ждал тебя.

Без слов я надела сапожки, потому что знала – они впору, и мы танцевали весь вечер, ведь мы готовились к этой встрече всю жизнь и из разных миров шли к ней, потому что были уверены – она случится.

Я родила ему еще двух сыновей. Эти близнецы – дочки младшего, а всего у нас семеро внуков. Рейн ушел на пенсию, чтобы показать мне планету, и они по очереди ездят с нами. Они такие забавные, но русский у них не идёт, я уж и рукой махнула»...

За разговорами мы чуть не пропустили быстро проплывший мимо огнедышащий вулкан с мириадами ярко-красных искр, рассыпающихся веером в ночном небе.

Не так ли и человеческая судьба – скоротечно промелькнёт в этом мире, непредсказуемая и неповторимая, успев согреть своим теплом лишь близкие по природе и духу частицы вселенной?

Глава 1-5. «Степная кобылица»

...Да, немолодой! Ну и что? Если Бог благословил и ты дышишь, любуешься красотой мира – ты живёшь. Только двигаться надо, а не ползать, как червь после дождя. И Виктор, тяжело переставляя непослушные ноги, побрёл по расцвеченной песком, как снегом, дорожке, изредка останавливаясь, чтобы перевести дыхание. Но это было потом.

А еще год назад в такой же погожий весенний день он бежал по плотному песку вдоль озера, и жизнь распахивала перед ним свои объятия. В ней появилось что-то новое, даже трудно сказать, что именно, – предвкушение некоего волшебства, что ли?

Началось всё с примитивной пиццы, развозить которую по улицам Чикаго было для него, как нож острый. В свои скитания Виктор брал фотоаппарат и снимал жанровые сценки на улицах, необычного вида людей, которые жили своей неведомой жизнью, пели и играли на экзотических музыкальных инструментах и барабанах, целовались, ели и спали тут же, на тротуаре.

Однажды он присел у живительного фонтанчика, и рядом с ним под сень платана опустился иссиня-черный детина, не выпуская из своих огромных, не то музыкальных, не то баскетбольных ручищ тележку с вещами. В это время из ресторанчика, расположенного через улицу, вышел поварёнок в белоснежной куртке, торжественно неся над головой уставленный тарелками поднос. Запах свежей зелени и душистого кофе заставил Виктора потянуться к своим бутербродам. Музыкант, как уже мысленно величал он незнакомца, чуть заметным кивком красиво посаженной головы поблагодарил мальчишку и протёр салфеткой дрожащие пальцы. Тут Виктор, мобилизовав скромные запасы английского, полюбопытствовал, по какому поводу такие почести, да еще с ножом и вилкой.

Всё оказалось по-американски просто. Талантливому пианисту, своими виртуозными импровизациями собиравшему толпы любителей джаза, для хорошей формы требовалось постоянно увеличивать дозу вдохновляющего допинга. Загремел в лечебницу; не помогла и армия, где он довольно успешно прослужил несколько лет, но в конце опять сорвался. Теперь клубы были для него закрыты, но в недолгие месяцы просветления он играл в ресторане, что напротив. Дома и семьи у него не получилось, и хозяин в благодарность за рекламу заведения учредил ему бесплатный ланч до конца дней.

В ответ на горькую исповедь Виктор тоже не стал темнить, рассказав, что был в Москве инженером, а вот теперь...

Когда он вернулся домой, то учинил своей супруге Римме скандал, упрекая в том, что она постоянно гонит его на работу, заставляя заниматься чем попало. Дети самостоятельные, чего еще надо?

Сама Римма устроилась работать в американский дом к двум умственно отсталым детям. Детский врач в прошлом, она своей сноровкой расположила к себе родителей, постепенно возвела себя в ранг домоправительницы и была очень довольна собой. Единственный, кто доставлял ей постоянное беспокойство, был собственный муж. Вот и сейчас он явился с претензией, что неудовлетворен работой и вообще жизнью.

– Ты несносный. Делай, что хочешь, только оставь меня в покое, – сказала, как отрезала, она.

В ответ он купил компьютер и поступил в американский колледж. У него началась новая жизнь – третья, если иммиграцию принять за вторую.

Приличная стипендия придавала уверенности в себе. Молодое окружение возбуждало, прибавляло силы, вызывало жгучее любопытство. Колледж ошеломил своей оснащенностью. Виктор взялся за теорию компьютера, который занимал и тревожил его воображение. Впервые получил он возможность изучать и делать то, что ему интересно. Перечитывал «Короля Лира», вдумываясь в каждую строчку и примеряя его отцовскую судьбу на себя. Тот не справился с дочерьми, а если к ним еще пару хлопчиков добавить? Курс цифровой фотографии открывал необозримые возможности, хоть кино снимай в одиночку. Тут еще объявили, что лучшие работы будут представлены на городскую фотовыставку, а призовые растиражируют в виде красочных календарей.

Виктор загорелся. Что, если попытаться передать движение – момент, когда тело отрывается от земли и устремляется в полет? На ферме он фотографировал пегих, каурых и гнедых красавцев, которые гарцевали и неслись галопом, а друг-компьютер давал возможность усадить на кобылку хоть уведённую от Рембрандта Саскию, добавив, если позволит лошадиный хребет, испанского гранда в белом жабо, не говоря уже о такой мелочи, как крылья ангелов или окровавленные плащи, в изобилии разбросанные по Интернету. Потом можно изменить краски, увеличить глаза и уши до образа монстра, из волос вырастить рога, всё слегка размыть, окутав розовым туманом, – и шедевр готов.

За этим веселым занятием Виктор явственно ощущал, что у него самого вырастают крылья и он всё может. Он жил в состоянии поиска, и предчувствие чего-то необыкновенного каждое утро несло его к озеру навстречу пробуждающемуся дню. Он был готов к чуду, и оно свершилось...

Она пробежала мимо, как вихрь, как ночное видение, когда сам он, разгоряченный после бега, присел на скамейку, подставив лицо прохладному ветерку. В его сознании остался лишь неясный силуэт да длинные светлые волосы, развевающиеся на ходу, как грива степной кобылицы. Он закрыл глаза, но видение не исчезало.

В сердце Виктора тревожными аккордами стучала судьба. Рассвет он встретил на озере, нетерпеливо сжимая в руках фотоаппарат. Она не пришла...

Куда отлетели его крылья? Где это завоёванное годами пьянящее чувство свободы? Как пылкий мальчишка, он ждал, когда она появится у воды и, бросив свой велосипед, убежит вдаль. Он не знал, кто она и на каком языке говорит, но она приходила к нему во сне, каждое мгновение она была с ним. Он пытался не думать о ней, Шекспиром смеялся над собой: «Я не так молод, чтобы полюбить женщину за ее пение, и не так стар, чтобы сходить по ней с ума без всякой причины». Наваждение не проходило.

Он подстерегал ее, чтобы сделать тот самый, тот единственный кадр. Она всегда была одна и это придавало смелости: одним прозрачным утром он вскочил на велосипед и бросился за ней вдогонку. Он ехал на некотором расстоянии, но по тому, как расправились ее плечи и какими плавными стали ее движения, он понял, что она знает о нем и ей приятно его присутствие. И он подчинился, стал ведомым в погоне за лидером, уверенно ведущим его подальше от городской суеты.

Проехав несколько тенистых улиц со старыми особняками из дерева и камня, они выскочили на извилистую тропу, бежавшую вдоль озера и, свернув с нее, оказались среди деревьев, близко подступивших к бескрайней водной глади, внезапно связавшей их судьбы. Резко затормозив, она в изнеможении опустилась на торчавший из песка камень. Потом подняла голову и с озорной улыбкой взглянула на него...

А Римма зарабатывала деньги. Для чего? Она и сама не знала. А тут ее американцы собрались во Флориду и Римму пригласили. О, для нее это было все равно, что выиграть в лотерее миллион и отправиться в кругосветное путешествие. Она даже села на протеиновую диету, накупила кучу ярких тряпок и покрасилась в рыжий цвет. А накануне отъезда не отказала себе в удовольствии позвонить живущей над подъездом соседке, которая, как французская консьержка, всегда была в центре событий.

– Марусечка, не в службу, а в дружбу – напомни моему непутевому мужу поливать цветы, – Римма сделала многозначительную паузу. – Мне по работе надо смотаться во Флориду.

Она не сказала, что за ней вышлют лимузин, просто посетовала, что придётся рано вставать.

Пожалуй, момент посадки в белый лимо был самым приятным во всем путешествии. Под завистливые взгляды соплеменников, ибо Маруся успела-таки сообщить кое-кому о предполагаемом событии, Римма впорхнула в пахнущий кожей бежевый салон. Слева телевизор, справа бар. Никогда ей не было так уютно.

Но на этом ее триумф и закончился, потому что было жарко и душно, дети капризничали и плохо спали. Ноша оказалась непомерной, а возвращение домой не столь звёздным: она устала, осунулась, а назавтра опять впрягаться в ту же лямку. И почему жизнь устроена так несправедливо? Казалось бы, лежи целыми днями на диване и смотри сериалы мыльные. Ан нет, надоедает, общения хочется, признательности, одобрения, может быть, даже легкой зависти окружающих. Тогда жизнь обретает смысл. А муж, дети, внуки – это приятные, необходимые, но вовсе не достаточные атрибуты повседневности, такие привычные, что о них забываешь и ценишь, только потеряв в одночасье.

А в дверь неумолимой судьбой постучала Маруся. Чтобы доложить, что о ее муже написала русскоязычная газета. Римму застали врасплох, она этого не любила.

– Какая выставка? О чем ты говоришь?

– Как? Ты не в курсе? – Маруся даже губы поджала от сердобольного сочувствия. – Твой муж получил приз за свои фотографии «Степная кобылица». Я сама, конечно, не видела, но, говорят, это про очень красивую молодую женщину. Да ты не расстраивайся, ведь это искусство, а не что-то. И цветы, не сомневайся, он поливал регулярно.

Дальше Римма не слушала. Быстро выпроводив доброжелательницу, она ринулась в его берлогу, куда давно не заглядывала, и среди завалов обнаружила пачку больших фотографий. Цвета нежные, приглушенные – таких она и не видела никогда. И почему она раньше не интересовалась его делами, ведь столько лет вместе, а кроме детей их почти ничто не связывает, каждый живет в одиночку?

Ишь, сколько навалял. Вот и пассия... ничего себе: ноги длинные, малость мускулистые, волосы тоже длинные, светлые... а я, дура, думала, он шатенок любит, все стараюсь потемней покраситься... И вовсе она не такая уж и молодая! Вот бежит по мокрому песку, и луч солнца запутался в ее волосах, и водяные брызги радугой рассыпаются. Вот верхом на лошади – так кто из них та самая кобылица? У обеих гривы развеваются... А это что? – Римма задохнулась.

На ложе из ярких осенних листьев, чуть прикрытая ими, непроизвольно закинув руку за голову и полузакрыв глаза, с легкой, блуждающей улыбкой лежала она... И было столько неги во всей ее фигуре, теперь округлой и зовущей, столько истомы и удовлетворения, что Римма зарыдала. Это не могла быть натурщица – такое не сыграешь. Она схватила со стола ножницы, пытаясь проткнуть неподдающуюся бумагу. Такой зарёванной, среди вороха испорченных фотографий и застал ее Виктор, вернувшийся с занятий.

– Я всегда просил об одном – не заходить в мою комнату, – вместо приветствия сухо проговорил он.

– Кобель рваный, ничтожество! – неуверенно заголосила она.

– Что ты хочешь? – его голос стал бесцветным. – Развод? Ты его получишь.

В ее планы это не входило, и она выскочила из его цитадели, чтобы спокойно обдумать всё, снежным комом свалившееся на ее слабую голову и их налаженную жизнь.

...Почему-то в иммиграции многие разводятся. Кто-то фиктивно, чтобы получить побольше; от кого-то, почувствовав вкус свободы, уходит жена, и вообще люди, обретя видимость независимости, понимают, что институт брака потихоньку изживает себя, уступая место добровольному союзу, основанному на более глубокой общности, нежели много лет назад подписанная бумага. Но пока вступить на этот тернистый путь решится не каждый, этот шаг не для слабого.

В прошлом в их семье заходила речь о разводе. У них тогда уже было двое детей, и Римма, всеми силами пытаясь удержать мужа и по-женски правильно рассудив, родила еще двойню – сына и дочку – вопреки его желанию. Вырастить и, главное, выучить такую ораву непросто, и она добровольно взвалила на себя основное бремя безденежной жизни, бесстрашно занимаясь частной практикой. Он остался ради детей, но не мог простить ей своеволия, замкнувшись в живительную скорлупу личных дел и обид. Жена стала для него чужим человеком. Но он знал, что когда-нибудь встретит свою половинку, ту из двух, на которые Бог делит любящую душу. В Америку он тоже поехал как в волшебную страну, где возможно всё, даже несбыточное.

...В следующее после роковых событий воскресенье семья собралась за столом. Обычно дети не жаловали этот ритуал, но на этот раз пришли все четверо и церемонно расцеловались с матерью. Внуки, наоборот, шумно повисли на шее у деда, а потом покорно отправились в спальню смотреть телевизор.

Виктор сидел в кресле, наблюдая. Как изменились дети за «американские» годы! Его первенец, Аркаша, который маленьким на вопрос, как его зовут, застенчиво тянул: «Каа-ша», стал бизнесменом, матёрым и безжалостным. Он мог, не дрогнув ни одним мускулом, уволить с десяток сотрудников. Но работал много. Сейчас он тоже куда-то торопился и, нетерпеливо обведя всех тяжелым взглядом, начал:

– Отец, евреи всегда почитали мать свою. Я бы не хотел быть исключением. Тем более, что мои клиенты – люди добропорядочные, и я не думаю, что им понравится, если в нашей семье начнётся раздрай.

Ему вторила старшая из дочерей. Её муж нашел хорошую работу в другом городе, и вот уж второй год он приезжает домой лишь на выходные. Злые языки говорят, что он завёл там вторую семью, однако проверить этот прискорбный факт никто не решается, и все делают вид, что ничего не происходит. Но по издёрганному, потерявшему былую привлекательность лицу дочери Виктор понимал, что она несчастна, и жалел ее, бессильный помочь.

– Я не понимаю, – сказала она раздраженно, – чего тебе не хватает? Любящая жена, уважающие тебя дети и внуки, не говоря уж о прекрасной квартире и всяких бенефитах, которые нам и не снились. Чего тебе еще надобно в твоем возрасте?

– Папочка, а не поехать ли вам с мамой в круиз, я мигом найду хороший *дил*.

Это его любимица, младшенькая, поспешив исправить бестактность сестры, ранила своим непониманием. Все были против него, даже Лёнька, второй из двойни, прирожденный ловелас с узкой черной бородкой, эффектно обрамляющей красивое лицо. Небрежно отхлебнув из бокала, он вплотную подошел к отцу и тихо сказал:

– Дэд, я восхищаюсь тобой, но, чтобы кобылиться, совсем необязательно переполошить весь этот курятник...

Ах, дети-дети, что вы знаете о своих родителях и что мы знаем о вас? И что хотим знать? Лёнька начал курить марихуану классе в восьмом, чтобы не отстать от других. А что ты, отец, сделал для него? Ты проверял отметки, старался привлечь его к спорту, да мать ворчала, что тот ест сплошной *джанк*. Вот и всё воспитание. Да, Макаренко из нас не получилось. Теперь только и остается, что молить Бога, чтобы этот любитель острых ощущений не попал в очередную автомобильную аварию да не увлекся каким-нибудь модным экстази, или как там еще.

Однако масляные глазки сына переполнили чашу его терпения. Как там у Шекспира? «Неблагодарность с сердцем из кремня, когда вселишься ты в дитя родное, морских чудовищ ты тогда страшней!» Дружище Лир, твоя взяла – хотя бы одна из твоих дочерей проявила милосердие. Он тяжело поднялся и, медленно ворочая непослушным языком, прохрипел:

– Заседание парткома окончено. Не надо устраивать комсомольскую свадьбу. Я свободный человек и свои долги оплатил сполна. Отныне у меня нет детей. Убирайтесь. Все, – и он опустился в кресло, держась рукой за левый бок...

К утру у него случился удар. Всё русскоязычное население дома, причастное к медицине, побывало у него, чтобы дать совет. Решили вызвать скорую.

...В этом году, наверное, весна ранней будет – что-то жарко с утра. И слишком громко бьется сердце. Больше трех парковых скамеек не одолеть, ведь и возвращаться надо. Теперь его жизнь ограничена этим кусочком природы. Отсюда можно часами смотреть в морскую даль, на легкий прибой и разноцветные паруса яхт...

Он проснулся оттого, что солнце нещадно накалило его голубую бейсбольную кепочку. Еще в объятиях упоительного сна он попытался удержать ощущение легкости и какой-то приятной невесомости. Но оно быстро ускользало и – того хуже – сменялось... острым чувством голода, заслоняющим другие помыслы. Интересно, что сегодня на обед? Римма, как ушла с работы, стала неплохо готовить, да-с. И тяжело вздохнув, Виктор неуклюже поднялся. Предстоял еще длинный путь домой, долгий и мучительный.

Глава 1-6. Письмо с того света

Здравствуйте, мои дорогие живущие, пьющие и непьющие, любящие и страждущие, счастливые и несчастные, коварные и простодушные, злые и добрые!

У нас здесь духовная благодать – здесь враки не проходят, потому что каждый знает правду, она зарублена в душе каждого. Здесь наши души честны и открыты. И каждый вновь прибывший спешит рассказать о своем, пока еще живы и жгут воспоминания.

Больше всего, конечно, разговоров о женщинах, которые, по всеобщему мнению, как шея, крутят мужиком. А я скажу так – женщина может испоганить жизнь каждому или, наоборот, возвысить ее. Во всяком случае в его представлении о себе самом. Примером тому моя жизнь со всей ее болью и разочарованиями. Были и светлые дни, но они так быстротечны...

Родился я до войны в Киеве, на улице Ленина. Мой папа, призванный в армию, успел посадить в товарный вагон поезда меня, маму, трех сестер и бабушку, которая умерла в дороге. Мы уехали в эвакуацию, а он остался воевать.

Папа погиб в первые месяцы войны. Выходя из окружения, он забежал домой помыться и переодеться. Дворник не мог пропустить еврея и позвал полицаев. Они убили моего папу на улице Ленина. После войны эти сволочи получили свою десятку, но загубленных ими людей уже не вернешь...

После Победы мы с мамой вернулись в Киев, но нашу квартиру уже занимал какой-то важный военный. Мама не смогла добиться ее возвращения, и мы поселились в коммунальной квартире на окраине города. Я учился в школе, мама вкалывала на заводе. После окончания топографического техникума работал в экспедиции в Казахстане; был призван в армию и служил в авиационной части, квартировавшей в Борисполе. Мне повезло: как топографа меня посылали в Киев, в штаб округа, где я готовил карты для штабных учений. Часто видел маму. Не жизнь, а малина.

На какой-то свадьбе я познакомился с Лизой-Лизонькой-Лизуньей, моей будущей женой. Она была сиротой, из многодетной семьи: отец погиб на войне, а недавно умерла мать. Красивая, очень добрая, молчаливая. Я влюбился, и все тут.

И вдруг «малина» кончилась. Во время дежурства в штабе полка я заснул, готовясь к экзаменам в институт, и схлопотал пять суток гауптвахты. Отсидел. Но поездки в город прекратились. На всеобщее счастье наш авиационный разведывательный полк расформировали, а тех, кто отслужил 2 года и 7 месяцев, просто демобилизовали. Ура! Всё! Свободен!

Предлагали поехать на стройки коммунизма, но я пошел в ученики фрезеровщика, на радиозавод. Работал по две смены. Женился. Это была моя первая, притом роковая ошибка.

Впрочем, их было много, о некоторых сожалею и теперь. После свадьбы я был пьян и в первую брачную ночь остался невинным, потому что боялся навредить своему будущему ребенку. Это была моя вторая ошибка, потому что моя Лизунья расценила это как мужскую слабость.

Когда у нас родился сын, я обошел всех друзей с этой вестью. Я был счастлив необыкновенно. К этому времени я поступил на вечернее отделение мехмата Киевского госуниверситета. Было лето. Этот день был звездой моей жизни. Впереди светило прекрасное будущее, я был молод и полон сил. Казалось, в этом мире мне нет преград!

Но моя Лизонька-Лизунья почему-то не радовалась. Домой она приходила с работы мрачной и замыкалась в себе. Случайно я увидел синяки на ее запястьях и ногах, где они начинались. На мой вопрос, что это, она ответила, что ударилась. Я не поверил, но боялся что-либо спросить, не зная, что делать дальше. Сомнения жгли мое сердце. Я очень любил свою жену, а любовь застилает разум и превращает жизнь в ад.

Позже в минуту откровения она рассказала, что тогда ее изнасиловал мастер, с которым она работала. Я отчетливо вспомнил то утро – она ушла на работу, впервые покрасив губы, – пошел к нему домой и избил мерзавца. Милиция нашла меня, но после объяснений отпустила. Коротышка с наполеоновскими амбициями, он заплатил следователю много денег, и дело закрыли за сроком давности.

Но в доме поселились мыши. Когда я переступал порог, мне казалось, что я на смрадном болоте. Моя жизнь изменилась. Недоверие терзало мою душу, я стал подозрителен к людям, видя врага чуть ли не в каждом.

Снова было лето. Я окончил первый курс университета, был доволен и горд этим. Жена получила путевку на базу отдыха. Ранним утром вместе с сыном мы отправились на пристань, там Лиза встретила своего коллегу с беременной женой, и мы взяли катер-такси, чтобы плыть вместе. Разгорался ясный июльский день, на реке дымкой стелился утренний туман. Скоростной катер, подняв нос, весело разрезал воду своим винтом, оставляя позади бурлящую пенистую волну.

Когда мы обосновались в отдельном деревянном домике, был вечер. На танцплощадке грохотали танцы. Двухлетнему сыну пора было спать, а моей жене захотелось танцевать. Я не мог отказать ей и пошел с сыном домой; усталые, мы так и уснули вместе. Когда я утром проснулся, то увидел на пыльном подоконнике след большой мужской ноги. Жена спала или делала вид, что спала. Я вышел умыться, а когда вернулся, подоконник сиял первозданной чистотой. Я был потрясен, но что-то сказать духу опять не хватило.

После завтрака она взяла толстый роман и отправилась на пляж. Мой отпуск начинался только через неделю, так что мне пришлось отбыть в смятенных чувствах. Когда я вернулся, сынок бежал мне навстречу, доверчиво распахнув загорелые ручонки, а жена по-прежнему лежала на песке и читала роман.

Постепенно наши отношения перешли в фазу молчания. Я уже ни о чем не спрашивал. Перестал покупать ей цветы, для меня она превратилась в Пандору. Коварство, хитрость и обман, перемешанный с правдой, обескураживали меня. Лизунья обладала искусством загладить мои раны и удержать меня в своих сетях, как трепещущую безвольную птичку. После каждого обмана она готовила необычный обед, словно заклинание, и считала, что все прощено, зло ушло, воздух в доме очистился.

А тут она «заболела» футболом. Какой-то дурак сказал, что она – талисман киевского «Динамо» и должна сопровождать команду на ответственные матчи. Вы когда-нибудь встречали еврейскую футбольную фанатку? Которая забывает взять ребенка из детского садика?

– И за кого ты, интересно, болеешь? За полузащитника, за вратаря? Или, может быть, за всю команду?

Тогда был первый скандал. Я открыл ее сумочку и увидел пачку, сами знаете чего. Предусмотрительная... Что по сравнению с этим какой-то шелковый платочек? Я завидовал Отелло – у меня кишка была тонка, чтобы придушить мать своих детей. А очень хотелось...

А что жена? Она моментально падает на колени, просит прощения и обещает, что это в последний раз. Я складываю чемодан и уезжаю к маме, которая, конечно, знала обо всем, но для нее главным в семье уже давно стал внук и что мы с ним «ухожены». Ведь миллионы живут так же.

Ах, мама, мама, не уберегла ты сына своего, как поется, от позднего прозрения и горьких слез в ночи. Себя же я ненавидел, потому что, слабый человек, поостыв, решил вернуться ради сына, а жена непременно, после такого урока «исправится». В знак примирения мы даже поехали на юг, а потом, убаюкав меня, она шепнула, что носит моего ребенка.

Видно, я еще любил ее. А потому порадовался рождению второго сына. Помню, с каким упоением мы, трое мужиков, благоустраивали выделенную мне заводом новую двухкомнатную квартиру, куда мы переехали из коммуналки. Но трещина в наших отношениях не зарастала, наоборот, все больше отдаляла; мы стали чужими, даже враждебными друг другу. Мне казалось, что секс ей не безразличен, однако, он не приносил ей полного удовлетворения. Она не ценила близость родного человека; ей хотелось все новых ощущений, она любила перемены; спокойная, уравновешенная жизнь не для нее. А по мне так она была как замороженная. Это неправда, что главное – любить, а быть любимым необязательно. Любовь как хрупкий сосуд, уронишь – не соберешь вовек.

В отпуск мы отправлялись уже по отдельности. С кем она ездила? По возвращении стыдливо улыбалась. Всё повторялось, и всякий раз она встречала меня с работы, ходила за мной по пятам, умаляя не уходить, и клялась, что ничего плохого никогда не было. Все это мои придумки. Я до сих пор не понимаю, как могла она все время лгать и лицемерить. Природа такая? Она часто говорила, что жить не хочется. Видимо, совесть заглядывала.

А мне снился один и тот же сон: по моему телу ползет толстая зеленоватая змея; я чувствую обжигающее прикосновение ее шершавой кожи; задыхаясь, я кричу, но не могу стряхнуть с себя это верткое, ускользающее существо, которое душит и уничтожает меня.

Чтобы кормить семью, я перевелся в заочный железнодорожный институт, закончил его, и после многолетней работы мастером меня назначили замначальника большого механосборочного цеха. Работа занимала почти все время и все мысли, домой приходил поздно. Сыновья и работа – вот и всё мое счастье.

В выходные мы с ними уходили на Днепр. Они, как котята, возились в песке, а я, закинув удочку, отрешенно глядел на мятущийся от дуновения ветерка поплавок и думал о превратностях своей судьбы, поставившей передо мной нерешаемую задачку. Я слишком хорошо знал, что такое безотцовщина. В своих детских мечтах я представлял себе, как в день Победы встречаю своего папку на усыпанном цветами вокзальном перроне, он сажает меня на плечи и мы идем на парад. Мне все видно, как с облака, я приветливо машу всем красным флажком и со своей верхотуры кричу что-то вниз другу Вольке, который пришел на демонстрацию с мамой и потому не может взлететь.

А моя мама все время плачет. Вечерами она достает из заветной шкатулки письмо на серой бумаге о том, что отец пропал без вести, и при свете керосиновой лампы в который раз перечитывает его, а я лежу под одеялом и вижу на потолке удаляющуюся фигуру отца в бликах от дрожащего желтого пламени.

Ну как, как могу я бросить своих мальчишек? Всякий раз, когда я думал об этом, перед глазами возникала живая картинка, как в разные годы я отводил их в детский садик, и каждый стоял, ухватившись за мое колено, и просил, подняв вверх зарёванное лицо и жалобно всхлипывая, не оставлять одного, забрать домой. И я отбрасывал все сомнения, как собака стряхивает с себя после купания лишние капли воды, и молил Бога дать мне силы, чтобы перенести, преодолеть всё ради этих пацанов...

А потом случилось непоправимое. Однажды ночью позвонил дежурный по заводу и сообщил, что в доверенном мне цехе погиб человек. Начальник цеха в это время был в отпуске, я его замещал. Оказалось, что рабочий без разрешения мастера остался на вторую смену, поднялся на 3-й этаж и, встав на стул, попробовал снять большую лампу, висящую между пролетами. Будучи к тому же пьяным, как показала экспертиза, он не удержал равновесия и свалился в проем. Меня обвинили в халатности, хотя на профсоюзных собраниях мы не раз «прорабатывали» его за пьянство. После беседы в прокуратуре дела на меня не завели, так как все улики указывали на то, что это было обычное воровство, отягчённое алкоголем. Зато администрация сделала из меня крайнего и лишила 13-й зарплаты. Я психанул и уволился. Решив податься в Израиль, сдал документы в ОВИР.

На мое еврейское счастье началась война с Афганистаном, выезд ограничили, а я оказался в числе отказников. Самое неприятное было то, что нас не брали на работу. Ездил в Крым собирать ромашку, работал снабженцем и, наконец, влился в рабочий класс, проработав эти 10 отказных лет фрезеровщиком.

Зато старший сын как истинный представитель нового поколения оказался предприимчивее меня. Отслужив в армии, он сдал экзамен (Тойфел называется) и получил возможность учиться в Америке. Попробовал работать, не поверите, крупье в казино. И получилось. Красивый, элегантный и невозмутимый, словно сфинкс, он заправски и с каким-то особенным шиком исполнял роль судьи в море человеческих страстей, будто родился за рулеточным столом и сразу в смокинге.

Он нас и вытащил, когда советские войска вышли из Афганистана и мы получили возможность эмигрировать, но до последнего мгновения боялись, что августовский путч снова откинет нас в неопределенность.

На первых порах было трудно: без языка я боялся проходившего мимо холодного полицейского; продавца, который не понимал меня; человека, который что-то спрашивал на улице. Со временем это прошло. Дома же я слышал одно:

– Когда ты, наконец, пойдешь работать?

Эти упреки делали мою жизнь невыносимой. Вечером я, как в молодости, учился, а днем искал работу. Первое задание запомнилось: стоя на высоте почти 6 метров, без страховки чистил крышу. Лестница дрожала.

Позже нашел знакомую мне работу на станке. Но возраст уже не тот, было тяжело и физически, и морально. Русскоязычные хозяева, купив бизнес, становились алчными и высокомерными. Количество выполненной работы было несоизмеримо с мизерной зарплатой. Об элементарной технике безопасности не было и речи.

Самым же горьким было сознание, что американская жизнь не изменила мою жену. Та же масленая улыбка, когда заскочит кто-то из приятелей, да и соседи донесли, что в мое отсутствие к нам зачастил какой-то фраер. С радостью отметил про себя, что меня это уже не волнует.

В колледже, где я изучал английский, был курс живописи, и незаметно я начал писать портреты и пейзажи. Процесс творчества захватил меня, наполняя радостью и вдохновением. Учиться было весело и интересно. Читал книги, пропадал в музеях, копировал мастеров. На выставке в колледже моя картина заняла третье призовое место. Друзья поздравляли, а один остряк заметил:

– Ты на свою картину потратил больше краски, чем Ренуар за всю свою жизнь.

Иронию я пропустил, а сравнение с великим художником окрылило. Были еще выставки. Живопись помогала жить, вселяла уверенность.

– Что ты там мажешь? – Пандора явно завидовала.

Смешно, но именно эти слова стали последней каплей в переполненном сосуде моих страданий. Я ушел, на этот раз навсегда.

Всю жизнь я искал мою женщину, с которой бы мне было легко и радостно. Бог услышал меня. Она появилась желанно. Но слишком поздно.

Она сидела за соседним мольбертом с одной кистью в зубах, а другой – с белой краской – старалась смягчить темный фон на своей картине. Освещенная косыми солнечными лучами, она светилась, как Аленький цветочек.

У меня появился путеводный огонек. В ней мне нравилось всё: детская способность смеяться и радоваться жизни, которую я давно растерял; любознательность, чувство юмора. А эта скорость, с которой она что-то делала, ну чисто электровеник! Она умела в спорах сглаживать острые углы, терпимо относиться к людям, находить радость в общении с ними. И наслаждаться каждым солнечным днем, подаренным судьбой.

С ней я почувствовал себя молодым, писал одну картину за другой. Она всегда была рядом. Конечно, мы спорили о живописи, о политике, часто не соглашаясь друг с другом, но всегда находили что-то общее. И тогда рождалась радость взаимопонимания, сближающая, прощающая. В воздухе разливалось тепло, возникала желанная близость. Незабываемое время и жгучая жажда жизни.

Как быстро оно пролетело! Как коротки были эти дни и как жаль зря потраченного времени на ненужные встречи и разочарования. А здесь так холодно...

Я греюсь воспоминаниями. Мне потребовалась целая жизнь, чтобы понять, что счастье – это всегда двое. Которые становятся единым целым, с общим на двоих порывом. Каждое мгновение мне хотелось погладить ее волосы, заглянуть в глаза, сжать руку. Как белоголовые американцы, когда они не бегают и не выгуливают собак, а тихо идут вдвоем по парковой дорожке. Мы тоже гуляли, взявшись за руки, только потом ты стала водить меня под руку, когда мое усталое сердце запросилось на покой.

Непреходящее чувство счастья всегда осознано, выстрадано. И достоин его лишь тот, кто может оценить его в настоящем, а не кусает локти потом, когда от былого счастья остались лишь исчезающие круги на воде.

Отсюда не шутят, здесь становятся мудрее. Приходит понимание, что слава, богатство, амбиции – всё проходит, всё суета. И только воспоминание о пережитой взаимной любви озаряет душу. С трепетом держи этот дар в руках своих как диковинную жар-птицу, храни его живую пульсацию в сердце своем, наслаждайся им, боготвори его, пей до конца чашу сию взахлёб или маленькими жадными глотками так, чтобы продлить это волнующее очарование. Чтобы умирая, сказать: я долго шел к нему, за верность заплатил высокую цену, но я вкусил ее, купался в ней.

Я пишу, чтобы сказать последнее прости. Аленький мой, прости меня за то, что я эгоистически скрытно, внутри себя, наслаждался своим счастьем, боясь расплескать и спугнуть его. Ты не давала обета верности, но ты была со мной до конца. Спасибо тебе. А я так редко говорил тебе о своей любви. Ты все понимала без слов, но я должен был каждый дарованный нам день встречать музыкой, звучащей во мне: «Доброе утро, Аленький! Я люблю тебя! Спасибо Господу, что ты есть!».

Теперь я обрету покой, и знай, милая, что моя душа всегда будет с тобой, над тобой, чтобы защищать тебя и любоваться тобой, только тобой.

А вам, люди, я скажу: взаимная любовь существует, ищите ее и, обретя, бережно храните и лелейте ее. Это главная работа человеческой души. Ищите и обрящете!

Вечный странник

Глава 1-7. Синие листья

– И что все в нем находят? – фыркнула в сердцах Марго. Она уверенно вела свой внедорожник, находясь в самом центре плотного потока машин, несущегося навстречу заходящему солнцу. Агент по недвижимости, Марго проводила в машине многие часы и научилась за рулем читать письма, пить кофе и подкрашивать губы, правда, не вязала, как некоторые особо рисковые американки. Чтобы не заснуть, рассуждала. – Какой-то он несуразный, будто сошел с картин Эль Греко: долговязый, хвост седеющих волос. Потому и холостяк – женщины таких не выбирают. А имя чего стоит? Гранит, не иначе. Либо папа был революционных кровей, либо мама при родах настрадалась. А машина? Ну, мальчишкой влюбился в «Бюик», но не ездить же по Америке в состоящем из прямых углов танкере?!

Ее, высокую, длинноногую, яркую и своенравную, мужчины интуитивно обходили стороной и постепенно перестали для нее существовать как объект девичьих грез и вожделений. И прилетела она в Америку с единственной целью: «родить из пробирки». Задуманное сбылось, близнята росли и наливались на славу, но она увлеклась Америкой, так и созданной для ее неугомонного характера. Она осталась; трудилась с утра до ночи – помог бум с недвижимостью, но душа была пустой и холодной. И она решилась: написала в Интернете, что ищет подругу-москвичку, с которой можно поболтать. На ответ не надеялась, но в назначенный час к подсвеченному фонтану пришла Дина-Диана, худенькая, почти девочка, с огромными карими глазами, удивленно, с живым любопытством взирающими на мир. Густые черные волосы норовили закрыть половину щекастого, с глубокими ямочками лица, и она привычным движением, как запасную папироску, отправляла их за ухо. Вместо приветствия Марго спросила:

– А где это билет насаживают на штык?

– О, это легко; я работала рядом с театром на Таганке. А вот могут ли муравьи из ладони выползать?

– Могут, у Бонюэля в кинотеатре «Иллюзион» – я жила на Радищевской.

Они обнялись – для этого Марго пришлось слегка нагнуться. Она еще не верила, что мечта ее осуществилась, но уже решила, что эту девочку она никогда-никогда от себя не отпустит.

Дина окончила филологический факультет МГУ, работала в библиотеке иностранной литературы, а теперь создает уголок русской классики в библиотеке соседнего пригорода, а ее сын вдохновенно синтезирует музыку будущего.

Марго не спросила, кто отец мальчика, а Дина не стала рассказывать, что как раз от него-то она и сбежала в Америку. По новым временам из скромного инженера тот превратился в игрока, совсем по Достоевскому. Он играл в поездах, на курортах, с друзьями; однажды взял ее с собой в очень респектабельный дом, где на стенах в золоченых рамах сияли картины прерафаэлитов, а напольные китайские вазы еще недавно были экспонатами какого-нибудь провинциального музея. За зеленого сукна ломберным столом с историческим многосвечным канделябром восседали солидные люди, на плечо одного из них склонила голову увешанная бриллиантами хозяйка. Дворецкий ходил кругами, обнося гостей напитками. Такая вот банальная картинка из провинциального романа, *дежавю* дореволюционной жизни.

Дине стало невыносимо скучно, и под предлогом, что табачный дым повредит будущему ребенку, она сбежала. Потом муж связался не иначе как с бандитами, которые приезжали в наугад выбранный город, покупали карты, а потом переезжали в другой, где по расписанию проходила игра.

Дину уговаривали смириться, ведь времена меняются: вот тот западногерманский летчик, что посадил свой самолет на Красную площадь, вызвав большой переполох в вооруженных силах, теперь профессионально играет в бридж. Но Дина слишком хорошо знала русскую литературу, и ей не хотелось, чтобы отец ее ребенка заложил последнее пальто, тем более что талантом Федора Михайловича он не обладал. И эта хрупкая девочка твердо решила уйти, убежать от постоянного чувства страха и бессонных ночей; она вернулась к родителям, развелась и опустилась на якорь в славном городе ветров.

Казалось бы, все потихоньку наладилось – все работают, сын хорошо учится, но, робкая во всем, она чувствовала себя в Чикаго как самый одинокий в мире зверек. Поэтому внезапное появление энергичной и оптимистичной Марго было той живительной родниковой водой, без которой она засыхала.

Они обсуждали по телефону все новости, вместе ходили за покупками и на детские праздники, хотя совместить интересы любознательного мальчика с причудами двух норовистых, как их мамми, девчонок-американок было непросто. А на этот раз Марго решила захватить Дину на день рождения к своей коллеге Катрин; по дороге и вспомнила про Гранита, родственника, друга московского детства и завсегдатая шумного салона Екатерины Великой, которая была большой меценаткой, собиравшей по всей чикагщине подающие надежды молодые дарования.

...Все уже толпились у стола с закусками. Катрин представила Дину.

– А это наше новое поступление. Она почитает нам что-то из русской поэзии.

Дина забилась в угол, а Марго наполнила и отнесла ей тарелку со всякой всячиной. Потом задумалась, чем бы диетическим порадовать себя, и услыхала вкрадчивое:

– Рекомендую фирменное блюдо – блины с креветками в хреновом соусе.

– А, Гранит! Выглядишь как свежеотполированный.

– Хорошо что не свежезамороженный. Ты тоже хорошеешь. Зови меня Гарри.

– В честь Трумэна или Каспарова?

– В президенты избавь, а в шахматы поигрываю. Обрати внимание – с Граней и Граммулей за-вя-зал.

Их прервала Катрин, похлопав в ладоши, и все отодвинули тарелки, чтобы вкусить от искусства. Юный скрипач виртуозно отыграл чардаш Монти; румяная певица с пирамидой Хеопса на голове спела про свою калитку. Последней читала Дина, тихо и раздумчиво.

На далекой звезде Венере
Солнце пламенней и золотистей.
На Венере, ах, на Венере
У деревьев синие листья...

Ей доброжелательно похлопали – дебют состоялся. Веселье набирало обороты, но она вышла на крыльцо и сказала выскочившей следом Марго, что подождет ее на улице.

– Так я тебя даже с Гранитом не познакомила! – рассердилась Марго.

– И не надо.

– Почему? – Марго удивилась неожиданному упрямству подруги. И та, помолчав, сказала вымученно, будто сгорая на медленном огне:

– Потому что он – мой муж.

Далее была достойная «Ревизора» немая сцена. «Неужели я ревную?» – Марго с диким хохотом, переходящим в истерику, опустилась на ступеньки...

А это была их тайна. Корни уходили во времена, когда Гранит заканчивал школу. В то лето от рака умерла его мама, библейской красоты мудрая женщина, которую он боготворил и, будучи чрезвычайно влюбчивым, всех своих подруг сравнивал только с ней и не в их пользу. Каждый разрыв заканчивался запоем, после чего он объявлял себя убежденным холостяком и друзей, имеющих сестер и кузин на выданье, просил не беспокоиться.

Когда случился Чернобыль, его лаборатория, занимающаяся вопросами дезактивации, отправила ликвидировать позор именно его, не обремененного семьей юнца. Вернулся подавленный, его мучили кошмары, а потом выяснилось, что он «схватил дозу». Последовали обследования, больница и вердикт: надо ехать в Америку.

Он даже толком не припомнит, откуда взялось это странное словосочетание – фиктивный брак. Скорее всего, это придумали замученные совестью коллеги.

В качестве парламентёра к нему в палату отправили друга Толяя, который и поведал, что нашли спонсоров, клинику в Чикаго, знакомых и родственников, которые примут и помогут. Ему надо только встретиться с молодой женщиной по имени Диана, почти оформившей выезд для своей семьи и не возражавшей стать его временной женой.

Гранит послал Толяя подальше, но тот рассказал динину историю, а потом привел и ее, в простеньком платьице, с широко распахнутыми понимающими глазами.

Возникшую к ней нежность он прикрыл грубовато-бравурным приветствием:

— Здорово, благодетельница! Что-то ты на Диану-охотницу не похожа.

— Потому «а» и пропало.

— Скажи, а на фига тебе вся эта хренопень?

— Ваши друзья просили. Мне тоже хочется, чтобы Вы поправились, а мой бывший муж отпустил моего сына. Он не верит, что я снова выхожу замуж. Одна надежда на брачное свидетельство — может, поймет, что все всерьез.

— Какие условия?

Дина покраснела, но выговорила твердо:

— Анатолий сказал, что ни в какой помощи Вы нуждаться не будете. Тогда... давайте все сохраним в тайне, — она смутилась еще больше, — ведь браки совершаются на небесах, а не так... по расчету.

— Считай, что я исчез из твоей жизни. Развод в любое время; правда, говорят, американцы подозрительны к эмигрантам, так что особо не торопись. При необходимости свистни, сделаем. Связь через дупло, то есть через Толяя. *Ариведерчи.* Спасибо...

— На том наше знакомство и оборвалось, — закончила свой рассказ Дина. Они сидели в машине перед дининым домом. Марго, вся в слезах, не выпускала руль из онемевших рук.

— Ты правильно все сделала... для сына, — пробормотала она. — А как здоровье Гранита, я ведь ни о чем не догадывалась?

— Толяй сказал, что вроде все обошлось... — В этот момент из окна ее комнаты донесся телефонный звонок и она выскочила из машины. — Ба-бай! Какой дурак звонит так поздно?! – но она уже знала кто, сердце стучало глухо, тревожно.

– Ну, здравствуй! Вот мы и встретились... как на небесах. Рванем во Флориду?

– Прямо сейчас?

– Когда ты будешь готова.

– А ты?

– Я готов давно, как только оклемался. Надеялся на случайную встречу, и только сегодня судьба сжалилась надо мной.

– Над нами. Я все время корила себя, что не принимала участия в твоих делах.

– Этого не требовалось, так легче. Знаешь, я тоже люблю Гумилёва, и эти твои стихи про меня: синие листья необычны потому, что им не хватает чего-то жизненно важного, необходимого как воздух. Как мне не хватает тебя...

Он звонил каждый вечер, в 10 часов. Спешил рассказать всё о себе. А она слушала его хрипловатый голос как сказки Шахерезады, и ей казалось, что она знает его долгие годы и все так и должно было случиться, потому что все в жизни предопределено заранее. И она благодарила судьбу за то, что оставила его в живых. Для нее – застенчивой молодой женщины, тихо мечтающей о счастье...

– Знаешь, я приехал на смену тому, кто уже отбыл срок и получил своё. На контрольно-пропускном пункте мы замеряли радиоактивность техники, которая из зараженной зоны шла по шоссе на Киев. Я был взводным. Однажды ночью майор безопасности приказал нам закамуфлировать станцию и пропускать машины без проверки на радиацию. Оказалось, что французы из МАГАТЭ с вертолета обследуют этот район, и надо создать видимость благополучия. Понимаешь? Я просто не мог этого делать. Как командир взял ответственность на себя, и мы стали отправлять зараженную технику обратно. Так просто это не прошло – кто-то настучал и с меня сняли ремень. Собирались подвергнуть суду офицерской чести, командир батальона кричал:

– Это тебе не израильская армия! Приказы надо выполнять, а не раздумывать!

Отправили на гауптвахту, но через несколько дней отпустили, когда сказал, что за границей есть родственники. Дальше ты все знаешь...

В другой раз он сказал, что все время старается забыть все эти больницы, госпитали и то гнетущее чувство безысходности, которое в их стерильных сумерках заливало его.

– Знай, это ты спасла мне жизнь своим присутствием на этой земле. Я к тебе обращался в мыслях, с тобой советовался. Сколько раз хотел ночью залезть в твое окно... Но пойми меня, я не хочу тебе портить жизнь, я такой ненадежный!

– Не говори глупостей. Ты уже испортил – я не могу заснуть без твоих рассказов на ночь: они как сказки, и страшные, и успокаивают.

Ее день все-таки наступил. Выходя после работы, она зажмурилась от солнечного света, а когда открыла глаза, то увидела его, стоящего на ветру, опираясь плечом о библиотечную колонну. Дина подошла и доверчиво потерлась лбом о его шершавый подбородок.

– Куда поедем? Не бойся, сегодня не во Флориду.

Она села в его смешной ковер-самолет, с удовольствием вытянула ноги и, закрыв глаза, почувствовала на шее его мягкие, трепещущие губы...

Он вошел в ее жизнь незаметно, вытеснив в мыслях и желаниях все остальное. Она полюбила его боевую машину, в которую можно засунуть хоть слона и, забыв о своих штурманских обязанностях, как какая-нибудь чернокожая девчонка, накручивала на лодыжку пару серебряных цепочек и, выставив в окно босые ноги, громко пела, перекрывая свист ветра:

– Гарри *из зэ бой фор ми...*

Они ездили в сосновые леса, к бурным порожистым рекам. В камнях разводили костер и молча смотрели на воду и мятущиеся языки пламени, стараясь угадать в движении стихий свою судьбу.

Флорида оставалась голубой мечтой, далекой и туманной.

Каждый месяц, как на фронт, он уходил на обследование и возвращался грустным, о результатах никогда не говорил, а она боялась спрашивать. К ней переехать отказался наотрез, и она наездами, как могла, обустраивала и прихорашивала его холостяцкую квартиру. Как ему не хотелось отпускать ее «к семье»! И он звонил, ровно в 10, когда она, удобно устроившись в подушках, ждала и часами слушала его такой родной голос.

В ту субботу они собирались отправиться куда-нибудь, чтобы полюбоваться согласно приятному обычаю на багряный листопад. И день выдался ласковый, солнечный. Мама испекла пирог, по дому разливался запах ванили и беззаботного детства. Дина натянула на себя новые облегающие джинсы и разглядывала в зеркале свою хрупкую фигурку, одновременно расчесывая непослушные волосы и складывая дорожную сумку. За сборами не заметила, что уже поздно.

Он задерживался, телефон молчал, и это было странно. Тяжелое предчувствие сдавило горло. Что делать? Сердце отрывисто стучало, глухо отдаваясь в висках. Надо успокоиться и действовать – звонить в больницы, в морги, куда-то еще... Только ноги... ноги не слушались, в глазах было темно, и дыхание перехватывало.

– Мама, папа, вы звоните, я поеду в полицию.

В просторном зале было тихо. Прерывающимся голосом Дина рассказала дежурному о своем. Тот выслушал недоверчиво, но велел сесть, а сам исчез.

Время тянулось бесконечно. Усидеть на месте Дина не могла – вернулась в машину, подставила лицо вентилятору. Скрестив пальцы, бормотала бессмысленные заклинания и просьбы к Богу пощадить его, придать сил ей, не дать пропасть им обоим. Солнце склонялось к закату. Время остановилось.

Она вздрогнула от неожиданности, когда на ее плечо мягко опустилась чернокожая рука со светлой ладошкой. Не сразу до ее сознания дошли слова этой толстой полицейской по имени Сюзен: авария... 53-я миля хайвэя... заснул. Ерунда! Не мог он заснуть! Только не это! Тогда что?

Слезы катились по ее щекам, на мгновение задерживаясь в поникших ямочках.

– Поехали на место происшествия, – Сюзен открыла ей двери полицейской машины, и они под звуки сирены понеслись по улицам города. Остановились у большого супермаркета.

– Хочешь купить цветы?

Какие цветы? Разве время для цветов? Ах да, ведь это похороны... У них все продумано. Они нарочно полдня держали ее в участке, чтобы ничего, кроме разъезжающихся полицейских машин, на месте аварии не оставалось...

Марго нашла ее дома, почти в беспамятстве повторявшей:

– Как я могла забыть, что вчера у него был тест? Он нарочно врезался в бетонную стену. Зачем он это сделал?

– Может быть, он и впрямь заснул. А может, не хотел предстать перед тобой слабым. – С Марго слетела ее обычная бравада, она просто не знала, что сказать, как помочь подруге. – Дина, почему ты не хочешь пойти на похороны? Я буду тебя поддерживать. У евреев гроб закрытый, нет ни фотографии, ни цветов. Увидишь, тебе станет легче.

Дина не отвечала, лежа лицом к стене. Ни говорить, ни двигаться, ни плакать у нее уже не было сил. Хотелось свернуться в плотный комок и выть. Протяжно и безнадежно. Сон бежал от нее.

...В маленьком зале и потом у свежевырытой могилы говорила Катрин, сослуживцы. Раввин сказал, что это событие и плохое, и хорошее. Плохое потому, что мы потеряли близкого человека, а хорошее – что он был с нами, вместе мы жили и разделяли общие устремления, радости и горести. А ведь этого могло и не быть.

– Да, могло, но случилось, – бормотала Марго. Она прислонилась к дереву, не в силах бороться со свирепым чикагским ветром. Его порывы срывали с веток желтые листья. – Ну почему так несправедливо устроен мир? Два любящих сердца, наконец, нашли друг друга, и вот...

В ответ из нахмуренных туч пробился сноп солнечных лучей – как весточка, что душа достигла зенита и принята там, наверху. И по лицу этой прагматичной женщины потекли слезы облегчения и смирения: теперь она в ответе за подругу и вернет ее к жизни, возвратит улыбку на ее круглое наивное лицо...

Дина тоже смотрела из окна на падающие листья. И думала, что они могут быть зелеными, красными, даже синими, но только желтые листья означают конец – увядание и смерть.

Ночью она не могла найти себе место, а чуть рассвело, рванула в даунтаун. Они любили этот лучший из видов: лазурное озеро и живой город с устремленными в вечность небоскребами. Сегодня в заполненных туманом пустынных улицах поселилась чума с выжившей облезлой собакой на трех ногах и ее всклокоченным хозяином, лежащим на ступеньках памятника Аврааму Линкольну. А как выглядит памятник сломанной человеческой судьбе? А несбывшейся надежде? Или творят только счастливые люди?

...Стараясь вернуть подругу в реальность, в день ее рождения Марго притащила в подарок вышитое индийское панно, изображающее древо жизни, и пришпилила его к стенке над кроватью. Дина безучастно лежала, отвернувшись, и вдруг сказала глухим голосом:

– Мой папа любит говорить, что жизнь человеческая, как детская рубашонка, – короткая и вся обделана. Я хотела купить себе место на кладбище рядом с Гарри. А меня спросили фамилию матери и, услышав «Круглова», предложили участок через дорогу.

– Диана! Какое это теперь имеет значение? Вы всегда будете вместе в помыслах своих.

Но Дина снова замкнулась в себе. Неожиданно что-то вспомнив, вскочила, заторопилась:

– Всё! Пока, Марго. Скоро 10 часов! Сейчас он позвонит. Надо решить, на какие дни заказывать авиабилеты и гостиницу во Флориде.

За окном неслышно падали желтые листья.

Глава 1-8. Он и она в краю Дымящихся гор

Это было давно. С тех пор многое изменилось, но по-прежнему курятся горы и бегут Аппалачские тропы, соединяя людей и времена.

...Лишь солнце выкатывалось из-за обрывистой скалы и рассеивался утренний туман, Она неслышными шагами сбегала к ручью. В том месте, где он водопадом спускался с похожей на трубящего боевого слона скалы, образовалась глубокая чаша зеленоватой воды, вокруг которой в иное полнолуние, когда не удавалась охота и серым воющим волком подступал голод, собиралась вся деревня для святых омовений. Шаман, стоя на вершине поднятого хобота, бил в бубен; толпа размахивала тростниковыми стрелами.

В другое время здесь было тихо и тенисто, и только Она гонялась за форелью или, погружаясь в воду, представляла, как злые духи ночных кошмаров покидают ее ладное загорелое тело, длинные черные волосы и крепко посаженную голову, сразу наполняющуюся таинственными шорохами природы, пением птиц и проснувшимся солнцем.

Она облюбовала эту незаметную пещеру, где устроила весёлый очаг, повесила оленьи шкуры и высохшую кабанью ногу с копытцем для отпугивания всякой нечисти. Она редко спускалась в деревню; последний раз это было, когда вдруг затряслись горы и градом посыпались тяжелые камни. Не помня себя, бросилась Она в долину и много дней, дрожа, лежала на коленях своей неопределённого возраста матери, как одеялом, обёрнутой клубами табачного дыма.

Ночные кошмары не отпускали, и Она увела из деревни большую лохматую собаку, которая стала для нее другом, защитником и собеседником.

В ее жизнь Он вошел незаметно. После очередной деревенской сходки у водопада, когда шаман просил богов остановить засуху, Он с факелом и каменным трезубцем в руках пытался поохотиться, но был слишком неуклюж и нетерпелив. Издалека наблюдая за незнакомцем, Она посмеялась и забыла про него. Но несколько следующих утренних купаний не приносили былого облегчения – все время казалось, что за ней кто-то молча наблюдает. И Она крикнула, обращаясь к ослепительно белому, как свежевыпавший снег, и мощному, как молодой бизон, водопаду:

– Я в чем-то провинилась? Я должна принести жертву? Говори!

И тогда из своего укрытия вышел этот увалень и сказал добродушно:

– Не бойся, уж больно красиво ты ловишь форель, я только хотел подсмотреть, как это у тебя получается.

Это был тот самый миг, когда Он вот так просто, даже небрежно зацепил и навсегда унес с собой ее трепещущее сердце.

– Форель слишком вёрткая для тебя: пока ты заносишь руку для удара, она, вильнув хвостом, уплывает. С твоей силищей лучше на кабанов охотиться.

– Женщина, ты не понимаешь, что говоришь! Я не уйду отсюда, пока не набью столько рыбы, сколько смогу унести.

Было досадно, что нечесаный, в одной набедренной повязке и плетёных сандалиях чужак безнаказно вторгся в ее владения. Под бронзовой кожей как защита от холода играли мышцы, но не было резвости, присущей ее племени. В его облике сквозила сила, даже что-то неуловимо буйволиное, постановка головы чуть вперед, что ли. Наверное, Он пришел снизу, где люди распахивают землю. Не оборачиваясь, Он вошел в воду и замер с поднятой для удара рукой.

...Он приходил всегда неожиданно. Приносил освежеванную тушу, которой хватало им надолго; отсыпался в тепле; играл с сыновьями, приобщая их к будущим схваткам. Она расцветала, тихо напевая у огня. Она не замечала его грубости, его вспыльчивости и неумения приспособиться зимой к холоду, а летом к мошкаре. Она была рада, что Он есть, что в своей непутевой жизни вспоминал о ней и ее детях и проводил в ее пещере какое-то время, зализывая раны и укрепляя дух для предстоящих странствий, которые были его сутью, в его крови. Как бы ей хотелось отправиться с ним по тропе, что петляет по самому острию хребта, увидеть, куда закатывается на ночь бордово-красное солнце. Но Она не решалась попросить об этом, боялась вспугнуть свое счастье. Она не удивилась бы, узнав, что у него есть еще одна или больше таких пещер, где его ждут. Об этом она старалась не думать.

Остаться Она тоже не предлагала. Заметив, что в его глазах появляется какое-то нетерпеливо-тоскливое мерцание и Он начинает покрикивать на детей, Она молча собирала его тощую котомку. Он исчезал на рассвете, как заклинание бросив на прощанье:

– Ты – сильная, ты справишься.

И опять тянулись месяцы и годы ожидания. Она сама учила детей плавать и нырять за рыбой, читать следы зверья по первому снегу и лечить раны травами. Все мальчишки, как на подбор, были похожи на него: такие же крепкие, гривастые и упрямые. Но мать передала им ту неповторимую, почти кошачью гибкость, которая помогала им подойти незамеченными к своей жертве и молниеносно нанести меткий удар. Про каждого сына знала Она, когда он был зачат.

Вот этот, старший, появился на свет после их первой брачной ночи, когда как ослепительная молния ее пронзила мысль, что Она любит этого человека. Из мягких шкур сделала Она ложе, придвинув поближе к огню, и устроилась у него в ногах, чтобы согревать их под утро, когда остынет ненадёжный очаг. Своего первенца Он любил – стать и быть отцом было ему внове, и Он задержался подольше, научив малыша ходить и лазать по деревьям. Тогда Она еще не знала, что разлука может быть столь долгой и тягостной. Она ждала его каждый день, каждый час, нетерпеливо поглядывая на теперь враждебное солнце, неумолимо движущееся к лесу на вершине противоположного горного склона. Она готовила для него еду и, оставив на горячих камнях, спускалась к подножию водопада, туда, где вытекал из чаши горный ручей и начиналась чуть заметная тропка, ведущая вниз. Она загадывала, что если Он вдруг появится, Она побежит ему навстречу и скажет, что любит его. Но солнце пряталось за горизонт, а его не было... Тогда Она клятвенно заверяла окружающие деревья и воду и свою верную собаку, скептически взирающую на нее, такую оживленную, что бросится к нему на шею и будет целовать каждую частицу любимого тела... Он не возвращался.

У водопада Он появился на рассвете, когда Она, устав ждать, пришла окунуться после бессонной ночи. Он неожиданно обхватил ее сзади и, бросив к ее ногам связку золотистых дынь, прошептал:

– Я шел к тебе много дней и ночей. Я хотел видеть тебя... и сына.

Упрек застрял в ее горле, а Он, видя, как трепещет Она в его ручищах, и не ждал слов. Родившийся после тех страстных объятий сын был дорог ей больше других детей – тогда ей показалось, что Он привязался к ней, может быть, даже полюбил ее и теперь все будет по-другому. Да и последовавшая разлука пролетела незаметно: младенец только успел родиться и начал ползать под зорким взглядом ее друга-собаки.

Но то возвращение было страшным: обескровленным тучей мошкары принесли его с болота деревенские, привязав к толстой ветке, будто тушу убитого оленя. Всего на мгновение прижалась Она щекой к этой белой маске вместо лица и велела положить его в долблёное деревянное корыто. В сосуд из сухой тыквы намешала Она травяные настойки и терпеливо вливала теплую жидкость в его потрескавшиеся безжизненные губы. Когда они чуть дрогнули, Она плеснула горячей воды на обмякшее тело, отмывая от налипших полчищ гнуса, смазывала и массировала его. Несколько дней просидела Она подле, прежде чем Он открыл глаза. Потому, наверное, их третий сын получился бледнолицым и не таким крепышом, как отец...

Она даже не заметила, когда дети перестали волновать ее, потому что ее жизнь превратилась в сплошное ожидание, в скрытую от глаз незаживающую рану. Эти молодые волчата, чуть окрепнув, уходили вниз по тропе, прочь от безрадостного родительского дома. Они не возвращались, а Она сидела в том месте, где из зеленоватой чаши вытекал ручей, и смотрела, как горная тропа вьется вдоль него, вниз, к подернутой голубоватой дымкой деревне, а потом исчезает в долине, протянувшейся согласно преданиям до самого океана.

Она ждала только его, застыв в дымном облаке с длинной трубкой во рту, как, бывало, ее мать, которой в жизни тоже перепало не много радости.

А потом случилось непредвиденное. Как-то Она добавила в свою трубку незнакомой сухой травы, выбившейся из-под снега на пригорке, подтаявшем под тёплыми солнечными лучами. Несколько затяжек одурманили; собака давно уже тянула домой, вцепившись в покрывающую ее до пят шкуру. А Она не могла двинуться, потому что увидела Его.

Она видела, как Он, на ходу прилаживая лук, гонится за молоденькой косулей, вот-вот догонит, но почему-то медлит выпустить стрелу и неожиданно вслед за ней проваливается куда-то, всей тяжестью осев на подломившуюся ногу. Затаив дыхание, Она ждала, что Он поднимется и, пусть хромая, но выберется из этого лабиринта и приползет к ней, а уж Она-то знает, как поставить его на ноги.

Однако Он оставался неподвижно лежать в этой не то пещере, не то глубокой яме. И что это? Почему рядом с ним опять это изящное и беспомощное существо с огромными наивными глазами? Почему она вылизывает своим шершавым языком его ноги, его живот и вот уж ложится рядом, согревая горячим дыханием и мягкой шкурой?

Что было потом, Она не помнила: ни как собака волоком тащила ее домой, ни как долго сидела Она в забытьи у потухшего очага. Эта была все та же зима или уже другая? Трудно сказать. Снег засыпал вход в пещеру, все погрузилось в зимнюю спячку...

И только когда ветер вдруг протяжно завыл, выдувая золу из-под камней, ею овладело беспокойство. Она судорожно поднялась, стряхнув с себя усталость; разыскала заветную травку и глубоко затянулась. Быстро промелькнули перед ней картины, уже виденные, и вот последняя... стая волков, сидящих с запрокинутыми мордами вокруг той ямы, куда завлекла его эта глупая косуля.

Отбросив трубку и кликнув верного пса, Она бросилась бежать, увязая в снегу. Ноги сами вынесли ее на кровавые следы – недавно здесь был зловещий пир, но кровь уже остыла и запеклась. Он, видно, отбивал свою косулю, но силы были неравные, и Он, еще теплый, лежал с перекушенным горлом.

– Прости меня, – прохрипел Он, будто зная, что Она придет.

– Уже простила; только, пожалуйста, потерпи, не умирай.

Они с собакой уже тащили его, положив на окровавленную косулеву шкуру. Когда они выбились из сил, Она увидела перед собой Смерть и услышала ее вкрадчивый голос:

– Не трудись – к утру он отойдет. Копай могилу, чтобы волки не достали...

Когда на рассвете Смерть вернулась, она увидела собаку, сидящую на краю свежевырытой могилы, а на дне лежал Он и... Она, положив голову на его плечо и всем телом прижавшись к его холодеющему боку. Умиротворение было на ее лице.

– Ты на сегодня не запланирована, – с раздражением сказала Смерть.

– Ничего, я подожду. Когда придет время, собака зароет могилу.

– Зачем тебе это?

– Я люблю его, – голос ее звенел.

И Смерть ушла, проворчав:

– Столько веков прошло, а тебя ничто не учит, женщина.

Глава 1-9. Надежда не умирает

Зовут меня Дже О'Призм. Я черная и старая, много повидавшая на своем веку. Вы знаете, что такое аквапланирование? Это когда вы едете с хорошей скоростью, и при первых каплях дождя вас покрутит и плавно опустит в страну «Кювет». Конечно, тут свистки, полицейские... Вы *о'кей?* – Я *о'кей*! Нет, никто не пострадал, только мне бок помяло, долго потом ребра болели.

В другой раз чуть оленя не задавила: слава Богу, пронесло, вернее он пронесся молнией передо мной, успев лягнуть копытом, и скрылся в лесу. Я не знаю, почему животные так любят входить со мной в контакт; как бабочка на свет, летят они на мое биологическое поле, теплое и активное. Хоть кожа моя атласно-черная, с тайнами Вуду я не знакома, но вижу человека дрянного и, наоборот, стоящего, открытого.

Мои хозяева не в счет: по нынешним тяжелым временам не только верного слугу продашь – друга скрепя сердце заложишь. Вот и выставили меня, как на рабовладельческий рынок, на продажу посреди отслужившего хлама, а я отдала им свои лучшие годы, не раз вытаскивала из разных передряг их отпрысков, когда те в подпитии ночью возвращались домой и все норовили сбить зазевавшегося прохожего или вступить в перепалку с уличной бандой. Но я не коплю обиды, покоряясь извивам судьбы. Бог им судья, я простила.

А сама стою в слезах среди этой экзотической антикварной барахолки. Здесь можно пощелкать затвором старенького винчестера времен войны Севера и Юга, примерить пыльную синюю конфедератку с прикрепленной сзади светлой тряпицей, защищающей воинские шеи от палящего солнца, и попробовать завести скрипящий граммофон в надежде услышать обволакивающий голос Фрэнка Синатры.

Я нетерпеливо ищу глазами человечного покупателя. Жду его и боюсь, как несправедливого приговора от утомленных присяжных заседателей. Только вокруг меня не суетятся адвокаты, не причитает жена.

Мою Эну я приметила сразу, почувствовав родственную душу. Она выделялась в этой страждущей толпе: глаза будто кристаллики голубого неба, милый веснушчатый нос и длинные пшеничные волосы, на которых лихо сидит ковбойская, видавшая виды шляпа. Расшитые сапожки подчеркивают стройность длинных ног, ограниченных белой бахромой на коротеньких джинсовых шортах. С такой *спайси гёрл* можно пойти по жизни, потому что под наворотами из цепей и пряжек я увидела доброе сердце; оно, ярко-красное, так и сияло, как на светящемся экране, посылая вокруг согревающие и радующие взор лучи. Все мое существо подалось к ней, включились все мои рецепторы, чтобы отозваться на ее сияние.

Она купила меня, и я служу ей как верный рыцарь без доспехов, оберегая и утешая в минуты отчаяния, укрепляя дух и подпитывая энергией, а если с ней что-то неладно, как тигрица бросаюсь на помощь. И она понимает меня без слов, потому что души наши слились воедино.

Девочка она самостоятельная; не успела подкинуть вверх четырехуголку на выпускном торжестве, как уехала от родителей и их конной фермы, чтобы начать новую жизнь. Училась в колледже, работала, надеясь только на себя, у родителей никогда ничего не просила, потому что знала – у них подрастают еще двое и неизвестно, какими крепкими орешками они станут, а мать свою она жалела.

После долгих поисков нашла бар, где выступали музыканты, и неплохо справлялась, обслуживая за стойкой любителей пива и почитателей джаза. Хозяин, человечек скользкий, с хищно мерцающим бледно-фиолетовым полем, не мог допустить, чтобы такие дары природы, как Энины ноги, эта неотъемлемая собственность заведения, пропадали втуне, и разрешил ей между делом исполнить пару песен *кантри,* которым научила ее чернокожая няня. Это был подарок хозяина завсегдатаям бара, число которых заметно увеличилось.

Они забывали про свои бокалы, когда Эна вылетала на сцену с гитарой наперевес, озаренная веснушками и смущенной улыбкой. Ее полюбили еще больше после того, как она отправила в нокаут не в меру ретивого обожателя – одним хитрым ударом, которому обучил ее на прощание отец, – не разбив при этом ни одной рюмки.

За всеми событиями я наблюдаю через окно и когда вижу, что к ней приближается смазливый носитель мертвенно-синего, с криминальным душком поля, начинаю волноваться и подавать сигналы бедствия – будь осторожна! И она чувствует это.

Впрочем, вскоре у нее появился настоящий телохранитель, руководитель джаз-бэнда из музыкального Нэшвилла, который вызвал у нее интерес тем, что сочинял музыку. Ричард был постарше и опытнее своих партнеров, в нем не было той юношеской бесшабашности, из-за которой молодые орлы не знают, как распорядиться жизнью, и рано ломают крылья. Они гастролировали по стране, надолго задерживаясь там, где их хорошо принимали. При этом гуру не уставал повторять, что в Европе потому произрастают битлы, что там наркотикам предпочитают пиво. В крайнем случае виски. Еще он допускал, чтобы избранные девушки тянулись за их походным фургоном, как женщины за Французским легионом в Африке, но... лишь до первой ссоры.

Ричард отнесся к Эне нежно, высоко оценил ее фольклорные песни, но в свой ансамбль не пригласил – жанры не совмещались. А Эна поменяла в колледже специальность, рассудив, что хороший звукооператор определяет успех коллектива и Ричард со временем непременно возьмет ее в очередное турне.

Я тоже как-то расслабилась, потому что его спектр был ярким и творческим, как северное сияние: когда он играл на *киборде*, импровизируя, преобладали теплые жёлто-оранжевые тона, зеленеющие, когда кто-то из его банды фальшивил или, не дай Бог, хватил лишнего. А потом я увидела, как он танцевал с Эной, крепко держа в своих объятиях, и как разгорались буйным пламенем их сердца навстречу друг другу. Эна вся светилась. Под влиянием Ричарда начала сочинять джазовые композиции, чтобы тронуть его львиное сердце продюсера.

А между тем контракт закончился, и бэнд отправился в тур по Канаде. Эна сникла, но ни о чем Ричарда не попросила, лишь звонить иногда, чтобы она могла продемонстрировать свои новые опусы, ведь в колледже она записалась на уроки джаза. Ричард попрощался с ней тепло: разумеется, он будет звонить и прослушивать новинки, но... работа есть работа.

К вечеру Эна слегла, а ночью на коленках выползла из подъезда, и я отвезла ее в отделение скорой помощи. Когда санитары подкатили носилки, она сказала мне, с трудом шевеля губами:

– Ты так и не поняла, что у меня будет мальчик?

Да, совсем плоха я стала. Не обратила внимания, что в ее спектре появились необычные бордовые сполохи, которые я связала с расширением ее творческой палитры. И вот ее в стеклянном лифте, как в хрустальном саркофаге, уже поднимают наверх, в палату. Значит это надолго. Тяжелая бордовая пелена поглотила прежние лучезарные оттенки; значит это серьезно.

Я посылаю ей поток любви и энергии, чтобы она нашла в себе силы перенести все, что бы с ней ни случилось. Обессиленная, отключаюсь, и в сознание меня возвращает звук открываемой двери. Это мама Эны – Линда – и как бы ее двойник, над которым потрудилась природа: обветренное лицо, небесного цвета глаза слегка выцвели, а веселые энины веснушки слились с загаром. Она весь день просидела у постели дочери и еле стояла на ногах, голос ее дрожал:

– *Хай*, Дже! Эну положили на сохранение, но ей уже лучше. Рядом за ширмой лежит школьница и в беспамятстве умоляет избавить от всего и, главное, ничего не говорить родителям. А как это возможно? За стенкой лежит молодая женщина, у которой произошел седьмой выкидыш, и рядом сидит и плачет безутешный муж. И это *се ля ви?*

Я повезла ее домой; ей надо было выговориться, и по дороге она рассказала историю своей семьи, о пережитых в прошлом страданиях. Я молча слушала.

Когда Линда родилась, ее даже не понесли кормить к матери, чтобы та к ней не привязалась. Ее вообще хотели оставить в больнице, потому как – не жилец. Врожденный порок сердца. Это может напугать многих, но ее молодая мама решительно заявила, что если ей не принесут ребенка, она перережет себе вены. И их оставили в покое. Линда была очень слабенькой, как березка в еловом лесу, тоненькая и бледная, с огромными синими кругами вокруг глаз. И все время болела, неделями пропускала школу, сверстники не любили и даже боялись играть с ней. Каждый вечер, засыпая, Линда думала, что утром не проснется.

Бог увидел, как страдала девочка и маялись ее родители, и послал белокурого ангела по имени Брюс. Этот соседский мальчишка играючи делал с Линдой уроки, возил повсюду на старой бричке и даже научил ее ездить верхом. Но близился тот самый пограничный возраст, который она могла бы и не пережить. И она молилась, готовясь к смерти. Больше всего было жалко Брюса, который верил в ее исцеление.

И еще не хотелось уйти из жизни, не изведав *взрослой любви.* Брюс тоже втайне мечтал об этом, они с детства были влюблены друг в друга. И они, не сговариваясь, решились: надели лучшие джинсы, сели в бричку – Брюс бросил к ногам Линды букет диких ромашек – и отправились в дальнюю гостиницу, где их никто не знал. Смущаясь, Брюс попросил самый лучший номер, но все равно тот был так прокурен, что Линде сразу стало плохо, и им пришлось уехать.

А *это* случилось следующим летом, в высокой спелой пшенице. Поэтому у Эны соломенные волосы. Брюс и сейчас уверен, что только благодаря ее рождению у Линды порок сердца скомпенсировался. Ну и врачи помогли, не без этого.

Но тогда для Линды такие последствия и такой резкий поворот судьбы были, как удар молнии, – она готовилась к смерти, а не к материнству. Ведь она еще училась в школе, и даже психологически совместить эти две данности было ей не под силу.

Но ей опять повезло; на этот раз ангел явился в лице ее мудрой чернокожей Няни, от которой не спрячешь секретов и своих заплаканных глаз. Няня жила в их доме с незапамятных времен: своих детей Бог не дал, и была она как член семьи, добрая и своенравная. Линда, укладываясь на ночь, не закрывала глаз, пока Няня не расскажет ей одну из своих чудо-притч. Она и других детей этой большой семьи выпестовала, но Линду боготворила и оберегала особенно, не позволяя ей поднимать ничего, кроме стакана воды. По-житейски внимательная, она сразу заметила, что с девочкой творится что-то неладное и, выведав причину, как прозорливый полководец, приготовилась к длительной осаде неприступного бастиона – семейных традиций.

Для начала она испекла тыквенный пирог и села вечером пить чай на кухне. На огонек и приятный запах, как мотылек, не подозревая ни о чем, прилетела мама Линды и простодушно, в хорошем настроении, села дегустировать тыквенный пирог – свое любимое произведение няниного кулинарного искусства.

– Долли, – сказала тогда Няня, неспешно прихлёбывая чай, – у тебя ведь один ребенок? Один. А ведь другого подобного случая может и не представиться, и ты, как я, никогда-никогда не узнаешь, каково быть счастливой бабушкой.

Долли даже поперхнулась от неожиданности и страшной догадки, но Няня, не давая ей возможности опомниться и возразить, скороговоркой добавила:

– Ты только уладь все с хозяином и со школой, а в остальном положись на нас с Брюсом. Мы не подведем.

Няня как в воду глядела: когда живот уже нельзя было запихать в джинсы, Линда осталась дома, а все учителя и друзья семьи считали, что у нее опять зимнее обострение. Брюс стал ее талисманом, другом и учителем, Няня не отходила от нее ни на шаг, а родители привозили из ближайшей клиники известных светил. И она успела благополучно разрешиться Эной до начала экзаменов, а после выпускного вечера они с Брюсом обвенчались.

...Каждый день возила я Линду в госпиталь к Эне. Закрыв глаза, видела, как моя девочка возвращается к жизни, кровь быстрее течет по ее сосудам и розовеют щеки. Линда тоже воспаряла духом, попросила повозить ее по магазинам, чтобы привезти подарки большого города всем домочадцам, оставленным на попечение постаревшей, но по-прежнему неугомонной Няни. Мы с Линдой так подружились, что когда пришло время выписки Эны из госпиталя, мне было больно расставаться с ними обеими сразу. На прощание Линда сказала:

– За Эну ты не волнуйся – она девочка крепкая, на ферме выращенная, экологически чистая. У нее был обычный токсикоз, и нам с Брюсом разрешили забрать ее к себе. Свежий воздух сделает свое дело, это я тебе говорю по своему горькому опыту выживания. Как мать я не могу осуждать Эну, сама рожала в таком же возрасте, она хоть школу окончила. А Брюс заменит ребенку отца, он у нас замечательный. Все правильно понимает... Так что все будет в порядке, не переживай, лучше за эниной квартирой приглядывай, пока она не вернется.

И неновый, но ухоженный «Мерседес» Брюса, оглушив меня одобрительным сиплым гудком, умчался, озадачив *слоганом* на своем заднем стекле: застрели волка – защити оленя.

Я даже не знала, смеяться ли мне от радости за Эну или плакать по поводу своей беспомощности и неприкаянности. Опять я осталась одна. Не о ком печься, не о ком заботиться. Я даже не могу чувствовать близких мне людей – слишком они далеко и слишком слабы мои биотоки.

Люди любят говорить, что покой им только снится. А мне покой никогда не казался таким уж вожделенным. Что такое покой? – пропасть, пустота, бездна. Передышка – да, она необходима, чтобы собраться с мыслями, подумать о будущем и приготовиться к следующему прыжку. Это как гонки по пересеченной местности: ты из последних сил, теряя скорость, преодолеваешь тяжелый подъем – и ура! ты на вершине; но это только миг, чтобы перевести дыхание, переключить скорость – и вот уже, не останавливаясь, ты разгоняешься на спуске, получаешь новый импульс, чтобы выскочить на следующий, более высокий рубеж.

Так устроена жизнь. И только в те редкие минуты, когда бренное тело отдыхает, а кровь приливает к голове и сердцу, ты осознаешь свои сокровенные чувства и главную идею – что ты хочешь от жизни. После паузы ты готов жить дальше...

Я привязалась к этой семье, от души желая счастья этим простым славным людям. И так же искренне жалея, что не могу быть им полезной. И я, как раненый печальный медведь, от безделья впала в спячку, лишь временами пробуждаясь, чтобы взглянуть, как меняется мир вокруг. Как растут чужие дети, резвясь на зеленой лужайке вместе с мамами и собаками; как толстый чернокожий почтальон, в любую погоду завернутый в шорты, подъезжает в своем белом кубике Рубика и, аккуратно переложив конверты и пакеты в увесистую сумку, торжественно начинает ежедневный обход доверенной территории.

Дважды меня засыпало снегом по самую макушку, и некому было даже очистить окна от ледяной корки. А когда снова запахло весной, потекли ручейки с моей крыши, образуя причудливые, прозрачные сосульки, и я снова могла любоваться голубым небом и зеленеющей плакучей ивой в нашем дворе, вдруг что-то заискрило и зашумело на дальних подступах, заставив громко стучать мое застывшее было сердце.

Через несколько мгновений к подъезду подкатил знакомый фургон, как музыкальная шкатулка оглашая окрестности мелодичными звуками. Я узнала любимый голос Эны, который лился из кабины легко и сильно. А потом и сама Эна, в розовом платье с оборочками и тугой косой на затылке, волшебной птахой выпорхнула на волю, звонко крикнув мне:

– Смотри!

А Ричард уже вытащил из бронированного кресла и поставил на бетонное крыльцо крепенького мужичка в джинсовом костюмчике, крохотных сапожках и ковбойской шляпе. Из фургона посыпались ричардовы лабухи, толкаясь и переругиваясь, а маленький ковбой спокойно взирал на эту суету взрослых детей, и на носу его рдели знакомые солнечные веснушки.

– Ну, как тебе? Парень мировой – норовистый, как жеребенок, но покладистый, с ним можно договориться, никогда не плачет. – Эна уже пыталась завести мотор, согревая меня своим присутствием. – Просыпайся, есть и для тебя работа: мы едем на свадьбу в Нэшвилл! К родителям жениха, все мое семейство уже туда направилось. Рада? – и продолжила уже потише, доверительно. – Ты, конечно, спросишь, как все было. А было все просто, потому что у меня есть моя Няня, такая же черная и напористая, как ты. Она всего лишь научила нашего мальца говорить одно слово: «*Дэд*»! А потом выкрала у меня мобильник и позвонила Ричарду, который до того жил в счастливом неведении. Я не знаю, что еще она сказала на этот раз, но Ричард вместе со всем своим кагалом прикатил посмотреть на своего пацана и теперь от него не отходит ни на шаг... Господи, да что случилось с мотором? Не хочет заводиться!

Она вылезла из машины, открыла капот и вдруг завизжала от удивления и восторга:

– Ричи, *гайс*, все скорее сюда, здесь целый зоопарк! Смотрите, на аккумуляторе гнездо с мышатами! Только народились! Наверное, мать корм добывает. А здесь, смотрите, все провода перегрызены. Это, наверное, зимой белки постарались. Что ты думаешь, Ричи? Придется отвезти Дже в ремонт на буксире, мастерская здесь рядом.

Ребята засуетились повеселее, а Эна вернулась ко мне и погладила руль.

– Бедная Дже, как ты без меня настрадалась, как нещадно они тебя покусали. Ну не бойся, родная, мы тебя больше не покинем, возьмем с собой – починим, будешь как новенькая. И не сомневайся, мы еще полетаем! Ой, парня кормить надо, он у меня требовательный, порядок любит.

Мне было хорошо, я любила Эну и уже боготворила нашего мальчика, у которого поле было как разгорающийся костер, яркий и нетерпеливый. Но одна мысль не давала мне покоя – а вдруг придется провожать его в Ирак или Афганистан какой-нибудь? Это далеко, мое биополе не достанет.

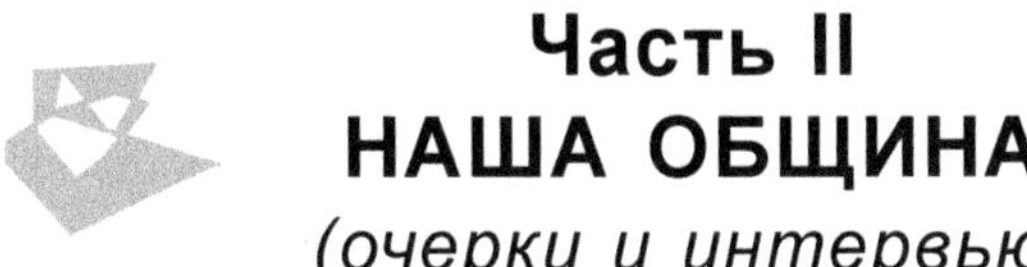

Часть II
НАША ОБЩИНА
(очерки и интервью)

Глава 2-1. За свободой

Это великое счастье, когда можно свободно жить в своем государстве, говорить на родном языке, поклоняться своему Богу, чтить предков. Но не всем людям это дано. И миллионы их в поисках лучшей доли покидают родину, дом, родные могилы, устремляясь в неизведанное. На протяжении всей истории миллионы беженцев уходили, уезжали и уплывали от войн, бомбежек, погромов и преследований, от радиации и безденежья.

И среди этих бедолаг вечным изгнанником был еврейский народ. Ни один народ так не рассеян по миру, ни один народ не изгоняли из стольких стран, хотя многим из них он принес славу и процветание. Для него придумали душегубки и газовые камеры. Его везли в телячьих вагонах на убой, в крематории. Только ему вешали на грудь желтую звезду, как колокольчик на шею быка. Ни один народ не заплатил 6 миллионов жизней целенаправленно истребляемого мирного населения за безумство и молчание других.

Мир не содрогнулся тогда и сейчас допускает в своем высшем органе – ООН – речи, утверждающие, что ничего подобного не было. Что нам, потерявшим своих близких, всё приснилось. Хуже того, он допускает новый Холокост – ракетный. Он убеждает, что это божья роса, а евреи секут себя сами, при защите своих домов превышая меры необходимой самообороны. А что может быть выше защиты собственного ребенка? Ничего. Даже звери проявляют инстинкт защиты потомства прежде инстинкта самосохранения.

Непризнание права народа защищаться это не только дискриминация, это унижение. Никто так не страдал от унижений, как народ Книги. Ему запрещено всё. То, что другим дозволено. Ни один другой народ не оброс столькими наветами и небылицами, оскорблениями и наглой ложью, ни один не был всегда крайним, «рыжим», мальчиком для битья.

Даже об эмиграции евреев говорят, что всё это от лукавого: мол, уезжают они не от притеснений, а едут за манной небесной, «за колбасой», за длинным рублем, за жирным долларом, за теплым морем, за более ласковым солнцем.

А евреи испокон веков мечтали об одном. О свободе. О той земле обетованной, где они могут жить в мире, проявить свой талант и способности в честном соревновании. И потому евреи всегда в пути. Свобода им только снится. Их мир хрупок.

Для меня со словом «еврей» ассоциируется глубочайшая, неизбывная несправедливость. Каково быть изгоем почувствовали русские в Прибалтике и Средней Азии, но антисемитизма от этого меньше не стало. В Польше и евреев-то почти не осталось, а антисемитизм крепчает.

Только для евреев не существует презумпции невиновности. Никакими доводами рассудка нельзя убедить не желающих слышать, что не пьет мой народ кровь младенцев. Однако мир всегда будет поклоняться еврею Христу, ненавидя народ, породивший его. Не признавая, что этот народ избран, как Христос, страдать за человечество.

...В американском посольстве при выезде на постоянное место жительства в США я ничего не придумывала, лишь привела факты. Думаю, типичные. Я окончила школу с медалью, но собеседования в институт не прошла и, сдав экзамены на общих основаниях, получила все пятерки. Таких медалистов оказалось 8 человек, и все с «подмоченной» фамилией. Институт я закончила с «красным» дипломом и на распределении имела право выбора. С воодушевлением отправилась покорять вершины науки в Институт металлургии Академии наук. Но не тут-то было: в отделе кадров мне сказали, что им нужен мужчина. Как будто я должна была работать на разливке стали, а не на микроскопе.

Единственное решение, которое я тогда приняла, – не вступать в партию, и оно было принципиальным, несмотря на уговоры и даже угрозы.

И все-таки для меня всегда более гадок и унизителен был насаждаемый сверху бытовой антисемитизм. Большинство «чистокровных русаков» не хуже какого-нибудь штурмбанфюрера СС вмиг оценят, куда вас отнести: к жидам, хохлам, татарве, чуркам, армяшкам или прочим лицам кавказской национальности. Искренне полагая, что «Россия для русских», а все нацменьшинства второсортны.

По Галахе еврей – это человек, рожденный еврейкой или перешедший в иудаизм. Я не подпадаю под это определение; те же «арийцы» называют таких «полукровками» или «жидовствующими», поэтому я всегда была в обществе пинаемых и на их стороне. И полагаю, что еврей это тот, кто просто не может не быть евреем.

...Гуляю с внуком во дворе. Рядом на скамейке расположилась молодая женщина с ребенком, который весело что-то лепечет. Всего два слова – «мама» и «евлетя». На мой удивленный взгляд мамаша миролюбиво поясняет:

– Дак это наш дед подучивает.

...После дворовой драки двое зарёванных сыновей заявляют родителям:

– Это вы евреи, а мы русские.

Евреи всегда были удобным «козлом отпущения» у беспомощных властей, озлобленного народа и шовинистически настроенной интеллигенции, которой подыгрывают литературные классики. В России в защитниках справедливости замечены лишь Лев Толстой, Короленко, Горький и Марина Цветаева.

Помните у Чехова, русский интеллигент Иванов, чувствуя собственную несостоятельность, вымещает свою злобу и сжигающую душу неудовлетворенность жизнью на больной жене:

– Жидовка!

Такими же знаковыми во второй половине XX века стали слова, выражающие крайнюю степень собственного неуспеха и раздра-жительности:

– Уезжайте в свой Израиль (с ударением на втором «и»).

Для многих евреев это стало приговором, последней каплей в чаше терпения, после которой они отправлялись в неизвестность, как их далекие предки.

И они не одиноки: 40 тысяч ученых покинули Родину, чтобы найти применение своему таланту. Люди верующие; музыканты и спортсмены; родители, не желающие отдавать своих детей «дедам» и военному молоху, пожирающему соседние народы ради амбиций и богатства кучки зарвавшихся чекистов.

Но большинство не осознает, что живет в несвободе. Не думаю, что многое изменилось в стране с того времени как в 1976 г. меня вызвали в Первый отдел. Незнакомый молодой человек был корректен.

– Мы слышали, Вы собрались в Австрию?

У меня все оборвалось. Прощай горнолыжный Инсбрук и Дунай голубой!

– Мы хотим, чтобы Вы понаблюдали за нашими людьми и по прибытии написали отчётец.

Интуитивно спрятав под стол дрожащие руки, я выпалила:

– Нет, я еду отдыхать.

Если бы начали бить, я бы удивилась меньше. Но он с видимым облегчением сказал:

– Я так и знал. Только, пожалуйста, о нашем разговоре никому не говорите!

Почему он так легко сдался – по молодости или понял, что я «не наша»?

Национальный вопрос не отделим от общего состояния прав граждан в стране, это лишь одна из язв тоталитарного государства.

Отношение к Родине-матери в нашей общине, прямо скажем, сложное – от верноподданнического до полного ее отрицания. Ветераны считают Советскую Армию самой справедливой в мире и полагают, что победителей не судят, хотя среди них были вертухаи и особисты, стреляющие в спину своим. Люди помоложе болеют за «наших», то есть за российских спортсменов, а у их оппонентов есть один аргумент, вернее вопрос: «А зачем тогда вы приехали в Америку?», очень напоминающий известную сентенцию «а сало русское едят», только наизнанку.

Как бы мы не хотели, отмахнуться от своей родины невозможно, потому что, как пуповиной, связаны мы с ней фактом своего рождения, а мать, как известно, не выбирают. И в паспорте у нас всегда будет стоять слово *Russia* как символ того, что она всегда будет будоражить наши чувства. В отличие от голодающего Дарфура или процветающего Лихтенштейна. И этому способствует родной язык, который многие считают своим отечеством. Так зачем строить в сердце своем новую Берлинскую стену? На дворе XXI век, изоляционизм не в моде.

В век глобализации отношение к родине можно сравнить с отношением к нелюбимому мужу, которого женщина разлюбила после многих лет семейной жизни. Можно оберегать видимость благополучной семьи, тешить себя особенностями российских путей развития и... лгать, лгать себе и другим. Многие так и живут.

Другие не хотят мириться с тем, что муж, почувствовав власть денег, стал жадным, нетерпимым ко всему, что исходит не от него, падким на славу и величие. И чтобы сохранить этот призрачный мир силы и поклонения, окружил себя бандитами и лизоблюдами, держащими страну в страхе и бедности. Все живое и прогрессивное задавил пропагандой, заливающей другие страны. Редкая птица найдет в себе силы взлететь в небо. Страсть к пьянству тоже никуда не делась. И бегут от такого мужа – от хорошего не убегают.

В Америке есть выбор. Есть гражданское общество, всеми почитаемый господин Закон, капризная дама Презумпция невиновности, честные выборы, отсутствие цензуры, свобода религий – словом, демократия. Поэтому и стремятся сюда люди со всего света. Нетерпеливые не хотят дожидаться, пока вместо суверенной в стране установится просто демократия. Одной жизни не хватит.

Глава 2-2. Что такое русскоязычная община

Осознанная любовь к своему народу
не соединима с ненавистью к другим.

Академик Д.С. Лихачев

Нельзя сказать, что русскоговорящая община Чикаго, насчитывающая по разным источникам около 300 тысяч человек, эфемерна или виртуальна, но она не связана ни общим самоуправлением, ни общей религией, как крестьянская или баптистская общины, ни национальностью, как Чайна-таун. Русскоязычные люди в основном рассеяны по городу и северным пригородам; большинство составляют советские евреи последних волн эмиграции, есть русские, украинцы, белорусы, литовцы, армяне. Принципиально объединяет всех русский язык. И советское прошлое. И еще уверенность, что выражение «*я покушал*» завтра войдет в словарь русского языка, как недавно по требованию трудящихся был узаконен средний, наряду с мужским, род для многострадального слова *кофе*.

Это похоже на маленькое неавтономное государство с размытыми границами в американском штате, где худо-бедно можно жить, не зная ни слова по-английски. И, тем не менее, все, как могут, этот *crazy English* зубрят, и это приносит удивительные плоды. Если вы возьмете городской справочник на русском языке, выходящий уже десятилетие и предваряемый лестными словами губернатора и мэра Чикаго о сильной русскоязычной общине и ее значительном вкладе в благосостояние города, то заметите, что почти во всех сферах современной жизни огромного мегаполиса представлены русскоязычные организации, офисы, предприятия и бизнесы. Адвокаты и врачи, преподаватели и инженеры, программисты и журналисты, артисты и спортсмены, агенты по недвижимости и страхованию, рабочие и строители – ушло в прошлое представление о том, что русскоязычные иммигранты способны лишь пиццу развозить.

В Чикаго регулярно выходят в свет несколько русскоязычных газет, постоянно издаются книги и журналы на русском языке, прочно обосновалось телевидение из России, Украины и Израиля.

Среди газет не могу не выделить еженедельник «7 дней», которому с большим удовольствием отдала 12 американских лет своей жизни. Основали газету в 1992 г. творческие люди, они же «простые советские иммигранты», которые решили, что русскоязычным людям пора приобщаться к западной цивилизации и формулировать свое видение жизни не на заборах и в очередях, а литературным языком в печатном издании.

Издатель Александр Ходос так сформулировал ее идею: «В функции газеты входит освещение и анализ событий, происходящих в Америке, России, Израиле и в мире, а также культура, кино. Мы не можем снова и снова обличать сталинизм, это все равно, что смотреть на мир в зеркало заднего вида. Мы живем в гуще событий, и новости устаревают очень быстро. Поэтому для нас так важны обзор и анализ».

Сегодня газета «7 дней» выходит в американских городах: Чикаго, Милуоки, Детройте, Толедо, Виндзоре, Флориде. Сильной ее стороной является лаконизм – дань уважения к читателю, когда заслуживающие внимания события освещены многогранно, с разных сторон, но не перепевают известное. Другим отличием является стремление шире и глубже отразить американскую жизнь с ее внутренними и внешними проблемами, выполняя миссию общеобразовательную. И на этой стезе всегда интересен, а порою и неожидан двухколонник редактора Ильи Генна, о котором с уважением говорят, что он прочел всего (!) Марка Твена в подлиннике.

С годами газета поменяла свой формат и дизайн, став более разнообразной и красочной, а публикуемые материалы не только актуальными, но и взвешенными. И вот незатейливая, но такая теплая оценка читателей: «Когда по пятницам я возвращаюсь домой с увесистой пачкой газет, во дворе меня уже ждут соседи, опасаясь, что на всех их может не хватить. Это значит, что газета желанна, читаема и любима».

Читать газеты – это работа ума, а без радио ну просто нет дома. Русское радио слушают все – дома, на работе, в машинах, на природе. Не редка картинка: к магазину подъезжает мощный внедорожник в облаке громоподобных звуков и, пока мать с детьми делают покупки, глава семьи самозабвенно и азартно слушает что-то, а вместе с ним и вся торговая плаза. Учите, братцы, русский – вы много теряете в этой жизни!

Радиостанции, правда, мало отличаются друг от друга: на каждой короткая реклама прерывает более длинную, развернутую, и радиослушатель плавает по волнам, выживая интересную ему информацию как неудачливый ныряльщик за жемчугом, особенно в темное время суток.

Чтобы сэкономить время, прослушивание рационально совместить с домашними делами: уравновешенные передачи хороши под утренний кофе, текущие новости коррелируют с нарезанием салата, а хроника чикагских невзоровых – с приготовлением отбивных. Когда в открытом эфире община начинает обсуждать очередного президента – пора браться за пылесос.

Кроме газет, радио и телевидения наша община любит концерты симфонической музыки на свежем воздухе в Миллениум парке и Равинии, равно как концерты и спектакли приезжих артистов на родном языке; любит праздновать в ресторанах дни рождения, бар и батмицвы, путешествовать, фотографироваться, лечить и лечиться. В пределах общины есть всё для нормальной жизни человека – свой театр, академия балета, Литературная студия, художественные галереи, Бард-клуб, спортивные школы, дискотеки для молодежи, детские садики для малышей и «детские сады» для пожилых, где проходят интересные выставки местных художников; комфортабельные дома для престарелых. Синагоги и церкви тоже не пустуют.

Как известная миргородская лужа, в нашей общине
есть свои антисемиты и алкоголики, мошенники и обман-
щики, драчуны и сквернословы, дураки и бездельники.
Но среди наших людей я почти не встречала террористов, убийц и бандитов, бомжей и наркоманов. Приезжая
в Америку, люди постепенно вписываются в цивилизован-
ную жизнь, учатся уважать законы, пользоваться благами
демократии. Далеко не всё устраивает нас в американской жизни, возмущает гипертрофированная политкорректность, засилье корпораций, непоследовательность и
нерешительность правительства. Но мы знаем, что здесь
существуют не одна, вертикальная, а три ветви власти,
основные права человека соблюдаются и журналистов не
отстреливают.

О традициях

В общине сложились свои традиции. Например, летний пикник, основанный в прошлом веке и ныне ставший
ежегодным и любимым. Побывав там в 2001 г. вместе с
журналистами из России, Украины и Израиля, я была
поражена размахом «русскоязычного строительства» в
Большом Чикаго.

...В парке Скоки играла музыка. Тысячи людей и машин разместились на зеленой лужайке и горячем асфальте. Американские полицейские разводили руками: ну что
это за пикник без дыма и чада барбикью?

А здесь цель иная – сплотиться и объединиться, чтоб
«не пропасть по одиночке»! И, помогая народу обрести
новый стимул жизни, не засохнуть на корню и не сгинуть
в одночасье, его знакомили с русскоязычными юриста-
ми, дантистами, ресторанщиками и прочими экстрасен-
сами, призванными заботиться о состоянии человеческого духа и тела. И таких компаний в ветреном городе
целый палаточный городок. И все в хорошей, боевой
форме; своего пациента и покупателя не упустят и доста-
нут, живого или мёртвого.

Здесь всё можно купить, заказать, посмотреть, примерить и попробовать на зуб, хоть сразу диванчик нахлобучь на крышу своего внедорожника. И вчера еще жестко конкурирующие фирмачи сегодня объявили перемирие и работают совместно, учатся цивилизованной торговле, вежливому и предупредительному обхождению с потребителем.

Подготовка к этому завтраку на траве с элементами чикагской политической маёвки, нижегородской ярмарки и еврейского красочного фестиваля песни и танца начинается задолго до самого события: ищут спонсоров и таланты, приглашают участников и гостей. Единственно, с чем не смогли справиться устроители, так это с погодой. И дождь грянул, как из ведра! Все были обескуражены и расстроены, понимая, что сейчас опустеют террасы и пропадут шашлыки.

Но на сцену вышел женский ветеранский хор под руководством Зитты Рит в кокетливых рекламных шляпках, зрители достали зонты и оставшиеся от посещения Ниагарского водопада плащи, и ...пикник состоялся! Мы не дрогнули.

А потом и вовсе выглянуло солнышко, и каждый нашел занятие по своему вкусу. Взрослые играли в шахматы, дети – в футбол. На сценах ораторов сменяли ансамбли, певцы и танцоры. Были выступавшие от губернатора, мэра Скоки, из Израиля. Люди чувствовали себя частичкой большой страны и тот вклад, который они вносят в его экономику. И то потенциальное количество голосов, которым располагает община.

Кому-то, конечно, не хватало крыши над головой или танцплощадки с «настоящими, массовыми танцами». Было и такое мнение: «Мне не нравится откровенно политический характер, который придают пикнику его устроители – с приглашением представителей властей. Пикник, предназначенный для отдыха и общения, не должен превращаться в демонстрацию многочисленности и влиятельности этнической общины, для этого есть другие средства». Но единодушными ключевыми словами были: «нравится», «общение», «приду еще».

Время пролетело незаметно. На поле появились молодые стражи порядка верхом на лошадях, что означало конец действа. Напомним, что когда люди вместе поют или беседуют, пушки молчат.

На таком пикнике зародилась идея объединиться, которая со временем укрепилась и обосновалась в умах, а затем воплотилась в создание массовой общественной и благотворительной организации – Ассоциацию «Земляки» под руководством убеждённого энтузиаста Аркадия Клебана, – объединившую отдельные землячества: первыми были ташкентцы, затем киевляне, белорусы, одесситы, ленинградцы и днепропетровцы-запорожцы.

Эта организация помогает людям; в ее активе регулярные встречи земляков, издание газеты «Земляки», разнообразные лекции и концерты. А главная ее особенность – подхватить интересное начинание, помочь в становлении таланта, дать «путевку в жизнь» новому коллективу. И этот талант или коллектив, обретя уверенность и сторонников, становится самостоятельным и дает начало следующему культурному начинанию.

Начали с шашек. Аркадий, который со школьных лет увлекался этой игрой, поддержал других энтузиастов, и в 1996 г. был проведен первый открытый чемпионат русскоязычной общины по русским шашкам. Два с половиной месяца продолжались соревнования. В финале борьбу продолжили 4 мастера спорта, 2 кандидата в мастера и 2 перворазрядника. Игра была очень упорной и интересной, привлекла внимание.

Далее принялись за популяризацию древней игры в шахматы. В «ветреном» Чикаго, заметьте, где народ играет преимущественно в бинго и покер. Напомню, что этот эпитет наш славный город получил вовсе не из-за частых и свирепых ветров, а из-за пристрастия его жителей к ночной жизни и безудержным увеселениям.

В первом открытом чемпионате русскоязычной общины Чикаго по шахматам, который был проведен в

2001 г., первое место и звание первого чемпиона общины завоевал кандидат в мастера спорта Леонид Бондарь. Международный арбитр и доцент шахматной специализации, он приехал из Минска и здесь продолжает заниматься любимым делом.

– После того чемпионата, увидев, какой интерес вызывают шахматы в нашей общине у детей и взрослых, мы с женой Тамарой Головей, которая является мастером спорта, заслуженным тренером и международным арбитром, и Людмилой Финкельштейн, организовали при *JCC* шахматный клуб «Короли и королевы». В регулярно проводимых турнирах одновременно участвуют более 200 шахматистов; введен лично-командный зачет и семейный, когда представлена семья из 2-х человек, отец и сын, например.

Наша команда успешно выступает в соревнованиях по шахматам на первенство Америки среди любителей. Она завоевала 2 место, боролась за 1 место и была признана лучшей командой штата Иллинойс. Дважды чикагцы одерживали победу над шахматно-шашечной командой нашего ближайшего соседа – города Милуоки.

Для людей старшего возраста привлекательны регулярные турниры, которые мы организуем в культурном центре, расположенном в холле обычного субсидированного дома. Здесь за шахматной доской встречаются русскоязычные и американские любители шахмат. Такие шахматные центры, возникающие в разных районах Большого Чикаго, имеют огромную притягательную силу и очень перспективны...

Ассоциации «Земляки» покорны все возрасты. Такой союз воплотился в выставку трогательных детских рисунков, которые своей непосредственностью и яркими красками создают приподнятое настроение, зовут к созданию чего-то такого же чистого и запоминающегося. Эмиль Каганов, учитель из Киева, собрал детей в кружок рисования, и вместе им стало теплее на свете. Богатый педагогический опыт и доброе сердце подсказали ему именно ту форму общения попавших в неординарную ситуацию детей, которая помогает им восстановить равновесие, почувствовать себя в привычной для детского сознания обстановке. В таких творческих буднях просыпается талант, рождается творческий подход и интерес к жизни, уверенность в себе и своем деле.

В жизненную орбиту Ассоциация попадает и среднее поколение, которое быстро вошло в американскую жизнь, постепенно занимая ведущие позиции в промышленности, бизнесе и социальной сфере.

Юлий Клебан 14 лет работает инженером-электриком в американских компаниях. Вечером я застала его на рабочем месте, он был краток: «Моим хобби являются интеллектуальные игры. Это институт новой культуры, который нужен людям для самообразования, самоусовершенствования, самореализации и самоутверждения. Я благодарен Ассоциации «Земляки» за ту поддержку, которую нам оказали на первых порах нашего существования и становления. Объявления в газете, звонки друзьям и знакомым, чтобы прислали своих детей и внуков, – и вот уже в июне 1995 г. в учебном классе компании «*Vallana*» Валерия Кавуновского начинает работать молодежный клуб «Что? Где? Когда?». Сейчас это большой, широко известный в мире клуб логики, азарта, эрудиции и терпимости (ЛАЭТ), который в этом году отметил свое десятилетие.

А в конце 1996 г. в зале ОРТ-института по инициативе Людмилы Ярославской состоялась первая в истории нашей общины встреча двух команд КВН. В тот раз «веселыми и находчивыми» были представители двух поколений – отцов и детей. А потом были команды «Чикагские гангстеры», «Стиляги из Чикаги», «Семеро смелых», успешно выступающие на американской арене, привлекая тысячи зрителей.

Каждые полгода в Америке проводится Фестиваль интеллектуальных игр, в котором принимает участие несколько команд из Чикаго, и раз в 2 года – фестиваль «Встречи на Мичигане». Победителей ждут призы. И во всех наших делах помощь «Земляков» незаменима».

Во время нашей беседы Аркадий Клебан скромно отказывался говорить о себе, но с гордостью рассказал, что в Ассоциации активно работают около 100 волонтеров, привлекающих к своей деятельности более тысячи человек, и что в день он получает от 15 до 30 звонков от людей, которые просят помочь найти родственников, напечатать документы или организовать презентацию своего творческого «детища».

Аркадий – прирожденный организатор. После окончания Новочеркасского политехнического института он пришел работать мастером на небольшой заводик сельхозмашин, насчитывающий чуть более 300 человек, и за 20 лет, став главным инженером, сыграл ведущую роль в перерождении его в крупный центр сельскохозяйственного машиностроения с 5,5 тысяч рабочих. Переехав в Киев, работал главным конструктором проекта в научно-исследовательском институте, защитил кандидатскую диссертацию, руководил лабораторией, написал 5 книг, зарегистрировал 76 изобретений, создал более 10-ти новых машин.

Аркадий, как я понимаю, идея создания Ассоциации «Земляки» появилась у Вас потому, что Вы, активный и энергичный человек, просто не могли усидеть дома?

– Так оно и есть. Уехав из Киева в 1994 г. из-за антисемитизма и болезни, после эйфории первых дней я почувствовал себя в безвоздушном пространстве и, чтобы жить и свободно дышать, пошел к людям. Начал двигаться, встречаться с земляками: в организованном Аней Гуревич Русском клубе «Кому за 60» стал, как заправский лектор общества знаний, читать лекции типа «Ситуация на Кавказе». Там и познакомился с единомышленниками, образовавшими инициативную группу и наметившими круг вопросов – иммиграции, образования, культуры, политики, информации, спорта, которые могут привлечь внимание общественности и которыми следует заниматься.

Как массовая общественная организация русскоязычного Чикаго Ассоциация «Земляки» стала одним из соучредителей Всемирного Конгресса русскоязычных евреев в 2002 г. и создан-

– Я горжусь тем, что мне выпала честь быть делегатом Первого учредительного съезда Всемирного Конгресса русскоязычных евреев и что моя подпись стоит под протоколом о создании этой общественной организации, в которую вошли 22 страны мира. Вместе с ребе чикагской синагоги F.R.E.E. Шмуэлем Нотиком мы были в составе Американской делегации, которая насчитывала около 50 участников из разных городов и штатов. Заседания проходили в Культурном центре в Марьиной роще, выстроенном на месте сгоревшей синагоги. Борьба с антисемитизмом, помощь Израилю, сохранение еврейских традиций и идентичности – вот основные идеи наших встреч.

На 3-й день мы прилетели в Израиль. На приеме во Дворце президента в выступлениях Президента Моше Кацава, спикера Кнессета Михаила Нудельмана и министра Натана Щаранского звучала одна общая мысль, обращенная к нам: «Израиль нуждается в вашем присутствии на этой земле».

Полагаю, любое объединение для евреев не только желательно, но и необходимо. И вновь организованный Форум еврейских организаций Америки призван усилить активность и оперативность многочисленных еврейских организаций в разных городах Америки.

А для тех, кто интересуется, могу сказать, что деньги на нужды Форума выделяют еврейские американские предприниматели. Ассоциация «Земляки» проводит свою независимую финансовую и идеологическую политику и никогда «пятой» колонной не будет.

Ни одно общественно значимое событие общины не проходит без участия Аркадия и его многочисленных активистов. Их благие дела приносят чувство собственного удовлетворения и признательности соотечественников. Их приоритеты известны.

– Мы убеждены в успешности нашей иммиграции и правильности принятых большинством из нас решений. Мы настроены на сотрудничество и поддерживаем, по опыту общин Нью-Йорка и Филадельфии, идею объединения различных общественных организаций Америки – при сохранении полной самостоятельности – для координации совместных действий в решении жизненно важных для общины вопросов.

В качестве итога и высокой оценки общественной деятельности Ассоциации и ее президента Аркадия Клебана на благо еврейской русскоязычной общины Америки издаваемая в Нью-Йорке старейшая газета «Форвертс» при сотрудничестве с газетой «Вести», Израиль, присудила ему почетное звание «Человек года – 2006» в номинации «Волонтёры года», а его имя было занесено в Книгу почета.

Камень Высоцкого

Сложилась еще одна интересная традиция – встречи у «Камня Высоцкого». И потому 25 июля 2009 г. на территории университета Норсвестерн в Эванстоне собрались все те из нашей общины, кто любит, ценит и помнит творчество Владимира Высоцкого, чтобы почтить память о нем в день преждевременной смерти.

По описанию надо выйти к озеру, найти на берегу одинокое развесистое дерево и, отсчитав 8 шагов к северу, спуститься по каменному завалу к воде. «Камень Высоцкого» обращен на восток; над ним с криками пролетают беспокойные чайки, мимо проплывают белоснежные паруса яхт, у подножья бьется волна, и каждое утро первым в городе он встречает восход солнца. На камне под свежими гвоздиками надпись:

Владимир Высоцкий
25 января 1938 – 25 июля 1980
Я из повиновения вышел –
За флажки – жажда жизни сильней!

По преданию этот своеобычный мемориал был задуман и сработан примерно 20 лет назад известным в нашем городе адвокатом, выпускником университета Норсвестерн Гарри Лайтом со своей сокурсницей американкой Венди как дань уважения к таланту поэта. Позже в этот парк дважды в год – в дни рождения и смерти – стали приходить его поклонники, чтобы пообщаться и попеть; число участников этих посиделок росло; вновь прибывших и гостей непременно приводили сюда, чтобы показать городскую достопримечательность.

А чуть поодаль находится огороженное каменным барьером место для костра, созданное выпускным классом университета в 1998 г. Здесь, на камнях, у костра и состоялась наша встреча. Речей не было. Просто каждый, кто мог петь и держать в руках гитару, выходил к микрофону и пел, а мы тихонько подпевали или хором скандировали:

– На Большом Каретном!

Сменяя друг друга, пели о том, кто раньше с нею был, о баньке по-белому, о жирафе, скалолазке, утренней гимнастике и еще о многом знакомом и любимом, как в детстве мамины котлеты. Григорий Дикштейн читал стихи, Евгений Поляк исполнил пародии, Борис Борушек – посвящение. Ирина Полячснко и Элла Бампи, полагая, что петь Высоцкого – дело сугубо мужское, участвовали лишь в песенных диалогах, в роли «Зин». Приятным сюрпризом было выступление нашего гостя из Польши Евгения Малиновского, который приехал в университет Норсвестерн на летний семестр по обмену студентами, изучающими актерское мастерство, и вдохновенно-профессионально исполнил лучшие песни Высоцкого.

Это была встреча единомышленников разного возраста, которых объединяет чувство любви и признательности к Поэту и Гражданину, сумевшему в стране несвободы быть свободным и высоко поднять планку человеческого достоинства.

Евгений Поляк так оценил эту встречу: «Я впервые попал на этот смотр, потому что живу в штате Индиана.

Эта традиция собираться вместе, чтобы вспомнить поэта и его творчество, представляется мне в двух ипостасях.

Для русскоязычной общины, которая редко собирается в таком количестве и таком составе, в смысле общения это событие знаковое, полезное. Сегодня здесь много немолодых людей, можно сказать, из прошлого века, и такая встреча это уважительная и слегка ностальгическая дань прошлому.

А для почитателей поэзии и людей пишущих такие встречи особенно интересны и важны. Для меня после смерти Высоцкого произошла некоторая трансформация: возвращаясь к его стихам, перечитывая их, улавливаешь новый скрытый смысл, переосмысливаешь написанное. И эта задача облегчается, когда слушаешь других. С помощью стихов возникает братство, объединяющее людей по всему миру».

Зададимся вопросом, почему Высоцкий пережил свое время и что он для нас значит?

Ефим Шварцман: «В Высоцком я нахожу свою душу. Он гениально сформулировал то, что находится внутри нас – состояние человека, которое порою трудно выразить словами, – чувство дружбы, откровения, риска, любви. «Четыре года рыскал в море наш корсар» – это тонкая аллегория: как тяжело было первые 4 года театру на Таганке, но океан – зрители – с нами и мы победим! Или взять «Бег иноходца» – да это тьма впереди. Высоцкий удивительно актуален сегодня.

Я тоже скачу, но скачу иначе, у каждого свой репертуар. Это не ностальгия, в той жизни было много хорошего – культура, воспитание – и лучшее мы перенесли сюда. Это не мешает уважать и изучать американскую жизнь. Но мне приятно, что многие наши молодые ребята знают и любят Высоцкого, хотя понимают далеко не всё. С годами они поймут, потому что каждую его песню надо прожить, прочувствовать».

Как роман Пушкина «Евгений Онегин» называют энциклопедией русской жизни, так и творчество Высоцкого отразило и высветило советское бытие. Он был заинтересованным, неподкупным свидетелем (Лучше голову песне своей откручу, чем скользить и вихлять, словно пыль по лучу!) и талантливым летописцем целой эпохи. Советской. Он был беспокойной совестью народа, задавленного и бессловесного. Он был смелым, он говорил правду – горькую, жестокую, безрадостную, как та жизнь, с войной, арестами, бедностью. Афганистаном. Его голос, стихи, гитара были неразрывны, а популярность не знала равных. Потому что народ узнавал в его песнях себя, свою страну, свое время.

Никогда не воевавший, он мог несколькими мастерскими мазками обрисовать жестокий оскал войны. Он «царапал душу» своими песнями про лагерную жизнь, хотя никогда не сидел, мужественными философскими песнями про альпинизм и горы, бомбой разорвавшимися над спящей страной. (Если друг оказался вдруг и не друг, и не враг, а так...) А его цикл «про волков» является гениальным образцом гражданской лирики.

И неудивительно, что сегодня неравнодушные люди в России, США, Израиле, Германии вспоминают народного поэта, который не любил больших перемен впереди, когда «глядь – а конем твоим правит коварная Ложь!»

Пусть эта прекрасная традиция продолжается, обрастая новыми талантами и благодарными слушателями.

О менталитете

Это ёмкое слово вошло в моду. Оказалось, что люди, приехавшие из одной страны, имеют не только общий язык, традиции и привычки, но и общий менталитет, объединяющий их взгляды, приоритеты, предрассудки. Это как родимые пятна на нежных местах, которые можно устранить только с помощью хирургического вмешательства.

Если выйти на берег Мичигана, легко различить мексиканские кланы, жарящие на мангалах кукурузу под бодрую музыку, сухопарого американца, бегающего трусцой и доброжелательно кивающего каждому встречному, и наших дорогих соотечественников, неулыбчивых, а порою агрессивных. Это мы привезли с собой как составную часть советской ментальности.

У Василия Шукшина есть рассказ о деревенском мужике, который как опытный кулачный боец любил публично «срезать» заезжих ученых мужей своими ехидными бессмысленными вопросами и потоком демагогии. А зачем? Да слишком много берут на себя эти «кандидаты».

В демократическом обществе наша нетерпимость, категоричность и нежелание слышать собеседника стали заметнее. Всегда найдется шукшинский любитель срезать, воинственно обличить всё в Америке, что непонятно или не так, как «у нас».

Толстая матрона кричит продавцу на весь магазин, как на Привозе:

– Положь на бумажку! – и добавляет для публики, уже потише, – ох уж эти мексиканцы, несчастные люди!

На русском радио идет диспут о чистоте русского языка:

– Я знал женщину, родившуюся в Харбине. Какой язык! Какая культура! Она обращалась к своей соседке, называя ее «Дама!», хотя та черная, как сапог.

На страницах газет нам рекомендуют вместо концертов «залётных гастролёров» переключиться на местные тусовки. Как будто мы для того пересекли океан, чтобы нас опять рабским строем загоняли в счастье!

А чего стоит окрик, что де стыдно праздновать «коммунистические» праздники? Сегодня пиво только зелененьким!

О праздниках

Не знала Елизавета Хмельницкая, проживающая до Октябрьской революции в славном городе Николаеве Одесской губернии, что в мае 1886 г. в Чикаго происходили кровавые схватки труда и капитала за 8-часовой рабочий день. И тем более не догадывалась о том, что в связи с этими событиями 1-е мая объявят Международным днем солидарности трудящихся.

И при таком позорном неведении средней руки мещанка накануне обходила всех зажиточных соседей и собирала приготовленные конверты с шелестящими денежными купюрами, чтобы 1-го мая в приподнятом весеннем настроении вручить беднякам. Для нее это был праздник души, который она пронесла через всю жизнь. Через три (!) раскулачивания, арест мужа, эвакуацию.

По рассказам ее сына Рувима Хмельницкого, она продолжала свою благотворительную деятельность и после войны в подмосковной Малаховке, сочетая эти акции с праздниками, отмечаемыми местной синагогой. Правда, финансовых возможностей у нее поубавилось и, бывало, под горячую руку глава семейства лишался единственного зимнего пальто. Но *мицва* была исполнена.

У каждого человека свои праздники, они внутри нас и связаны с чем-то очень личным. У Хемингуэя с Парижем, у Тургенева с охотой, у Спивакова с возможностью музицировать с утра до вечера. И мой девиз прост: больше праздников, красивых и разных, они дарят человеку радость общения, делают его коммуникабельным.

Имеют праздники и другое назначение. Еврейские праздники на протяжении всей истории были символом свободы, объединяющим людей и поднимающим их дух в борьбе за свои идеалы. Известно, что в фашистских гетто люди втайне отмечали их, что помогало им выстоять, сохранить человеческое достоинство. Вот и в нашей общине в субботу незнакомые люди приглашают вновь прибывших в свой дом отобедать. И это тоже согласно *мицвам*, или заповедям, гласящим: твори добро.

Но вот один автор подверг остракизму всех поздравляющих и поздравляемых в Международный женский день 8-е марта, забыв, наверное, что и в России поначалу праздник женщины-революционерки давно уже празднуют просто как начало весны, день поклонения женщине.

В отличие от Дня Парижской Коммуны, он привился и стал любимым в народе. Его с удовольствием празднуют как в СНГ, Израиле, Германии, Канаде, так и в чикагских ресторанах, частных и субсидированных домах, домах для пожилых. И будут праздновать, хотим мы этого или нет, это уже объективная реальность.

А господин автор пренебрегает множествами. Ни самому оставленной возлюбленной поздравительную открыточку черкнуть, ни нам, грешным, лишний раз подружке здоровеньки булы сказать – низз-яя. Взамен предлагает праздновать *Veteran's Day, Mother's Day, Valentine's Day*. Идея прекрасна! Но Валентинов день, или День влюбленных, уже празднуют по всему миру, не взирая на его религиозные истоки. День ветерана, к сожалению, не для всех: чтобы иметь право называться американским ветераном, надо отслужить в американской армии по крайней мере 3 года. *Mother's Day* тоже праздник замечательный, но как быть женщинам, у которых нет пока ни детей, ни Валентина? Так и жить непоздравленными? Не дискриминация ли?

Своими праздниками мы не причиняют вреда окружающей среде и даже не окрашиваем благодатные воды Чикаго-ривер в зеленый цвет, как это ежегодно проделывают ирландцы. И не демонстрируем страшных зеленых драконов, как китайцы. А такую танцующую колонну, между прочим, замыкают мужчины в (о, ужас!) синих мао-дзе-дуновских френчах, ленинских кепках и с красными флажками в руках. И ни тебе полиции, ни *секъюрити*; прохожие восторженно глазеют, а власти такой Вавилон только приветствуют.

Так чем же все-таки наши соотечественники обидели «приютившую их страну»? Вроде и налоги платят исправно, и язык изучают, чтобы голосовать правильно. Какого «элементарного уважения» не проявили к президенту и государственному секретарю? Могу указать на единственное упущение, которое следует исправить в будущем: пожелать им здоровья и пригласить к праздничному столу.

Отведать блюд русско-еврейской кухни. Думаю, они останутся довольными.

...А у нас с друзьями стало традицией отмечать День независимости, 4-го июля, когда вся Америка становится на колеса. Мы тоже включились в *трафик* любознательных, чтобы посетить Национальный парк имени губернатора Доджа – край белой и красной сосен, причудливой формы озер и обрывистых скал, зовущих побродить по каменистым тропинкам, вдыхая аромат полевых цветов. А вечером замереть у костра, сливаясь с тишиной заснувшего леса и бескрайнего звездного неба.

Сюда не долетают звуки ликующих гимнов и раскаты праздничных фейерверков, но некоторые американцы не забыли поставить рядом со своей палаткой развевающиеся на ветру звездно-полосатые флаги. Мы тоже отметили этот замечательный праздник кратким, но емким тостом:

– *God bless America*!

Таинственность ночной природы способствует размышлению. Мы привезли с собой традицию обсуждать «на кухне» важнейшие политические события, и потому в тот праздничный вечер у костра мы не пели под гитару, а обсуждали сильные и слабые стороны нашей здесь жизни. Говорят женщины:

– Я благодарна Америке за то, что она дала свободу моим детям и внукам. Здесь можно учиться в любом возрасте, поменять профессию, переехать в другой штат и начать новую жизнь. Путешествовать. Правда, отпуск маленький – всего 10 дней, а если ты заболел, тебе не продадут страховку, которая существует только для здоровых.

– Здесь я познала чувство свободы. Потому что существуют законы. Они далеко не идеальны, но обязательны для всех, их соблюдают. Женщина обрела здесь достоинство: в быту ей не надо каждый день идти, как на амбразуру, – все можно купить, все устроено удобно для человека. Прекрасные дороги, организованный транспорт. Сеть доступных прачечных и бесплатных туалетов спасает от грязи. Люди доброжелательны, всегда придут на помощь. А размах благотворительности и *волонтерства* поражает, такого я нигде не встречала. Но работа дается тяжело.

– В Америке нет дискриминации, есть политическая свобода, однако на работе существует жесткий диктат корпораций. На крупных и мелких предприятиях, где нет профсоюзов, нельзя высказать свое мнение или подвергнуть критике начальство, например, за плохую технику безопасности. У тебя одно право – при несогласии искать другую работу. Уникальная и убедительная победа Обамы на выборах президента в стране, где был и есть расизм, подняла Америку на голову выше всех других стран.

Молодые более критичны.

– Обама мне не нравится, потому что он популист. И жена его, которая всегда на два шага впереди, не вызывает симпатий. Пока я работаю, грех жаловаться – работа интересная, не то, что по приезде, когда соглашались на любые условия. Но сегодня в любой момент работу могут перевести в другую страну. И это висит над тобой дамокловым мечом.

Мужчин интересуют проблемы масштабно-глобальные.

– Мне импонирует американский стиль жизни, трудолюбие американцев, их здоровый, неущербный патриотизм. Здесь нет «старшего брата», все – американцы. Здесь не убивают, как в Москве, таджика или армянина. Расизм есть, но не государственный, и с ним борются.

– А я полагаю, что в стране бушует системный кризис демократии. Здесь люди замкнуты в вакууме корпоративных источников информации. Мне не нравится, что в стране, где я живу, прослушивают телефоны, пытают человека с американским паспортом и полностью отсутствует контроль над ЦРУ со стороны общества. Мне не нравится, что, имея большинство в конгрессе и сенате, демократы нарушают национальное единство. Нет конкуренции в здравоохранении и фармакологии, поэтому лекарства в США стоят вдвое дороже, а детская смертность в два раза выше, чем на Кубе. Траты на здравоохранение не соответствуют качеству медицины. Стоимость жизни в Америке самая высокая в мире. Производство спит, вряд ли Обама что-то может изменить. Считаю ошибкой, что начали спасать сначала банки, а потом все остальное. Китай спасает и развивает производство, и в этом залог его успеха.

– Я поделюсь личным опытом. Производственная компании, где я трудился 9 лет, передала работу в Китай, а мы исправляли то, что делали китайцы, и на этом многие понесли убытки и даже обанкротились. Американцы стали посредниками, рабочие пошли в таксисты. То есть мы способствуем развитию военно-промышленного комплекса Китая и делаем его своим главным кредитором. Китай невозможно подавить экономически, как Советский Союз, поэтому, думаю, мы сами создаем бомбу замедленного действия. Все надеются, что придет новый царь-освободитель Обама и решит все проблемы. А пока делаем самолеты и танки, не нужные военным и стране. Не сизифов ли это труд?

Остаётся напомнить, что хотя система государственного устройства США несовершенна, каждые 4 года ситуацию можно перезагрузить. А пока пароход «Америка» плывет; будем надеяться, что и на этот раз он достойно минует подводные рифы.

Наша община находится на одной из многочисленных палуб этого замечательного корабля, она дышит свежим морским воздухом и живет полнокровной жизнью цивилизованных людей.

Глава 2-3. Дела ветеранские

Нет блага в войне, все мы просим у тебя мира.

Публий Вергилий Марон

Война... Трех поколений коснулась она своей кровавой косой, не щадя ни старого, ни малого, ни больного, ни талантливого – ни одна другая война не сравнится с нею по числу погибших и замученных. И сегодня, вспоминая те страшные дни недавней истории, отдадим дань уважения и признательности тем, кто принял на свои плечи ответственность за судьбы мира и отстоял его в борьбе с фашистским злом.

В Чикаго живут сотни людей, которые добровольно или по призыву ушли на войну и честно прошли ее до конца. Несмотря на то, что за прошедшие после Победы шесть десятилетний много утекло исторической воды и по-разному сложились судьбы этих людей, их объединяет одно – гордость за общую Победу, в которую они вложили самое дорогое – свою жизнь и вышли победителями.

...В большом зале синагоги Нер Тамид состоялось торжественное собрание, посвященное 53-ей годовщине победы над фашизмом и 50-й годовщине образования государства Израиль.

Несмотря на проливной чикагский дождь, ветераны, их боевые подруги, друзья и даже семьи с детьми собрались вместе, чтобы по сложившейся с годами традиции вспомнить погибших и не вернувшихся с войны, отдать дань уважения победителям и принять слова признательности от благодарных потомков.

В президиум приглашены почетные гости, общественные и религиозные деятели, консул Украины, представитель Израиля. Минутой молчания и поминальной молитвой почтили присутствующие память тех, кто пал на полях сражений, в концлагерях и гетто, в блокадном Ленинграде. Память 27 миллионов советских людей, погибших в годы войны, и 6 миллионов евреев, павших от рук фашистских палачей.

В этот день Победы и Памяти всем хотелось выступить, чтобы поблагодарить ветеранов, сказать им, что они совершили подвиг, защитив свой дом, своих близких и свое отечество. И еще, чтобы вспомнить минувшие дни и славные битвы.

Президент синагоги Милтон Шульман был причастен к каждому из этих эпохальных событий. Он воевал в Нормандии в составе армии США, когда она встретилась с Советской Армией и союзники вместе отпраздновали победу над фашизмом. Тогда он не мог даже предположить, что через десятки лет он вновь встретится с русскими ветеранами у себя дома, в Америке. Когда объявили об образовании государства Израиль, он был в Палестине – тогда тоже пришлось повоевать, чтобы отстоять свободу и независимость Израиля.

От имени послевоенного поколения выступила представитель Израильского консульства г-жа Вебер: «Шалом! Я еще не родилась на свет, когда произошли эти два знаменательные события. Но благодаря вам мои дети могут жить в свободной стране. Мы окружены недругами, однако наше государство в силах противостоять им, потому что оно имеет сильную армию, развитое сельское хозяйство и современную промышленность. Я благодарю вас и надеюсь, что в следующие 50 лет мы выйдем на широкую дорогу прогресса. *Мазл тов!*».

Настоящий солдат всегда в строю. Уже немолодые и не очень здоровые люди опять взвалили не себя тяжелую ношу ради будущего детей и внуков. На этот раз поле сражений – трудности врастания в американскую жизнь: язык, экзамен на гражданство, сложная система здравоохранения. И в этом бою следует помнить о солдатской дружбе, помогать друг другу, принимать помощь и участие, как самокрутку перед боем.

Ассоциация ветеранов из СССР была основана в 1965 г. в Нью-Йорке генералом Григоренко. Ее отделение в Чикаго существует 17 лет и в лучшие свои годы насчитывало примерно полторы тысячи человек. Почти все это время Президентом был Абрам Линденбойм, много сделавший для ее становления и дружеских связей с муниципальными и общественными организациями нашего города. В качестве признания авторитета Ассоциации в 1994 г. он был приглашен в Вашингтон на встречу Президентов Б. Клинтона и Б. Ельцина. Уже вошло в историю участие ветеранов в «походе на Вашингтон» и митинге протеста 13–14 марта 1997 г. в защиту прав пожилых иммигрантов, который увенчался заслуженной победой.

Ныне Ассоциацию возглавляет Маркус Мельник, который первейшей ее задачей считает помощь нуждающимся ветеранам в их нелегкой иммигрантской жизни.

Большинство из них уже «разменяли» свои 80 лет. Никогда не работая в Америке, не владея английским языком и не будучи приобщенными к европейской культуре, они не вполне вписались в американскую жизнь. Поэтому Ассоциация стремится создать им достойную жизнь в духовном, культурном и моральном плане.

С этой благородной целью газета «Голос ветерана» под руководством Абрама Сагаловича освещает события, происходящие в Ассоциации, печатает воспоминая ветеранов о днях минувших, поздравляет юбиляров. Большим достижением был выпуск трех томов книги памяти «Война и судьбы», в которой около 300 ветеранов документировано рассказали о своем участии в Отечественной войне. Здесь трудится много волонтеров. Люди бескорыстно отдают свое время, чтобы посетить больных и нуждающихся в помощи в госпиталях и домах для престарелых.

К сожалению, ряды ветеранов редеют – за 17 лет Ассоциация сократилась более чем в 3 раза. Приходится оказывать посильную помощь не только в получении жилья, но и в организации похорон, печатании некрологов.

Часто возникают и вполне житейские дела: у кого-то осыпалась штукатурка, у других не работает русское телевидение. И беспомощные люди за поддержкой обращаются в Ассоциацию, где их поймут и помогут, даже с привлечением конгрессмена Джейн Чаковской, избранию которой не в последнюю очередь помогли голоса ветеранов.

В тесном сотрудничестве с Ассоциацией работает «Клуб ветеранов», возглавляемый Энисом Глузманом, который считает целью своей жизни сохранение памяти о подвиге советского народа, сокрушившего фашизм. В своем доме он организовал военный музей, куда передают на хранение письма и фотографии, ордена и военную форму советских солдат и офицеров. Духовная связь между двумя этими общественными организациями символизирует преемственность военных поколений.

Интересную работу ведет историческое общество, а точнее группа по изучению подлинной истории Великой Отечественной войны, которая добилась присвоения в 2005 году одной из улиц города Минска имени Михаила Гебелева – руководителя подполья в минском гетто, одного из создателей первого подпольного горкома и секретаря подпольного Тельмановского райкома города Минска, в 1942 году повешенного фашистами.

Группа обратилась к президентам России и Украины с просьбой присвоить звание Героя России и Героя Украины лётчику Исааку Пресайзену, совершившему первый, достигший цели, огненный таран немецкой автоколонны в начале войны. В подтверждение были приведены материалы многолетних журналистских расследований и акты Госкомиссии по перезахоронению экипажа Николая Гастелло, установившей истину: Гастелло таран не совершил, его самолёт упал в двух километрах от шоссе, сам он выпрыгнул с парашютом и попал в плен.

К сожалению, оба президента отделались отписками, но группа направила повторные запросы.

Молчит и президент Беларуси по поводу несправедливости, допущенной по отношению к Маше Брускиной.

Эта вчерашняя школьница после захвата фашистами Минска вошла в группу подпольщиков и по их заданию работала в лагере-лазарете для советских военнопленных: собирала медикаменты, одежду, перевязочный материал и вместе с документами передавала решившимся на побег. Из-за предательства одного из бежавших фашисты арестовали и казнили Машу. Это была первая публичная казнь, совершённая оккупантами на советской территории. Фотография экзекуции фигурировала на Нюрнбергском процессе. Однако после освобождения Минска имя Маши Брускиной советские власти скрыли.

В Вашингтонском музее Холокоста Маше Брускиной присудили Медаль Сопротивления, а в 2006 г. в Израиле ей был открыт памятник, деньги на который собирали израильские школьники. В Минске на месте казни героини висит доска с надписью «Неизвестная». Улицу, ведущую к этому месту, минчане называют «улица неизвестной Маши Брускиной».

2-3-1. Кровью пропитанный труд

55-летие со дна освобождения Новороссийска мы отметили в узком кругу ветеранов, воевавших на берегах Цемесской бухты, волей судьбы выживших и оказавшихся в Чикаго. Это были те самые солдаты, которые составили основу ратного подвига страны и без которых была немыслима Победа.

Битва за Новороссийск – это лишь одна страница той страшной войны, где было все: смерть близких, бессмысленные потери из-за неумения и неопытности командования, неимоверные страдания и лишения тысяч людей, их массовый героизм и общая Победа.

Борис Писаревский начал свою военную одиссею в неполных 18 лет и прошел всю войну до Чехословакии с двумя краткими перерывами на госпиталь. Назначенный командиром батареи из 6-ти минометов, он был высажен на галечный пляж. Чтобы позиция была закрытой, минометную батарею расположили в окопах, продолбив скалистые отроги, а мины с пристани доставлял сержант с отрядом... осликов.

«Это была кровавая работа. На Малой Земле было мало воды: мы рыли и долбили колодцы, и все равно ее не хватало. Колодец с питьевой водой был источником жизни. И смерти. Я видел, как возле него убивали людей. И как, достигнув его под обстрелом, люди седели или сходили с ума и начинали танцевать под пулями. И чувствовал, что я – человек, в общем-то, жалостливый – становлюсь жестоким. Когда я узнал, что моя мать погибла в лагере под Симферополем, я лупил минами по фашистам и радовался, когда в воздух летели руки и ноги. Это были страшные дни».

Ефим Зисман до сих пор хранит пробитые пулей краснофлотскую книжку и комсомольский билет. Он защищал Новороссийск, а когда в сентябре 1942 г. город был сдан, моряки, собранные с кораблей, держали оборону на сопках. Днем и ночью летали трассирующие пули. Осталось в памяти, как 7 ноября прислали подарок от грузинского народа – печенье и банку варенья, которое старшина ложкой всовывал прямо в рот каждому бойцу. Та коварная пуля настигла Ефима, когда в азарте боя он встал в полный рост, чтобы бросить гранату. Пулеметным огнем ему прошило насквозь обе ноги и повредило седалищный нерв. Гранату бросить успел и упал в лужу крови. Сразу стало тепло...

Исаак Шапиро в составе десантников был высажен на мысе Любви, прямо в городе. Сопротивление немцев было таким отчаянным, что войска не смогли двинуться со своих позиций, а десант был сметен танками в море. Исаак был ранен и контужен, из воды его вытащили немецкие санитары. В лазарете его подлечили, но из уха все время текла кровь. Побывал в лагерях для военнопленных офицеров в Керчи, Румынии, Австрии. В Германии были тысячи пленных из разных стран; ходили в деревянных колодках, расчищали каменные завалы после бомбежек. Когда работала эсэсовская комиссия по вылавливанию евреев, ему удалось скрыться в соседнем блоке. Всех обнаруженных неарийцев погрузили в эшелон и сожгли, облив бензином.

Охраняли пленных власовцы. Однажды приезжал сам генерал Власов. Он агитировал записываться в «Русскую освободительную армию», которая по первому приказу фюрера выступит против коммунистов и евреев. У него даже был плакат, изображавший повозку, запряженную людьми, в которой сидели евреи с кнутом в руках. Ни один человек в эту армию не пошел, тогда они стали насильно забирать наиболее крепких.

В декабре 1944 г. с третьей попытки Исааку удалось бежать. Скитался по полям и лесам, пока не попал к американцам, которые передали его советскому командованию. После проверки его вернули в армию.

Яков Нусинов на Малую Землю высадился в феврале 1943 г. Когда их корабль приближался к берегу, казалось, что на землю надет огненный пояс, и она тоже горит – настолько массированным был обстрел. Но люди не прятались, а молча и сосредоточенно делали свое дело: выкатывали орудия на огненные позиции и рыли окопы. Трудились и учились воевать. И свято верили в Победу.

В мирное время Яков был городским травматологом в Кривом Роге. Когда я спросила, за что он получил свои боевые награды, он, скромнейший человек, попробовал отшутиться: «За то, что остался живым», а потом добавил, что самой дорогой для него была самая скромная из полученных наград – медаль «За боевые заслуги», которой он был награжден в конце 1941 г., когда во время тяжелейшего отступления именно ему, молодому радисту, удалось связаться с полками и сообщить обстановку – как лучше прорываться и где меньше концентрация войск противника.

Борис Ревич, кавалер 6-ти боевых орденов и 4-х боевых медалей, участвовал в завершении новороссийской эпопеи – штурме города, который немцы превратили в неприступную крепость. На танках Т-34 они отвоевывали каждый квартал, каждый дом, расчищая путь для пехоты.

Майор Ревич встретил День Победы в Чехословакии, учительствовал, а ныне трудится в качестве помощника президента Чикагской ассоциации ветеранов, стремясь улучшить их жизнь: «Все наши ветераны по месту жительства в субсидированных домах «приписаны» к 55-ти постам по 5–20 человек в каждом. Командиры постов ведут учет прибытия-убытия членов Ассоциации, собирают взносы, извещают о проводимых мероприятиях, докладывают правлению о всех проблемах, пожеланиях и предложениях ветеранов.

Яков Эйдинов член Чикагской ассоциации врачей, профессор, трижды лауреат Государственной премии заключил нашу встречу. Он участвовал в высадке десантов на Малую Землю и эвакуации раненых: «Меня посвящали в моряки так – в день рождения налили чистый спирт и дали запить тем же спиртом. Я задохнулся. Спас хохот. До сих пор вспоминаю своих боевых друзей. Они все погибли. И только случай помог мне остаться в живых – я отделался легким ранением в обе голени незадолго до штурма Новороссийска. Пусть земля им будет пухом».

Был на этой встрече и «сын полка» Петр Вайнберг, получивший свой первый орден – Отечественной войны 1-ой степени – в 11 лет... посмертно.

В первые дни войны его отец ушел на фронт, а мать с четырьмя детьми, по дороге в эвакуацию узнав по пересыльной почте, что он в тяжелом состоянии в госпитале, две недели провели у постели умирающего, израненного и забинтованного.

Петр, заботясь о питьевой воде для семьи, отстал от поезда и попал в детский дом, где жестоко соперничали два местных клана – узбекский и русский. Царил закон джунглей с правом сильнейшего. А потому у малых и слабых отбирали всю, и без того скудную, еду да еще заставляли воровать фрукты в окрестных садах.

Среди четырехсот детдомовцев было шестеро евреев, которых иначе как скелетами и не называли. Им больше всех доставалось побоев и издевательств, и они решили бежать на фронт. Петр и теперь убежден в правильности принятого решения.

– Во-первых, надо было отомстить за отца. А потом – унижения и голод были для нас страшнее смерти. Мы тогда поняли, что за справедливость надо воевать.

Уехали ночью, в собачьих ящиках, эшелоном на Баскунчак, куда стягивали войска для предстоящих боев за Сталинград. И пошли все шестеро по военным частям, жалобно канюча: «Дяденька, возьмите нас!» Нашелся разведчик – старшина Анатолий Столярчук, который выбрал Петра, самого длинного и тощего, и обучил работе на армейской радиостанции.

По ночам они со старшиной уходили к линии фронта и, спрятавшись на какой-нибудь высотке, вели корректировку артиллерийского огня.

Разъяренные понесенными потерями фашисты вычислили, откуда ведется корректировка, и обрушили на высоту плотный минометный огонь. Разорвавшейся вблизи миной обоих контузило и засыпало землей. Только на вторые сутки бойцы второго эшелона случайно нашли их и отправили в госпиталь. В части они считались погибшими и были представлены к наградам посмертно. Когда через месяц они вернулись в свой полк, их поздравляли сразу и со вторым рождением, и с наградами.

За успешное выполнение нескольких боевых заданий Петр был награжден медалью «За отвагу». Это было одно из первых награждений мальчишек, «сынов полка», которых тогда в армии было около тысячи.

Вот такие наши герои. Победители. А простыми словами это самоотверженные люди, отдавшие самое прекрасное в жизни – свою молодость страшной войне. За наше счастье.

2-3-2. Он допрашивал фельдмаршала

Если поутру в воскресенье вы включите радио, то услышите чуть надтреснутый голос 90-летнего ветерана Второй мировой войны Абрама Кашпера, старожила нашей общины, который в течение двух десятков лет с неизменным успехом и при большой аудитории «борется» за чистоту русского языка. Думаю, 800 его передач вполне достойны книги рекордов Гиннеса!

Зная несколько иностранных языков, во время войны он был переводчиком в разведотделе 65-й армии 1-го Белорусского фронта и закончил ее в Берлине, о чем рассказывает выцветшая от времени, старая фотография, запечатлевшая большую группу разведчиков, в центре которой стоит молодой капитан Кашпер с двумя еще более молодыми помощницами-радистками у разрушенных стен рейхстага. Этот символ былой мощи германского рейха – теперь с обстрелянными колоннами и отбитыми латинскими буквами на фронтоне – стал для него символом войны, тем эмоциональным фоном, на котором выстроилась его дальнейшая жизнь: «Эта война вросла в наши души, в умы, в память, стала частью нас самих. Стоит только подумать, вспомнить – и ты проваливаешься туда, в грохот, треск и вой, в снежные просторы, по которым гуляет смерть. И – мурашки по коже – неужели это было с тобой? И ты выжил? Часто видишь во сне эту войну. И вновь испытываешь страх – от одной мысли, что можешь попасть в плен. Но над всем этим ужасом всегда витала мечта о конце войны, о дне Победы».

Абрам Кашпер родился в украинском городке Славута, ходил в хедер. Отец хотел, чтобы он стал ребе и, когда начались гонения и хедер закрыли, взял ему учителя древнееврейского языка. Мальчик знал его с пяти лет, ему нравилось находить взаимосвязь и отличие близких слов. Например, Пейсах это праздник весны, возрождения, а созвучное слово пейсы (длинные пряди волос около уха) символизируют край пшеничного поля, который не обрабатывают, оставляя для бедных.

Окончил школу в 1936 г. со знанием русского, украинского, немецкого языков и, так как медалей тогда еще не было, согласно постановлению партии и правительства в числе первого выпуска отличников выбрал и был без экзаменов принят в Киевский государственный университет со специализацией в области западно-европейских языков, французского и итальянского. Основой основ была латынь; и на экзамене, приложив руку к сердцу, Абрам с выражением читал «Памятник» Горация:

Я воздвиг себе памятник выше неба,
Даже Аквилон не сравнится с ним.
Череда лет не тронет его
И Бог со временем его не разрушит.

Есть поэтический перевод этих стихов Ломоносовым, Рыльским, но мы знаем их как «нерукотворное» наследие Пушкина.

Но литературой выпускнику университета заниматься не пришлось: даже не получив диплома, он ушел добровольцем на фронт. Военкомат формировал стрелковую дивизию, и из 250-ти выпускников киевских вузов, которых хотели поначалу направить в военную Академию, составили артиллерийский полк, который отступал с боями до Волги. В полку были свои механики, химики, однако немецкий язык знал только рядовой Кашпер, и в 1942г. его перевели в разведывательный отдел штаба дивизии, присвоив звание лейтенанта.

Так он стал военным переводчиком и начальником следственной части. В его обязанности входил допрос пленных, получение и обработка разведданных для командования. Сначала разведчикам попадались отдельные «языки», но под Сталинградом пошла «рыбка» покрупнее – в плен попадали офицеры и даже генералы. До Сталинграда генералы в плен не сдавались, а здесь пленёнными оказались 22 генерала и фельдмаршал Паулюс. Это воинское звание Гитлер присвоил ему ночью 31-го января 1943 г. в надежде, что это помешает тому сдаться. Но приказ опоздал и Паулюс не застрелился, а сдался на милость победителя и стал главным свидетелем на Нюренбергском процессе.

Однако на допросах офицеры не спешили «расколоться». Они знали, что их ждет смерть или Сибирь. Но разведданные о видах вооружения и моральном состоянии армии, о расположении войск и орудий были крайне необходимы, и уже старший лейтенант Кашпер выработал свои методы допроса, которые отличались от практикуемого многими принципа: «Все немцы – фашисты, по морде его!» Он говорил пожилому немцу-служаке: «У тебя жена, дети – а мы воюем. Меня тоже ждут дома» (хотя у него уже никого не осталось). Когда у пленного на глазах появлялись слёзы, задавал ему наводящие вопросы, кто его командир, какая часть, и своим видом показывал, что это известно и ответы правильные. Тогда немец сдавался и говорил только правду. Но однажды, когда молодой фашист стал бахвалиться, что сфотографировался на Крещатике, Абрам, у которого родители и сестренки погибли в Бабьем Яру, не выдержал и ударил его, один раз за всю войну.

Абрам Кашпер был переводчиком во время первого допроса командующего немецкими войсками под Сталинградом, фельдмаршала Фридриха Паулюса. Это был настоящий вояка, профессионал, немецкая косточка, с культурными традициями, что не помешало ему встать на сторону национал-фашизма. Он котировался, Гитлер держал его при себе в качестве квартирмейстера, намечал сделать своим заместителем.

Когда он осознал, что Сталинградская битва – это начало конца, то телеграфировал фюреру, что положение безвыходное. В ответ получил приказ стоять до последнего, пока жив хоть один солдат. И подпись: подполковник Адольф Гитлер.

Уже были известны 300 случаев расстрела солдат за то, что они хотели сдаться. Представитель Ставки через парламентеров передал ультиматум, в котором всем, кто сдастся, была гарантирована медицинская помощь, горячее питание, освобождение. В ответ приказ Гитлера: никаких переговоров, стоять насмерть. Принять условия ультиматума они отказались. И 9 января 1943 г. в 8 часов 05 минут началась мощнейшая артподготовка, после чего всё, что осталось от былой блестящей армии, начало сдаваться.

В ночь на 31 января сдался на милость победителя и фельдмаршал Паулюс – во главе своего штаба он вышел из подвального помещения универмага, откуда он руководил военными действиями. Генерал Шмидт вышел сдаваться с чемоданом. Фельдмаршал Паулюс был в полной форме, волевой, корректный.

Второго февраля все было закончено, советские войска погружены в товарные вагоны и отправлены в район Прохоровки, знаменитой Курской дуги. А остатки разбитой вдребезги фашистской армии – голых и босых, завернутых в одеяла пленных, попавших в «Сталинградский котел», советские солдаты, одетые в кожуха и валенки, провели в назидание по Красной площади.

На первом допросе на вопрос, почему он как командующий не дал распоряжения солдатам сдаться, чтобы сохранить их жизни, Паулюс ответил:

– Мы – солдаты и подчиняемся только приказам Главнокомандующего.

Что касается поражения в битве под Сталинградом, то у каждой армии могут быть ошибки и неудачные эпизоды, а о концлагерях и заживо сожженных деревнях стратег Паулюс, конечно, не подозревал.

Паулюс был передан в политотдел разведывательного управления; он содержался в комфортных условиях, с личным поваром, изучал «Капитал» Маркса на немецком и французском языках.

Его выступление на Нюренбергском процессе было сенсацией: как же, он оказался живым и дал показания, да какие! Он рассказал, как Германия заранее, до 1940 г., готовила план «Барбаросса», привел данные о проводимых маневрах.

В Союзе он находился до 1953 г. и на прощание в газете «Правда» опубликовал статью, в которой признался, что прибыл сюда как враг, а уезжает как друг. Преподавал в Берлинском университете, возглавил «Союз офицеров» ГДР и умер, как говорят, в своей постели.

Абрам Иосифович, какое самое сильное впечатление оставила в вашей память война?

— Самое тяжелое воспоминание это Сталинград. Летом 1942 г. было полное преимущество немцев в воздухе; я был свидетелем воздушной погони за отдельной машиной и одним бойцом. У нас же было моральное превосходство, которое позволило выстоять и перейти в наступление. Хорошо помню, как все танцевали в окопах, когда был сбит первый фашистский самолет. Немцы воевали по уставу, а мы проявляли изобретательность и талант. И хотя после Сталинградской победы реальный путь до Берлина оставался почти таким же, как в начале битвы, у нас было ощущение, будто он сократился вдвое, втрое, потому что мы поняли, что фашистов можно тоже окружать и хорошенько бить. Они называли нас «Сталинградскими бандитами» и попытались взять реванш на Курской дуге – не вышло.

Вы встречались со многими известными военачальниками: маршалами Жуковым и Рокоссовским. Какими они запомнились?

— Этих совершенно разных людей объединяла несокрушимая уверенность в победе, но подходы к ней отличались. Жуков был строгим и жестким, даже жестоким, за дело мог и застрелить. И выглядел он как крепкий, грубый мужик, крестьянский сын. Перед Сталинградом он сменил на посту командующего фронтом Рокоссовского, который был ему полной противоположностью. Высокий и красивый, маршал Рокоссовский был образцом русского интеллигента, с негромким голосом и приятными манерами. Под внешней мягкостью скрывалась твердость, чувствовалось уважение к людям и внутренняя культура.

А при каких обстоятельствах Вы встречались с Ильей Эренбургом?

— В сентябре 1943 г. Эренбург вместе с Константином Симоновым прибыл в расположение наших войск под

Сталинградом. Мне поручили сопровождать журналиста к пленным, которые были родом из Эльзас-Лотарингии. Долго живший во Франции Эренбург интересовался французами, попавшими в германскую армию. Когда их брали в плен, они выпарывали из своей одежды обрывки французского флага, чтобы показать, что они не фашисты. Эренбург тогда был уже немолодой, слегка обрюзгший. Увидев, что я налегке, он предложил свою шинель. По дороге я сказал, что мы всегда ждем его статей в фронтовых газетах и его заметка «Убей фрица!» была как выстрел в яблочко. Он знал, что немцы ненавидят его, и рассмеялся:

– В их черных списках я значусь под номером один.

В конце войны Вы были парламентёром. Как происходили переговоры и можно ли было о чем-то договариваться с фашистами?

– Обычно парламентерская группа состояла из трех человек: офицера-парламентёра, солдата, несшего белый флаг и через громкоговоритель возвещающего о приближении группы, и переводчика. В ее задачу входило добраться до командного пункта противника и вручить пакет с мирными предложениями, гарантирующими сохранение жизни и медицинскую помощь. Если осажденные отказывались сдаться, по возвращении группы начинался штурм. Бывали случаи, когда фанатики отказывались сдаться и даже стреляли в людей с белым флагом, но в конце войны, когда стало ясно, что дни фашизма сочтены, немцы стали сговорчивее.

Как Вы относитесь к реформе русского языка, затеваемой российскими парламентариями?

– Что может дать такая реформа? Во Франции вопросами языкознания занимается Академия, а в России Шандыбин с Прохановым, и в Думе царит нецензурная лексика. Бороться же с проникновением в язык иностранных слов все равно, что сражаться с ветряными мельницами.

Слушая ваши выступления по радио, которые можно назвать культурологическими лекциями, чувствуешь, что Вам доставляет истинное удовольствие общение с любознательны-

ми людьми, которым можно передать свой опыт и знания. Чем больше всего интересуются наши люди?

– Вопросы самые разнообразные, в основном о значении, правописании и происхождении слов и фразеологических оборотов. Люди спрашивают, почему Нью-Йорк называют городом Большого Яблока и откуда произошло название государства Израиль. Это скорее вопросы по истории, но мне самому интересно знать на них ответы.

После демобилизации Вы преподавали в Киевском государственном университете и сорок лет в Киевском высшем военно-инженерном училище, издали много книг и учебников, за которые получили научное звание профессора. Врач и Учитель – это те две ключевые фигуры, которые, после матери, стоят ближе всех к человеку, от рождения и до смерти, помогая ему стать человеком. Какие идеи стремились Вы передать своим ученикам?

Вместо ответа Абрам Иосифович протянул мне свою книжку «Катехизис преподавателя». Среди «заповедей» есть такие:

– Обучение – не упражнение памяти, а развитие интеллекта. Искусство обучения заключается не в умении сообщать, а в умении возбуждать, будить, оживлять.

– Знание – не силой! Любить можно только то, что приносит радость. Не воспитывай аллергии к учебе. Не применяй приемы принуждения. Приучай мыслить творчески.

2-3-3. Герой Советского Союза

Если бы я снимала кинофильм с таким названием, то дала бы такую эпиграф-заставку: пронзительно-голубое небо, бескрайняя равнина и вихрастый мальчишка с выгоревшими на солнце бровями хватко, по-мужски косит траву, а потом мечтательно лежит в стогу сена, закинув руки за голову и устремив завороженный взгляд на кружащих над ним птиц. И представляет себя не иначе как яркой кометой, бороздящей пятый океан и прокладывающей людям путь в иные миры.

Но жизнь сложилась так, что Степан Борозенец, этот юноша с открытой улыбкой и ямочками на щеках, стал народным мстителем, за более сотни вылетов на боевые задания обрушившим на врага тонны смертоносных бомб и заслужившим Золотую Звезду Героя. И еще орден Красного Знамени, четыре ордена Отечественной войны и медали.

Он писал с фронта домой:

«Дорогие папа, мама и сестричка Машенька, я отомстил за своего брата Петю, который погиб под Харьковом. И пусть немцы знают, что еще много матерей немецких солдат будут оплакивать их смерть.

А фашистов, клянусь вам, буду бить беспощадно».

Степан родился в 1922 г. в селе Таврия Восточного Казахстана, родители батрачили, потом работали в колхозе. В 1933 г. от жары выгорело все, начался лютый голод. Степан видел трупы на улице; старший брат отца умер от голода. Но семья выжила.

Мама так и не освоила грамоту, зато отец окончил областную партшколу и был назначен редактором районной газеты. В начале войны кому-то понадобилась его должность, чтобы уклониться от призыва, – его оклеветали и на 2 года посадили в тюрьму. Только после победы его реабилитировали и восстановили в партии.

Когда Степан учился в 10-м классе, его робкой мечте суждено было сбыться: в их школу прибыл летчик Семипалатинского аэроклуба и после его вдохновенного рассказа о профессии военного летчика, шестеро мальчишек решили податься в авиацию. На сборы дали 3 дня, на уговоры родителей потребовалось и того меньше, и в ноябре 1940 г. все были зачислены в аэроклуб. После успешной сдачи госэкзаменов все выпускники аэроклуба были призваны в армию и направлены в Оренбургское военно-авиационные училище имени Валерия Чкалова, где в июне 1941г. приняли военную присягу.

И все равно война началась неожиданно. В тот день Степан, будучи дежурным по кухне, как бывалый сельский парень запряг лошадь и отправился на склад получать продукты. В 11 часов по радио он услышал голос Левитана, сообщивший, что «Киев бомбили». Когда вернулся в часть, объявили о построении. Никто не знал, что надо делать. По сигналу боевой тревоги начали быстро выбрасывать из окон столы и кровати – всё переломали.

Боевая биография Степана началась в сентябре 1943 г. на Западном фронте, а закончил войну он на аэродроме города Рехлин северо-западнее Берлина. Указом от 18 августа 1945 г. летчику Степану Борозенцу было присвоено звание Героя Советского Союза – «за геройский подвиг, проявленный при выполнении боевых заданий командования на фронте борьбы с немецкими захватчиками».

Степан был ранен западнее немецкого города Слоним. На втором заходе для атаки в самолет попал снаряд, из двигателя в кабину стало поступать распыленное масло, забрызгивая окна. К счастью, пожар возник за линией фронта и Степану удалось посадить горящий самолет на железнодорожное полотно. У него были обожжены руки и лицо, о приборную доску выбиты зубы, при жесткой посадке поврежден позвоночник, который, несмотря на многие операции, и сейчас болью напоминает о тех днях.

В другой раз, в феврале 1945 г., во время боев за польский город Грузянск на них напала группа из 52-х немецких истребителей. Четверых сбили, но и самолет Степана был подбит, а стрелок ранен. Степан, тоже раненный в голову, старался побыстрее дотянуть до ближайшего аэродрома, но стрелок не дожил. Летчиков в строю не хватало, и через 2 дня Степан ушел из лазарета, а тот осколок до сих пор «сидит» у него в виске.

Военный человек, труженик, Степан всю жизни учился и «переучивался». Он окончил Военно-Воздушную академию им. Гагарина, преподавал в Харьковском авиационном училище.

Ну, а девушки? А девушки «потом». Служба, знаете ли...

Однако 8 марта 1957 г. что-то изменилось. После окончания Академии его откомандировали в Прикарпатский военный округ. В тот день на праздничный обед в Дом офицеров жена комполка пригласила свою подругу Лиду из Львова. У Лиды были лучистые глаза и добрая улыбка. Все вместе танцевали, Степан проводил Лиду до порога командирского дома, где она остановилась...

По большой занятости они не виделись до следующего всенародного праздника – 5 декабря. На этот раз Степан никуда ее от себя не отпустил и полвека держит в желанном «плену». Тогда они проговорили всю ночь, под утро Степан предложил ей руку и сердце, но Лида ответила, что без родителей нельзя.

Что ж, поехали к родителям, но по дороге заглянули к командиру:

– Милые друзья! Что вы думаете? Я решил жениться!

– Ой, Стёпочка! Пойдем, выпьем и позавтракаем!

Когда Степан объявил родителям, что забирает их дочку навсегда, они переглянулись – не поспешно ли? В ЗАГСе Степан произнес речь: «Отныне ты моя жена и будешь повиноваться мне во всём. А если ослушаешься, применю физическую силу». Служительница Фемиды переполошилась:

– Может быть, вы подумаете?

А он просто был счастлив.

На том завтраке в их честь комполка поставил жене летчика конкретную задачу: действующего пилота не следует тревожить и утомлять, с ним нельзя ссориться, придираться к мелочам, надо быть спокойной и всегда улыбаться.

И они жили дружно, но Лида до сих пор помнит то щемящее чувство, которое поначалу не отпускало: «Над нами днем и ночью гудели самолеты, а когда вдруг затихало, сердце камнем на дно: почему стихло? Сразу – страшно».

Мы беседуем в их угловой, с двумя большими смежными окнами, гостиной, напоминающей кабину самолета, зависшего среди чикагских небоскребов.

Степан Николаевич, в Америке начался новый виток вашей жизни. В течение многих лет Вы являетесь членом Правления чикагской Ассоциации ветеранов, активно участвуете в ее деятельности, встречаетесь с американскими ветеранами. Несколько лет назад в связи с дискуссией в русскоязычных СМИ

– Я могу еще раз рассказать два случая из своей фронтовой жизни. Немецкий ас был сбит нашим летчиком в звании сержанта и не поверил, что сделал это безусый мальчишка в ботинках с обмотками. Но когда тот через переводчика рассказал о подробностях воздушного боя, ас снял с руки, подаренные Гитлером часы, и протянул их победителю. Реакция другого аса, сбитого нашей девушкой–истребителем, была аналогичной: «Это невозможно! Я воевал в Испании и Англии, но о таком не слыхал».

В 1943 г. Покрышкин сбил нескольких асов, так что они боялись его до конца войны. Группа Геринга не имела ни своего штаба, ни своих механиков. Они летали с фронта на фронт: наделают «шороха», собьют несколько самолетов и перелетают на другой аэродром. До вступления в бой с нашими истребителями асы оценивали ситуацию и, даже если силы были равны, уклонялись от сражения. Чаще всего они ловили отставших от строя. Отдельные успехи, безусловно, были. Их преимущество заключалось в хорошем взаимодействии с зенитной артиллерией. Мы знали, что если стреляют зенитки противника, их самолеты в небе не появятся. Но если пушки молчат, – берегись! – в любой момент подлетит авиация.

По жизни Вы были горячим патриотом своей страны. Всегда ли советская власть отвечала взаимностью?

– Я воевал за свой дом и свой народ, отделяя его от режима. Советская власть отвстственна за голодомор 1933 года, за то, что по ложному доносу был арестован мой отец. Когда из-за старых ран я уже не мог летать, меня перестали продвигать по службе, неоднократно отказывали в достойной работе. Причину я установил, когда ознакомился со своим «личным делом»: в глаза бросилась жирная черта под графой «Отец жены – Ромм Самуил Яковлевич, еврей». Это про моего тестя, честнейшего человека, члена партии, который прошел всю войну.

Почему Вы уехали в Америку?

– Ради детей и внуков. Когда родственники жены собрались уезжать, я в резкой форме убеждал их остаться.

Потом извинился, потому что понял, что сыну на родине дороги нет. В 1991 г. пришли тяжелые времена, авиационный завод, на котором он работал, не получал заказов. У Саши было двое детей, жена не работала. Коммерсанта из него не вышло, пришлось, как многим инженерам, ремонтировать квартиры, собирать мебель. И я ему помогал, насколько позволяло здоровье. Вот тогда я и понял, что сын был прав: мужчина обязан обеспечить семье достойную жизнь, а работа – доставлять радость и удовлетворение.

Как сложилась судьба вашего сына и внуков в Америке?

– Хорошо сложилась. Сын работает программистом, внук и внучка учатся в престижной школе. Внук Миша в 11-м классе и параллельно в школе «Гражданский патруль» уже 3 года изучает авиацию, метеорологию, навигацию. Налетав с инструктором необходимое число часов, получил разрешение и уже выполнил несколько самостоятельных полетов над городом. После окончания школы пойдет в Академию авиации во Флориде – хочет стать гражданским летчиком.

Это к внуку обращена написанная в одном экземпляре монография, где Степан Николаевич подробно описал самолеты, на которых летал, и бои, в которых участвовал. Там же он подвел итог периода своей американской жизни: «Не могу скрыть удовлетворения тем, что я снова в «строю». В рядах крупнейшей в Америке Ассоциации ветеранов Второй мировой войны. Среди более тысячи боевых товарищей я почувствовал себя равным среди равных и нужным всем им и каждому, как они мне. У всех своя судьба, своя большая прожитая жизнь».

Мысленно возвращаясь к моему виртуальному фильму, в эпилоге представляю заключительную мизансцену: по берегу волнующегося Мичигана рука об руку идут, удаляясь, двое немолодых людей – навстречу вздымающимся ввысь, огненным на солнце силуэтам большого города ветров и дерзких желаний.

2-3-4. В Чикаго жил еврей-шахтер

Прожита большая жизнь, заполненная трудом и событиями исторического масштаба. Заслуженный строитель России Ханан Абрамсон участвовал в создании Московского метрополитена и ряда важных подземных сооружений государственного значения. Автор 5 монографий и 500 научных работ и изобретений.

А начиналось все с шахты, которой отдано 20 лет жизни.

Перед тем, как вылететь на постоянное местожительство в Чикаго в декабре 1997 г., Ханан Исаакович, прощаясь с Москвой, где прожил более 70-ти лет, направился в Бобров переулок на строящуюся станцию метро «Сретенский бульвар». Как в юности, надел шахтерскую каску, резиновые сапоги и спустился в забой, чтобы в последний раз взглянуть на клеть подъемника, вагонетки, проходческий комбайн, грызущий породу.

Пятнадцатилетними пацанами из подмосковной Малаховки они с другом, закончив 7 классов и встав на учет на подростковой Бирже труда, пошли в соседние Люберцы проситься на работу на завод сельскохозяйственных машин. Но кадровик был суров:

– Своих не могу устроить, а вас, жидовнят, тем более.

Обиделись, но крылья не опустили, наоборот, это придало сил и они, как ленинские ходоки, отправились в Москву, в Черкасский переулок, где в красивом особняке раскинулся ЦК ВЛКСМ. Поплакались. Здесь к ним отнеслись внимательнее:

– Пойдите в ОЗЕТ – Общество землеустройства евреев. Это недалеко, угол Воздвиженки и Моховой, 4-й этаж.

И пошли они за судьбой по длинному коридору, а навстречу, как в сказке, семенит дед в пенсне и с седой бородкой клинышком.

– Что бродите, добры молодцы? – хитро так спрашивает.

– Да вот работу ищем, в еврейскую инстанцию направили, – отвечают.

– Они этажом ниже обосновались. Следуйте за мной, однако.

И привел их в хоромы светлые, просторные. Сам, маленький, сел за стол дубовый размеров внушительных и записочку сочинил краткую, по которой ОЗЕТ, этот обломок НЭПа, их прямиком на химическое производство направил – мыло варить, масла рафинировать для народных нужд. На прощание они у Зосимы Захаровича Слонима, руководителя ОЗЕТ, все-таки спросили:

– А кто этот дед волшебный будет?

– Это председатель ЦИК Михаил Иванович Калинин.

Так президент страны дал Ханану путевку в жизнь. На «большую химию».

Как несовершеннолетний Ханан работал по 4 часа в день, зато быстро стал в цеху помощником мастера и секретарем комсомольской ячейки. И поступил в вечерний техникум, тут уж мама настояла.

В 1931 г. началось строительство московского метрополитена, которое объявили ударной стройкой. Собрал Ханан своих комсомольцев-добровольцев, о которых потом Евгений Долматовский напишет стихи и снимут фильм с Элиной Быстрицкой в заглавной роли, и привел 8 человек к начальнику, который сразу узрел в Ханане вожака:

– Ты, видать, грамотный – иди в техотдел.

Но Ханан уже тогда был неистовым: в великих делах хотел быть гегемоном.

– Пойду только проходчиком.

– Ладно, иди, руби породу.

Про него и песня подходящая есть, помните? – «и в забой отправился парень молодой». Спрашиваю у Ханана:

Очень страшно работать, когда знаешь, что каждую минуту на тебя может обрушиться каменная глыба?

– Страха не было. Это у мамы соседи спрашивали, как она пустила своего мальчика *ин дрер*, имея в виду не иначе как преисподнюю. Просто с детства я мечтал стать горным инженером и под землей мне было все интересно.

Его определили в бригаду проходчиков: все по очереди отбивали породу отбойным молотком, лопатами грузили ее в вагонетки, вручную откатывали к шахтному стволу и закатывали порожняк. Кроме того, ставили крепь – укрепляли выработанное пространство бревенчатыми рамами и закладывали досками для безопасности подземных работ. Это была шахта № 18-18 бис на строительстве станции метро «Мясницкие ворота», которую позже переименовали в «Кировскую»; ныне «Чистые пруды».

Первую линию метро строили исключительно с помощью отбойного молотка и лопаты. Только потом появился бурильный инструмент, которым проделывали скважины для взрывных работ; тогда дело пошло веселее. Он строил станцию «Площадь Свердлова», ныне «Театральная», и уже во время войны перегонный тоннель между станциями «Павелецкая» и «Автозаводская». И тут Ханан, как истинный патриот, с гордостью упомянул, что в настоящее время протяженность Московского метро составляет 286 км и станций насчитывается 180.

Когда Ханана назначили десятником по подземному транспорту, произошла его встреча с Л.М. Кагановичем, который вместе с начальником шахты А.Г. Танкелевичем направлялся в забой. В это самое время «забурилась» вагонетка, и Ханан с откатчиком втаскивали ее обратно, на рельсы.

Лазарь Моисеевич поинтересовался, часто ли такое происходит и можно ли этого избежать. Ханан бойко ответил, вызвав одобрение Кагановича. «У вас все хлопцы такие разумные? Надо таких двигать!» – И добавил, обращаясь к Ханану. – Все, что ты предлагаешь, будет, когда начнем вторую очередь метро. А эту надо строить ударным трудом и сдать в установленные сроки».

– *Пламенно. Он был народным трибуном?*

– Я видел его на больших собраниях метростроевцев. Он запомнился убедительным оратором, зажигательными призывами вдохновляющим молодых энтузиастов. Между прочим, это его лозунг: «Борьба за перестройку по-сталински». Будучи Первым секретарем Московского комитета партии, он непосредственно руководил строительством, и после пуска первой очереди метрополитену было присвоено его имя вполне заслуженно. С 1957 г. метрополитену присвоили имя В.И. Ленина, хотя он имел к метро примерно такое же отношение, как Мао Дзе Дун к строительству Великой Китайской стены.

– *Отвечать за других людей всегда ответственно, а под землей тем более?*

– Под клеть попал человек, не в моей смене, но я его вытащил. Так в Московском городском суде мне дали 2 года лишения свободы. Интересно, что в этом суде, расположенном на Каланчевке, 70 лет спустя, Михаилу Ходорковскому вынесут такой же «справедливый» приговор.

– *И Вас, как преступника, тоже взяли под стражу прямо в здании суда?*

– Нет, только отобрали паспорт.

– *Что было потом?*

– Доложил начальству, мол, принимайте дела. В ответ: «Иди, работай. Разберемся». И я работал. Когда закончили первую линию, в Колонном зале Дома Союзов к нам с приветственной речью обратился Сталин. Нас наградили; меня повысили в должности, а поскольку к тому времени я уже заработал ревматизм и у меня болели ноги, то еще получил путевку в санаторий. Хватился – а паспорта-то нет! Иду в суд, меня посылают в милицию, а там... молча протягивают паспорт – дело закрыли, все кончилось. Вот бы так все обошлось с Ходорковским!..

Во время войны Ханан строил объекты специального назначения. Это были подземные бункеры, расположенные на глубине до 60-ти метров, в которых размещалась Ставка Верховного Главнокомандующего (подмосковное Кунцево); Штаб военно-воздушного флота (рядом со станцией «Чистые пруды»); Штаб противовоздушной обороны Москвы (напротив тогдашнего здания Моссовета). За разработку и внедрение технологии подземного базирования ракет стратегического назначения ему была присуждена Государственная премия.

Уже будучи крупным специалистом в области подземного и шахтного строительства, Ханан опубликовал в журнале «Подземное пространство мира» свою знаменательную статью «Шестьдесят лет молчания», в которой приведены данные разных источников – от народной молвы и российской прессы до министерства обороны США – о существующем в недрах Москвы таинственном подземном царстве, берущем начало с темниц Малюты Скуратова и соединенном с Кремлем потайными ходами.

В новые времена царство мрачного Аида, брата Зевса, пополнилось специальными линиями метро, связывающими Кремль с загородными резиденциями типа сталинской «Ближней дачи» в Кунцево, а в новейшие – благоустроенным городом на глубине до 120 метров, вблизи МГУ, для 120 тысяч жителей, с «люксовскими» гостиницами и кинотеатрами, что особенно радовало Леонида Ильича.

В скобках от себя могу добавить, что на этот счет слухи были самыми невероятными, например, в те годы мы были совершенно уверены, что такой подземный город для советской элиты располагается недалеко от ВДНХ и поэтому в случае атомной бомбардировки первый удар придется, конечно же, по нашему Дзержинскому району с его постоянной толпой перед Домом обуви.

В заключении к статье автор пишет: «Настало время, когда все, что не требует секретности, должно быть рассекречено, поскольку большая часть секретности была от нас самих, что, во-первых, требовало больших расходов, и, во-вторых, нанесло много вреда техническому прогрессу и дорого обошлось стране».

Не знаю, чего здесь больше – скромности или самоиронии. Может быть, наивности?

Ханан предложил снять гриф секретности с объектов, не представляющих военной тайны; опубликовать официальную достоверную информацию о подземной жизни многомиллионного города и передать в муниципальную собственность такие объекты для использования в качестве производственных и научно-технических комплексов, хранилищ библиотечных фондов и архивов.

На дворе стоял 1994 г. и Правительство Москвы выразило признательность Абрамсону Х.И. за проявленную заботу о городских и государственных интересах и заверило, что «в настоящее время ведется работа по вовлечению отдельных подземных сооружений в экономику Москвы, но, к сожалению, идет этот процесс медленно, т.к. переоборудование и приспособление их для хозяйственных целей требует значительных вложений средств, а отдача от этих вложений происходит не сразу. Тем не менее, конверсия идет и в этом направлении...». Словом, надейся и жди.

Неистовый Ханан – так называли его за колоссальную работоспособность, честность и бескомпромиссность, – выйдя на пенсию по инвалидности в свои 74 года, продолжил творческую деятельность в качестве научного консультанта, автора ряда исследований и публикаций. Он был соавтором трехтомника «Еврейская энциклопедия», для которой написал статьи о знакомых ему людях, горных инженерах и ученых-горняках, каким был его учитель Абрам Григорьевич Танкелевич, в самое сложное время руководитель шахты и член Еврейского антифашистского комитета, репрессированный и освобожденный после смерти Сталина.

На протяжении многих лет являясь постоянным корреспондентом московской газеты «Метростроевец», он с молодым азартом продолжил – чуть ли не на второй день после прибытия в Америку – на основе своего богатого жизненного опыта писать интереснейшие эссе, которые охотно публиковали чикагские русскоязычные издания.

В Интернете он открыл свой сайт, поместив свои «Записки еврея-шахтера», где обменивался мыслями с друзьями из Израиля и Германии. Однажды получил неожиданную весточку от незнакомого адресата; вот отрывок из переписки с известным публицистом Валерием Леонидовичем Сердюченко:

– Ханан Исаакович! Протягиваю Вам руку из своего нынешнего скорбного прикарпатского далека и нашего общего советского прошлого. Оно было жестким и прекрасным. Люблю его и ненавижу. А Вы?

– Люблю и не ненавижу. С чистой совестью могу сказать: делал, как мог, старался, остались мои скромные следы на земле московской, под землей и со многих точках страны.

Горько сознавать, что со временем о ветеранах вспоминают только 9-го мая. Тогда и цветы, и песни: «Фронтовики, наденьте ордена!».

Но существуют неписаные нормы, касающиеся не внешней стороны бытия, а глубинной, духовной, что отличает людей нравственных. Человек сам выбирает, с кем сверять свои нравственные часы. Для одних это мать Тереза, Андрей Сахаров или учитель Корчак, который пошел за своими учениками в газовую камеру. А вот какая-то женщина из Украины пожелала сменить свое имя и называться Усамой Бин Ладен. Критерии расплывчаты и субъективны.

Было когда-то такое понятие как «гамбургский счет», связанное с образом человека благородного, порядочного, которому можно доверять. Больше, чем векселю. Правда, в наше время оно забыто, как впрочем, и комплекс чистой совести – зачем в сложном глобальном мире обременять себя лишними нравственными категориями?

Вот и нашлись люди, ставящие под сомнение право ветеранов носить их кровью политые награды. Как вам такой пассаж: «...носить на сердце кусок сплава, обезображенный изображением палача и убийцы, на мой взгляд, безнравственно и беспринципно. С этим доводом должно согласиться большинство читателей газеты, в том числе ветеранов войны и труда, и сделать для себя надлежащие выводы»?

Не слабо, не правда ли? Такой до боли знакомый дух: шаг влево, шаг вправо – побег; кто не с нами, тот против нас.

Вот вам и вся демократия. Сколько еще должно пройти лет, чтобы пришло, наконец, понимание, что каждый человек имеет право сам определять свою судьбу и свои действия? Он и только он (а не «большинство читателей») решает, гордиться ли своими боевыми наградами или спрятать их по идеологическим соображениям. Я уважаю оба решения, но хватит насильно загонять нас «в счастье» – по большинству голосов!

Никто пока не собирается переименовывать площадь Сталинграда в Париже. И битва на Волге всегда будет Сталинградской – с историей спорить бессмысленно, только она всё рассудит и поставит на свои места.

Конечно, глубоко безнравственной является попытка нынешних российских воротил представить Сталина, палача собственного народа, как «хорошего менеджера». Но не его изображение на боевых наградах составляет их смысл и значение. Для ветеранов ордена и медали – это оценка обществом их ратного труда, их личного подвига в справедливой борьбе за свой дом.

Президент Авраам Линкольн как-то заметил, что следует различать народ, на который надели конфедератки и поставили под ружьё, и их лидеров, своим сепаратистским выходом из унии спровоцировавших Гражданскую войну.

То есть хорошо бы уметь отделять зёрна от плевел и из-за гнусного режима не видеть небо в овчинку. Не самоуничижение ли это одним махом перечеркнуть всю предыдущую жизнь? И стоит ли? Не надо обличать слабых и старых, которым сейчас особенно нужны простые *мицвы* – моральная поддержка, человеческое общение и доброе слово. И здесь лучше нашей чикагской поэтессы Кати Капельниковой не скажешь:

И что пенять на несложившихся, неспетых, на тех,
Кто прошлое лелеют и не рушат,
Ужель людьми мы перестали быть при этом,
Ужель в цене упали души?

И еще более кощунственными выглядят оценки автора, данные фашистам. Вдумайтесь в слова: «... судьбы и деяния *многих людей на Западе* были не известны не только широкой общественности, но даже многим их знаменитым коллегам в СССР. Имена *героев Вермахта, Люфтваффе и Кригсмарине* были практически вычеркнуты из советской военно-исторической литературы. Их также обходили молчанием средства массовой информации».

Отчего же? Если порыться в неких книжных развалах, то рядом с гитлеровским «Майн кампф» вы найдете всё об этих «героях», «именитых коллегах» и «прославленных немецких асах» – кумирах молодых бритоголовых неофашистов.

А с каким пиететом и точностью исправного счетовода переписаны из военного вестника двадцатилетней давности цифры, характеризующие подвиги фашистских стервятников! Не безнравственно ли это?

Я против всякого культа и считаю, что общество не нуждается в пропаганде насилия и фашизма, в какой бы форме она ни велась. Неужели нам мало убийств в американских школах? Кстати, один американский мальчик, увлекшись этими самыми асами, заявил, что был одним из них в своей первой жизни и его сбили над Германией. Так кого вдохновляют эти цифры? Наших внуков? Я думаю, что можно найти более достойный объект для подражания.

Какая разница, сбивал наши самолеты один фашист или несколько? Для меня они всегда будут не героями, а хищниками, которые пришли в мой дом и расстреляли моих близких. И восторгаться их деяниями и называть их коллегами, на мой взгляд, так же безнравственно, как пропагандировать скинхедов или палестинских террористов.

Это глубоко ранит и оскорбляет тех, кто спас наши жизни. И не надо называть их гитлеровскими коллегами. Они не товарищи по работе, они – враги. Их качественным отличием было то, что за плечами асов маячили газовые камеры, а наши летчики защищали свой дом. В этой схватке не на жизнь, а на смерть было не до личных рекордов. И нам, тем более, нельзя подходить к этой войне как к Олимпийским играм, легко подсчитывая медали. Количество самолетов, сбитых асами, так и не перешло в качество, а осталось их личными рекордами, не повлиявшими на ход войны. Более ярким примером этого положения философии является командное достижение советских летчиков, о котором написал немецкий генерал Типпельскирх: «Уничтожить русскую авиацию, как это удалось с авиацией противника в Польше и во Франции, немецкой авиации не удалось».

А вот мнение об этой дискуссии Героя Советского Союза летчика Степана Борозенца, ныне живущего в Чикаго:

– По этому поводу я могу рассказать два случая из своей фронтовой жизни. Немецкий ас был сбит нашим летчиком в звании сержанта и не поверил, что сделал это безусый мальчишка в ботинках с обмотками. Но когда тот через переводчика рассказал о подробностях воздушного боя, ас снял с руки подаренные Гитлером часы и протянул их победителю. Реакция другого аса, сбитого нашей девушкой–истребителем, была аналогичной: «Это невозможно! Я воевал в Испании и Англии, но о таком не слыхал».

Отдельные успехи у немецких асов, безусловно, были. Их преимущество заключалось в хорошем взаимодействии с зенитной артиллерией. Но чаще всего они ловили отставших от строя».

Несмотря на бездарное и часто преступное руководство, ответственное за колоссальные потери, советский народ выстоял. По словам ветеранов, по значимости это были лучшие годы их жизни, потому что они несли освобождение от фашизма. Это противостояние не было войной Алой и Белой роз. Это была смертельная схватка всего прогрессивного человечества с фашизмом, борьбой Добра со Злом. Еще слишком свежи раны, и каждый честный человек должен определить свое место в этой схватке. Именно об этом писал никогда не воевавший Владимир Высоцкий:

И еще будем долго огни принимать за пожары мы,
Будет долго зловещим казаться нам скрип сапогов,
Про войну будут детские игры с названьями старыми,
И людей будем долго делить на своих и врагов.

Конечно, очень хочется, подобно отставному комиссару, считающему себя «за всё в ответе», приструнить сограждан, празднующих не то, что следует, думающих не так, как надо, но не нужен здесь новый Фурманов – не собираются они устраивать в Америке социалистическую революцию. Если она и произойдет здесь когда-нибудь, то не вдруг и не снизу, а постепенно, в рамках закона, под непосредственным руководством правительства Барака Обамы.

Тысячи наших людей выиграли эту войну и миллионы полегли в землю. В память о них не унижайте ветеранов неуважением. Даже сейчас они украшают нашу общину и придают ей политический вес. Как и ветеранские колонны на демонстрациях в Израиле.

Сколько бы мы взаимно ни упрекали друг друга в приверженности советской ментальности, нельзя отрицать, что она подразумевает не только плохие или неприятные черты характера, но и такие прекрасные человеческие качества как коллективизм, самоотверженность, самопожертвование, духовность. Так давайте же сохранять всё то лучшее, что мы привезли со своей родины. Родину, как и родителей, не выбирают. И пусть американская демократия способствует тому, чтобы наши люди стали мудрее, добрее и терпимее друг к другу.

2-3-6. Самые сильные стихи о войне

Что такое «мнение большинства»? Это достояние демократии, когда на городских площадях кликушествуют юнцы или определяемое магическим образом «молчаливое большинство», необходимое президентам как руль, чтобы к предстоящим выборам подправить курс своего челна?

Но политические категории неуместны в литературе; нельзя большинством голосов, даже тайным голосованием, постановить, какие стихи любить и как их следует понимать.

У меня, например, такой поэтический критерий: затронуло ли стихотворение какую-то струну моей души или нет. И если где-то в подкорке звучат его строки, если я возвращаюсь к ним мыслями, хочу перечитывать и додумывать их, то автор достиг своей цели: своим стихом он вошел в мой дом и будет жить там наряду с дорогими воспоминаниями и любимыми вещами.

Впервые стихи «Мой товарищ, в смертельной агонии...» прочел мне недавно ушедший от нас ветеран войны Яков Нусинов, с рацией за спиной прошагавший по всем ее нелегким дорогам. В мирной жизни врач по призванию, поэт по влечению души, писавший стихи и рассказы, он считал это стихотворение самым сильным произведением о войне. Он вынес его из окопов и читал на память, не зная имени автора и считая его безвестно погибшим. Когда до Чикаго дошла антология русской поэзии «Строфы века» под редакцией Евгения Евтушенко, он радовался, что стихи обрели живого автора. А когда в русскоязычных газетах началась дискуссия о нравственности этих стихов, он, уже смертельно больной, не успел высказать своего мнения. Я это делаю в память о нем.

Вот авторский текст, написанный Ионом Дегеном, танкистом действующей армии, в 1944 году, когда ему было 19 лет:

Мой товарищ, в смертельной агонии
Не зови понапрасну друзей.
Дай-ка лучше согрею ладони я
Над дымящийся кровью твоей.
Ты не плачь, не стони, ты не маленький,
Ты не ранен, ты просто убит.
Дай на память сниму с тебя валенки.
Нам еще наступать предстоит.

О чем эти стихи? Это кровоточащая рана о цене, которую пришлось заплатить за общую Победу. Кровь товарища и его валенки – поэтический символ этой бесценной Победы.

Герой личной трагедии огромного гражданского звучания – не автор, а такой же, как он, безусый мальчишка, попавший в водоворот человеческой мясорубки с сотнями, тысячами убитых и умирающих. Здесь, в условиях неразберихи, страха, паники, смещения всех привычных человеческих норм и правил, трудно сориентироваться и зрелому человеку, а что уж говорить о вчерашнем школьнике, волею судьбы и военкомата вырванному из отчего дома. Можно растеряться...

Люди невоевавшие, не попадавшие в такие экстремальные ситуации и не способные поставить себя на место другого, с чистоплюйским рвением бегут к спасительным толковым словарям, чтобы громко прочесть, что мародёр это «грабитель, разоряющий население в местах военных действий, снимающий вещи с убитых и раненых на поле сражения, занимающийся грабежом в местах катастроф». Но даже по букве закона наш мальчишка не может быть определен как грабитель – это не его промысел. В этом аду, страшном месиве жизни и смерти, он осознает, что на его руках умирает товарищ, может быть, единственный друг. Ему страшно от своей беспомощности, потому что от друга остались кровавые, дымящиеся на морозе внутренности и разбросанные конечности. Друг убит, но он продолжает с ним разговаривать, как с живым, довольно неуклюже – но как умеет – отвлекает и утешает его. Мол, не кричи, дыши глубже, не так больно будет...

Я отчетливо вижу этого убитого горем утраты мальчишку, который медлит у холодеющего трупа, не в силах отдать его вечности. И он хватается за спасительную мысль взять что-то на память о друге, как отрезают прядь волос или уносят горстку земли с могилы близкого человека. И он берет валенки как символ того, что они вместе пойдут в наступление. Эта последняя строчка Дегена очищает и возвышает нашего мальчишку над всеми, кто подходит к нему со своими прокурорскими мерками, неуместными в тех условиях и во взаимоотношениях юных солдат, еще не успевших стать взрослыми и рассудочными (в этом случае он, просчитав все возможные последствия, никогда бы так не поступил). Вот если бы судьба поменяла их местами, тот, другой, скорее всего, действовал бы точно так же – «мертвым не больно».

– В ту пору мы мечтали только о наступлении, – скажет позже Ион Деген, инвалид войны, поэт и писатель, хирург, известный в СССР как основоположник магнитотерапии и первый, кто осуществил реплантацию конечностей.

В 16 лет Ион добровольцем ушел на фронт; в конце войны в звании гвардии лейтенанта командовал танковой ротой. Награжден 4-мя орденами и многими медалями, трижды ранен («За войну во мне 8 пуль и 11 осколков – от ног до головы»). После войны поступил в Киевский мединститут. Проучился два дня. Передвигаться на костылях между кафедрами, расположенными одна от другой на большом расстоянии, оказалось непосильным.

Перевелся в маленькие Черновцы, с отличием окончил Черновицкий медицинский институт. В 1977 г. Ион Деген прибыл в Израиль и начал работать в одной из его клиник; ему присвоено звание профессора. Издано 9 книг.

И вот боевому танкисту, инвалиду и профессору хирургии автор одной из русскоязычных газет грозит неподатием руки и ставит в пример санитарок, девушек из банно-прачечных отрядов и «...женщин, приносящих в жертву свое доброе имя и честь чему-то большому: доставить минутную радость уходящему в бой солдату, может быть, последнюю в его жизни».

А разве стихи Дегена не о них? Этот пассаж, как впрочем, и вся статья, показался мне странным и агрессивным противопоставлением, и я пригласила г-на Автора за круглый стол, чтобы с открытым забралом обсудить проблему нравственности. Но он отказался, мотивируя тем, что добавить ему нечего. Поэтому я была вынуждена публично указать на его литературную ошибку, из которой и проистекает этот необоснованный пафос.

Часто понятие «герой» подменяют понятием «автор» намеренно. Когда это делают власть предержащие и за стихи выносят смертный приговор, как поэту Рушди, их называют мракобесами. А тех, кто по указанию властей преследовал Пастернака, Галич заклеймил давно: «А у гроба встали мародёры и несут почётный караул». Слава Богу, г-н Автор не обличен властью, он еще только предлагает себя на роль сыскного агента, иначе ... страшно подумать! А пока он «всего лишь» обвиняет Иона Дегена в том, что *«с его ладоней еще не смыты раскаянием следы дымящейся крови преданного и погубленного им товарища»*. Каковы обвинения, а? Ну чисто Святая инквизиция!

Мне же это представляется не иначе как абсурдом. Это все равно, что обвинить г-на Автора в скотоложстве на том основании, что в одном из его рассказов лирический герой приводит в ЗАГС козу, чтобы сочетаться с ней законным браком.

...Но вернемся к литературной стороне обсуждаемого стихотворения. Я бы не стала рассматривать его с позиций социалистического реализма (типичные люди в типичных обстоятельствах). У нашего мальчишки все признаки классического трагического героя: он велик, потому что защищает свой дом и свой народ; он один и выше его только Бог; у него есть слабина, которая и приводит его к «моральному падению». А слабина эта заключается в том, что он пренебрёг общественными устоями, или скорее мнением фарисеев, предпочитающих победителей в белых перчатках.

На мой взгляд, корни сильного эмоционального воздействия этих стихов следует искать в натурализме – литературном течении, стремящемся точно изобразить действительность и человеческие инстинкты. Ярким его представителем был Джек Лондон, написавший в 1908 г. рассказ «Костер» – о человеке, попавшем в экстремальную ситуацию (на Аляске) и погибшем в единоборстве с природой. Замерзая, он вспоминает притчу, как попавший в пургу путник «спасся тем, что убил вола и забрался внутрь туши». Если он убьет свою собаку, он тоже «погрузит руки в ее теплое тело, чтобы они согрелись и ожили». И тогда он сможет разложить костер и выживет. Он пополз, было, к собаке, но обессилевшими руками «не мог ни ударить ее ножом, ни задушить».

Жуткая картина, не правда ли? Но Джек Лондон не спешит пригвоздить героя к позорному столбу. Более того, у его рассказа открытый конец: собака, чуя запах смерти, помедлила, протяжно воя под яркими звездами, и побежала в сторону лагеря, где были «другие податели корма и огня».

В задачу литературы не входит вынесение обвинительного вердикта, прошли те времена, когда добродетель повсеместно торжествовала над пороком, – читатель сам должен решить, что нравственно и что безнравственно.

...Когда я позвонила в Израиль, Ион Деген доброжелательно, с иронией, ответил на мои вопросы.

Прошло почти 60 лет после того, как Вы написали свои стихи «Мой товарищ, в смертельной агонии...», но они продолжают волновать людей. Какова история их написания?

– Во время осенних боев в Литве был подбит мой танк и следом танк моего товарища Толи Сердечнева. Мы оба успели выскочить из горящих махин, но он оказался в одном сапоге. У Толи был 46-й размер и завхозчастью никак не мог найти что-то подходящее. Приближались морозы, а Толя так и ковылял с перевязанной брезентом ногой. Мы предупредили нерадивого, что оставим его без сапога, но он посчитал это шуткой, а нас анархистами. Тогда мы – два лейтенанта и замкомандира, капитан, – осмелев по пьянке, связали его и сняли оставшийся сапог.

Каков ключ к пониманию ваших жестких строк – война делает человека жестоким или «мёртвым не больно»?

– Нет. Только Победа. И Память.

Эти стихи в вашем творчестве стоят особняком. Они дороги Вам?

– Это стихотворение больше всего запомнилось, потому что летом 1945 г. в московском Доме литераторов за них меня просто уничтожили как апологета мародёрства и трусости. А я показал мою боль, вспоминая своих погибших товарищей, как живых. Я не мог относиться к ним как мародёр, это была дань памяти о них. Мои военные стихи не писались – они появлялись сами, в готовом виде, я их не правил.

...Беседа с Ионом Дегеном оставила у меня впечатление честности и основательности жизненных устоев этого человека. Такому хирургу можно доверить свою жизнь и такому автору можно верить. У него нет двойных стандартов для своих героев и для себя лично.

А газетные диспуты – при условии элементарной порядочности авторов – если и не рождают истину, то хотя бы по крохам приближают нас к правде жизни.

В качестве послесловия приведу последний штрих к портрету этого человека. Я просила Иона прислать свою парадную фотографию, но она к выпуску газеты не подоспела. Зато сохранилось сопроводительное письмо.

Гиватайм,
22.07.2003 г.

Уважаемая Наталия!

Застал Ваше письмо со статьей, вернувшись из поездки в Латвию, Эстонию и Финляндию. Огромное спасибо! Статья описывает человека, который явно превосходит меня. Смирюсь. Буду считать это компенсацией за все доставшиеся мне удары. О фотографии. Обычно в газете «Новости недели» вместе с моими рассказами и очерками публикуют фотографию. Одну и ту же. Сугубо цивильную. Эту, при полном параде, я разрешил им опубликовать только потому, что рассказ «Четыре года» вышел в день Победы. В этот день на официальные мероприятия (не все) я позволяю себе явиться с «иконостасом». Так что очень хорошо, что присланные мною газеты опоздали к Вашей публикации. Она очень хорошая, очень профессиональная, если отвлечься от объекта.

Еще раз огромное Вам спасибо! Всего Вам самого доброго!

С уважением И. Деген

И ответом будет письмо нашего читателя.

Уважаемая Наталия Шур!

Прочел в газете «7 Дней» Вашу статью «Самые сильные стихи о войне». Статья мне очень понравилась. *You made my day.* В статье увидел знакомое имя Ион Деген. Доктор Деген лечил меня в киевской поликлинике, что напротив Владимирской Горки. Помню его скромность, тонкий юмор. Он щедро делился своими знаниями в области медицины и техники. Но главное в нем – человеколюбие. Доктор Деген творил чудо, и это надо было видеть! Рядом с ним было как-то светлее.

Часто гуляя по Владимирской Горке с детьми, я говорил о нем со своими знакомыми. Многие из них знали или слышали о нем.

Не знал я, что доктор Деген – поэт. Когда начал читать Ваше статью, сразу понял – это ОН.

Доктор Деген – незаурядная личность, и мы это знали. Уважаемая Наталия, спасибо Вам за Вашу статью.

Юлий, Милуоки

Глава 2-4. Ничто не забыто

Джон Донн

2-4-1. Был ли Холокост?

ФРИДА КАРПУЛ ВЫЖИЛА В ХОЛОКОСТЕ

Когда началась война, Фриде Карпул было 14 лет, и самое страшное воспоминание о той войне – это постоянное ожидание смерти, которое будто висит за плечами и к этой ноше невозможно привыкнуть.

Она родилась в литовском местечке, куда фашисты вошли в первые военные дни, и уже через две недели были расстреляны все евреи-мужчины и ее отец. А еще через две недели вышел приказ согнать всех женщин и детей, имеющих какое-либо отношение к этому народу, в концлагерь.

Так Фрида с матерью и двумя сестрами оказались среди двух тысяч загнанных и несчастных людей, запертых в бараки, без какой-либо надежды на спасение. Им сообщили, что бараки будут взорваны, и они провели шесть ужасных часов, ожидая смерти. В последнюю минуту фашисты сообразили, что при взрыве могут пострадать близко расположенные железнодорожные пути, по которым шли на фронт составы с техникой, и экзекуцию временно отложили. Но ненадолго – поползли слухи, что в Гриблаукисском лесу роют траншеи шириной в человеческий рост...

Фрида рассказывает: «Был сентябрь 1941 года. Мы ждем своего смертного часа. И тут моя неунывающая мама говорит, что у нас есть единственный выход – бежать. Об этом по цепочке сообщили всем, однако только 14 женщин и детей покинули концлагерь и разошлись в разные стороны. Нас с мамой и младшей сестрой спрятал литовский фермер, которого мы знали. Но постоянно нельзя было оставаться на одном месте, и мы бродили по лесу, проводя в густых зарослях дни и ночи.

Однажды, когда мы были на хуторе, там появились литовские каратели из полиции Батакяя. Нас схватили, повели в глубь леса и приказали раздеваться. Мы застыли в ужасе и они стали бить нас прикладами. Я получила удар по голове и по лицу. Меня спасла мама, она крикнула на идиш: «Дети, бегите!» Мы побежали и тут же раздались выстрелы; что-то горячее полоснуло меня по руке и по плечу. Не помню, куда и как долго я бежала. Сзади доносились выстрелы, крики, но я бежала, не оглядываясь и не чувствуя боли. Когда звуки погони стихли, я в изнеможении упала в кусты...»

Фрида очнулась уже в темноте. Почти раздетая, в крови, дрожа от холода и еле передвигая ноги, она добрела до хутора, забралась в коровник, поближе к живому и теплому, и, зарывшись поглубже в сено, заснула. Разбудил ее испуганный голос хозяина, спрашивающего, что случилось. Плача она рассказала обо всем. Он принес одежду и провел ее в дом, а жена накормила, промыла и перебинтовала раны. На другой день вместе с хозяйским сыном она разыскала в лесу то место, куда привели их на казнь. Это было страшно; он не подпустил ее близко: «Бежим отсюда!» И всю жизнь ее сопровождает видение, как медленно, словно подкошенные, падают на землю ее мать и младшая сестренка....

Оставаться долго на одном месте было небезопасно, и она переходила от одного затерянного в лесу хутора к другому. Ей встречалось много людей, плохих и хороших. В одной семье она прожила три счастливых месяца: сюда случайно забрела ее старшая сестра, которая все это время тоже скиталась по лесам. Девушки помогали по хозяйству, вместе им даже тяжелая работа была по плечу. Жили они под кучей соломы в яме с углублением в виде ниши. Чтобы не достала случайная полицейская пуля. Но когда и там стало тревожно, а стоял уже май 1942 г., они ушли, радуясь, что потеплело и зеленая листва, как надежный друг, будет укрывать их. Вместе они коротали холодные ночи и, чтобы не впасть в отчаяние, подбадривали и согревали друг друга своим теплом. Как и Фрида, ее сестра Люба Тамше с достоинством прошла через все невзгоды и превратности судьбы и сейчас живет в израильском городе Кфар-Шаба.

Однако, как известно, беда не ходит одна. Лесная жизнь, холодная и голодная, подорвала фридино здоровье: она вдруг перестала есть и спать, начался жар, она слабела на глазах. Медицинской помощи ждать было неоткуда, и ее в беспамятстве на подводе подвезли поближе к Каунасскому гетто, откуда она с помощью ни на шаг не отходящей от нее сестры за три дня добрела до его ворот.

Об этом гетто, куда на день закрытия для свободного входа и выхода было согнано 29 тысяч человек, было известно, что там образован Еврейский совет, взявший на себя распределение работы, еды и жилья, а главное – там была организована секретная медицинская помощь населению.

Доктор Мозес Браунс, главный эпидемиолог гетто, обнаружил у Фриды брюшной тиф и, рискуя своей жизнью, скрыл этот диагноз от немцев. Незадолго до этого фашисты сожгли инфекционную больницу вместе с пациентами, сестрами и доктором и потребовали под угрозой расстрела сообщать обо всех случаях инфекционных заболеваний или беременности. Поэтому больных тифом или дифтерией прятали у родственников, и доктор Браунс лечил их сам в условиях жесткой конспирации. Он считал, что при такой скученности, отсутствии проточной воды и канализации, голоде и холоде решающим для выживания становится моральное состояние людей. Вместе со своим сыном и добровольными помощниками он сумел добиться, казалось бы, невозможного: в Каунасском гетто не было серьезных эпидемий.

Три долгих месяца находилась Фрида между жизнью и смертью, а потом еще полгода не могла ходить. Её сестру в 1943 г. отправили в концлагерь Клёга, и опять Фрида была одна против всего враждебного мира. Чтобы не умереть с голоду, она вызвалась обменивать в городе на продукты питания вещи, привезенные с собой обитателями гетто. Маленькая и худенькая, она часто уходила в город, свободно пролезая под колючей проволокой, которой было обнесено гетто. Для этого надо было только, чтобы кто-то из взрослых бросил в противоположную сторону камень или еще как-то отвлек внимание охраны. Конечно, это было опасно, но это была ее борьба, ее месть за жизнь загубленной семьи.

Точно так же Фрида вынесла из гетто и доставила в условленное безопасное место нескольких детей, которые выжили и сейчас являются гражданами Израиля.

Летом 1944 г. после «детской акции» в Каунасском гетто, когда на смерть в печально известный 9-й форт отправили более 2-х тысяч детей до 12 лет, Фрида бежит из гетто, понимая, что с приближением Красной Армии его должны ликвидировать.

Она сняла с себя желтые звезды, переоделась в деревенское платье и вызвавшийся помочь надежный человек привел ее в партизанский отряд, основанный несколькими еврейскими мужчинами, которым удалось избежать расстрела в начале войны. Они тоже мстили за погибших родных. Они доставали оружие и 4 года нападали на немцев и полицаев, маневрируя в лесах. Фрида, хорошо зная окрестности, стала связной, сообщая о передвижении немецких войск.

Когда фронт приблизился к литовской границе, несколько советских военнопленных, бежавших из соседнего концлагеря и примкнувших к партизанам, решили пробиваться к своим и были схвачены. Под пытками кто-то из них выдал расположение основной партизанской базы и отряд окружили. Это была ошибка командования, надо было сменить диспозицию, но этого не было сделано и из 80 человек спаслись немногие. Фрида в это время находилась в бункере, вход в который прикрывала ёлка. Немец открыл дверь и схватил Фриду за волосы. У нее в руках была лимонка, она бросила ее и, оттолкнув испугавшегося вояку, выскочила. Граната не разорвалась, а немец залёг, выпуская пулеметные очереди. Фриде опять повезло – ей удалось ускользнуть, но ее снова ранили. На этот раз рана была глубокой и, немного отбежав, она упала без сознания...

Она лежала в луже крови, смотрела в голубое небо и думала, что умирает. Как те ее товарищи по отряду, которым не удалось спастись. Сколько смертей она видела за эти четыре года? Прилетят птицы, склюют ее тело и об этом никто не узнает. А может быть, еще кто-то из ее семьи жив и будет искать ее? Эта мысль придала ей силы, она села и ощупала себя: левая рука не двигалась, палец висел на одной коже. Но она не умрет, она живая!

Боясь выйти из леса, она питалась заячьей капустой и то ли спала, то ли находилась в забытьи. Время текло медленно, загноились раны, от голода начались галлюцинации. И когда ей уже стало всё равно, она вышла из своей берлоги и, увидев работающую в поле супружескую пару, попросила воды. «А молока хочешь? А цеппелинов хочешь?» – эти люди всё поняли без слов.

Немного придя в себя и узнав, что Каунас освобождён, она вдруг почувствовала себя свободной и двинулась в город. Казалось бы, всё уже позади, но ее подстерегала еще одна опасность – советский патруль. По-русски она говорила плохо, по-литовски они не понимали, а когда она что-то пролепетала по-немецки, они заперли ее в сарае: «Ты выдала партизан! Все евреи – шпионы и предатели!» Было обидно, но как докажешь?

Каждодневная борьба за выживание научила Фриду полагаться только на себя и действовать быстро. Она знала, что в литовских сараях для выезда лошади с разгруженной подводой с противоположной стороны делают вторые ворота. И когда наступила ночь, Фрида покинула свою, на этот раз советскую тюрьму и на рассвете вышла к полю.

И снова арест советскими солдатами. На этот раз ее нервы не выдержали – рассказ прерывался рыданиями.

Но командир оказался человеком, дал хлеба и сахара и, пообещав наказать обидчиков, сказал на прощание: «Не иди по полю, девочка, – там мины!»

С восходом солнца она уверенно шагала по шоссе навстречу советским танкам.

...После войны Фрида училась, работала, у нее хорошая семья, друзья. Но все эти годы в висках стучала одна мысль: «А что, если всё это повторится?» И в 1981 г. она оказалась в Америке. «Теперь я спокойна – здесь мой дом». Америка стала отчим домом для ее детей, внуков и правнуков.

ЭХО ХОЛОКОСТА. БОЛЕЕ ПОЛУВЕКА ИСКАЛА РОЗА ШИКУНОВА СВОЮ СЕСТРУ

Жили перед войной в Минске две сестрички – восьмилетняя Мира и пятилетняя Роза по фамилии Гренадёр. Но даже эта основательно-внушительная фамилия не защитила их от горьких испытаний, выпавших на детскую долю. Их только что вывезли с детским садом на дачу, когда 22-го июня на город упали первые бомбы.

Отец сразу ушел на фронт, а почти обезумевшим от горя и неизвестности матерям в той неразберихе так и не дали точного адреса, по которому можно было разыскать детей, но клятвенно уверили, что детский сад эвакуируют в Могилев. И пошла смиренно мать двоих сестер по указанному направлению вместе со всеми в нескончаемом потоке повозок, горя и слез. Пешком, под бомбежками – шутка ли? – добралась до Могилева. А там своя беда поджидает, вернее общая беда докатилась и сюда: всё горит, под бомбами рушатся здания, пылают эшелоны. И никто об эвакуированных из Минска детях слыхом не слыхивал.

А ее дочки так и остались на той лесной даче, потому что об их детском садике попросту забыли. Роза помнит, как они сидели на терраске, пили молоко и наблюдали за проезжающими по дороге немецкими танками. Детей не тронули, потому что к завоевателям вышли работающие в детском саду по найму немецкие женщины из Гамбурга. Одна из них привела девочек в их опустевшую минскую коммуналку, там и нашли их приехавшие из деревни родственники и уже всей большой семьей оказались за ненавистным, непробиваемым забором гетто.

В памяти Розы остался умирающий дедушка и бабушка, которая старалась разделить на всех с трудом добытые картофельные очистки. Она все время плакала и просила знакомых спасти детей, как будто предчувствовала, что добром все это не кончится. Другой дед Розы этого не понял – когда полицаи сгоняли евреев, он, стоя у своего деревенского дома и крепко держась руками за калитку, заявил: «Куда это я из своего дома пойду?!» Ему отрубили пальцы. А вскоре и минское гетто со всеми его обитателями было сожжено фашистами.

Сестер спасла соседка по квартире, которая через дыру в заборе вывела девочек из гетто и определила в один из минских детских домов. Его директор Морозов дал им фамилию Мороз и переправил в другой детдом – в город Клецк, где никто не знал, что они из еврейской семьи. Может быть, дети и догадывались, называя их гренками, но хранили тайну. Морозов, таким образом, спас жизни многим еврейским детям, за что после войны советские власти его и посадили.

Весной 1944 г. Миру, которую в детдоме называли Марией, отправили в Германию. Предчувствуя разлуку и боясь остаться одной в этом враждебном мире, Роза упрашивала руководившего операцией немца взять и ее, плакала, целовала ему руки, но ответ был один – «кляйн», то есть еще мала. На прощание Мира сняла с головы шапочку и протянула сестренке на память. Им выпало свидеться лишь через 57 лет.

Когда город был освобожден, Роза попала в детский дом, где в 1946 г. ее нашел отец, вернувшийся после тяжелого ранения инвалидом. На Розу с остриженной после чесотки головой приходили смотреть соседи. Но какое же это было счастье иметь свой дом и собственных родителей!

И все эти годы мать не могла смириться с потерей старшей дочери; она продолжала разыскивать Миру, выискивая по географической карте неизвестные ей населенные пункты и посылая туда свои отчаянные запросы. Ответы были стандартными: «Такая по списку не числится».

Невозможно спокойно читать копии ее писем, сохранившихся на пожелтевших, в линейку, листках, вырванных из ученических тетрадок. Этот крик материнской души, которой нет успокоения.

«...В связи с моим тяжелым заболеванием в 1969 г. я временно прекратила розыск. А недавно я прочла книгу Агнии Барто «Найти человека» и вновь в моем сердце зажглась искра надежды: а может быть, моя дочь все же где-то живет? И вот я пишу Вам это письмо. Дорогой товарищ, из моего письма Вы поймете мои страшные переживания и боль моего сердца. Очень прошу Вас, помогите найти мою дочь, если она жива».

Умерла она в 1991 г., так и не узнав, что дочь жива. Но ее дело продолжила Роза, которая методично, как хороший сыщик, выстраивала цепь событий. Постепенно она выяснила, что увезенных в Германию детей определили на работу к разным хозяевам. Мира с подружкой собирали грязное белье, стирали и разносили по домам благоухающие пакеты. Когда освободили Берлин, детей привезли в воинскую часть, а потом – в детприемник в Бресте. Здесь слабая ниточка надежды обрывалась...

Тогда Роза решила повторить путь, безуспешно пройденный ее матерью, и 50 лет спустя вновь обращается в отдел розыска Красного Креста. На этот раз повезло – в связи с отделением независимой Белоруссии все документы военного времени сортировались и нашелся более добросовестный чиновник, который раскопал, что в 1945 г. Мира-Мария, попала в Пружанский детский дом, так как не знала, где находятся ее родные.

Странно, но девочка не ведала, что ее разыскивают. Она окончила училище швейников и... – что еще более странно – исчезла. То есть, судя по советским документам, человек ушел в никуда, его дальнейшая судьба неизвестна. Как будто он шпион или советский разведчик. И опять дело застопорилось на годы...

В 1997 г. целая передача в еженедельном цикле минского радио «Адреса добрых дел» была посвящена Розе и ее поискам. И ей начали звонить люди, знавшие или встречавшие ее сестру на своем жизненном пути. Откликнулись многие, стараясь помочь или просто утешить. С упорством литературного детектива Роза собирала информацию, узелок за узелком распутывала болезненный клубок, порой отчаиваясь, но никогда не теряя надежды.

И долгожданно-радостный день наступил! Роза узнала, что Мария, которая была очень красивой, через год вышла замуж за военного летчика, стала Лапшиной и уехала в Тулу.

Это хоть как-то объясняло «тайну мадридского двора» – нельзя было всуе поминать названия каких-либо военных объектов. И «Тулу», конечно же, придумали для профанации – «такая гражданка никогда там не проживала», был ответ. Что делать?

Помогли добрые и бескорыстные люди. Но на финишную прямую вышла уже представительница третьего поколения – дочь Розы, потому что сама Роза в 1999 г. уехала на постоянное место жительства в Америку.

Нельзя сказать, что Мира радостно восприняла звонок своей племянницы, скорее отчужденно: «Я не хочу ворошить старое. Я жила среди чужих людей, а твоя мама – среди своих». Но когда из Чикаго позвонила счастливая и взволнованная Роза, сестры на обоих концах провода от души наплакались. И Роза засобиралась в гости через океан. Она взяла с собой ту шапочку, что сестра дала ей на память, семейные фотографии и пожелтевшие копии писем, что писала их мать всем, вплоть до коменданта Берлина.

Они встретились в 2002 г. Воспоминаниям не было конца: Мира помнила их девятиметровую коммуналку, шкаф со стеклом в зубчик и занавеской, деревянную ванночку, реку Свислачь. Вместе они помянули свою родню: четверо погибло на фронте и двое в гетто, но трое прошли всю войну и с победой вернулись домой.

Как все же случилось, что столько лет они не могли найти друг друга? Для детской психики перенесенные лишения были непомерны, и Мира замкнулась в себе, ей было не до страданий своей матери, всю жизнь искавшей потерянного ребенка. С детским максимализмом она решила, что ее не ищут – значит, она никому не нужна. Рассерженный и обиженный ребенок, она тоже не стала искать свою семью, это и проще. Но она самостоятельно вышла на дорогу взрослой жизни, вписалась в нее и приспособилась. Она прожила достойную жизнь: у нее была специальность, хороший муж, двое сыновей и трое внуков.

Роза тоже на жизнь не жалуется – и она всю жизнь честно работала, и у нее двое детей и двое внуков. В чикагской русскоязычной общине она была известна как активный участник вокального ансамбля «Нигуним». Правда, сердце временами пошаливает и по совету врачей Роза с мужем перебрались в солнечный Сан-Диего, где нет резких перепадов температуры, климат теплый и устойчивый.

Вот и счастливый конец истории, которая произошла на стыке двух систем, одинаково безжалостных и безразличных к судьбе простого человека. Но при любом тоталитарном режиме были и есть люди, способные сострадать и помогать ближнему. Мир не без добрых людей – это утешает и вселяет надежды на лучшее будущее.

ЛЕОНИДА СИТКОВЕТСКОГО СПАСЛИ ДВЕ УКРАИНСКИЕ СЕМЬИ

Праведники Мира, кто они? Закодированные зомби или фанатичные камикадзе, влекомые в никуда непреодолимым желанием жизни вечной? А может быть, это святые люди, рожденные на свет божий, чтобы помочь ближнему, облегчить его страдания или просто утереть слезы отчаяния? И они-то и есть те самые Ангелы-хранители, присутствие которых мы иногда ощущаем, но в суете мирской не замечаем их крыльев?

В израильском мемориале жертв Холокоста – Яд Вашем – навеки запечатлены имена 17 433 Праведников Мира из многих стран, которые, рискуя собственной жизнью, спасали еврейские семьи от неминуемой гибели. Ради продолжения жизни на земле. Чтобы мрак не застлал ее. И сегодня 2000 деревьев цветут в их честь, олицетворяя победу сил Добра над абсолютным Злом.

Но не пиррова ли это победа, если над прахом 6-ти миллионов жертв некоторые мерзавцы заявляют, что Холокоста не было? У меня перед глазами стоят груды детских колясок, состриженных кос, очков и протезов – всё, что осталось от тысяч людей, погибших в Освенциме. И четко расчерченные квадраты сожженных бараков Бухенвальда. И сотни глаз, смотрящих с фотографий музея Холокоста в Вашингтоне: вот они смеются, любят, наслаждаются семейным уютом и вот уже в смертельном ужасе или тупом безразличии застыли перед лицом смерти. Можно ли такое придумать? На это даже смотреть без содрогания и слез невозможно. И если не было Холокоста, то Праведники Мира – тоже придумка?

Леониду Ситковетскому было 5 лет, когда в их тихий городок Литин, что под Винницей, ворвались на мотоциклах фашисты. В первые же дни они собрали еврейское население и деловито расстреляли стариков. Услышав выстрелы, бабушка выскочила и была убита полицаем на пороге собственного дома. Деду и отцу, которые славились в округе выделкой кож, наряду с другими ремесленниками выдали *аусвайс* – пропуск, разрешающий временно жить и работать.

Вскоре в центре города появилось гетто: колючей проволокой обнесли три десятка домов и погнали евреев, старого и малого, со всех окрестных деревень. Каждое утро трудоспособных выводили строем на работу. Самым страшным были погромы, то «детские», то «общие», когда пьяные немцы, сопровождаемые лаем собак, выходили на охоту. При приближении опасности Леонид знал, что надо бежать в дружественные дома Бондарчуков или Осташевских. Сначала его прятала Евгения Бондарчук, «баба Геня», в подполе с картошкой, а когда в морозы к ним зачастил немец, охранявший мост рядом с их домом, пришлось переместиться к Осташевским.

В городке на всех столбах были расклеены предупреждения немецкой комендатуры о том, что укрывание евреев карается расстрелом всей семьи. У Антонины Осташевской было 6 детей, но Леонида она оберегала и кормила наравне со своими.

Их мужья и старшие сыновья были связаны с партизанами, и через них баба Геня узнала, что в Жмеринке находится гетто под управлением румын, где заставляют тяжело работать, но не расстреливают. И осенью 1943 г. она организовала побег из немецкого гетто в румынское. Прознав об этом, немцы отлавливали и расстреливали смельчаков, но благодаря помощи населения многим удалось спастись, в том числе Леониду, его брату и родителям. Дед не захотел оставить могилу бабушки и погиб.

Конечно, помогали далеко не все. Соседи закрывали двери со словами: «Мы боимся!» Кто их за это осудит? Но были такие, кто доносил, грабил оставленные дома. И такие, как полицай Вацех, который издевался над дедом, выколол ему глаза, отрезал уши. Когда свои вернулись с фронта, его избили так, что вскоре он умер. Или полицай Шепель, мамин одноклассник, который, чтобы выслужиться, убил бабушку. Его разыскали только в 1947 г.; все это время он пролежал в подвале. А когда брали, он отстреливался и ранил милиционера; его отправили в Сибирь.

Леонид, когда Вы шли домой после освобождения под трассирующими пулями, переступая через мертвые тела, как по Куликову полю, было страшно?

– Страшно было всегда. К этому нельзя привыкнуть. Я как загнанный зверь чувствовал опасность всем своим существом. И понимал, что защиты нет.

Тогда Вы были еще ребенком. Что-то запомнилось?

– Многие детали на всю жизнь врезались в память. Например, как немцы пригласили детей в кинотеатр на фильм Чарли Чаплина и после него нас, еще смеющихся и ничего не подозревающих, стали загонять в крытые машины. Один из шоферов тихо сказал мне: «Беги!» Инстинкт самосохранения у меня был настолько обострен, что я среагировал мгновенно. Помню и голых фашистов, с которых крестьяне поснимали всё, начиная с сапог, и они прикрывались касками. Тогда, в конце войны, завоеватели были жалкими и ничтожными.

После войны Леонид отслужил в армии, жил и работал в Москве, но часто бывал в Литине. Советской власти до них не было никакого дела, и они своими силами и на свои деньги поставили памятники на братских могилах, где только из его семьи похоронены 16 человек. И только когда в 1992 г. он переехал в Америку, то узнал, что можно через Нью-Йорк подать документы и свидетельские показания о своих спасителях. На оформление ушло около 5 лет, так что трое из них умерли, так и не дождавшись известий. Только Антонина Осташевская стала Праведницей Мира при жизни. Ей назначили пенсию 30 долларов в месяц, и несколько раз она успела ее получить.

Леонид показал мне копию письма, адресованного Михаилу и Евгении Бондарчукам:

«Сотрудники отдела «Праведники Мира» института Яд Вашем рады сообщить, что на заседании специальной комиссии, в знак глубочайшей признательности за помощь, оказанную еврейскому народу в годы Второй мировой войны, вам присвоено почетное звание «Праведники Мира», посмертно.

Имена Праведников будут выгравированы на Стене Почета в Яд Вашем».

Аналогичное письмо было направлено Филиппу и Антонине Осташевским. А вот их дочери Анне отказали под тем предлогом, что это звание присуждается только инициаторам спасения. Леонид не согласен с таким решением:

– Я продолжаю переписку с институтом Яд Вашем, потому что это очень важно для меня. Анна спасла жизнь мне и моим родителям сама, по зову сердца. Когда она узнала об очередном погроме, она, не задумываясь, бросилась бежать, чтобы предупредить всех. Она схватила меня на улице и спрятала в своем доме. А было ей 12 лет.

Я чувствую свой моральный долг, я обязан рассказать о тех простых и сердечных людях, с которыми свела меня судьба. О дяде Николае, бесстрашном человеке, который прятал моего отца и сделал много хорошего людям. Немцы назначили его старостой в деревне Искрення, а после войны, особенно не разбираясь, его посадили на 5 лет, несмотря на то, что отец защищал его в суде.

О Толе, сыне репрессированных родителей, который прятал моего брата. В свои 14 лет он на лошади возил воду в пекарню и никогда не забывал взять хлеб и бросить за проволоку гетто. Разве он не рисковал при этом собственной жизнью? Сейчас это трудно понять и оценить по достоинству. Из таких людей и рождаются праведники.

Нет, эти люди – не Ангелы, они смертны. Но всем им присуще то, что выделяет и возвышает Человека – величайшее благородство, самопожертвование и огромное мужество, обессмертившие их в веках.

Так что верьте участникам и очевидцам тех страшных дней: Холокост был, как были люди, которые не могли смириться с этим позором человечества и боролись с ним всеми доступными средствами, включая собственную жизнь. Жаль только, что их мало, особенно сейчас.

НУЖНО ЛИ ВВОДИТЬ МОРАТОРИЙ НА ФИЛЬМЫ О ХОЛОКОСТЕ?

В библиотеке Скоки состоялся коллективный просмотр кинофильма «Вызов». Здесь было все: и слезы сострадания, и аплодисменты в конце, и тяжкие раздумья после того, как экран погас. И, конечно, обмен мнениями.

Хоть фильм и снят как добротный боевик, волшебная сказка и вообще небылица, в основу его положены реальные события Второй мировой войны, имевшие место в Западной Белоруссии. В ее дивных лесах братьями

Бельскими был создан еврейский партизанский отряд, в который входило до 1200 евреев, бежавших от бойни, устроенной нацистами и их местными прихвостнями.

Фильм снят по мотивам книги американского историка Нехамы Тец «Вызов», вышедшей в 1993 г., а саму Нехаму, еврейскую девочку, в войну спасла польская католическая семья. Собирая материалы, Нехама обращалась к советскому послу в США Добрынину, в московскую Академию наук, архивы Минска, но в ответ пришло только письмо из Минска о том, что никаких материалов о еврейских партизанских отрядах в Белоруссии нет.

Но были архивные материалы музея Яд Вашем, книги об отряде Бельских, написанные его участниками. Были спасенные люди и живущие в Израиле и США «лесные евреи», пожелавшие, чтобы мир узнал о евреях, которые сражались.

Фильм построен как нравственный и философский диалог с разными этическими аспектами и подтекстом. Главный конфликт, уходящий своими корнями во времена библейские и имеющий удивительно актуальное современное звучание, разворачивается между миротворцем и идеалистом Тувьей, который берет в руки оружие для самообороны, защиты слабых и наказания убийц своих родителей, и неистовым воином, реалистом Зюсом, олицетворяющим древний иудейский посыл «око за око». Поначалу Тувья считал, что в сложившейся ситуации, когда государство забыло о своих гражданах, «лучше спасти одного еврея, чем убить двадцать немцев».

Кульминацией этого конфликта становится яростная схватка братьев на глазах всех обитателей земляночного лагеря, едва не ставшая для Зюса последней. И он во главе группы народных мстителей уходит к партизанам, а Тувья остается, чтобы сражаться с голодом, холодом, болезнями и мародерством.

Фильм заканчивается на оптимистической ноте, когда на помощь евреям под командованием Тувьи, попавшим в засаду и вступившим в неравный бой с фашистами, приходят партизаны, и братья уже вместе вдыхают аромат Победы.

Знали ли они, что был приказ Сталина-Ворошилова-Пономаренко не брать в партизанские отряды евреев или, как мы, и не предполагали, что после войны в Союзе героизм и даже само участие евреев в Великой Отечественной войне будут всячески умаляться и замалчиваться?

Поэтому, на мой взгляд, неоспоримым достоинством этого американского фильма, по сравнению с десятками созданных ранее, является представление восточноевропейских евреев не только и не столько жертвами геноцида, покорно бредущими в газовые камеры под ударами фашистских прикладов, а воинами и победителями в жестокой битве с наглым и аморальным врагом.

И именно такие фильмы, основанные на реальных событиях и непредвзятых отношениях, призваны сыграть важнейшую роль в самоопределении евреев и укреплении их национального самосознания.

В качестве такой идентификации, немного отвлекаясь, я приведу пример, о котором узнала сразу после просмотра и, может быть, поэтому обратила особое внимание. В одном из чикагских пригородов работает (на дому по лицензии) косметолог Лора, и ее клиентами была большая мусульманская семья. Когда мать семейства вдруг заявила, что это свреи подучили и наслали камикадзе на нью-йоркские башни, о чем им сообщили в мечети, Лора попросту выставила их всех из дома, хотя на потерю клиентов в наше время решится не каждый. Это был спонтанный поступок, продиктованный не только чувством несправедливости, но гордостью и ответственностью за свой народ.

И, наоборот, вызывает удивление тот факт, что многие американские интеллектуалы, евреи в том числе, предлагают ввести мораторий на фильмы о Холокосте. На том основании, что жадные к славе и деньгам репортеры и продюсеры бешено эксплуатируют эту тему. Поводом стали данные, что с начала 1990-х, когда Стивен Спилберг снял свой оскароносный «Список Шиндлера», было выпущено 170 фильмов о Катастрофе, а в Интернете приводится 429 названий фильмов на эту тему. И никого не смущает, что даже фильм «Валькирия» с Томом Крузом, рассказывающий о безуспешной попытке немецких офицеров в 1944 г. уничтожить Гитлера, попадает в тот же раздел *Holo-cousin* (кухня Холокоста).

Можно согласиться, что тему Холокоста с целью вызвать слезы (или выход адреналина?) эксплуатируют безжалостно. Учредили даже новые жанры – *Holocaust porn* и *Holo-kitsch*. Но повод ли это для каких-либо запретов? Может быть, лучше позаботиться об их содержании?

Тамара Зуперман: «Невозможно согласиться с мнением о том, что о Холокосте не следует много говорить, ведь за каждым из шести миллионов погибших стоит оборванная жизнь, достойная памяти и отражения в книгах и кино.

Я была ребенком военных лет, и в памяти моей особенно остро сохранилось чувство боли о судьбе моих бабушки и дедушки, добрейших стариках, проживших в мире и согласии полсотни лет и мечтавших уйти из жизни в одночасье. И судьба преподнесла им такой «подарок» – по ее злой иронии они были расстреляны на еврейском кладбище города Николаев. А в начале 70-х там был построен зоопарк, и никакого следа о массовом расстреле людей не осталось. Разве всё это можно придать забвению?».

Галина Матяш: «Я считаю, что фильм «Вызов» займет достойное место в ряду таких выдающихся гуманистических кинокартин как «Список Шиндлера», «Пианист», «Жизнь прекрасна». Это фильмы о судьбах людей, и мне было интересно узнать, как видят американцы такую важную страницу Второй мировой войны, как партизанское движение и такой необычный еврейский партизанский отряд. И не будет ли это очередной «клюквой». Но все оказалось очень правдоподобно – нельзя смотреть без слез на страдания несчастных людей. Но одновременно возникло чувство гордости за несгибаемый еврейский народ.

Фильм мне понравился. Единственное, что непонятно: откуда в непроходимых белорусских лесах нашлось столько водки?».

Элла Волкова: «Это фильм не о Катастрофе, а о Сопротивлении. Он мне очень понравился, хотя с точки зрения нашего опыта там есть неточности. Но сам факт, что именно американцы рассказали о мало кому известных евреях-партизанах, сражавшихся в Белоруссии, вызывает глубокое уважение. Я считаю, что нельзя штамповать сомнительные фильмы и повторять одно и то же о пассивности народа. Как нельзя забывать о тысячах евреев, героически воевавших в рядах Красной Армии, что требует непредвзятых исследований и справедливой оценки».

Неважно, к какому жанру критики отнесут фильм «Вызов» – к крутому триллеру или кичу. Его непреходящее значение состоит в том, что впервые были показаны сражающиеся евреи, самоорганизованные, а не по партийной указке. Это первая ласточка, за которой, будем надеяться, потянутся другие.

Так стоит ли вводить мораторий на фильмы о Холокосте? Наше мнение – не стоит. Плохое и посредственное кино канет в Лету, а хорошие фильмы – о ярких человеческих судьбах и вечной борьбе Добра со Злом – останутся.

2-4-2. Мы – друзья Израиля

Израиль – весёлая страна. Видели ли вы когда-нибудь, чтобы в универмаге с общим для всех этажей центральным холлом на первом заливисто играли скрипки, а на всех остальных самозабвенно отплясывали люди, сдвинув в сторону детские коляски?

И происходило это вскоре после очередного теракта; в некоторых местах еще не отменили комендантский час и в оцеплении стояли танки с нашими вихрастыми мальчишками на броне. Утром они уже, как гоночные машины, пылили по пустыне, занимая новые рубежи, а необыкновенной красоты девчонки с автоматами, служащие израильской армии, шумно отправлялись на побывку домой.

«С гулькин нос страна моя родная, – поет Юлий Ким, – мало в ней лесов, полей и рек». Но, несмотря на это, в той же пустыне под градом ракет бесстрашные и одержимые люди смогли отстроить белокаменные города и вырастить сады. Китайцев, казахов и узбеков они учат культивировать рис, в Африке остановили эпидемию холеры, любителей повоевать снабжают первоклассными беспилотниками. А сами мечтают об одном – чтобы их оставили в покое.

В Израиле я услышала замечательный анекдот: «Был фараон и были евреи; фараона давно нет, а евреи остались. Была инквизиция и были евреи; инквизиции давно нет, а евреи остались. Был Гитлер и были евреи; Гитлера давно нет, а евреи остались. Были большевики и были евреи; большевиков уже нет, а евреи живы и вышли в четвертьфинал. Теперь идет полуфинал с арабами. А с кем финал будет»?

Чем мы можем помочь этой демократии, окруженной недругами и фанатиками? Очень многим. Мы покупаем израильскую брынзу и огурцы, смотрим фильмы и телепередачи из Израиля, радушно принимаем его артистов и музыкантов, с интересом путешествуем по древней стране.

«Народные дипломаты» – наши друзья, родственники и знакомые из Израиля – без прикрас и предвзятости рассказывают правду о воюющей и созидающей стране, где право на жизнь надо отстаивать с оружием в руках.

– Мы хотим привлечь внимание мировой общественности к Израилю. Америка – наш большой друг, но некоторые СМИ, в том числе CNN, искажают происходящие события, показывают их односторонне, с пропалестинской позиции. Ни одна телестанция мира, например, не показала, как в руках выпущенных по настоянию ООН из храма в Вифлееме террористов оказалось оружие и они стреляли из вывозившего их автобуса, выкрикивая: «Смерть евреям»!

В исламе существуют два направления: одно, указывающее путь к миру, науке и просвещению, и другое – жестокое, проповедующее, что каждый убитый неверный это твой путь в рай. Это ветвь ислама представляет угрозу всему миру.

Хотя многие в арабских кварталах понимают, что интифада – это страшное зло для всех, известно, что если кто-то из арабов, образно говоря, протянет стакан воды израильскому солдату, то он и его семья поплатятся жизнью. Так их приучают к единомыслию – убитый еврей лучше доброго еврея.

У многих израильтян спрашивала я об их отношении к Америке и о помощи, в которой они нуждаются, и мнения были единодушны:

– Спасибо американцам за их доброту, сердечное отношение к Израилю и за их всё понимающие глаза, их неослабеваемое внимание, с которым они следят за событиями в нашей стране и помогают ей. Нам нужна финансовая помощь на уровне государства и материальная помощь от евреев всего мира. И, кроме того, надо агитировать против создания такого палестинского государства, которое может стать плацдармом и инструментом организованного терроризма и агрессии против Израиля.

В Чикаго работают несколько фондов помощи Израилю. Руководитель фонда *Shalom Israel Fund* Алекс Рашковский приехал в США в 1973 г. Во время войны 17 его малолетних братьев и сестер были убиты фашистами, а старшие погибли на фронте. Он считает своим долгом, делом своей жизни помощь Израилю.

В частной беседе с Ариэлем Шароном Алекс спросил, какая наиболее действенная помощь может быть оказана Израилю. И Шарон ответил: «Помогите поселениям. Они нуждаются в моральной и материальной поддержке больше всего и прежде всего».

Фонд связан с различными организациями и частными лицами в Израиле, которые помогают составить списки конкретных лиц и семей, нуждающихся в помощи, и проконтролировать ее получение. Всю работу в фонде осуществляют добровольцы, поэтому практически все собранные деньги достигают адресата. За 2 года было собрано 45 000 долларов для Экстренного фонда Израиля и для Армии обороны Израиля и 72000 долларов для жертв арабского террора.

Деятельность другого фонда – «Дети Израиля» – направлена на то, чтобы жертвы террора и в первую очередь пострадавшие дети и их несчастные родители – потому что для нормальных родителей нет большего горя, чем видеть своего ребенка раненым, больным или страдающим – знали, что они не одиноки в этом страшной мире. Что кто-то искренне, с великодушным сердцем и добрыми намерениями протянул им дружественную руку.

Взрыв бомбы длится доли секунды, его последствия – всю жизнь. Наследие терроризма – это тысячи эмоционально и физически искалеченных людей. Это оставшиеся без родителей дети, которым нужна постоянная помощь, чтобы они снова научились смеяться.

Фонд «Дети Израиля» был создан в 2003 г. Розой Сукман и Леонидом Шагалом. Они нашли убежденных волонтеров в Израиле и организовали четкую систему передачи чеков пострадавшим семьям и обратной связи – благодарственных писем от детей и их родителей. За 2 года было отправлено 63 тысячи долларов в 76 семей, это 265 детей из разных населенных пунктов Израиля.

Израиль – наша боль и постоянная забота. Мы ждем хороших новостей из Израиля, разделяем его горе, неудачи и потери, огорчаемся из-за тамошних скандалов и даже голосуем за новых обитателей Белого дома и Капитолия не в последнюю очередь в зависимости оттого, как они относятся к Израилю. Жаль, что не всегда они оправдывают наши надежды.

Митинги и демонстрации в защиту и поддержку Израиля, регулярно проходящие на улицах и площадях американских городов, говорят о том, что американский народ солидарен с народом Израиля.

Существует множество программ, призванных прорвать информационную блокаду страны, распространить правду о жизни осажденных людей, ломая предрассудки и укрепляя дух народа.

Согласно программе *Volunteers for Israel* волонтеры всего мира могут поработать на благо страны наряду с израильтянами. Как это было, рассказали представители нашей общины, побывавшие в Израиле с этой почетной миссией в 2006 г.

– Я первый раз в Израиле как волонтер: что может быть благороднее, чем построить, например, вторые крыши над детским садом или школой, защищающие детей от падающих сверху ракет?

Сюда съезжаются на 2–4 недели евреи и неевреи, христиане со всего мира. Мы с воодушевлением работали по 8 часов в день, чтобы на вспомогательные работы лишний раз не отрывать израильских резервистов от их семей или учебы. Нас много: каждую неделю в страну приезжают около 500 добровольцев, а во время Второй Ливанской войны их было в 10 раз больше...

– Все началось с послания по электронной почте: «Если не сейчас – когда? Если не ты – кто?» И еще был совет «иметь при себе чувство юмора», очень пригодившийся мне во время всех трех посещений воюющей страны, потому что жизнь там непредсказуема.

Мы работали на крупнейшей медицинской базе армии обороны Израиля. В каком-то бешеном темпе. Без перекуров. Никого подгонять не надо. В другой раз я работал на танковой базе: вместе с солдатами ремонтировал боевую технику и противогазы типа скафандров для младенцев. Волонтер из Бруклина, больной, задыхающийся, выразил общие чувства: «Если эта штука спасет жизнь хоть одного ребенка – я прожил жизнь не зря».

А вот строчки из письма одного несентиментального американца, который уже 3 раза *волонтерствовал* в Израиле: «Мне трудно понять, почему израильтяне благодарят нас. Шесть миллионов израильтян живут, едят, работают здесь; от атак самоубийц погибают дети и взрослые. Они защищают Израиль ежедневно, ежеминутно, и они благодарят? Это честь для нас».

В октябре 2009 г. массовым антиизраильским сборищам в Чикаго противостояло значительно меньшее количество демонстрантов, призванных фондом *US Citizens in Support of Israel*. Оно и понятно: большинство наших людей в будние дни трудятся для процветания своей страны, а наших врагов содержат недружественные режимы и организации, не гнушаясь использовать в политической борьбе детей и школьников – для массовости и одурачивания американских СМИ. Поэтому, следуя опыту и традициям еврейского государства, в фонде возникла идея побеждать не числом, а умением, для чего привлечь на митинги технику – лозунги, транспаранты, видеоклипы с проекцией на экраны. Бог в помощь!

В создавшихся беспросветных условиях понятны усилия здравомыслящих людей принять участие в судьбе еврейского государства. Личным ли присутствием или выражением солидарности, пером или словом, участием в митингах поддержки или восстановительных работах, прямыми пожертвованиями или регулярной покупкой израильских товаров. Все это *мицвы*, все идет в копилку выживания народа.

Народная дипломатия призвана не только помочь народу Израиля выстоять в неравной борьбе, но и донести до нашего нового президента с его мусульманскими корнями и сомнительной свитой простой житейский принцип: Не навреди!

Глава 2-5. Американские будни

Никогда не лишай человека или животное свободы, величайшего блага на земле. Не мешай никому греться на солнце, когда ему холодно, и прохлаждаться в тени, когда ему жарко.

Шарль де Костер

2-5-1. Язык Шекспира? Одолеем!

С первыми опавшими листьями мы пошли в школу – мой внук в пятый класс, а я – на 5-й уровень английского языка в Трумэн-колледж. «Филлипок пошел учиться, – поиздевалась надо мной дочь и наверняка подумала: – лучше бы лишний раз пыль вытерла».

Действительно, непривычно видеть в студенческой аудитории седовласых учеников, но в Америке все возможно.

Этот, один из семи городских колледжей, был основан более 50-ти лет назад и назван в честь 33-го президента Соединенных Штатов, понимавшсго, что бсз образования не может быть свободы.

Если основные принципы американского образования перенесены из Европы, то система городских колледжей, нацеленная на нужды общин, – чисто американское изобретение. С многочисленными лекционными залами и современными лабораториями, просторной библиотекой, собственным театром, бассейном и тренажерным залом. Сейчас в лабораториях широко используют учебные фильмы, на лекцию преподаватель прикатывает телевизор, чтобы показать редкий спектакль Шекспира или новые достижения в области клонирования. Прекрасны, хотя и дороговаты, постоянно переиздающиеся учебники. Многими предметами можно овладеть дистанционно и сдать экзамен, не выходя из дома.

Философию колледжа передает настенная надпись, гласящая: *This College must be for everyone* – колледж для всех. И действительно, здесь обучаются более 38 тысяч студентов, представляющих 110 стран и говорящих на 55 языках.

Переступив впервые порог этого храма образования, я решила, что оказалась на каком-нибудь международном форуме: все стены были увешаны плакатами и объявлениями на разных языках, фотографиями столиц мира и представителей разных этносов. В холлах продают экзотические товары – от африканских масок до тончайших изделий из серебра, а на лекции можно встретить тибетского священнослужителя в оранжевом или в тюрбане чернокожего представителя Карибских островов. И все это прекрасно сочетается с интернациональными шортами и татуировками на самых неожиданных местах.

На уроках разговорного языка студенты рассказывают о своей родине, угощают каким-нибудь изысканным национальным блюдом, обсуждают общие житейские проблемы – можно назвать это адаптацией или натурализацией, но суть заключается в том, что люди разных культур ближе узнают друг друга, постигают чужой менталитет, чтобы стать более терпимыми, толерантными к другому мнению и образу жизни.

И государство предоставляет возможность учиться всем, от мала до велика, независимо от возраста, расы, страны исхода и национальности. Без всяких ограничений, квот и процентных норм. Неимущим и малоимущим предоставляется многолетняя финансовая помощь и возможность работать в стенах своего вуза; для иностранцев и беженцев созданы специальные программы для изучения языка.

И здесь я не могу не рассказать о трогательной паре, которую видела по утрам: Наташа Ермак привозила на машине своего взрослого сына и, пересадив его на инвалидную коляску, вместе с ним отправлялась на урок.

Денис Ермак мечтал стать биологом, но в 14 лет врачи признали у него рассеянный склероз и с таким диагнозом его не допустили к вступительным экзаменам в МГУ, а врач ВТЭКа даже искренне удивилась:

– А вообще, зачем тебе институт?

Но юноша хотел учиться; чтобы заниматься генетикой, он поступает в... Московский заочный педагогический институт. Можно себе представить, каково было матери втаскивать в переполненный московский троллейбус старую, сломанную коляску, которую как большое везение выдали им в обществе инвалидов. Приходилось ездить и на такси, которое дорожало с каждым днем, но при этом по-советски заказов на обратную дорогу не принимали.

С помощью благотворительной католической организации нашли американского бизнесмена, который вызвался возить Дениса в институт; привез его и на защиту диплома. Желая заниматься генетической информатикой, Денис уже в Америке окончил Трумэн-колледж и Норсистерн университет, пересел на моторизованную коляску для инвалидов.

По моим наблюдениям здесь и Денис, и Наташа расправили крылья, избавившись от былой закомплексованности, потому что в Америке отношение к инвалидам особое: они не вычеркнуты из жизни, здесь они как все – им оплачивают пособие и страховку, создают условия для работы и перемещения в общественном транспорте, на них рассчитаны все подъезды и проходы в учреждениях, музеях и театрах.

Все это вместе с беззаветной помощью своей героической мамы дало возможность Денису вести нормальный образ жизни, встроиться в общественную жизнь общины и города, не пропуская самые интересные ее события. А главное – он занимается своим любимым делом: в качестве волонтера работает *тютором* по биологии в Трумэн-колледже, переводит и пишет обзоры по новым направлениям в этой области знаний, например, о стволовых клетках.

В Трумэн-колледже трудятся первоклассные педагоги, составляющие его славу. Мне посчастливилось учиться у несравненной Этель Тирски, которая в своей статье писала, что через ее классную комнату прошли студенты со всего мира – от Аргентины до Заира (Zaire) – и, обучая их английскому языку и основам американской истории и культуры, она сама узнала много неведомого ранее об Эрмитаже, жизни буддийских монахов или сезоне дождей во Вьетнаме. «Мои студенты учат меня самому важному, что мне надо знать, – как учить, как относиться к другим людям, как жить», – пишет она. И поражается, как иностранец может выучить английский язык, имеющий самый большой в мире словарный запас – 500 тысяч слов – и еще столько же технических и научных терминов. Более того, отдельные слова имеют множественное значение. Американец даже не замечает тысячи новых значений, которые придают глаголам предлоги и наречия. И люди, которые были раньше инженерами и врачами, вновь сели за парту, усердно преодолевая языковые трудности и являя собой беспрецедентный пример достижения поставленной цели.

Вместе со мной учились более 600 представителей бывших «республик свободных» всех возрастов; говорят, кому-то минуло уже 92 годка. Где еще возможно такое?

Среди преподавателей есть и наши соотечественники. Алла Лось ведет математику. С последних уроков семестра она возвращается с цветами и памятными открытками от благодарных учеников. Кандидат технических наук и в прошлом сотрудник Киевского института сварки имени Патона, она осуществила свою давнюю и, казалось бы, несбыточную мечту стать учителем. Ей приходится вести разные курсы, но наибольшее удовлетворение приносит работа с людьми, которые не знают математики – или в школе не было такого предмета, или забыли, или вообще учиться не пришлось. От беженцев из лагерей Судана, Нигерии и других африканских стран, где не прекращаются кровавые межнациональные войны, до студентов из местных неблагополучных семей – всех их объединяет страстное желание овладеть азами этой древней и мудрой науки, без которой в компьютерный век не обойтись. И Алла как терпеливый наставник заставляет работать и старого, и малого, увлекает решением элементарных, даже житейских задач, повторяя правила, устраивая дополнительные контрольные и проверяя каждое домашнее задание, чтобы уловить, развить задатки логического мышления.

«Свою задачу я вижу в том, чтобы пробудить интерес к предмету, заставить человека поверить в себя и научить его трудиться. Общество дает этим социально запущенным людям шанс и надо научить его использовать. Мои самые толковые ученики – это мусульманские девушки, пытливые, вовсе не забитые, но малообразованные. Хуже дело обстоит с чикагскими афроамериканцами, выходцами из южных окраин, многие из которых получают здесь среднее медицинское образование. Они очень стараются, но тяжелая работа, наркотики, безотцовщина – все это создает жизненные проблемы, затрудняет учение, требует огромных дополнительных усилий. Некоторым это удается, но, к сожалению, не всем. А когда студентка, вся в слезах, жалуется, что ее побивает муж или депортируют друга, приходится быть и советчиком, и утешителем».

В стопке открыток самые часто повторяемые слова: «Вы – замечательный учитель», «Спасибо за помощь», «Благодаря Вам я понял, что такое математика», «Спасибо, что поверили в меня», «Я обещаю Вам, что буду лучше!» Не каждому педагогу пишут такое.

Особенностью колледжа является Центр по содействию беженцам и иммигрантам, руководимый Людмилой Мариенберг, который помогает людям, покинувшим СНГ, Боснию или Вьетнам, приспособиться к новой жизни.

Эта программа, как и «русский офис», была основана раввином Луисом Лозовским еще в 1978 г. для иммигрантов-евреев, чтобы помочь им поменять специальность и найти работу; тогда на разных курсах обучалось 150 таких студентов.

В Центре всегда оживленно, это целый мир судеб и эмоций. Для многих чуть ли не единственное место для общения. Фира Городецкая терпеливо объясняет абитуриентам условия поступления в колледж, помогает старожилам выбрать необходимые предметы для получения востребованной специальности или перевода в университет. «Русский клуб» проводит интересные вечера и встречи, отмечает любимые советские и еврейские праздники.

Замечательным событием было празднование Дня Победы. Интересно, что идея организовать эту встречу принадлежала сотруднице Центра, американке Эндрью Войт, которая изучает русский и талантливо преподает английский. На встречу пришли участники военных действий и все, кто чтит этот день. Каждый мог рассказать о себе, своих погибших и живущих друзьях и родственниках, показать сохранившиеся реликвии и фотографии. А потом вполголоса пели военные песни, поглядывая в песенник, размноженный заботливой рукой Эндрью.

Мы почти физически чувствовали свои общие корни и общие потери. Нас волновали одни и те же воспоминания, мы понимали друг друга без слов. И в такие минуты приходит уверенность, что совершенно необязательна всеобщая ассимиляция и совсем не нужно «плавиться» до конца.

Еще одним примечательным событием было открытие барельефа Владимиру Высоцкому в театральном холле колледжа при большом стечении студентов, преподавателей, любителей поэзии и друзей-почитателей. Такое неординарное событие в американской жизни стало возможным благодаря помощи и поддержке руководства колледжа. Инициатором, автором и исполнителем этого проекта был преподаватель школы при колледже и наш соотечественник архитектор Михаил Онанов.

Михаил родился в Баку и, став архитектором, принял участие в реконструкции знаменитой улицы Низами (Торговой) со всеми ее зданиями, фонтанами и площадями.

В Америку приехал в 1989 г. и, оглядевшись, пошел, как все, учиться в Трумэн-колледж. Здесь сделал несколько портретов студентов и преподавателей, которые и сегодня висят по стенам многочисленных коридоров, маня студентов вожделенной мантией и шапочкой ромбом, с кисточкой. Талантливого и трудолюбивого студента заметили и предложили на стене кафетерия запечатлеть образы выдающихся людей: вождя индейского племени Джозефа, актрисы Уиппи Голдберг, бейсболиста Роберто Клементи, Анну Франк и Конфуция. Это интересное сочетание столь разных личностей должно создавать дружественную интернациональную обстановку в таком многонациональном учебном заведении. Далее был создан горельеф Президенту Гарри Трумэну, расположенный у центрального входа в колледж, барельефы Ганди и Мартина Лютера Кинга, балансировать которых по теории должен был белый человек. И Михаил предложил своего любимого поэта и гражданина Владимира Высоцкого. Обсудив заявку, решили, что Высоцкий не был политическим деятелем и как актёр должен быть в центре театральной жизни, к тому же в театре колледжа стена в 3 раза выше.

И вот ленточка разрезана и ритуальное полотно спадает. Взорам предстаёт барельеф, состоящий из трёх фрагментов: лицо поэта с горящими внутренним огнем живыми глазами и прядками падающих на лоб волос; чуткие пальцы, обнимающие деку гитары – символ творчества, и мемориальная плита как земные корни. А весь барельеф, на мой взгляд, олицетворяет извечное противоречие духа – его неразрывность с землей и стремление уйти в свободный полёт, парить на высоте своего необыкновенного дара.

В речи руководителя отдела по связям с общественностью Клифтона Трумэна-Даниэля (внука президента Гарри Трумэна) прозвучало глубокое уважение к русскому искусству, русскоязычным студентам, которые хранят и преумножают его, и к Владимиру Высоцкому, познакомившему Америку со своим творчеством в 1976 г. Президент Картер тогда сказал, что его голос удивительно соответствует его песням.

Интересно, что о посещении Высоцким Чикаго мы впервые узнали от ночного уборщика колледжа, черного Джо, который был на его концерте, при полном аншлаге.

Потом выступали представлявшая телевидение Марта Литас, адвокат и поэт Гарри Лайт, чикагский бард Григорий Дикштейн, автор стихов на памятной доске к барельефу Лёша Гурзо. Читали стихи, вспоминали поэта.

...Вечером 15 мая 2003 г. у здания театра «Арагон», что на улице Лоуренс, царило необычайное оживление: от станции надземки и прилегающих автостоянок сюда на ежегодную традиционную церемонию вручения дипломов стекались выпускники Трумэн- колледжа со всеми своими домочадцами и чадами на руках и в колясках. С огромными связками разноцветных воздушных шаров и пышными букетами цветов. На семьи возлагалась почетная миссия заливисто свистеть, громко кричать и хлопать в ладоши, когда на сцену вызовут родного человека, облаченного в черную мантию и шапочку с кисточкой. Сам вожделенный диплом будет вручен несколько позже, чтобы переполненный чувствами дипломант не потерял его в столь волнительный день, а пока он получает лишь обложки дипломов по числу заработанных степеней и медаль как свидетельство об окончании важного образовательного витка жизни. Ну, а сам выпускник тут же получает право и даже обязанность перекинуть кисточку с правого уха на левое. Чтобы все знали, кто есть кто.

Под звуки исполняемой оркестром мелодии *Pomp and Circumstance* почетные гости и преподаватели в мантиях, украшенных голубыми лентами, рассаживаются в кресла на сцене, и начинается торжественное шествие выпускников через зал в передние ряды партера, сопровождаемое бурными аплодисментами собравшихся.

Зал затих и встал, когда четверо морских пехотинцев с ружьями через плечо внесли звездно-полосатый флаг США и красный Военно-морских сил. Церемония текла величественно, как давно сложившийся и годами отрепетированный ритуал. С проникновенным исполнением, приложив руку к груди, национального гимна *The Star Spangled Banner*, представлением ведущих сотрудников колледжа, речью президента и лучшего студента; выступлениями, подчеркивающими заметную роль и заслуги выпускников колледжа в развитии нашего города.

В этом учебном году колледж закончили 500 студентов, среди них было около 20 представителей нашей общины.

Шесть лет провела я в стенах этого колледжа, и очень жаль с ним расставаться, потому что это была встреча с юностью – когда ты открыт для всего нового – и захватывающее знакомство с интереснейшей страной и отличными от тебя людьми. Я получила гуманитарное образование в области искусств, включающее историю, философию, социологию, биологию, современную американскую литературу, театр, музыку, живопись, компьютерный дизайн. Спасибо тебе, Трумэн-колледж!

Но вернемся к студентам-выпускникам, которые пришли на свой праздник. Их фотографируют, ими гордятся, и они счастливы, что смогли преодолеть трудный рубеж и, прежде всего, самого себя. Один чернокожий студент, получив от президиума заслуженные регалии, на радостях пустился в пляс прямо на сцене.

Подхожу к молодой и привлекательной блондинке с цветами, которая так и лучится радостной улыбкой. Ирина Николаева приехала в Чикаго из Санкт-Петербурга. Она на «отлично» сдала экзамены, всего за 2 года заработав степень *associate*, о чем свидетельствует вторая кисточка и наброшенная на плечи оранжевая лента, ярко выделяющаяся на фоне черной мантии.

Ирина уже семестр учится в Норсистерн университете, чтобы получить следующую степень – бакалавра, а там уж и рукой подать до мастера в области финансов. И там, в университете, она поняла, какой неоценимый опыт приобретен в Трумэн-колледже, чего явно не хватает выпускникам школ.

Студентка другой возрастной категории, Мария Берестецкая, тоже счастливая и по-праздничному оживленная. Она в точности выполнила инструкцию, надев черную мантию на белый костюм, и смотрится как картинка из феминистского журнала.

– Если бы мне, нефтянику из Грозного, ясновидящий предсказал, что я буду на театральной сцене играть Настасию Филипповну, никогда бы не поверила. Профессор скептически отнесся к моей идее поставить Достоевского, опасаясь, что сокурсники не поймут. Но я была тверда; сама написала сценарий, подобрала костюм и поставила моноспектакль. И его прекрасно приняли, а один американский студент даже попросил на память завернутые в газету и перевязанные бечевкой «деньги», которые моя героиня швыряет в огонь. С тех пор на других уроках профессор иначе как «актриса» меня не называл, а если я и преодолела языковый барьер, то только благодаря театру. Я всегда любила учиться, и здесь представилась прекрасная возможность получить взамен марксизма-ленинизма настоящее гуманитарное образование. Это захватывающе интересно. Это были незабываемые дни. Вторая молодость...

Праздники обычно быстро заканчиваются. Завтра начнутся нелегкие будни. Степень *associate* – это всего лишь четверть пути до академической вершины под названием *Ph.D* (кандидатско-докторская степень, что здесь одно и то же). Кисточка же, сдвинутая налево, символизирует понятие *challenge*, то есть «бросать вызов» и двигаться только вперед. Или проще: «Даёшь университет!»

2-5-2. Работа есть работа

«ПОЧТИ ПОЛТОРА ДЕСЯТКА ЛЕТ ИНЖЕНЕРЮ Я В АМЕРИКЕ»

Файл с подобным названием в моем компьютере существует давно, но при ближайшем рассмотрении оказалось, что инженерная специальность, самая распространенная у нас на родине, по эту сторону океана мгновенно трансформируется в армию банковских и торговых служащих, продавцов недвижимости, преподавателей, переводчиков, таксистов, бизнесменов. Инженеров как таковых из русскоязычных иммигрантов выходит относительно мало. Почему?

Основная причина заключается в том, что в Америке рынок и только рынок диктует, сколько инженеров необходимо «народному хозяйству», и в реальности получается, что инженерные специальности востребованы в гораздо меньшей степени, чем того требовала «плановая» советская экономика.

Сегодня армия труда США составляет примерно половину населения страны – 152 миллиона человек, из них в качестве инженеров работают всего полтора миллиона, то есть менее 1% от всех трудящихся! Как в досоциалистической Польше: «У нас на весь завод один инженер, но это Пан»! В Америке эта профессия тоже в почете: в прошлом году специальность инженер-электронщик вошла в десятку самых престижных.

И все-таки мой «инженерный» файл со временем пополняется именами наших соотечественников, настоящих инженеров, не мыслящих себя вне своей профессии и готовых отстаивать свое право на творческую работу, сражаться за нее.

Среди них Владимир Лось, который прибыл в Америку в возрасте 58 лет, преодолел все тернии на пути к заветной цели и уже почти 15 лет работает инженером-конструктором, создавая что-то новое, нужное людям.

В Киеве он окончил механический факультет Политехнического института и в отделе новой техники большого завода конструировал нестандартное оборудование для военного комплекса. Это была хорошая школа, а Володя оказался прирожденным конструктором с инженерным мышлением и талантом, который мог спроектировать все – от кастрюли-скороварки до космического корабля. Как в анекдоте: «Сдать экзамен по китайскому языку? А сколько дней на подготовку дадите?»

Когда стало скучновато, поступил на вечернее отделение радиотехнического факультета и до самого отъезда в 1994 г. уже в Институте радиотехнических проблем («Орион») занимался электронной оптикой, разрабатывая СВЧ-приборы для систем радиопротиводействия. Его начальник, главный конструктор по технологии и конструированию, говорил: «Я – грибник настоящий, могу неделями ходить по лесу. И какое счастье, когда найдешь белый гриб! Володя – это тот самый боровик».

В «Орионе» боролись за первенство... с американцами и даже кое-где их опережали. Технологический процесс новой разработки состоял в том, что доставленный «разведчиком» американский прототип разрезали, копировали до мелочей и по возможности усовершенствовали. Работа была интересной; готовые современные приборы поставляли в Москву, их успешно применяли по всей стране на самолетах, подводных лодках, наземных радиолокационных станциях.

Когда Украина «отделилась», все пришло в упадок. Но главными причинами отъезда, как для многих, были дети и Чернобыль.

Сын подбадривал: «Папа, не волнуйся – сядешь за баранку»! Но Володя выбрал другой путь, он любил и умел учиться. Для начала сын дал старенький компьютер и помог его освоить; потом было полгода напряженнейшей работы: язык и компьютерная графика *AutoCAD* в Трумэн колледже, английская терминология и технические нормы на курсах.

Первая работа была неквалифицированной, но она дала возможность ознакомиться изнутри с американским производством, а через год он уверенно пошел на интервью, и главный инженер небольшого завода, несмотря на «трудности перевода», сразу оценил его и взял в помощники. И сегодня Володя трудится на этом заводе, конструируя нестандартное оборудование, оснастку и много других интересных вещей, требующих знаний, умения и смекалки. Со временем он остался единственным инженером-конструктором и всегда с благодарностью вспоминает своего «главного», который многому его научил.

Володя, на чем специализируется ваша фирма?

– Наша фирма это завод-цех механической обработки, в котором заняты примерно 50 человек. Изготовляем по заказам, например, детали самолетов и ракет, корпуса для лазерных приборов наведения. Опять я работаю на войну. Правда, есть и «мирная» продукция, такая как шлифовальные машины или установки, печатающие этикетки.

Чем отличается твоя нынешняя работа от прежней, на родине?

– О, то был каменный век с чертежными досками и кульманами. Здесь конструктор работает только с компьютером, специальные программы позволяют создавать конструкции в реальном пространственном изображении.

А как на американских производствах обстоит дело с техникой безопасности?

– Все зависит от доброй воли хозяина и влиятельности профсоюзов. Капитализм! Здесь даже нет инженера по технике безопасности, так что заботься о себе сам.

Так что это – иллюзия или реальность для наших людей, приехавших в Америку после 50-ти лет, продолжить работу по своей инженерной специальности?

– Безусловно, это реальность. Надо только любить это дело и быть готовым многому учиться заново. И еще требуется, как говорят, политическая воля.

Кстати, для наших людей нет проблемы *evaluation*: в отличие от медиков и юристов, инженерные дипломы пятилетних институтов из Союза американские специализированные агентства легко сертифицируют, приравнивая к степени бакалавра и даже магистра. Мне этот сертификат очень помог при поступлении на работу.

Да, воля к победе – это самое главное в жизни: очень трудно перепрыгнуть через себя. Ты это делаешь каждое утро, когда в снег и дождь выходишь на пятимильную пробежку. Мы недавно праздновали твое семидесятилетие. Пенсию ты уже заработал. Не пора ли на «заслуженный отдых»?

– Все зависит от босса. Пока я «на ходу» и мне интересно работать, буду трудиться. Да и пенсия увеличивается...

И последний вопрос. Для меня Алла и Володя Лоси это что-то общее-цельное. Ваш союз привлекает друзей, настраивает на активную жизненную позицию. Вы занимаетесь спортом, много путешествуете, фотографируете. Какую роль сыграла жена в этот американской период?

– Большую. Это прежде всего поддержка, настрой получить не просто работу, а творческую, которая дает независимость и интерес к жизни.

ПРОФЕССОР УНИВЕРСИТЕТА

Клементина Хаит – единственная русскоговорящая женщина-профессор чикагского университета Норсвестерн – посвятила свой американский период жизни охране окружающей среды, потому что всё, что мы едим, пьем и чем дышим, так или иначе связано с окружающей средой, будь то земля и воздух или леса и водоемы с населяющими их растениями и животными. Наука экология изучает взаимодействие человека, общества и окружающей среды для того, чтобы найти закономерности, которые позволят человеку сохранить природу, обрести более комфортную жизнь и долголетие.

В Интернете представлено 20 страниц, цитирующих названия научных трудов доктора Хаит, написанных на английском языке. Она входит в состав Совета директоров международного общества инженеров пластмасс, курируя участие студентов в экологических конференциях.

Клементина родилась и выросла в Санкт-Петербурге. Ее отец окончил гимназию и, имея два инженерных диплома, работал на Кировском заводе. Кроме того, он был дипломированным искусствоведом и скрипачом, владел латынью, французским, немецким и английским языками. Под его влиянием Клементина с детства изучала немецкий, французский и английский, что сыграло решающую роль в ее жизни.

После окончания органического факультета Ленинградского химико-технологического института по специальности пластмассы Клементина отработала положенные 3 года на Охтинском химкомбинате, поступила в аспирантуру, защитила кандидатскую диссертацию и была принята в Ленинградский научно-исследовательский институт пластмасс, который наряду с московским был ведущим в области разработки пластических материалов.

В это время началось строительство Волжского автомобильного завода в Тольятти и разработка технологических процессов на базе итальянского ФИАТа применительно к отечественным условиям. Оказалось, что советские пластмассы не удовлетворяют техническим требованиям, и Клементина от имени своего института вступила в переговоры с крупнейшими фирмами Германии, Франции и Японии о закупке импортного оборудования и технологий и создании новых пластмасс на основе отечественного сырья. Это была ответственная и интересная работа, сс результаты сразу внедряли. Клементина руководила всеми пусковыми работами, в процессе которых удалось подтянуть качество сырья до уровня импортируемого и разработать собственные работоспособные пластмассы.

Дважды в год итоги работ обсуждали на производственных совещаниях в Союзе и на предприятиях фирм-поставщиков. Однако за границу Клементину не пускали – как повелось, представительствовали не специалисты, а «компетентные» люди с партийными билетами. Это тормозило работу; фирмачи были недовольны, звонили, требуя объяснений.

Такое положение было унизительным и стало основным аргументом в принятии решения об эмиграции. Общаясь с иностранными специалистами, Клементина загорелась мечтой поработать в их условиях, когда исследования представлялись совсем другой глубины, широты, скорости и качества.

В 1978 г. страна жила в брежневском застое, «холодная война» разгоралась. У Клементины на руках был 19 номер на получение новеньких «Жигулей», а когда она заикнулась об отъезде, начальство пообещало повысить в должности. И все-таки ее и мужа, детского врача-травматолога, отпустили с миром, а вот для детей это событие стало болезненным: сына, студента-первокурсника, клеймили на собрании и показательно исключили из комсомола, а с 12-летней дочери перед всем классом сорвали пионерский галстук, и она плакала, не понимая, что сделала плохого.

В Вене и потом в Италии ждали приглашения из Канады, потому что Америка представлялась вотчиной преступности, а Австралия и вовсе Южным полюсом. Попали в Чикаго, потому что Канаду интересовали лишь «синие воротнички», а из городов, имеющих медицинские курсы переподготовки, в Лос-Анджелесе не было химической промышленности, а в Нью-Йорке стояла жара...

Чикаго приятно удивил своей красотой, зеленью и тем, что от гангстеров остался лишь городской фольклор, а от Аль Капоне – музей-квартира.

Благодаря хорошему английскому Клементину взяли в крупную фирму мирового масштаба, где из 250 сотрудников 200 были докторами наук, а техники имели инженерные дипломы. Она была единственной женщиной-специалистом и как-то стесняла сотрудников, ей не доверяли. Для начала мыла пробирки, провела инвентаризацию химикатов, в ходе которой выяснилось, что у многих из них срок годности прошел. Что делать?

– Выбросить и заказать новые. По каталогу, – последовал приказ.

Заказы принимали по телефону и, когда слышали женский голос, требовали подтверждения начальства, сомневаясь в платежеспособности. Потом ее «бросили» на освоение смежной области – гальванических покрытий с их сложным оборудованием. Понимала, теперь все зависит от себя – или выплывешь, или утонешь. Справилась. Но это время было очень трудным и довольно неприятным. Задание на день в письменной форме босс передавал через секретаршу, и его витиеватые каракули приходилось разгадывать, как кроссворд, с лупой в руках. Вспоминала правило – если хочешь сделать карьеру, помни: 1. Босс всегда прав. 2. Смотри пункт 1.

Продолжающаяся «холодная война» сжигала души; с «русской» не здоровались, в коридорах шептались, провожая подозрительными взглядами. До работы приходилось добираться тремя видами транспорта; однажды в сильнейшие снеговые заносы, когда остановилось почти все движение, явилась с отмороженными щеками. Начальник проворчал: «Только *крейзи рашен* могла прийти в такую погоду».

Признание пришло через год, когда Клементина получила позицию в другом отделе по своей специальности, и директор предложил ей подготовить доклад с анализом-сравнением работы их фирмы и советского научно-исследовательского института. Их интересовало всё: занимаются ли наукой женщины, какова иерархическая структура института, какое используют оборудование, существует ли автоматизация технологических процессов, доступны ли канцтовары, как организован быт сотрудников, всегда ли есть горячий кофе.

После успешной презентации Клементине предложили организовать лабораторию пластмасс и на протяжении нескольких последующих лет она завоевывала свои права, «выбивая» бюджет, помещения, оборудование, специалистов. Ее лаборатория стала международной *Show Lab*, привлекающей заказчиков из Европы, Азии, Австралии.

Рубеж был перейден, когда она из «кьюбика» переместилась в собственный офис с ковром под ногами и выходящим на лужайку окном; ее стали приглашать в различные научные общества, в холле здоровались, а коллега из другого департамента, смущаясь, признал: «Вы – одна из нас».

Однако в Америке быстро меняется не только погода. Тогда еще не было нынешнего злого *аутсорсинга*, но за 16 месяцев до заветного 10-летнего юбилея производственной деятельности их фирму перекупили и отправили в Западную Виржинию.

Пришлось, бросив дом и семью, поселиться в горной местности, в крошечном городке Паркерсбург, где почти все население в свободное время выращивало лошадей, в округе не было ни одного русского, но сформированное телевидением воображение рисовало их с рогами.

Дом она не купила, и этого было достаточно, чтобы новые хозяева лабораторию ей не дали и использовали как консультанта. В эти дни горького одиночества коллеги подвозили ее на работу и дружественная семья по соседству, с которой до сих пор сохранились теплые взаимоотношения, трогательно опекала ее.

Творческая жизнь в Америке динамична, требует постоянного совершенствования. Вернувшись в Чикаго, Клементина переключилась на проблемы охраны окружающей среды. В лаборатории Northwestern университета согласно гранту, полученному от штата Иллинойс, она вновь организует свою лабораторию, на этот раз с целью разработки технологических процессов вторичной переработки пластмасс и резиновых шин.

Итог работы – лежащие передо мной объемные, прекрасно изданные книги «Переработка резины» и «Твердофазовая пульверизация». И патенты, интересные красочные макеты, иллюстрирующие, как из старых телефонов и разноцветных пластмассовых бутылок, которые, брошенные, болтаются под ногами, оскверняя пейзаж, можно без нагрева готовить мельчайшие, однородно-пастельных тонов порошки, готовые в дальнейшем стать игрушками, контейнерами, посудой.

Клементина, в чем суть разработанной Вами технологии утилизации пластмасс?

– Согласно моему патенту, их дробят и пульверизацией преобразовывают в порошок, пригодный к дальнейшему термическому прессованию для изготовления всевозможных деталей.

Ваши разработки уже внедрены?

– С этим дело обстоит сложнее, почти как в Союзе (смеется). Обычно штат денег на внедрение не дает, оплачивая и контролируя лишь научный поиск. Наш грант был рассчитан на 6 лет, после чего лицензию университета купила одна чикагская фирма, для которой немцы даже сделали миллионную по стоимости коммерческую линию, но на том деньги кончились. Установку пришлось законсервировать, однако интерес нескольких европейских и американских фирм-заказчиков остался, так что теперь дело за энергичными бизнесменами, которые дойдут до промышленного производства. Хотя инвесторы обычно не торопятся рисковать, вкладывая деньги в трудоемкие работы, не приносящие скорой прибыли.

Судя по тому, сколько везде валяется старых шин, это тоже большая проблема?

– Более 300 миллионов старых шин в стране – это катастрофа. Из-за них возникают пожары, скопления москитов и из них нельзя сделать новые шины; только 5% их количества используют для украшения детских площадок, изготовления асфальта, резиновых прокладок и тротуаров, спортивных матов. В тесной Европе области применения обширнее.

Кроме эстетических моментов, в чем Вы видите опасность засорения окружающей среды полимерами?

– Большинство людей с чувством выполненного долга выбрасывают отслужившие изделия из синтетических материалов в специальные контейнеры для вторичной переработки. Опасность заключается в том, что эти предметы очень часто не утилизируют, а просто закапывают в землю, где они разлагаются, отравляя почвы, воды и воздух, которым мы дышим.

Вы читаете лекции по охране окружающей среды. Кто ваши студенты?

– Большой конкурс и высокая стоимость обучения вынуждают студентов быть, как говорят американцы, «*on your toes*», то есть «стоять на ушах», чтобы быть на уровне. У меня учатся очень сильные и знающие студенты, интересующиеся предметом. Это в основном американцы, но есть посланцы Индии, Китая, Кореи, Малайзии. В отличие от того, с чем я сталкивалась в течение свой работы в лабораториях, на конференциях, где всегда были одни мужчины, теперь на инженерных факультетах и в инженерном мире твердую треть составляют женщины.

Бытует мнение, что американские профессора из-за пресловутой политкорректности поддерживают разного рода экстремистов и антисемитов. Так ли это?

– В семье не без урода, и в Northwestern университете есть 2–3 «скрытых» антисемита, но когда они высказывают свои «идеи» вслух, то поддержки не находят; более того, в таких случаях наш президент рассылает всем по электронной почте свои возражения и протест. Добавлю, что за прошедшие почти четверть века моей жизни в Америке я, слава Богу, лицом к лицу с проявлениями антисемитизма не сталкивалась.

Ваши творческие планы?

– Чтобы быть интересной для студентов, в поисках дополнительного материала постоянно читаю научные журналы, изучаю новые разработки. Посещаю Литературную студию Ефима Чеповецкого, наслаждаясь общением с русской интеллигенцией, которого из-за занятости была лишена многие годы.

ТАЛАНТ И ЭНЕРГИЯ ДЕЛОВОЙ ЖЕНЩИНЫ

Наверное, в нашей общине нет другого человека, о котором бы, как о Марте Литас, говорили так много, с энтузиазмом и ...неоднозначно. Ее талант «деловой женщины», обостренное чувство нового, способность найти хорошую идею, вдохнуть в нее жизнь и претворить в реальность близкие оценивают лаконично:

– Голова полна патронов.

– Она, как явление природы, – добавят другие.

Я не впервые беру интервью у Марты, и всякий раз обращала внимание на ее «народность»: то она в центре многотысячного русскоязычного пикника, несомненным вдохновителем и душой которого являлась, то в переполненном зале рассаживает оставшихся без «места» почитателей Жванецкого, приглашенного ею в Чикаго, то в своем офисе вместе с очередным рекламодателем «из ничего» делает доходчивый «шедевр» и тут же с вкрадчивой артистичностью его озвучивает. Не прошла она мимо и всенародно любимого телевидения. «Нашей Марточке» достаточно было рассказать в эфире о нуждающейся семье, как люди поспешали на помощь.

Как кинозвезда, или точнее травмированный спортивный кумир, она уходила с радиоарены, но, окрепнув духовно и физически, возвратилась, чтобы все начать сначала, на радость бурно приветствовавшим ее болельщикам.

И когда она снова исчезла, у многих возникло разочарование. А Марта, оказывается, взялась за очередной проект – новую пулеметную очередь идей и дел, которая готовилась исподволь. Теперь она президент компании *Forever Young*, что значит «детский сад» для пожилых.

Услышав об этом, я отправилась в северный пригород, чтобы увидеть все собственными глазами и в рабочей обстановке. Марта, как всегда энергичная, на супервысоких каблуках, в слегка экстравагантном одеянии, где традиционную вышивку заменяет живописный узор из дырок, с гордостью и чувством заработанного удовлетворения показала свои просторные хоромы. Современная стильная мебель, цветы, тренажеры и свой, почти «итальянский», дворик с фонтанчиками и пестрыми зонтиками от солнца.

Мне понравилось все: и разлитый в воздухе запах кофе, настраивающий на мечтательный лад, и вкусный домашний ланч, и приветливый немногочисленный коллектив сотрудников, которые затевают игры и танцы, одним своим присутствием вселяя уверенность, что ты не одинок.

Вниманию скептиков: это не *Medicaid* и не *Medicare*, а совершенно отдельная самостоятельная программа штата Иллинойс *Department on Aging*. Необходимо лишь желание и, как безукоризненно точный океанский лайнер, белый автобус с надписью «Центр для пожилых» будет ждать вас у подъезда, чтобы доставить в «новую жизнь».

Побеседовать нам удалось только после урока английского языка, который со всеми желающими проводила Марта, чая и других приятных мероприятий с массовиками-затейниками, когда последний «детсадовец» покинул борт уставшего корабля, а сотрудники с тряпками и пылесосом начали надраивать ковровую палубу.

Марта, за Вами не угонишься даже мысленно. Не успев объявить по радио, что плывете на своем пароходе, Вы исчезаете из эфира, чтобы оказаться в эпицентре урагана «Вильма», и вот уж выплываете в новом проекте. Не сверхзвуковая ли это скорость?

– Пытаюсь идти в ногу со временем. На самом деле я присоединилась к проекту моих замечательных партнеров Ольги Пильниковой и Марины Юрковской полтора года назад. Эта блестящая идея пришла в голову Олиным родителям, и мы с энтузиазмом взялись за ее воплощение, начиная с капитального ремонта дома, в котором с потолка капало машинное масло. Представили в Спрингфилд свой бизнес-план и завоевали второе место, уступив лишь Лютеранскому госпиталю. Из 60-ти заявок лишь половина была удовлетворена, а такой конкурс проводится только один раз в 8 лет. Честно сказать, мы здорово рисковали, потому что по его условиям центр должен быть открыт еще до получения лицензии, чтобы прошла независимая инспекция.

А на моем катамаране, рассчитанном на 14 человек, мы плаваем по Фокс-ривер, и это несравненно приятнее, чем оказаться в Канкуне во время урагана.

Тогда около 3-х тысяч человек на два дня было заперто в поначалу красивейшем, с мраморными полами и белоснежными простынями на матрасах, *Convention* Центре, который у нас на глазах затапливала вода; потолок рушился, от жары люди падали в обморок. Информация поступала только от «Радио Гаваны». В этих тяжелых условиях люди разных национальностей, среди которых было много детей и новобрачных, были внимательны друг к другу. Это был триумф человеческих отношений. Мексиканцы как добрые хозяева заботились о нас, чистили и убирали, поднимали телеграфные столбы. Такие люди не дадут стране погибнуть, они заслуживают высочайшего уважения.

...Марта прошла суровую американскую выучку. Молодая учительница русского языка и литературы, она в 1976 г. очутилась в Нью-Йорке с маленьким ребенком и папой, который через год умер. Учила язык «погружением» – работала в картинной галерее, воспитательницей в детском саду, сама преподавала язык, накапливая опыт, знания и умение. В Чикаго оказалась по воле случая; здесь открыла свое первое дело – русское радио, а потом и компанию по транспортировке пожилых людей. И красной нитью по ее жизни идет общественная деятельность.

Вы являетесь вице-президентом ХИАС, который много хорошего сделал для иммигрантов. Какие это программы и каково ваше участие?

– Таких программ много: поддержка пожилых людей, 8-я программа и субсидированное жилье, стипендии молодым людям, помощь в подготовке к экзаменам на гражданство.

Свою «мирную» борьбу в помощь старикам мы начали с «похода на Спрингфилд», когда пожилые люди на нескольких автобусах с песнями и американскими флагами отправились в столицу штата отстаивать свои права. Продолжением было «тихое» лоббирование, для чего группа из 6-ти человек во главе с руководителем ХИАС и представителем *Jewish Federation* поехали (на свои деньги) в Вашингтон. К Президенту Клинтону пробиться не удалось, и мы безуспешно ходили от одного конгрессмена и сенатора к другому.

Помог случай: в коридоре Белого дома мы встретили нашего конгрессмена Луиса Гутиероса, который шел на встречу с Клинтоном по тем же вопросам льгот для пожилых, но для латино коммьюнити. Под нашим напором он согласился представить Президенту обе общины, и я вручила ему ящик с 10-ю тысячами подписей, которые мы собрали с помощью радио.

Несомненно, это сыграло определенную роль в положительном решении проблемы. Такое бывает раз в жизни, и я горжусь этим.

Так что теперешнее обращение к делам пожилых не случайно.

И все-таки главным делом вашей жизни следует считать создание в Чикаго первой и поначалу единственной радиостанции, вещающей на русском языке. Как это начиналось?

— Меня в это дело втянули друзья; на их деньги в 1979 году вышла наша первая передача с музыкальной заставкой из кинофильма «Доктор Живаго». Тогда это был всего один час по воскресеньям.

Русскоязычный Чикаго обязан Вам тем, что может слушать «Эхо Москвы», наверное, единственную не ангажированную Кремнем радиостанцию России. Как это Вам удалось?

— Опять же через друзей я позвонила главному редактору Венедиктову, он сказал: «Приезжайте». Я прилетела в Москву и подписала эксклюзивный многолетний контракт.

Вы были довольны своими программами?

— Конечно, были у нас и неудачные передачи, и ошибки, но большинство программ собирало тысячи людей и приносило удовлетворение.

Вы встречались со многими знаменитыми политиками. Кто из них и чем запомнился?

— В Белом доме Хилари Клинтон принимала группу политиков в камерном зале с бархатными креслами, поднимающимися амфитеатром. Она сидела перед нами на сцене в темном костюме с ниткой крупного жемчуга, что является как бы униформой не только для обитателей Белого дома, но и для лоббирующих. И лишь блестящие колготки с люриксом выдавали в ней женщину. Выглядела и держалась она достойно.

Ала Гора, высокого, спортивного, как на экранах телевизоров, я видела в Чикаго во времена работы комиссии Гор-Черномырдин. Российский премьер спросил

Гора, сколько ему лет, и, получив ответ, выпалил: «В твоем возрасте я за девочками бегал!». На фоне тогдашнего дела Клинтон-Левински это произвело впечатление разорвавшейся бомбы.

У Анатолия Собчака был кратковременный визит в Чикаго. Не выбрав времени для встречи, он позвонил мне из аэропорта О`Хара, чтобы извиниться: «Я стою в какой-то тесной подсобке, забитой рулонами туалетной бумаги, и боюсь, что не смогу дать Вам полноценного интервью». Но интервью получилось хорошим.

В Киеве Леонид Кучма вышел к нашей съемочной группе в макияже; он показался мне умным и хитрым, но почему-то очень волновался, постукивая под столом ногой.

Зюганов был внимательным и обходительным, подарил ручку, а Геращенко оказался глухим и потому мягким и улыбчивым. Самым одиозным был, конечно, Жириновский. В прямом эфире на мой вопрос: «Что везете в Ирак?» он ответил:

– Сейчас медикаменты и еду, а потом бомбы, чтобы сбросить на вас, американцев.

В другой раз произошла метаморфоза и он предстал возлюбившим Америку. Это человек умный и спорный, но я думаю, что имидж актера, хамелеона и провокатора ему нужен, чтобы озвучивать мысли Кремля и набивать собственные карманы.

Почему Вы не совмещаете свои два «дела»?

– Радио, как ребенка, надо холить и лелеять. Готовить материалы, читать, принимать решения в спорных вопросах. Нужно занимать определенную позицию, чтобы иметь собственное суждение и делать адекватные выводы. Я устала. Все это уже в прошлом. Меня тянет к живым людям, на радио глаз не видно.

У Вас, по выражению Ива Монтана, всегда «солнцем полна голова». Каковы планы на будущее – где планируется высадка очередного десанта?

– В Чикаго.

Пока вы только вкладываете. Будет ли отдача?

– Отдача уже есть. Когда мы видим ожившие глаза людей и как всего за месяц они изменились, – оттаяли, начали двигаться, улыбаться, красиво одеваться – мы получаем от них теплую энергию, заряжаемся хорошим настроением. Они забыли о болезнях, почувствовали, что не одиноки, делают под музыку зарядку, собирают осенние листья – они живут. И нам хочется работать, значит коммерческий успех придет.

С позиции 2010 г. добавлю, что уже давно в Чикаго работает второй «детский сад» компании *Forever Young*, а проводимые ею выставки произведений чикагских художников и скульпторов пользуются большим успехом во всей округе.

2-5-3. «Я – солдат США»

После 16-дневного отпуска Юра Фомин возвращается в Ирак, где он несет в 101 дивизии свою нелегкую службу. «Я – солдат США. Теперь это моя работа, и я стараюсь выполнять ее хорошо» – его слова.

Юра родился в украинском черноморском городе Николаев; родители привезли его в Чикаго, когда ему было 8 лет. Учиться в американской школе было трудно и аттестат об ее окончании получился не таким, как хотелось бы, так что мечту об университете пришлось оставить. Другую мечту большинства американских мальчишек – уйти из дома и вкусить самостоятельной жизни можно было осуществить, подписав армейский контракт на 4 года. *And he did it* – и он это сделал!

Самыми тяжелыми были первые 3,5 месяца, когда новобранцев, в августе 2002 г. принявших присягу, гоняли с утра до вечера – выдержат ли? Выдержали. И в Оклахома-Сити состоялся торжественный выпуск с демонстрацией приехавшим отовсюду родителям, чему научились их дети, теперь уже солдаты, определенные на военную службу в форт Кэмбл, штат Кентукки.

Дальнейшие события разворачивались с быстротой и стремительностью современного сверхзвукового авиалайнера: 1-го марта 2003 г. их воинское подразделение доставили на американскую военно-морскую базу, расположенную в далеком, но дружественном Кувейте. В пустыне они раскинули палатки и, привыкая к здешнему неласковому климату, пристреливали в песках пушки и готовились к газовым атакам. После объявления войны Ираку с корабля на траки перегрузили шесть пушек *198-Howitzer*, каждую из которых обслуживают 10 человек, и 20-го марта после предварительной бомбежки с воздуха военных объектов двинулись за пехотой на север, на Багдад. Временами останавливались и стреляли по заданным целям. Сопровождаемые репортерами, прошли столицу; 15 апреля прибыли в Мосул, где и базируются в настоящее время. Вот так всё прозаически просто.

Маленький лагерь занимает территорию фабрики по обработке кукурузы, обнесенную кирпичными стенами и башнями. В задачу воинского подразделения численностью около 50-ти человек входит обезвреживание оставленных на складах, на улицах и у домов снарядов – люди живут среди них и свалок мусора. Наши солдатики грузят эти смертоносные игрушки на грузовики и взрывают в безопасном месте.

– Это тяжелый солдатский труд? – спрашиваю Юру, который рассказывает обо всем так спокойно, будто о поездке в соседний штат на каникулы к бабушке. Наверное, у него в характере заложено никогда не жаловаться, а для близких – ободряющее: *Don"t worry!*

– Там жара 120 градусов, нет ветра и пыль, снаряды тяжелые. Так что только успеваем выжимать мокрые рубашки. Работаем по 5–6 часов в день и 4 часа стоим в карауле, но это в часы работы не входит.

Там страшно?

– Нет. В меня не стреляли. Когда мы стоим в ночном карауле на вышке, бывает, постреливают из проезжающей машины, тогда согласно приказу надо лечь на пол. У нас никто не погиб.

Как складываются взаимоотношения с местным населением?

– Обычно при выполнении задания мы с людьми не разговариваем. С молодыми арабами, которые работают с нами, предоставляют компьютеры и хорошо говорят по-английски, отношения нормальные. Фермеры пытаются устраивать засады, даже подорвалась одна наша машина, так что стекла вылетели, но о камикадзе в здешних краях я не слыхал. Думаю, после поимки Саддама Хусейна отношения улучшатся, потому что люди перестанут его бояться и ждать его возвращения, а лидеры будут другими.

Какие у вас бытовые условия?

– Мы живем в принадлежащих фабрике кирпичных домиках со всеми удобствами – душ, горячая вода, горячая еда. В комнате по 5 человек.

Чем занимаетесь в свободное время?

– Спим, смотрим телевизор, играем в баскетбол, купили штанги. Как-то Брюс Виллис приезжал со своим бэндом, пел. Отовсюду набралось очень много народу.

Драки часто бывают?

– За драки полагается штраф, поэтому при ссорах только орут друг на друга.

Каков этнический состав ближайшего окружения?

– Это белые, черные, мексиканцы, один китаец. По-русски я говорю только с Юрием Шамшитовым. Ему 30 лет и он гражданин Израиля; последнее время с женой и ребенком жил в Штатах. Теперь американское гражданство ему дадут раньше.

Что Вы собираетесь делать после армии?

– Пойду в колледж, если не смогу его закончить в армии. Хочу быть учителем по физкультуре и английскому языку.

По условиям 4-летнего контракта американский солдат в зоне военных действий может непрерывно находиться не более одного года, включая 30-дневный отпуск, а повторно – только через 6 месяцев. Так что родные и друзья ждут скорого юриного возвращения после боевого крещения на ставшую родной военную базу в Кентукки. А там кто знает, что ждет впереди?

А достойная ему замена уже готова: его племянник и однолетка Артем Шостак готовится в ближайшие дни отбыть в Ирак в составе ротационных войск.

Оба юноши принадлежат живущей в разных частях Чикаго большой семье, перебравшейся в Америку в 1992 г. Начало было положено давно родной тетей, за которой потянулись остальные. Есть в семье и военные традиции – прадед прошел дорогами Второй мировой, закончив ее в Берлине, потом командовал дивизией на Сахалине. Дед был кораблестроителем, а отец Артема, когда тот ушел в армию, вывесил у своего дома огненно-красный флаг военно-морских сил Соединенных Штатов.

Для родителей обоих мальчиков их желание в 17 лет защищать интересы США за океаном было полной неожиданностью, но рекрутёры, исправно работающие в школах, убедили их подписать бумаги о своем согласии, потому что ребятам в 18 лет такового уже не потребуется, а сейчас им необходима поддержка, родительское благословение. И оно было получено, равно как заслужено уважение и восхищение сверстников. Теперь родители все вечера проводят у телевизоров в надежде поймать новости из Ирака, а душа болит...

Как и Юра, Артем хотел быть самостоятельным и независимым, но у него в школе были проблемы (а у кого их нет?), которые он самокритично объясняет своим плохим характером: не уважал старших, считал себя лучше всех, не любил помогать другим. Так и получилось, что воспитатели для пользы дела посоветовали ему пойти в армию, а предварительно на 3 месяца в тренировочный лагерь, чтобы поработать над своим характером. Это не тюрьма, не детская исправительная колония, там не издеваются, не подавляют волю, нет. Но там учат выполнять приказы, что совсем непросто и очень неприятно свободолюбивому американскому мальчишке, осознающему себя «свободным человеком в свободной стране».

Артем стал морским пехотинцем, «маринс», что означает элитные подразделения, отличающиеся более серьезной подготовкой, большей маневренностью и боевым девизом: *First to fight* – первый в борьбе. Таких готовят на военно-морской базе *Пенделтон*, расположенной между Лос-Анджелесом и Сан-Диего. Там Артем работал на амфибии, доставляя солдат с корабля на сушу, освоил профессию артиллериста и связиста. Они участвовали в тушении калифорнийских пожаров, в форме *секъюрити* на рок-концертах сдерживали необузданных фанатов.

На днях их подразделение отправляется в Ирак, чтобы охранять Багдад и Тикрит. В качестве подготовки к этой миссии солдат учат нести конвой, стрелять и метать гранаты, единым взводом двигаться по городу, при необходимости использовать приемы рукопашного боя. Они умеют в случае газовой атаки за 20 секунд надеть специальный костюм и противогаз. Они знают, как противодействовать атакам фанатиков: если толпа кричит и кидает камни, ее надо успокоить. Но если появляется пистолет или какое-то другое оружие, следует стрелять без предупреждения. Правда, правила меняются. Сейчас, когда нет войны, уже нельзя стрелять первым – необходимо укрыться и производить лишь ответные выстрелы. От предполагаемого террориста-смертника тоже следует держаться подальше и делать всё возможное, чтобы спастись. А чтобы не было внезапных нападений, Артем с товарищами прошел курс тактической разведки, когда с помощью приборов ночного видения собирают сведения о наличии в округе оружия, настроении населения и деятельности подозрительных личностей.

Задаю Артему дежурный, но, на мой взгляд, важный вопрос:

Отправиться в Ирак и вообще служить в армии очень страшно?

– Я к этому готов. Для меня армия уже не сюрприз. Я защищаю свою страну и интересы Соединенных Штатов, помогаю другим.

Неужели Вам никогда не было страшно?

– Было. Когда с берега въезжаешь в море на амфибии весом в 26 тонн и под тобой 6 футов морской пучины, то кажется, что вода сейчас зальётся внутрь и всё поглотит. Вначале было очень плохо, потом привык.

В чем заключается ваша служба?

– Наш рабочий день начинается в 7.15 утра; в 8.00 – подъем флага, в 16.30 – спуск, после чего можно уйти с базы (переодевшись в штатское). В течение дня наш взвод – это

12 амфибий по 3–4 человека на каждую – занимается военной подготовкой. Учимся стрелять по мишеням; после операции меняем броню на амфибии, а раз в 3 дня чистим ее; устанавливаем пулеметы и гранатометы. Работа мне нравится. Неприятны лишь постоянные обязанности охранника в тюрьме и по уборке территории.

Кто сидит в этой внутренней тюрьме?

– Это примерно 3 тысячи человек; те, кто попал за наркотики, даже за один день отсутствия на базе, за отказ поехать в Японию или Ирак – за последнее полагается 30 дней тюрьмы.

Какова роль охранника в тюрьме?

– Главная задача – успокоить. Но не любой ценой. Например, нельзя бить в лицо, это убийственный прием и его применяют лишь в ответ. Был случай, когда подрались двое и я хотел их разнять, но один из них бросился на меня и ударил в бок и спину. В ответ я ударил его в ребра – он упал, а, получив еще один удар в спину, угомонился.

Есть ли на вашей базе женщины?

– На базе примерно 32 тысячи человек и 5% из них составляют военнообязанные женщины. Они в бой не идут, работают в администрации, подразделениях связи и информации.

Вы знаете, что такое неуставные отношения, или «дедовщина»?

– Не знаю.

И слава Богу. А какие взаимоотношения складываются между старшими по званию и подчиненными?

– Уважительные. Старшие учат нас хорошему, а ругают только по делу. Командиру мы отвечаем: «Есть, сэр», держа руки за спиной. На базе офицеру отдаем честь.

Какие существуют меры наказания за какую-то провинность?

– О, они разнообразны! Бить нельзя – за это тюрьма. Если сделал что-то дурное, за это сильно ругают. Сержант и его помощник капрал каждый четверг проверяют порядок и чистоту в солдатских комнатах. Если увидят пыль, то мы будем в пятницу, субботу и воскресенье по 3 раза в день драить жилище. За другие проступки положены разные ограничения, могут заставить подметать *паркинг* или пройти 3 мили в полной боевой выкладке.

Какие это другие проступки?

– Самые разные: не успел побриться, опоздал в строй, неправильно вел себя в свободное время, водил машину в нетрезвом виде.

Как вы отдыхаете?

– Много занимаемся спортом: штанга, перекладина, баскетбол. Бегаем 3 раза в неделю по 5 миль, качаемся, отжимаемся. Вечером кино или телевидение. В выходные дни ездим с друзьями в Сан-Диего или Лос-Анджелес – есть автобусы, метро, да и машину можно купить.

Учиться есть возможность?

– В армии учеба бесплатная. Собираюсь пойти на компьютерные курсы. Кроме того, выдают деньги на дальнейшее образование.

После армии какие планы?

– Пойду в университет; хочу преподавать историю в школе.

Оба юноши не совсем вписываются в привычный, навеянный фильмами стереотип тупого американского контрактника со всем его бесстрашием и жестокостью. Несмотря на явную психологическую подготовку, наши парни сохранили какую-то человеческую мягкость, даже детскость. Например, Юра не стал рассказывать тяжелые подробности своей иракской одиссеи, чтобы об этом не узнала мама; Артем тоже попросил не вдаваться в подробности, чтобы не огорчать своих бабушку и дедушку.

Однако это не помешало им стать настоящими солдатами, уверенными в правильности своего жизненного выбора. Такими сыновьями можно гордиться – они выросли скромными и хорошими людьми. Пожелаем благополучного возвращения своим защитникам.

И все-таки приятно сознавать, что американская армия создает молодым людям такие условия службы, что они не только могут с честью выполнить свой гражданский и интернациональный долг, но и реализовать себя как личность.

Большой спорт – это мужество. Лишь немногие, обладающие железной волей и несгибаемым характером, могут стучаться в эту обитель сильных духом.

На чемпионате мира по пауэрлифтингу (жим штанги лежа), который проходил летом 2009 г. в Чикаго и собрал около 30 команд из разных стран мира, Станислав Арбитман, выступавший в весовой категории до 125 кг, взял вес 190 кг и выиграл золотую медаль чемпиона, за год до этого... отбросив костыли и вернувшись в спорт после 10-летнего перерыва.

Живая легенда Донбасса – чемпион мира и Европы, участник Параолимпийских игр в Атланте, мастер спорта международного класса, шестикратный чемпион Украины по пауэрлифтингу среди спортсменов-инвалидов, Станислав Арбитман в 1999 г. непобежденным уехал в Америку в связи с медицинскими проблемами.

Когда Станиславу было 3 года, во время эпидемии 1950-х, он заболел полиомиелитом: болезнь была спровоцирована обычной прививкой в детском саду – недоглядели, что у мальчика температура. Несколько лет он был парализован, но героические родители выходили его. Получив экономическое образование, Станислав стал главным бухгалтером шахты. На этом можно было бы успокоиться...

Но Станислав любил спорт и по возможности занимался футболом – был вратарем универсритетской команды по мини-футболу. Из книг узнал о знаменитом воздушном акробате Валентине Дикуле, который получил травму позвоночника, однако превозмог свой недуг. И еще вдохновляли лавры первого из СССР чемпиона мира по тяжелой атлетике, еврея Григория Новака.

Станислав стоял у истоков развития инвалидного спорта в независимой Украине, был первым чемпионом Украины среди спортсменов с поражением опорно-двигательного аппарата, подняв в 1993 г. вес 120 кг.

На следующий год в Будапеште должен был состояться чемпионат мира и на него из-за проблем с финансированием отобрали всего 5 спортсменов. В Госкомспорта Станиславу сказали: «Пожалуйста, поезжай, но спонсоров ищи сам». И что вы думаете? – он поехал и победил – знай наших! Поднял вес 140 кг, а спонсором стала родная шахта.

Победа окрылила и на X летних Параолимпийских играх 1996 г. в Атланте Станислав вошел в десятку супертяжеловесов мира. Его личный рекорд, установленный на чемпионате Украины, составил 212,5 кг. В областном краеведческом музее Донецка, где развернута экспозиция «Знаменитые евреи Донбаса», есть и его стенд: олимпийский пиджак и спортивные медали победителя выставлены наряду с атрибутами жизненного уклада евреев старой Юзовки и личными вещами его известных земляков Натана Щаранского и Ефима Звягильского.

Станислав, ваше второе спортивное рождение через 10 лет после прибытия в Америку – закономерно?

– Удел слабых склонять голову перед жизненными обстоятельствами, которые по их словам «сильнее нас». Славное спортивное прошлое мне этого не позволило.

Наверное, очень тяжело было все начинать с самого начала?

– Случайно оказавшись в тренажерном зале, загадал, что если выжму штангу весом в 100 кг хотя бы два раза, то опять начну тренироваться – и выжал раз десять! Сразу приступил к тренировкам, постепенно увеличивая нагрузки. Мои друзья Энис Глузман и Александр Мартынюк помогли приобрести и установить тренажеры, ознакомили с новыми методиками поднятия тяжестей. Прилив сил почувствовал, когда перешел на очищенную питьевую воду и калорийное сбалансированное питание.

Самое примечательное, на мой взгляд, что Вы выиграли соревнование со здоровыми людьми. Как это получилось?

– В нашем славном городе Чикаго занятия пауэрлифтингом среди спортсменов-инвалидов не культивируются. Но меня допустили к чемпионату штата Иллинойс среди здоровых спортсменов, где я занял второе место. Потом выступил в отборочных соревнованиях на чемпионат мира, где стал третьим, и таким образом попал в состав сборной США.

Как Вы думаете, возможно ли спортсмену обойтись без допинга?

– Можно и жизненно важно! Это не только противоречит спортивной морали. Запрещенный допинг – анаболические стероиды – вызывает гормональные сбои и очень вредны для здоровья. Мой девиз: «Сдаваться преждевременно»!

Вся жизнь этого мужественного человека есть борьба: за здоровье, спортивные достижения и, главное, за победу. За победу над собой.

И это же с лихвой относится к человеку сходной судьбы – пятикратному чемпиону мира по пауэрлифтингу в легком весе (до 67,5 кг) Иосифу Плагову, который, несмотря на свой солидный возраст – 74 года, побеждал в последних мировых первенствах, увеличивая нагрузку, и на том же чемпионате мира 2009 г. в Чикаго поднял вес 90 кг.

Доцент кафедры динамики и прочности машин Челябинского политехнического института Иосиф Плагов в молодости занимался классической штангой, но из-за серьезной травмы спины был вынужден прекратить тренировки.

Переехав в 1997 г. в Америку и занимаясь в группе кардиологической реабилитации, получил приглашение принять участие в соревнованиях по пауэрлифтингу в категории лежа, что исключало вредные нагрузки на спину и давало возможность вновь – через 40 лет – вернуться к любимому виду спорта. Жгучее желание победить и упорный труд принесли ему заслуженные лавры мирового чемпиона.

Однако на вершине славы его подстерегало тяжкое испытание: врачи поставили ему неутешительный диагноз – рак. Но этот отважный человек не дрогнул, с честью и достоинством выдержав этот жестокий вызов судьбы. Иосиф не отказался от участия в чемпионате мира и выиграл его.

Мало кто в подобной ситуации способен преодолеть свой страх и самого себя, чтобы продолжить занятия спортом. А Иосиф наряду с сеансами облучения тренировался, чтобы участвовать в следующем чемпионате мира, который прошел в Англии в ноябре 2009 г., и опять вернулся Победителем.

Иосиф, мы болели за Вас. Поздравляем с заслуженной победой и надеемся, что она не последняя. Расскажите, как Вы тренируетесь?

– Спасибо. Тренировки занимают примерно 3 часа 2 раза в неделю и включают упражнения для рук, ног и живота, но так, чтобы участвовало все тело. В конце жим, лежа на скамейке, сауна, парная, бассейн, джакузи. И каждый день отправляюсь на Мичиган – зарядка, отжимание, купание в ледяной воде.

Существуют ли какие-либо ограничения для участников соревнований?

– Нет ограничений ни по здоровью, ни по возрасту. Пауэрлифтинг – не олимпийский вид спорта. Раньше это был просто вид развивающих силовых упражнений, а теперь благодаря своей демократичности он стал очень популярным, и я считаю, что надо включаться в движение за признание его олимпийским.

В какой категории Вы выступаете?

– Согласно своему весу и возрасту и, в основном, в качестве любителя, так как согласен проверяться на наличие в крови запрещенных препаратов. В последний раз и в 2008 г. во Флориде выиграл два первенства мира среди профессионалов, которые отличались лишь тем, что проверок на допинг не предусмотрено. И те, и другие могут использовать специальную упругую экипировку, чтобы защитить связки и суставы и даже улучшить результаты. Я ничем не пользовался и горжусь, что все равно победил.

Эти неординарные спортсмены показали, что можно раздвинуть рамки человеческих возможностей. Для тех, кто утратил веру в жизнь, растерялся и не нашел себя в новых условиях, они осветили надежду. Спорт – один из таких путей, заражающих своим энтузиазмом и активной жизненной позицией, когда нет времени на болезни и причитания.

Есть и другой способ не хныкать, и его продемонстрировал еще один чемпион мира, живущий с нами по соседству. В 2009 г. имя Якова Кофмана, которому исполнилось 87 лет, было внесено в книгу рекордов Гиннеса за коллекцию художественной миниатюры, состоящую из почти 17 тысяч (!) карманных календарей – настоящую энциклопедию жизни различных стран и исторических эпох. Это архитектурные ансамбли городов, автомобили-самолеты-пароходы, музеи и монументальные памятники, животный и растительный мир, искусство и спорт. И неотразимо-прекрасные молодые женщины со всей планеты как ценный генофонд мира.

Яков собирал коллекцию 60 лет, по переписке с такими же одержимыми собирателями прекрасного в разных уголках мира. Он родился в Одессе, из института ушел в армию, в строю прошел всю войну, в качестве архитектора проектировал курорты на Черноморском побережье Крыма и Кавказа.

Тогда-то и пригодились ему эти бесценные документальные материалы, помогающие восстановить облик старых городов и лечебниц, проследить изменения рельефа местности. И он надеется, что эти миниатюры, как марки или картины, отражающие неумолимую поступь истории, еще послужат людям.

Вот такими героическими личностями богата наша община. Вспомните о них в свой пасмурный день, и это даст вам новый заряд силы и бодрости духа.

2-5-5. На крыше мира

Восторженная встреча в аэропорту О`Хара. Счастливые родственники, друзья, поклонники. Цветы. Рукопожатия. Слезы радости и безграничное уважение.

Наш соотечественник, программист из Чикаго Юрий Прицкер в составе Интернациональной экологической экспедиции совершил восхождение на самую высокую вершину мира – гору Эверест и, что самое важное, в полном здравии с победой вернулся домой.

Гора Эверест, или Джомолунгма, или Сагарматха, расположена в Гималаях, устремлена вверх на высоту 8850 м и внешне напоминает трехгранную пирамиду с крутым южным склоном. Альпинисты поднимаются как по северному склону – с китайской стороны (Тибет), так и по южному, со стороны Непала.

В переводе с тибетского Джомолунгма означает «Божественная», а Сагарматха переводится с непальского как «Мать богов». Эверестом англичане назвали гору в честь Джорджа Эвереста, руководителя геодезической службы Британской Индии, она была открыта и измерена Индийским топографическим обществом в 1859 г.

Эверест непредсказуем и опасен низкими температурами, сильными ветрами, низким давлением и малым количеством кислорода в атмосфере. Только 9 мая 1953 г. новозеландец Эдмунд Хиллари и «тигр снегов» шерп (проводник) Норгей Тенцинг (помните, как взахлеб мы читали книгу о нем?) совершили свое легендарное восхождение.

По данным на 2007 г., на вершине Эвереста побывало 2438 человек, 210 погибли.

И, тем не менее, Юра, родившийся в 1955 г. в равнинном Киеве, мечтал повторить этот подвиг. Отважный человек, прекрасный альпинист и горнолыжник, он всей своей жизнью готовился к этому восхождению.

Во время наших поездок в Юту, Колорадо и Вайоминг, организованных его женой Светой, пока мы катались, наслаждаясь видом заснеженных скал из окна гондолы, Юра, с лыжами за плечами, в течение нескольких часов взбирался на самую высокую из них, чтобы с ветерком спуститься вниз. Он поднимался на высочайшие вершины Европы (Эльбрус) и Америки (Маккинли, Аляска), Перу и Альп...

Целью этой экспедиции было привлечь внимание к экологическим проблемам Эвереста, дать новый импульс сбору многолетнего мусора.

Она заняла 47 дней и началась 2 апреля 2009 г. Участники прибывали в столицу Непала – Катманду, затем на местном самолете в горное селение Лукла, откуда пешком за 10 дней добирались до Базового лагеря, находящегося на высоте 5334 м.

В состав экспедиции входили 14 человек из Америки, Германии, Австрии, в том числе 2 женщины и Апа Шерпа, который нес плакат, призывающий спасти Гималаи от глобального потепления, потому что именно здесь наглядно видно, с какой неумолимо растущей скоростью тают здешние ледники.

Забегая вперед, скажу, что из этой группы до вершины добрались всего 6 альпинистов: один человек погиб под лавиной во время тренировочных походов, двое других попали в трещину, но их вытащили, остальные выбыли из-за болезни или несчастного случая.

В Базовом сине-желтом палаточном лагере расположилось 37 независимых команд, вместе с обслуживающим персоналом насчитывающих примерно 500 человек, которые в течение месяца должны акклиматизироваться, совершить 2–3 радиальных тренировочных подъема по 6-7 дней до промежуточных лагерей 2 и 3 (5943 и 7162 м) и затем подняться на вершину. Как ожидалось, они присоединились к Экологической экспедиции и в дни отдыха собрали около пяти тонн мусора.

Температура в базовом лагере была от 30°С днем до –20°С ночью. Все ждали тех немногих дней в мае, когда природа-мать позволит смельчакам вторгнуться в ее заоблачные владения. По прогнозу в этом году ожидалось всего 5 «лётных» дней, а главное восхождение рассчитано на 7 дней. Но ряды «тигров» не дрогнули.

Час Х настал 17 мая в 4 часа утра, когда цепочка альпинистов отправилась на покорение самого высокого из восьмитысячников. Путь был тяжел: ледопад Кхумбу, который считается самым опасным местом маршрута (19 смертей), и крутая ледяная стена с уклоном до 65 градусов, которую Юра преодолел за 5 часов, без кислорода. Усталый и измученный, он позвонил из третьего лагеря домой, чтобы Света пожалела, вернула подобру-поздорову. Но вместо этого уверенная в его силах жена ободрила и вдохновила его на свершение задуманного. Именно она была его психологом, научила медитировать и сохранять присутствие духа, что не менее важно, чем физическая подготовка.

Подъем к последнему лагерю 4, знаменитому Саус Кол (8000 м), проходил по крутым ледовым и скальным участкам. Здесь мечтает побывать каждый альпинист, не только из-за того, что это стартовая площадка для запуска на вершину, но и потому что достичь этого рубежа – уже подвиг, подвластный лишь высококлассному спортсмену. Дальше идут немногие, самые отчаянные.

«Запуск» состоялся в 8 часов 30 минут вечера 20 мая. Юру сопровождал шерп Туктен, который нес для него 2 кислородных баллона. Шли они, пристегнувшись экскендером к страховочной веревке, протянутой до вершины. Чтобы обогнать идущих медленнее, надо отстегнуться, а по обеим сторонам хребта разверзлись пропасти. Идущий впереди Туктен задавал скорость, обгоняя сразу по 2–3 человека.

Во время остановки Юра увидел множество светящихся точек-лампочек, как поднимающихся следом, так и вырвавшихся вперед. И один огонек повыше, на самой вершине. Юра боялся, что может не хватить кислорода, и они обгоняли других по крутому склону, покрытому льдом и камнями.

К Южной вершине (Саус Саммит) они пришли первыми. «И только тот огонек, который мы видели перед собой вверху раньше, все еще был там. Он был так высоко, что я понял: это не человек с фонариком на шлеме, а сияющая звезда. Это было фантастически прекрасно!».

На вершину Эвереста Юра ступил с восходом солнца, в 4:30 утра 21 мая. Дул ветер, но флаги разных государств, стеклянные коробочки с фигурой Будды и пестрые гирлянды флажков с написанными на них молитвами хранятся там, как талисманы.

Юра достиг вершины за 7 часов 15 минут, а спустился за 3 часа (положенное время 12 и 6 часов). Апа Шерпа, который установил мировой рекорд, поднявшись на вершину 19-й раз, сказал, что самый быстроходный из всех – Юрий Шерпа. Его слова были для Юры самой высокой наградой.

На шумной церемонии, которую устроили в Базовом лагере, когда все спустились, им вручили памятные медали. Самым старшим был 67-летний американец, а самой молодой 19-тилетняя девушка из Индии, ставшая после восхождения национальным героем.

Юра, какое самое сильное впечатление от этой экспедиции?

– Я много читал и готовился к предстоящему восхождению. Но в реальности всё оказалось величественнее, сложнее и труднее. Этот сезон считается хорошим – «всего» 5 погибших. До вершины добираются только 30% участников, среди новичков и того меньше. Это тяжелый труд.

Как Вы готовились?

– Тренировался 8–9 раз в неделю: бег, в том числе по лестнице, аэробика, упражнения с тяжелым рюкзаком и гирями на щиколотке. Кроме того, я постоянно занимаюсь альпинизмом, горными лыжами и теннисом.

Из чего состоит специальное снаряжение?

– Пуховой костюм, тяжелые двойные ботинки, нагревательные элементы в носки и перчатки, кислородные маска и баллон, шлем с лампочкой, страховочные ледоруб и экскендер, вода в рюкзаке.

На базах было электричество?

– Нет. Для освещения используют солнечные батареи.

Сколько стоило участие в экспедиции и были ли у Вас спонсоры?

– Место в экспедиции стоило 45 тысяч долларов. Великое спасибо всем спонсорам. Остальное я взял в банке, в долг под свой дом, и продолжаю искать спонсоров. Спасибо всем, кто поддерживает меня.

2-5-6. Развод по-американски

Трагедия развода стара, как мир, ибо уже в Библии было сказано, что Бог ненавидит развод. Почему же люди на протяжении веков собственноручно ломают свой дом?

Существуют по меньшей мере восемь признанных причин развода. Первая и главная из них – деньги; по Библии «любовь к деньгам есть корень всех видов зла». Следующие причины тоже достаточно прозаичны: алкоголь, сексуальные проблемы, незрелость при вступлении в брак, ревность, приверженность «голливудскому мифу» и отсюда разочарование от несоответствия реальной жизни и увиденной в кино, влияние и вмешательство родителей и, наконец, безответственность сторон супружеского союза, когда, к примеру, кто-то из супругов просто не желает работать.

Чтобы избежать развода в будущем, современные законы дают возможность всё предусмотреть, рассчитать и взвесить заранее, еще на стадии выбора спутника жизни. В противном случае единственным законным путем разрешения всех семейных конфликтов является цивилизованный развод.

Как государство регулирует бракоразводные процессы сегодня? Если в Америке миллионы людей благополучно, без моральных потерь разводятся, то почему так часто приходится слышать, что развод затянулся на годы и даже сломал или испортил кому-то жизнь?

С такими вопросами я обратилась к семейному адвокату Александру Толмацкому, известному в общине неутомимому просветителю на ниве нашей правовой безграмотности. Человеку, обладающему чувством юмора, что нелишне в его деятельности, связанной с экстремальными ситуациями и человеческими эмоциями. Ответ был прост, как правда.

– Иллинойс входит в два десятка штатов, где процесс развода упрощен в случае обоюдного согласия супругов и отсутствия несовершеннолетних детей. Грамотные люди могут даже обойтись без адвоката, самостоятельно заполнив документы, разрывающие узы брака.

Означает ли это, что если одна из сторон не согласна, то развод для такой пары вообще отменяется?

– Закон не предусматривает насильственного сохранения брака. Если к моменту суда супруги не живут вместе в течение 2-х лет, то развод предрешен. Достаточно одному из них заявить об этом, даже если они проживали в одном доме. Это означает, что все попытки разрешения семейных проблем не были успешными, не принесут желаемых результатов в дальнейшем и не в интересах семьи.

Иногда процесс развода затягивается на годы. Почему?

– Большинство разводов осуществляются «мирным путем» и быстро, лишь незначительный их процент доходит до судебного разбирательства. Чаще всего процесс затягивается из-за сложности оценки имущества: невозможно реально оценить бизнес, капиталовложения, недвижимость, коллекции.

В таких случаях говорят, что у жены непомерные аппетиты. А если дом принадлежал мужу до брака или был куплен после женитьбы, но на его деньги?

– Американское законодательство исходит из принципа, что каждая сторона после развода имеет право на тот уровень жизни, который он или она имели до развода; то же относится и к детям.

Если имущество принадлежало одному из супругов до брака, оно остается его личной собственностью. Всё «нажитое» после брака делится примерно пополам.

Если жена уходит к другому человеку, но замуж за него не выходит и не работает, должен ли бывший муж содержать ее до конца жизни?

– В таком случае суд трудоустраивает жену и, учитывая разницу в доходах, муж помогает ей встать на ноги и самостоятельно зарабатывать. В зависимости от продолжительности брака это может растянуться на срок до 6-ти лет плюс 10–20% при длительном браке.

А если при этом жена оставила на мужа ребенка-инвалида?

– Тогда 20% своей зарплаты она выплачивает бывшему мужу на ребенка.

Здесь я прерву интервью, чтобы рассказать о другом случае – как неудачный развод может вызвать цепь событий, пагубно влияющих на жизнь и здоровье человека, – чтобы затем получить профессиональный комментарий адвоката.

Речь пойдет о нашем соотечественнике Алексе К., обладающем мятежным характером: он был выдворен из аспирантуры киевского института за драку с антисемитом и в 1978 г. уехал в Америку. Казалось бы, американская демократия должна прийтись ему по душе. Ан нет. И именно развод способствовал тому, что он полностью разочаровался в американской судебной системе.

Для развода, на мой взгляд, он имел веские основания – у них с женой были диаметрально противоположные точки зрения на воспитание единственного сына. Жена считала сына своей личной собственностью и мужа к нему не подпускала. Даже на «*Father`s day*» в школу ходил не отец, а мать. Конечно, Алекс возражал, боролся и, чтобы избежать скандалов, заявил, что если ситуация не изменится, он подаёт на развод.

А что жена? Она повела себя в соответствии с американскими фильмами из цикла *Lifetime*, когда жены забирают деньги, покупают новую машину и вместе с детьми переезжают в поисках новой жизни.

Если Алекс не нашел ни денег, ни необходимости взять для развода адвоката и защищал себя в суде сам, несмотря на то, что далеко не блестяще знал язык, то жена пригласила на суд и адвоката, и переводчика. И выдвинула встречный иск с просьбой защитить себя и ребенка от посягательств ее мужа, который якобы избивал их. Тем не менее, разводиться она не желает (есть логика?) и на всякий случай постоянно преследует своего мужа, кружа вокруг него на машине, чтобы при благоприятном стечении обстоятельств обвинить в каких-нибудь посягательствах или поползновениях. Ох, уж эти американские эмансипированные женщины, которых «истязают», а они держатся за подобие брака и всегда готовы вызвать полицию, чтобы выторговать чуть больше или просто унизить отца своего ребёнка!

И судья попалась на ее слёзную удочку и вместо развода вынесла решение, запрещающее Алексу в течение

2-х лет приближаться к жене и ребенку. А Алекс, возмущенный необоснованностью приговора, демонстративно покинул зал до окончания заседания, за что на сутки попал в тюрьму – за неуважение к суду.

Дальше – больше. Вместо того чтобы взять, наконец, адвоката и апеллировать, он в состоянии аффекта посылает главному судье электронной почтой письмо, в котором судью, принявшую это несправедливое решение, называет «нацисткой». Ответа не последовало.

А через полгода произошла вереница событий, которые, как снежный ком, обрастали обвинениями, обидами, ошибками и тюремным заключением на несколько дней. Его обвиняют в том, что он поставил на улице машину в обратном направлении и слишком далеко от бровки, что у него нет «стикера», а у его гаража стоит машина без колес, что не украшает первозданный пейзаж. Предписаний он не выполняет, он пишет запросы.

Потому что расценивает всё это не только как нарушение его прав (на приватность жилья, например), но и как месть судьи – которая к этому времени стала главным судьей – за его электронное послание.

Доведенный до отчаяния перенесенным инфарктом, огромными штрафами «за гарбидж» и своими долгами, при очередном посещении здания суда он не сдержался и сказал, обращаясь к черной молодой женщине, которая на магнитометре «прозванивала» посетителей: «Я ненавижу это место. А ты что здесь делаешь? Ждешь, пока кто-то взорвёт его?»

Женщина-полисмен, как и положено, доложила об услышанном начальству, и Алекса снова препроводили в тюрьму, в этот раз на 8 суток. Так было ущемлено его право на свободу слова. Теперь он ожидает суда по обвинению в «беспорядочном поведении».

Комментарий Александра Толмацкого был кратким: «При разводе были допущены ошибки. Надо было с самого начала подать две петиции – о немедленном назначении опекуна над ребенком и об эксклюзивном использовании жилья – и в суде доказать, что ребенку плохо проживать с матерью. Для судьи слова супруга вполне достаточно, но для этого необходимо знание языка и определенный опыт. В подобных случаях, то есть, выступая в качестве истца или ответчика, даже адвокаты не представляют сами себя в суде, а берут другого адвоката.

Что касается дальнейших событий, последовавших за несостоявшимся разводом, то это безответственное поведение, наплевательство на принятые стандарты. В Америке существуют цивилизованные способы протеста против неправильного решения суда – федеральный суд, прокурорский надзор.

Боюсь, что по нынешним временам за слово «взорвать» можно получить до шести месяцев тюрьмы, а за него же, произнесенное в самолете, – до одного года. Так что я бы посоветовал Алексу без адвоката даже близко к зданию суда не подходить. Понятно, что своими выходками в суде он восстановил всех против себя, и лучше всего ему сменить место жительства».

Когда я пишу эти строки, меня не покидает чувство глубочайшего сожаления. Воистину «от сумы и от тюрьмы не зарекайся». Почему развод, этот сугубо гражданский акт, обернулся для человека такими тяжелыми последствиями? Американская тюрьма – место жестокое. Это не советский санаторий, как думают многие. Там бьют, там наказывают. Да, там едят с ножом и вилкой, но когда Алекс по незнанию бросил их в мусор, то получил 12 часов карцера.

Понятно, что он – не враг государству, нет, просто в советской аспирантуре его не научили отличать демократию от анархии. И остается только надеяться, что на предстоящем уже уголовном разбирательстве судьи поймут, что он заслуживает снисхождения...

Возвращаясь к теме развода, я приведу еще один пример, на этот раз кинематографический и доведенный до абсурда, как предел человеческой неразумности и ненависти.

Фильм «Война супругов Роуз» с участием Майкла Дугласа и Кэтлин Тернер с беспощадным сарказмом рассказывает, до чего могут дойти двое после 18-ти лет совместной жизни в своем желании уничтожить друг друга. Они уже разведены, но никто из них не хочет покинуть дом, который муж заработал своим трудом, а жена всю жизнь с любовью обустраивала. Они больше привязаны к этим стенам, безделушкам, кошке-собаке, чем друг к другу. Ни один из них не желает уступить другому ни на йоту, и они продолжают жить рядом и придумывать изощрённые издевательства и обиды, не стесняясь взрослых детей. Это уже полная деградация личности, в этой битве эгоизма не может быть победителя. Оба героя по-гриновски «умирают в один день», лишь на мгновение взявшись за руки, но это не та счастливая смерть в унисон – они падают с люстры, куда вознеслись в пылу беспощадной борьбы.

Конечно, это метафора, но вместе с тем это фильм-предостережение, призывающий людей не опускаться «до люстры».

А в финале их адвокат устами замечательного актёра Дэнни Де Вито, как резонер в пьесе времен классицизма, проникновенно говорит своему новому клиенту: «Какова мораль этой истории? Не знаю... Наверное, не только что любитель кошек должен жениться на «кошатнице», а любительница собак должна выходить замуж за того, кто души не чает в собаках. Цивилизованный развод   это сочетание противоречивых понятий. Может быть, неестественно всю жизнь быть с одним человеком, но мои родители прожили 63 года, и какие-то из этих лет даже были счастливыми...

Не будь скупым и побыстрее заканчивай дело с разводом, чтобы сразу начать новую жизнь. Или вернись домой и попытайся вспомнить всё то, что ты любил в подруге своей юности. Это твоя жизнь».

И в заключение еще немного статистики. Почти 75% американцев полагают, что брак заключается на всю жизнь и может быть расторгнут лишь в чрезвычайных обстоятельствах. Даже 81% разведенных или ушедших из семьи людей считают женитьбу необходимой. Для продолжения цивилизованной жизни на земле.

Глава 2-6. Гражданское общество

Достоинство государства зависит в конечном счете от достоинства образующих его личностей.

Джон Стюарт Милль

2-6-1. Как проголосует наша община

Неотвратимо приближается ноябрь, когда Америка выберет своего 43-го президента. В этом году эта задача не из легких: армия надолго завязла в Ираке, где по-прежнему гибнут американские солдаты; экономический спад, последовавший за событиями 11 сентября, не преодолен; террористы не унимаются; мировая общественность недовольна.

Поэтому еще очень многие избиратели не определились и колеблются, откладывая решение в ожидании, что дополнительные рабочие места появятся и дела в Ираке пойдут на поправку. И все это при условии, что не обнаружат новый «убедительный» компромат на одного из претендентов, хотя куда уж больше – эта избирательная кампания превзошла все предыдущие по количеству взаимных обвинений. В воздухе висит желание людей сократить ее продолжительность до минимума.

И, тем не менее, выбор делать надо, ибо в демократической стране мы, новые граждане, таким образом участвуем в политической жизни государства, это обязательно и почетно.

Интересно, что на мои вопросы о предстоящих выборах представители нашей общины, как правило, отвечали: «Я выбираю из двух зол меньшее», что можно поставить эпиграфом к нынешним избирательным баталиям.

Так как же будет голосовать наша община? Успешно работающие люди, независимо от возраста, будут голосовать за республиканцев. Мотивация – они знают или слышали, что такое социализм, и не очень-то хотят его распространения в Новом свете. То есть они не желают платить лишние налоги, они надеются только на себя.

За демократов голосуют американцы и наши люди, недовольные войной с Ираком, переводом рабочих мест заграницу и угрозой безработицы. За них голосует молодежь, правозащитники, артистическая, университетская и духовная элита и вообще люди свободных взглядов и незашоренные, которым претит, когда президент страны указывает женщинам, рожать им или нет, суверенному государству Китай что-то насчет религии, вот-вот и за языкознание возьмется.

Все это традиционно; но что интересно, на этот раз наше старшее поколение, которое всегда голосовало за демократов, полагая, что «Клинтон дал нам бенефиты», собирается поддержать республиканцев. Причины разные.

Фрида Карпул: «Буша я не люблю, но голосовать буду за него, потому что сейчас речь идет не о внутренних проблемах и безработице, а о выживании цивилизации. Я знаю о Холокосте не понаслышке, и сколько надо еще Бесланов с погибшими и изуродованными детьми, чтобы все люди, наконец, осознали, что с терроризмом, как с фашизмом, надо бороться беспощадно, сообща и немедля.

Конечно, у Буша есть ошибки, но он – борец. Он начал войну с терроризмом, много сделал – на территории США после 11 сентября пока не было (тьфу-тьфу) серьезных терактов – и эту работу нельзя прерывать. Керри в этом деле человек новый; он многое обещает, но мы не знаем, как он себя поведет. Хотя можем предположить, что пока он будет знакомиться с делами, оглядываться на ООН – будет поздно, террористы не дремлют. А для нас самое главное это мир, счастье детей, внуков и правнуков».

Лина Хазанова: «Республиканцы и демократы очень похожи: все безбожно врут. Но в случае своего избрания демократы сразу же сдадут Израиль – чтобы все было тихо и их не трогали. Израильтяне просят голосовать за Буша.

Одного нашего знакомого, который отправлялся в Америку, они напутствовали словами: «Любому встречному человеку скажи спасибо за то, что американцы вошли в Ирак. Поэтому я голосую за Буша».

Рая и Натан Волдманы отработали по 25 лет на разных американских предприятиях. Они всегда голосовали за республиканцев, сделав исключение лишь для Клинтона, вернее не устояв против его харизмы. Их мнение определено твердо: «Нам нужен активный президент, а Буш – человек слова».

А вот данные блиц-опроса:

– Понятно, что Буш не Рузвельт и не Кеннеди, но мы хоть знаем, чего от него ждать.

– Буш заварил кашу – пусть и расхлебывает!

– Наконец и Путин, вслед за Бушем, заговорил об открытой войне с террором.

Сегодня рейтинг у обоих претендентов примерно одинаков, так что противники Буша тоже за словом в карман не лезут:

– На семью Бушей два президентства вполне достаточно!

– Всем ясно, что Ирак оккупировали в погоне за нефтью, а на «оси зла» – в Северной Корее и Иране – ее пока не нашли.

– Один этот «серый кардинал» чего стоит! Даже американцы зовут Чейни вором за махинации с продовольствием для армии!

– Нужна этим муллам демократия, как рыбке зонтик! А парни гибнут...

Алла Лось более полно сформулировала свою точку зрения: «Почему я голосую за демократов? Сначала введем «граничные условия». Я отношу себя по статусу к иммигрантам, по доходам к более низко оплачиваемой половине населения и интеллектуально к «тонкой прослойке интеллигенции». Это и определяет мои взгляды на предстоящие выборы. Попробую это обосновать.

Все законы для иммигрантов, включая те, согласно которым мы здесь находимся, были приняты во времена правления демократов.

Республиканцы отстаивают собственные интересы, противоположные интересам менее обеспеченных людей, к которым, хотим мы того или нет, относится подавляющее большинство иммигрантов. Так, за последние годы в области образования был урезан бюджет и государственные программы, а в области здравоохранения страна даже не движется в сторону страховой и кассовой медицины, как в Европе, Канаде, Израиле. Когда я уйду на пенсию, мне не хватит ее даже на лекарства, потому что дешевые лекарства невыгодны фармацевтическим корпорациям, поддерживаемым республиканским правительством.

Республиканцы не изменились, хотя их демагогия переливается через край. Буш якобы с целью организации новых рабочих мест снизил налоги. А каков результат? Нам бросили кость, выплачивая за год аж 200 долларов, а реальные доходы только уменьшаются. Безработица если и не растет, то только за счет оживления военной промышленности, тогда как производство основной мирной продукции продолжает утекать за рубеж. Опять выиграла корпоративная Америка, которая платит такой же подоходный налог, как малооплачиваемые люди, тяжело работающие. И из-за этого растет дефицит бюджета (Клинтон, между прочим, оставил его положительным). И все, даже рядовые республиканцы, закрывают глаза на то, что администрация Буша ввергла страну в самый большой государственный долг в американской истории благодаря непомерным военным расходам. Вместо того, чтобы изменить их структуру.

Так отстаивает ли Буш наши интересы? Является ли он нашим президентом? Ни в коей мере. «Никогда не голосуй за республиканцев – это не твое, у них другие приоритеты», – так говорит мой американский друг, преподаватель университета.

И, наконец, об интеллигентности. В нашем понимании к этой категории относятся люди, думающие не только о себе. Когда по русскому радио раздаются призывы убивать всех и всё уничтожать, я думаю о том, насколько страх может оболванить людей. Страх – плохой советчик. Для начала надо разобраться, откуда исходит опасность и с кем надо бороться. Важно, не какая именно религия управляет страной, а отделена ли она от государства. При отсутствии такого разделения любые воинствующие фундаменталисты или фанатики, придя к власти, будут угрозой миру. Чем Ким Чен Ир лучше, чем Саддам Хусейн? Наоборот, Ирак был единственной из арабских стран, которая боролась со своими фундаменталистами. Саддам боялся их и, притесняя их, хоть и зверскими методами, но помогал миру сдерживать терроризм, как в свое время Советский Союз, борясь с моджахедами.

Так от кого освободил Буш иракский народ? От диктатора, каковых в арабском мире не счесть? Да, но своим необдуманным вторжением Буш создал там реальную возможность гражданской войны и прихода к власти религиозных фанатиков, которые на наших глазах превращают Ирак в гнездо терроризма, где гибнут наши солдаты. И Буш несет за это ответственность, потому что он начал борьбу с терроризмом не с того конца.

Он не довел до логического конца дела в Афганистане; Бин Ладен не пойман, зараза терроризма расползается по всему миру. В любой точке земного шара люди чувствуют себя незащищенными, а нам лгут, что безопасность увеличилась.

Я не верю в военное решение вопроса – идею нельзя расстрелять. Надо начать серьезную идеологическую войну, как в свое время с коммунистической идеологией. И единственный, кто сказал об этом, был Керри. Он не замешан в Ираке и скорее Буша договорится о выводе оттуда наших войск. Надо находить настоящих, верных союзников и объединяться.

Считаю, что Керри более умен и образован, чем Буш, более интеллигентен и предсказуем. Он воевал во Вьетнаме и честно был против той войны, в знак протеста выбросив свои ордена. Очень надеюсь на предстоящие дебаты претендентов, которые наглядно покажут, *who is who*».

Благодарю Аллу за беседу и со своей стороны хочу подчеркнуть, что в свободной стране человек может открыто отстаивать свои интересы. Это нормально, для того и создаются политические партии. Но не следует забывать и о своих убеждениях. Идеалы демократии никто еще не отменял, даже в тяжелые времена разгула терроризма и неподготовленности мира к борьбе с ним.

А власть предержащие в любой стране всегда будут пользоваться любыми трудностями, чтобы эту власть удержать. И не далее, чем на прошлой неделе, мы получили тому красноречивый пример. Полного смещения понятий. Его даже назвали государственным переворотом в России. Ну скажите на милость, как может назначение губернаторов взамен их выборности уменьшить террористическую угрозу? Просто Путин, воспользовавшись чередой страшных терактов и естественным страхом населения, решил подкрутить гайки и еще более упрочить свое авторитарное правление.

И не напоминает ли это демарш второго лица нашего государства Дика Чейни, который, чтобы еще пуще запугать американского обывателя, цинично заявил – если хотите, чтобы война шла на нашей территории, голосуйте за Керри? Вот вам и вся идеология этого правительства, именно это вызывает возмущение всего мира.

Правительство не озабочено укреплением сухопутных и морских границ собственного государства, через которые ежегодно проникают в страну миллионы нелегальных иммигрантов и поставляются миллионы тонн груза из разных стран, представляющие реальную потенциальную опасность. Оно предпочитает дома, для успокоения публики, досматривать каблуки путешествующих старушек, а по большому счету выбрало другой путь – с позиций силы, с устрашающими бомбежками и постоянными жертвами среди мирного населения, которые ожесточают людей, порождают ненависть к Соединенным Штатами и увеличивают ряды шахидов.

Не удивительно, что по всей Америке тысячи людей, для которых что-то значат слова «не убий», протестуют против этой войны. Американский народ не хочет платить за войну и расплачиваться за нее гробами, не хочет устанавливать демократию там, где она не затребована, – это бессмысленно. Он хочет, чтобы деньги налогоплательщиков расходовали целенаправленно на борьбу с реальной угрозой, а не на раздувание штатов новых военных ведомств и стрельбу из пушек по воробьям. Даже если кому-то показалось, что воробьи угрожают всему миру массовым уничтожением.

А президент, который допустил такую кровавую ошибку, должен был бы добровольно уйти в отставку, а не прятаться за разными бюрократическими и бесполезными комиссиями. Альтернативы были. Вспомнился даже смешной старый фильм. Деятели Голливуда «разработали» план свержения «малой кровью» диктатора, внешним обличием похожего на Саддама Хусейна, с помощью ограниченного воинского контингента, высаживающегося на крышу его дворца. Но, очевидно, наш президент чужд не только изящной словесности, но и киноискусству тоже.

А «маленькая молниеносная война» всегда была притягательна для военизированного государства, особенно когда военные действия протекают на земле, богатой нефтью (всплывает аналогия с Чечней, где вольготно живется российскому военно-промышленному комплексу).

Режиссера Майкла Мура, который получил 2000 писем от тех, кто воевал в Ираке, и выступает против войны, справедливо упрекают в тенденциозности, но разве в его фильме нет горькой правды? Это и слезы матери, потерявшей сына-солдата, и нежная дружба с саудовской «семьей», основным спонсором терроризма. А как может президент, которому народ вручил заветный «атомный чемоданчик», безжизненно сидеть в течение 7-ми минут, когда быстрое реагирование является основным требованием и показателем его, если хотите, президентского мастерства? А наш главнокомандующий впал в оцепенение: лицо его выражало лишь растерянность и потерянность. Наверное, Керри так долго не раздумывал бы, а поднял в воздух пару истребителей навстречу третьему самолету с камикадзе. И то, что Пентагон отделался лишь «легким испугом», заслуга только находчивых и жертвенных людей, летевших этим рейсом и безвинно погибших. Президент Буш не справился.

А если то же повторится по отношению к какой-нибудь атомной электростанции? Может быть, нам самим написать господину Бушу инструкцию, как себя вести в подобных экстремальных ситуациях, ведь его президентский срок пока еще не закончен? Соответствующие компьютерные программы существуют. Или господин Буш и с компьютером не в ладах?

Думаю, когда выборное должностное лицо допускает ряд серьезных ошибок, в которых даже сам признался, на следующий срок предпочтение следует отдать другой команде, которая не станет защищать честь мундира и повторять их. На ошибках учатся, но не за счет граждан страны. Нужны перемены. Другие веяния, другие взгляды. Надо выводить Америку из изоляции – один в поле не воин. Этого требует время.

Поэтому я буду голосовать за демократов против Буша-Чейни, как в 1996 г. я голосовала не за Ельцина, но против коммунистов. Чтобы – даже если Буш будет избран – он и его команда знали, что не все гладко в «королевстве датском». Хиросима не сокрушила тоталитарный коммунистический режим. Потребовались годы кропотливой работы по целенаправленному воспитанию и самовоспитанию советского общества в духе свободы. Политика единственной сверхдержавы должна быть нравственной, иначе ложка дегтя во всей демократической бочке меда, подобная событиям в тюрьме Абу Грейб, ниточки от которых явно тянутся наверх, может навсегда дискредитировать идею демократии. А воевать со всем миром бессмысленно.

Есть и другой способ показать будущему правительству, что люди недовольны нынешним положением вещей, и в рамках легальности хотят перемен. Для этого вы можете голосовать за кандидата от партии «зеленых» Ральфа Нейдера.

Наконец, есть и такая точка зрения: «Все они одного поля ягода: грязные, малограмотные политики, а Нейдер – человек несолидный. Мы голосовать не пойдем».

И это единственное, что делать не следует. Открытая, в рамках закона, пусть даже с определенными передержками борьба партий – это нормальный демократический процесс, двигатель прогресса.

2-6-2. Третий путь – выход или самообман?

После трех туров президентских дебатов в поединке Буш-Керри американское русскоязычное общество еще более политизировалось и поляризовалось. Будь то заседание Литературной студии или вечеринка по поводу обычного дня рождения – любая многолюдная встреча заканчивается бурной дискуссией. Никто уже не вспоминает платформы кандидатов, обсуждается совсем другое – например, умственные способности президента или жена сенатора.

Абрам Кашпер, избиратель: «Притом, что оба кандидата все время говорят неправду, как они себя ведут?! Как первые лица единственной сверхдержавы, на которую смотрит весь мир? Сенатор: «Ты врешь»! Президент: «Этот человек говорит...» Если они обучались «в Гарвардах», то должны знать, что про присутствующих не говорят в третьем лице, и должны научиться, прежде всего, уважать собеседника, а заодно и аудиторию».

В оставшиеся до выборов дни идет борьба за колеблющихся и пока не решивших, какое «из двух зол меньшее». И в этой связи показателен разговор с двумя очень разными собеседниками. Одна из них американка Линда Браун, школьная учительница, мать взрослых детей: «Я считаю этот принцип неправильным. Если тебе не нравятся оба кандидата, совсем необязательно выбирать кого-то из них, надо искать другой выход. Так я нашла третий путь. Буду голосовать за Ральфа Нейдера. Профессиональный защитник прав потребителей, он бросил вызов укоренившейся в США двухпартийной системе. Его главная цель – избавить страну от монополии республиканцев и демократов, погрязших в корпоративных интересах».

Семидесятилетний Ральф Нейдер на выборах 2000 г. получил 2,7% голосов, отобрав их у Альберта Гора. То есть явлением Джорджа Буша в качестве президента Соединенных Штатов человечество во многом обязано ему. Поэтому сегодня он – «темная лошадка» выборов, на которую ставят республиканцы.

Трудно представить более причудливое сочетание, чем Ральф Нейдер и республиканцы. Крайне левый по убеждениям, находящимся где-то между европейскими социалистами и коммунистами, и... «слуги капитала». Однако республиканцы призывают голосовать за Нейдера, например, в штате Орегон, потому что этот маленький штат, дающий победителю семь голосов в коллегии выборщиков, в случае статистической ничьей в этом поединке может решить исход выборов. Аналогичным образом они действуют во Флориде и Пенсильвании, где может повториться ситуация двухтысячного года, когда был важен каждый голос.

Демократы взывали к его чувству патриотизма, полагая, что такой борец за социальную справедливость, как Нейдер, должен отодвинуть личные амбиции на второй план ради главной цели – освобождения страны от Буша. Нейдер не внял призывам, ссылаясь на то, что демократы не намного лучше Буша с его республиканцами, а вот он – это истинная альтернатива.

Ральфа Нейдера называют предателем. Но если он кому-то изменил, то в первую очередь не трудящимся, желающим избавиться от Буша, а классу имущих, выходцем из которого он является.

Впервые Америка узнала о Нейдере в 1965 г., когда он выпустил книгу «Опасны на любой скорости» – об автомобилях, не соответствующих стандартам безопасности. Он возбудил судебный иск против корпорации «Дженерал моторс» и добился решения суда в свою пользу. Он инициировал принятие восьми крупных федеральных законов в защиту населения, в том числе закона об оснащении всех автомобилей ремнями безопасности, которые стали обязательными во всех странах мира.

На полученные от крупного капитала деньги он основал движение за права потребителей, в сфере ведения которого лежат проблемы от загрязнения окружающей среды, защиты прав инвалидов и авиапассажиров до подотчетности Конгресса народу и свободы информации.

Ральф Нейдер считает, что единодушная поддержка политики Буша очень напоминает брежневские времена в СССР. Главным мотивом войны в Ираке явилось преувеличение исходящей от него угрозы. А нагнетание страха в американском обществе позволяет президенту отвлечь внимание людей от нарастающих внутренних экономических и социальных проблем, от корпоративных скандалов, приведших к разорению миллионов инвесторов, позволяет заткнуть рот оппозиции и прессе, которая не хочет идти против тех, кто командует флагом и войсками. К тому же есть экономический интерес – влиятельными телеканалами владеют крупные корпорации, заинтересованные в войне. Итак, война велась на фальшивых основаниях и нарушила эволюционное развитие мирового порядка. Вторжение в Ирак произошло в нарушение конституции, потому что Конгресс не объявлял войны. В мире нет силы, которая стала бы контрбалансом США, а внутри страны нет оппозиционной партии, которая бы служила противовесом действиям администрации.

Приведу несколько отрывков из разных выступлений Нейдера, которые показывают, что его взгляды в корне отличаются от общепринятых:

– Сегодня наблюдается самое серьезное ограничение гражданских свобод за последнее столетие. Если вы составите список того, что хотел сделать бен Ладен с США, то получится, что он хотел ограничить свободу; хотел, чтобы США стали милитаризованной страной; хотел, чтобы мир нас ненавидел; хотел, чтобы пострадала наша экономика; хотел нас держать в постоянном страхе. И кто исполнил все это? Джордж Буш-младший. Бен Ладен хотел, чтобы мы атаковали Ирак, потому что Ирак – светское государство, «безбожное». И мы атаковали Ирак. Мы сильно пострадали от бен Ладена 11 сентября. Но с тех пор у него было не много работы, потому что по невероятной иронии судьбы Буш выполнил всю работу за него.

Половина наших правительственных расходов, не считая социального страхования, – военные. А между тем у нас нет серьезного врага в мире. Американский ВПК стал бюрократической субэкономикой с военными системами, спроектированными в эру вражды с Советским Союзом, и он не хочет уменьшаться. Для чего нам нужны новые ядерные подлодки, когда любая из ныне существующих способна разрушить полторы сотни городов? Потому что это нужно военной промышленности, которая финансирует политиков. Мы становимся гиперсупервоенной державой мира. Это плохо для демократии, экономики, наших детей, будущих поколений, мира.

Что сделало нашу страну великой? Сила закона, свободная пресса, независимые суды, независимые торговые союзы, защита потребителя. Но мы теряем структуру демократического общества. Несколько корпораций контролируют СМИ, коммерциализировано высшее образование, деньги доминируют на выборах. За последнюю четверть века корпорации отвоевали многое из того, чего гражданское общество добилось в шестидесятые-семидесятые годы. В конечном счете, пострадают не только гражданские ценности, но и коммерческие.

Для потребителя локальные экономики лучше. Они не могут полностью заменить корпорации, но что касается базовых потребностей: еда, проживание, энергия, здравоохранение, образование, транспорт – все это может быть сделано локально. Мы проводим много экспериментов по организации локальных экономик и локальных средств платежей в университетах, в муниципальных образованиях и получаем хорошие результаты.

С другой стороны, что дает людям корпоративная глобализация? С учетом инфляции средняя зарплата в США в 2000 году была ниже, чем в 1973, и это после четверти века общего экономического роста. И все кругом должны. Долг американцев превышает три триллиона долларов. И государство в целом – самый большой должник в мире. Страна в значительной степени обветшала.

Мой отец как-то сказал: «Вы знаете, почему капитализм всегда выживет? Потому что социализм будет всегда рядом, чтобы спасти его. Когда у корпораций проблемы, они идут не на Уолл-стрит, а в Вашингтон – за бюджетной помощью. Это дутые контракты, субсидии, передача собственности по бросовой цене, прощение долгов, прямая финансовая поддержка.

Когда мы запретили детский труд и заставили хозяев платить людям больше, чтобы дети могли ходить в школу, это была победа гражданских ценностей над коммерческими. А рост грамотности и образования привел к росту эффективности тех предприятий, которые когда-то использовали детский труд. И каждый раз, когда гражданские интересы доминировали над коммерческими интересами, начинался экономический подъем.

Ключ к пониманию нашей экономики в том, что мы не контролируем то, чем владеем. Работники имеют пять триллионов долларов пенсионных накоплений, это треть акций Нью-Йоркской фондовой биржи. А кто их контролирует? Большие банки и компании и работодатели типа IBM. И так всюду. Мы имеем систему, которая не является капиталистической. Капиталистическая система подразумевает, что владелец контролирует свое имущество. У нас владелец редко контролирует собственность. Мы имеем род корпоративного социализма. Сущность этой системы в том, что корпорации приватизируют доходы и национализируют убытки.

Время от времени олигархии отступают перед мощными гражданскими и политическими движениями. Но они отлично умеют приспосабливаться к новым правилам. Мы не можем побить корпорации без помощи правительства. Когда корпорации покупают правительство, покупают политиков, коррумпируют выборы, мы мало что можем сделать. Единственное – это терпеливо создавать устойчивые локальные субэкономики и разъяснять людям их собственную выгоду.

Я не марксист; я хочу, чтобы соблюдались каноны капитализма. Корпорации нарушают их по многим пунктам.

Первое – акционеры не контролируют собственность. Контроль находится в руках менеджмента, а советы директоров только штампуют их решения. Даже крупные инвесторы не способны узнать правду о состоянии дел на своих предприятиях.

Второе. Капитализм предполагает, что бизнес может или выживать, или разоряться – для малого бизнеса это остается сущей правдой. Однако большие отрасли и компании часто становятся «слишком большими, чтобы упасть», и требуют от дяди Сэма служить их защитником, а когда в отрасли две или три компании доминируют и предполагается эффект домино, Вашингтон становится их заступником.

Третье. Предполагается, что капитализм представляет свободу контрактов – важное достижение по сравнению с феодализмом. Но сейчас корпорации с помощью изощренных юристов навязывают потребителям такие контракты, которые не дают им возможности добиться справедливости в суде или хотя бы отказаться от услуг.

Четвертое. Предполагается, что капитализм действует в рамках законов, и эти законы в полной мере действуют в отношении малого и среднего бизнеса. Крупные же корпорации, имеющие своих лоббистов в правительствах, легко добиваются всяческих привилегий, скидок, освобождения от налогов и ответственности в случае нарушения законов.

Пятое. Предполагается, что капиталистические предприятия должны действовать в условиях честной конкуренции. Излишне говорить, что, имея карманные правительства, ТНК создают себе режим наибольшего благоприятствования и освобождения от реальной конкуренции.

Все это никакой не капитализм, это уродливая форма социализма. Она препятствует развитию настоящего эффективного капитализма, который обслуживает справедливое правосудие, дает возможность нациям достигать высоких стандартов жизни и сохранять культурные и природные ценности.

...А вот точка зрения Петра Шашина, программиста крупной американской компании.

Петр, Вы решили отдать свой голос Ральфу Нейдеру. Почему?

– Ральф Нейдер – один из известных мне живущих американских диссидентов, который за 20 лет своей деятельности много хорошего сделал для американского народа. Он не связан ни с одной из финансовых групп, и ему не надо отрабатывать деньги, которые одни и те же богатые корпорации платят обеим доминирующим партиям. Проблема Америки заключается в системном кризисе, единственным выходом из которого, по моему мнению, было бы вернуться к тому времени, когда люди контролировали правительство, а не наоборот. Ральф Нейдер на голову выше других претендентов, а его не допускают до дебатов, в некоторых штатах и до выборов. И это называется демократией?

А не кажется ли Вам, что Нейдер во многом является популистом?

– Популист это политик, обещающий скорое и легкое решение острых социальных проблем. А Нейдер хочет разбудить сознание людей, обратить внимание общества на эти проблемы. Разве не позор, например, что в богатейшей стране мира миллионы детей и одиноких женщин не имеют медицинского страхования, такого как в других цивилизованных странах?

Но Вы понимаете, что все отданные за Нейдера голоса достанутся Бушу?

– Непрямое голосование это тоже позор для Америки. И даже одного этого факта достаточно, чтобы голосовать за Нейдера. В Америке, как в Европе, должно быть несколько сильных партий. Стране необходимы перемены...

И в заключение напомню слова Ральфа Нейдера о том, что в разгар Великой Депрессии, в 1938 г., Конгресс образовал Временный национальный экономический комитет, задачей которого было разработать способы преодоления губительной концентрации экономической власти и развития более стабильной экономики. Вторая мировая война остановила этот процесс реформы корпораций. Возможно, ситуация в стране вскоре опять ухудшится настолько, что потребность в подобных реформах станет очевидной всем, даже власти.

2-6-3. SOS – отечество в опасности

Не пора ли нашему всенародно избранному президенту Обаме от прекраснодушных слов перейти к реальным делам, чтобы помочь людям, потерявшим работу? То же относится и к руководству штата Иллинойс, которое обладает всеми рычагами управления экономикой этого далеко не самого маленького и слабенького из созвездия американских штатов.

Речь идет об *аутсорсинге* – проблеме, которая касается многих американцев, в том числе и представителей нашей общины. *Аутсорсинг* стал частью бизнсс-лексикона в 1980-е годы и по существу является глобальным разделением труда. По последним данным, в компаниях с годовым доходом 5 миллиардов долларов четверть работ по информационным технологиям будет выведена за границу уже к 2010 году.

В связи с угрожающим положением «на трудовом фронте» русскоговорящие программисты нашей общины поместили в Интернете петицию следующего содержания:

«Мы, нижеподписавшиеся, просим остановить аутсорсинг и сохранить рабочие места в Америке.

Аутсорсинг опасен для американской экономики по следующим причинам:

– Качество работ, выполняемых за границей, значительно ниже.

— Американские трудящиеся вынуждены работать сверхурочно, чтобы компенсировать низкое качество работ.

— Деньги, выплаченные работникам за границей, не возвращаются в американскую экономику, их используют в других странах.

— Утечка правительственных контрактов представляет собой более высокий риск для национальной безопасности.

Корпорации вовлечены в состязание за быструю прибыль, полученную в результате использования дешевого труда за океаном, в то время как многие американцы борются за сохранение своей работы.

Гордость за великую страну, в которой мы живем, бывает уязвленной при сравнении нашей более высокой стоимости жизни со стоимостью жизни в странах, куда выведены наши работы.

Люди, которые инвестировали время и деньги в свое образование, уплату налогов, медицинские расходы, персональное субсидирование образования своих детей (потому что они не подпадают под действие правительственных займов) и продолжают платить свои морджиджи и выполнять все финансовые обязательства, вынуждены конкурировать с заграничными рабочими, которые могут покрывать свои расходы на жизнь за счет незначительной доли зарплаты американских трудящихся.

Кроме того, корпорации не должны платить налоги на социальное обеспечение или высокие и растущие затраты на страхование здоровья иностранным рабочим.

Мы просим правительство об уменьшении налога для корпораций, которые намерены передать американские рабочие места за границу. Этот налог для каждого иностранного рабочего должен быть равен или больше, чем суммарная стоимость налога на социальное обеспечение и медицинское покрытие для такого работника в Америке.

Работу следует оставить в США и вернуть в США. Правительству также следует обратить внимание на стоимость жизни здесь. Если мы можем ее уменьшить, компании могли бы платить меньше и сохранить здесь больше рабочих мест. Стоимость жизни не должна вдвое увеличиваться каждый год, в то время как зарплаты заморожены».

Под петицией подписались 155 человек, в основном русскоязычных, судя по фамилиям. И еще, судя по тому, что очень многие вместо подписи ставили, как крестик, слово *Anonymous*, то есть аноним – автор, скрывающий свое имя. Это, конечно, не снижает ценности данного документа, но косвенным образом свидетельствует о том, что среднее поколение эмигрантов из Советского Союза, родившееся примерно в 1960-е годы, еще боится открыто высказать свое мнение. И совершенно напрасно! Чего нам бояться? Нас здесь не уволят и не посадят за инакомыслие, как бывало на родине в печально известные времена! Мы в демократической Америке и действуем в рамках существующих законов. Мы – свободные люди в свободной стране! Кому как не нынешнему трудоспособному поколению, составляющему основу американской армии труда, занять гражданскую жизненную позицию и принимать активное участие в судьбоносных для государства решениях? Все права на это гарантированы Конституцией Соединенных Штатов.

Отрадно, что есть в русскоязычной общине люди, которым небезразлично, куда движется наша страна. А страсти на сайте развернулись нешуточные и лозунги что ни на есть митинговые:

– *HELP*!!!

– *Save America!*

– *Keep our jobs in.*

– *Ooutsourcing is damaging to American economy.*

– Я – безработный!

– Это позор: безработица подскочила до 8,2%, а наше правительство позволяет вывозить информационные технологии за океан!

– Куда смотрит Конгресс?

Людей, потерявших работу или работающих под дамокловым мечом грядущего увольнения, можно понять: пособие по безработице слишком быстро заканчивается, а семья и финансовые проблемы остаются.

– Мы вкладываем сотни миллиардов долларов в экономику, но они не способствуют созданию новых рабочих мест и не снижают безработицу. Мы спасаем корпорации, а они отправляют работу подальше от американцев.

– Наше следующее поколение потеряет преимущества хорошего образования и профессионализма во многих областях производства. Для страны это большая опасность.

– Тысячи профессионалов потеряли работу, и этот процесс продолжается. Великое государство из лидера превращается в страну третьего мира.

Избиратели напоминают своим лидерам о, казалось бы, очевидных истинах – чем больше безработных, тем больше затраты на пособия для тех, кто потерял работу, и если не остановить *аутсорсинг*, Америка очень скоро и навсегда потеряет собственных ученых, программистов и квалифицированных рабочих, как было в России.

– Когда президент Обама вступил в должность, он обещал повысить налоги для тех корпораций, которые вывозят из страны технологии. Или дать налоговые льготы, если они этот вывоз остановят и сохранят рабочие места в Америке.

Мы приехали в эту замечательную страну открытых возможностей, чтобы построить прекрасное будущее для своих детей, а, похоже, мы строим хорошую жизнь для Индии, как уже построили для Китая.

Приводится довод, что предполагаемые экономические бенефиты, позволяющие корпоративной Америке более успешно конкурировать на глобальном рынке, используя вывоз работ за границу, не состоятельны с точки зрения общей экономической среды нашего государства. Речь не идет о глобальных рынках. Суммарные потери национальной экономики значительны. Даже если *аутсорсинг* приносит прибыль и спасает корпорации, эта выгода временная. А в долгосрочной перспективе их потери за счет снижения зарплаты и покупательной способности отечественного потребителя будут пятикратными в расчете на каждый вывезенный за границу доллар.

Одним из рычагов этого процесса является виза H1B, которую широко используют для снижения зарплат американских разработчиков информационных технологий и создания класса работников по контракту. Когда контракт привезённых иностранных работников заканчивается, виза H1B предусматривает 30 дней для поиска новой работы, после чего следует депортация. Очень удобно, не правда ли? Понятно, что эти люди готовы трудиться за любую низкую зарплату, чтобы остаться в Америке. А качество работ при этом примерно такое же, как известное всем качество китайских товаров.

Я связалась с инициатором этой интернетной кампании Владиславой Борисовой и спросила, предпринимались ли какие-то попытки выйти с этой петицией на федеральный уровень или уровень штата. Да, такие попытки были, но результаты разочаровывают.

«Еще два года тому назад мы писали нашему конгрессмену Джейн Чаковски, – говорит Владислава Борисова, – и получили весьма обтекаемый ответ, в том смысле что ничего не поделаешь – эпоха глобальной экономики. В этом же духе ответили наши сенаторы от Иллинойса Дик Дурбин и вновь назначенный сенатор Роланд Буррис. Работаем, мол, в этом направлении, делаем все возможное. Стандартный ответ, отписка. А из Вашингтона, от Обамы, обещавшего перемены, и вовсе никакого ответа не последовало.

Но хуже то, что на наше воззвание откликнулось так мало людей. Вот, например, опубликованная на том же сайте петиция, обращенная компании-разработчику компьютерной игры с пожеланием включить в мужской состав действующих лиц женщину-спартанку, собрала около 60 000 подписей!

Трудно поверить, что такая острая проблема волнует считанные единицы. Мы теряем производство, хай-тек и теперь финансы. Неужели мы будем ждать, когда станем страной парикмахеров и водопроводчиков?»

Действительно, ждать нельзя! Администрация штата Иллинойс в Спрингфилде, админисирация Обамы в Вашингтона должны знать, что думают по поводу их экономической политики трудящиеся американцы.

Основное требование участников Чикагского электронного саммита: правительство должно увеличить налоги для компаний, вывозящих технологии заграницу, и дать послабления для тех из них, кто использует только местные ресурсы.

2-6-4. История петиции о нелегальных иммигрантах

На мой электронный адрес пришло обращение с тревожным посылом:

– *Please SIGN this PETITION – your SOCIAL SECURITY is at stake!* Иными словами, подпиши петицию, ибо твое социальное обеспечение поставлено на карту!

Под петицией уже поставлены подписи 937 американцев из Нью-Йорка, Калифорнии, Оклахомы, Аризоны, Техаса, Флориды, Иллинойса и многих других штатов. Судя по фамилиям, русскоязычная диаспора в стороне не осталась. Петиция касается изменений в социальном обеспечении и называется *Social Security Changes*:

– Не имеет значения, нравится ли вам Обама или не нравится. Вам надо подписать эту петицию и затопить его почтовый ящик электронными посланиями, которые подскажут ему, что даже если этот законопроект пройдет через Конгресс, надо наложить на него вето. Уже невозможно жить только на *Social Security*. Если правительство дает бенефиты нелегальным иммигрантам, кто никогда не вкладывал в Америку, куда должны податься те из нас, кто платил в *Social Security* в течение всей своей жизни трудящегося человека?

Сенат проголосовал на этой неделе за разрешение нелегальным иммигрантам доступа к *Social Security* бенефитам.

Присоединяйтесь к возможности подписать петицию, которая требует наличия гражданства для получения права доступа к социальной защите.

Пошлите эту петицию всем, кого вы знаете.

Когда количество подписей под этим документом достигнет 1000, пошлите его по адресу comment@whitehouse.gov с обращением к президенту Обаме:

Дорогой мистер Президент!

Мы, нижеподписавшиеся, протестуем против законопроекта, за который недавно проголосовал Сенат и который разрешает нелегальным иммигрантам доступ к нашему Social Security. Мы требуем, чтобы Вы и все представители Конгресса считали наличие гражданства США необходимым условием для права доступа к социальным службам Соединенных Штатов.

Некоторые мои знакомые, вспомнив, как мужественно защищали они свои права в 1997 г., стройными рядами двинувшись маршем на Вашингтон, решили петицию подписать, а я, не припомнив такое голосование Сената, попробовала выяснить историю создания этой петиции.

Оказалось, что она синтезирована из двух, давно циркулирующих петиций. Одна утверждает, что Сенат проголосовал за то, чтобы разрешить нелегальным иммигрантам *Social Security* бенефиты, хотя они не платили в эту систему.

Другая запущена в Интернет жителями Калифорнии – штата с самым большим контингентом нелегальных иммигрантов, которым широко предоставлена социальная помощь, включая здравоохранение и образование для детей.

У ее истоков стояла Линда Харрис, призвавшая соотечественников подписать петицию, требующую наличия гражданства для получения права доступа к социальной защите: «Моя мама была домохозяйкой, а отец всю жизнь работал и платил в *Social Security*. Она выросла во время Великой Депрессии; ее муж через год после их женитьбы ушел воевать за границу во время Второй мировой войны, а она растила, кормила и одевала трех детей, попрошайничая, чтобы купить еду, одежду и лекарства. Предоставляя нелегальным иммигрантам доступ к *Social Security* бенефитам, Сенат оскорбляет урожденных здесь и потомственных или натурализованных граждан».

В послании президенту Бушу, губернатору Калифорнии Арнольду Шварцнеггеру и членам Конгресса калифорнийцы протестуют против голосования в Сенате: «Мы требуем, чтобы гражданство считали необходимым условием для доступа к социальным службам в США. Мы требуем, чтобы нелегальным иммигрантам не было никакой амнистии и никакого доступа к бесплатным службам, выплатам или денежным фондам. Нет бесплатному колледжному образованию, когда американские граждане должны получать кредиты, чтобы платить за образование своих детей. Мы сыты по горло отсутствием какихлибо действий по этой проблеме и устали платить за обслуживание нелегалов».

Новая петиция более сдержана и повторяет предыдущие как бы на новом витке общественного развития, подстегнутого, очевидно, продолжающимся экономическим кризисом. Только этим можно объяснить тот факт, что она модернизирует документы, рожденные в середине 2006 г., изменив лишь имя президента. Так что то самое голосование в Сенате произошло не «недавно», на «прошлой неделе», а в мае 2006 г.

Более того, Сенат не предоставлял *Social Security* бенефиты всем нелегальным иммигрантам, а всего лишь разрешил *бывшим* нелегалам, кто *добился легального статуса и уже заплатил* в *Social Security*, накапливать бенефиты от своих вкладов. То есть в настоящее время не существует законодательства, которое давало бы право нелегальным иммигрантам на социальные выплаты, если они не платят в систему *Social Security*.

К этому следует добавить, что, по мнению социальных работников, нелегальные иммигранты оказывают положительное влияние на всю систему *Social Security*. Так, согласно годового отчета за 2008 г. нелегальные иммигранты помогли кредитному фонду *Social Security*, поскольку многие из них платили налоги в *Social Security*, но никогда не получали от него никаких бенефитов. По некоторым оценкам, более 60 миллиардов долларов в год платят в систему *Social Security* зарегистрированные нелегальные иммигранты – деньги, которые исчезнут, если иммигрантов не будет.

Тогда в чем проблема? Камнем преткновения является то, что многие нелегальные рабочие используют поддельные *Social Security* карточки, чтобы получить работу. И каждый год *Social Security* недополучает миллиарды долларов, в том числе платежи работодателя за своих рабочих. Эти деньги и становятся частью полемики о нелегальной иммиграции.

Иммиграционная реформа, дебатируемая в Конгрессе, могла бы повлиять на эту ситуацию, если амнистия гарантирует нелегальным иммигрантам постоянное местожительство в США или если им дадут какую-то долю участия в системе *Social Security*.

Таким образом, недостатком рассматриваемой петиции является неясная и нечетко сформулированная цель. Она протестует против неверного утверждения, что Сенат «разрешил доступ нелегалов к *Social Security*», чего не было, и требует, чтобы «гражданство стало необходимым условием для права доступа к социальным службам». Каким именно? *Social Security* и социальные службы – не одно и то же. В случае социальных служб, как это ограничение можно осуществить? Отказывать пострадавшим детям в государственной защите, пока они не будут иметь легального местожительства? Учреждениям скорой помощи отказываться от пациентов, если они не предоставят документы о своем иммиграционном статусе? Боюсь, что такие действия Америка как цивилизованное государство не может себе позволить.

А как относятся к проблеме нелегальной иммиграции в нашей общине?

Превалируют две противоположные точки зрения.

Многие полагают, что везде, где можно, надо построить «Великую китайскую стену», нелегалов депортировать, задраить все двери-окна и самим работать на фабриках и заводах, мыть посуду и стричь траву. Как в старом анекдоте: «На остановку прибывает переполненный автобус. Пассажир ставит ногу на подножку и умоляет:

– Продвиньтесь немного вперед – на поезд опаздываю!

Но стоит ему втиснуть на ту же подножку вторую ногу или паче чаяния взойти на следующую ступеньку, как тон меняется:

– Куда прёшь? Автобус, чай, не резиновый!»

Другие, памятуя, что Америка – единственная в мире демократическая страна иммигрантов, более человеколюбивы:

– Неважно, как нелегалы сюда попали; пусть берут адвокатов и проходят стадию легализации и натурализации, то есть работают, платят налоги и покупают страховку, как все. А тех, кто подделывает карточки *Social Security*, и тех работодателей, которые их нанимают, следует судить по всей строгости закона.

Для справки приведу некоторые положения законопроекта об иммиграционной реформе, внесенного сенаторами Кеннеди и Спектором в 2007 г. и рассчитанного на 2008–2012 гг.:

– установить оперативный контроль на 100% границы между США и Мексикой, включая ее мониторинг;

– для патрулирования границы подготовить 20 000 агентов;

– оборудовать границу барьерами для автомашин на протяжении 300 миль, забором – 700 миль, наземными радарами и камерами – 105 штук, беспилотниками – 4 шт.;

– выделить ресурсы на задержание нарушителей границы вплоть до 31 500 человек в день;

– с целью устранения возможных подделок Social Security карт установить эффективный механизм идентификации личности, включающий цифровые фотографии и биометрические данные.

Итак, проблема нелегальных иммигрантов требует незамедлительного решения. Однако подход к ней должен быть разумным и взвешенным. А петиции можно и нужно писать и подписывать, но желательно, чтобы они были основаны не на вымыслах, а на реальных фактах. И самый эффективный способ их осуществления – четко формулировать свои предложения и посылать письма и телеграммы, звонить и требовать, но не в Белый дом, а непосредственно своим представителям в Конгрессе. Разве не для этого мы их выбираем? Пусть работают!

2-6-5. Волонтеры, кто они?

Америку справедливо называют нацией волонтеров: не менее 60 миллионов добровольцев служат Америке. Каждый год почти половина ее населения отдает свое время, талант и энергию, чтобы помочь другим, решить трудные проблемы, построить сильные *коммьюнити*. Хотя на рынке труда не принято говорить об этой силе, труд волонтеров является существенной частью американской экономики, составившей, например, в 2001 г. 239,2 миллиардов долларов.

Добровольцы и добровольные жертвователи существовали с незапамятных времен в разных странах, но такого массового движения миллионов людей не знала ни одна эпоха и ни одно государство. И объяснением тому, на мой взгляд, является плодотворное сочетание инициативы масс с умелой государственной политикой.

В школах и колледжах, церквях и синагогах детей приучают помогать слабому, делать *мицву*, и с 16 лет они на равных правах со взрослыми трудятся в добровольных объединениях граждан Америки. Правда, в Израиле школьники уже в возрасте 10–13 лет обучают пожилых людей компьютерному делу.

В американской истории волонтерство имеет давние традиции. Основанная Баллингтоном Боосом и его женой Мауд в 1896 г. в Нью-Йорке христианская гуманитарная общность *Volunteers of America* стала первой многочисленной организацией, которая кроме религиозной деятельности взяла на себя заботы по созданию и содержанию домов для престарелых, реабилитационных центров для инвалидов, приютов для бездомных, детских учреждений и лагерей. Сегодня она объединяет 700 центров по всей стране.

С той поры волонтерство в американском обществе стало одним из самых распространенных и почетных видов активной человеческой деятельности. Работа волонтеров и общественных организаций не была бы столь эффективна, если бы не поддержка миллионов других добровольцев, вносящих свои посильные денежные пожертвования на борьбу с ураганами и землетрясениями, терроризмом и СПИДом, наркоманией и болезнями. И мы знаем и ценим эту замечательную, распространенную в мире традицию, когда на стенах больниц и музеев выгравированы имена тех, на чьи деньги были они построены и оборудованы. Как знаем и ценим, что 400 миллионов долларов для пострадавших от последнего разрушительного цунами были собраны детьми.

Социологические исследования показывают, что волонтерами в США являются люди различных национальностей, рас, вероисповеданий и убеждений. Это могут быть дети, инвалиды, иммигранты и даже заключенные; например, 2000 обитателей тюрьмы, находящейся в штате Джорджия, в 2000 г. изъявили желание безвозмездно поработать пожарными на благо города. И такое бывает.

И вы спросите, эти молодые люди, обремененные работой, учебой, семьей и налогами, занимаются благотворительностью из альтруизма? Не только, отвечу я. Помощь ближнему; чувство необходимости вернуть то, что получил; патриотизм; религиозные чувства; интерес к выполняемой работе; желание обрести друзей – вот спектр человеческих эмоций, который движет горячими душами.

Прагматичные американцы всегда найдут способ извлечь из любого события и полезное, и приятное. Кроме «фана», общения и удовольствия помочь слабому в этой деятельности они приобретают огромный профессиональный опыт и связи, которые могут пригодиться в дальнейшем.

И потому в Интернете вы найдете 40 миллионов ссылок, как и где найти работу волонтера, присоединившись к какой-либо добровольной организации или индивидуально. Национальной доктриной стал интернациональный дух американцев, всегда готовых «протянуть руку помощи» страдающим. От миссионерства доиндустриального общества и поддержки в начале XX века эмигрантов из стран Европы до создания американского корпуса мира – *The U.S. Peace Corps,* который до Второй мировой войны работал в отсталых странах, от Болгарии до Индии, а после нее помогал отстраивать разрушенную Европу. Многие камни и кирпичи, придающие особый шарм Старой площади в Варшаве, привезены волонтерами из разных стран мира.

«Типичным» волонтером может быть каждый, варьируя свои мотивы от альтруизма до собственных интересов, включая волонтерскую «карьеру». В качестве «живого» примера расскажу о двух немолодых американских женщинах, которые не митингуют, как «Бабушки во гневе», риторически предлагая себя в качестве военнослужащих, а скромно и тихо, в меру своих сил, помогают людям. И тем ценна эта помощь, идущая «от сердца к сердцу».

...Как-то рано утром у меня раздался звонок, и моя давняя подруга, ныне живущая в Нью-Йорке, сказала, что прибывает в Чикаго и чтобы я приехала в отель «Хилтон», где проходит конференция по литейному делу, на которой занят ее муж, так что в нашем распоряжении будет целый день.

В своем архиве я нашла фотографию: Галка смеется из сугроба на уроке физкультуры в Измайловском парке. По дороге прикидывала, что показать ей в даунтауне и где посидеть за чашечкой кофе, вспоминая стремительно промелькнувшие дни институтской юности.

Но не тут-то было: инициатива сразу перетекла в руки энергичной гостьи.

– Ты не была в музее Райта? – удивилась она. – Я узнала о нем в Японии: он построил отель Империал» в центре Токио.

И мы отправились в Оак Парк.

В молодости у Галки был общительный характер, голубые глаза и русская фамилия Дегтярёва. Наверное, поэтому все московские антисемиты спешили поделиться с ней своими претензиями к древнему народу, а она рано невзлюбила советскую власть. Школьницей плакала, когда умер Сталин, но отец не пустил ее на похороны, назвав его тираном и бандитом. И рассказал, как исчезали сотрудники их научно-исследовательского института вместе с табличками на дверях своих кабинетов и как сам ждал того же. Потом она видела тех, измученных, кто возвращался из небытия.

Помню, в 1979 г. она позвонила ночью и сказала, что уезжает. Это было неожиданно, как землетрясение, – Галка была среди первых.

За минувшие годы она стала ведущим специалистом крупнейшей в Нью-Йорке электрической компании, представляла ее за границей. А на пенсии осуществила свою давнюю мечту: приникнуть к священному источнику – искусству. Сейчас, работая волонтером во всемирно известном Метрополитен музее, она организует разнообразные экскурсии для детей и взрослых, помогая русскоязычному человеку соприкоснуться с мировыми шедеврами. И своих внучек научила ходить в музеи и на выставки: выражая свои предпочтения, лучшим уголком «бабушкиного музея» они считают китайский сад...

Музей Райта притаился в многоцветной зелени старого чикагского пригорода. Это не просто музей-усадьба, как Ясная поляна или тютчевское Мураново, хотя от дома и студии-офиса веяло тем же очарованием глубокой старины с ее скрипящими лестницами, приятным запахом высохшего дерева и пыльно-золоченными книжными переплетами. Это еще и разбросанные по поселку оригинальные дома, построенные по проектам выдающегося архитектора.

Галка тут же вписала мое имя в какой-то список, и теперь мне приходят приглашения посетить тот или иной райтовский дом с садом, когда гостеприимные хозяева на день открытых дверей устраивают собственные экскурсии, рассказывая о судьбах дома и его обитателей.

Фрэнк Ллойд Райт вошел в историю архитектуры своим знаменитым «стилем прерий», воспевающим равнинный ландшафт Среднего Запада. Он родился в 1867 г. и первый опыт усадебного дизайна вместе с любовью к природе получил от матери на их семейной ферме в соседнем штате Висконсин. Учился архитектуре в Чикаго, а женившись, одолжил 5000 долларов и начал постройку дома для себя, который отличался рельефной геометрией, горизонтальным поясом окон, широкими карнизами – всем тем, что впоследствии воплотится в его идею о слиянии жилища человека с природой.

Экскурсоводом у нас была сухонькая старушка, чья эрудиция придала еще больший шарм этому дому. И я подумала, что Галка принадлежит к тому же племени беспокойных людей, которым не сидится у телевизора и которые до последнего искренне и восторженно будут познавать искусство прекрасного и приобщать к нему других.

А потом мы сидели в увитом плющом маленьком ресторанчике, и я пыталась понять, что помогло ей занять такое достойное место в американской жизни.

Спасибо за увлекательную экскурсию, ты стала профессиональным просветителем. Но почему ты – «технарь по жизни» – решила волонтерствовать в области искусства?

– В технику пошла не по призванию, а по необходимости: гуманитарное образование на родине было роскошью. А искусство меня привлекало всегда, но только здесь удалось к нему приблизиться.

Как это было?

– Когда возник вопрос, что делать на пенсии, я разослала резюме во все музеи Нью-Йорка. Время шло, меня не вызывали. А после 11 сентября появились страхи, люди боялись выйти на улицу. Решив, что меня не запугать, я ходила по городу. Зашла и в Метрополитен музей. Оказалось, им нужны русскоязычные сотрудники, и я сразу начала работать в информационном центре. Училась понимать современную живопись – это захватывающе интересно.

И твоя работа приносит удовлетворение?

– Мне в жизни никто не сказал «спасибо», а сейчас говорят, потому что людям искусство необходимо как солнечный свет.

Что было самым трудным в американской жизни?

– Язык. Учила его день и ночь, но через 4 года он сам вошел в меня.

Кандидатская степень не помешала найти работу?

– Они поняли, что я способна к обучению, и отнеслись как к выпускнику колледжа. Для начала, надев маску сварщика и глотая слезы, я напыляла защитные покрытия на всевозможные детали.

Чем, на твой взгляд, отличался советский научно-исследовательский институт от аналогичной американской компании?

– Там для выполнения работы требовались годы: не было нужного оборудования, приборов, химикатов. И во внедрении никто заинтересован не был. Здесь есть все необходимое для того, чтобы правильно поставить эксперимент и довести его до конца. Но ты должен быть разносторонним и предложить решение возникшей проблемы или уйти, дав шанс другому.

Твоя работа была связана с атомными электростанциями?

– Я обследовала оборудование и изучала причины его разрушения. Это очень динамичная и напряженная работа, в защитной одежде.

Ты принимала участие в забастовке?

– Да, в качестве штрейкбрехера. Забастовка длилась 2 месяца. На такое время нельзя оставить огромный город без электричества, поэтому инженеры заменяли бастующих техников. Я стала химиком-аналитиком и каждые 2 часа анализировала воду. Работала по 11 часов в день, в офисе стояла моя раскладушка и чемодан. Профсоюзы выиграли и даже штрейкбрехеры получили прибавку к зарплате и бенефиты. Такое может быть только в Америке.

Вот где корни американской жизнеспособности. Эту страну сделал дух свободы, созидательные семейные традиции и целеустремленные люди, которые в любом возрасте не боятся работы, любят и умеют трудиться, принося пользу себе, близким, другим людям. Стране.

Другая моя знакомая «волонтёрка» тоже немолода. Гертруда Новак родилась под Веной в семье еврея из Богемии и австрийской католички. Когда в соседней Германии к власти пришли фашисты, ее семья покинула Европу последним пароходом, в 1940 г. бросившим якорь в нью-йоркской гавани. Гертруда окончила университет и медицинскую школу в Нью-Йорке, по обмену стажировалась в Швейцарии и в 1953 г. начала работать в чикагском *Cook County* госпитале в области патологии, а с 1987 г. еще и преподавать в *Rush* университете. До сегодняшнего дня не прерывает она связи с этим госпиталем, являясь куратором постоянно обновляющейся выставки, рассказывающей о его истории и новых достижениях в медицине. И продолжает читать двухгодичный курс анатомии в *Malcolm X.* колледже, участвует в программе ускоренной подготовки студентов для получения лицензии, что важно для выходцев из России, Украины и Литвы.

Гертруда, как истинная американка, удовольствие от посещения Таиланда, Бирмы, Непала, Заира, Бразилии совмещает с глубоким удовлетворением от волонтерской деятельности в этих странах. Для более широкого общения она даже выучила язык эсперанто, являясь активным членом Чикагского общества эсперантистов.

Передо мной фотографии из ее второй поездки в Танзанию в 2005 г. Эта невысокого роста хрупкая женщина с добрыми, лучистыми глазами буквально утопает в нескольких десятках увесистых коробок с медицинскими препаратами и книгами, которые она по собственной инициативе привезла в африканскую деревню. И вот уже целый караван чернокожих ребятишек на головах доставляет этот драгоценный груз в школу. Вот она помогает аспирантам и учителям в переводе научных материалов, а вот, вооружившись стетофонендоскопом, ведет консультацию, осматривая и выслушивая юных пациентов, выстроившихся на прием к доктору. Много доброго сделала она людям – почти вся деревня пришла проводить ее, сфотографироваться на память.

И, наверное, символично, что в свой 65-й день рождения эта неугомонная женщина поднялась на вершину африканского Эвереста – снежной горы Килиманджаро высотой около 6000 метров. И было это 10 лет назад: хорошие дела дают силы и продлевают жизнь...

Уверена, что волонтерскому движению принадлежит будущее, и 60 миллионов волонтеров – это достойный пример подрастающему поколению, от которого будет зависеть лицо нашей страны.

Глава 2-6. Творить – значит жить

Благодарение Богу за то, что я всегда
желаю большего, чем могу достичь.

Микеланджело Буонарроти

2-6-1. Нобелевский лауреат

Академик АН СССР Алексей Алексеевич Абрикосов, лауреат Нобелевской премии за 2003 г. в области квантовой физики, живет рядом с нами в небольшом, вполне стандартном доме чикагского пригорода и работает во всемирно известной *Argonne National laboratory*.

Шведская королевская академия присудила ему эту престижную международную премию за выдающийся вклад в теорию сверхпроводимости. По прошествии 50-ти лет после опубликования результатов его работ. Радость признания вместе с ним разделили профессор Виталий Гинзбург (Физический институт имени П.Н. Лебедева РАН, Москва) и бывший британский физик Энтони Леггет, ныне профессор Иллинойского университета (Урбана, США) – за работы в области сверхпроводников и сверхтекучих жидкостей.

После знаменательного, последовавшего 7 октября 2003 г. из Стокгольма звонка, о котором втайне мечтают все серьезные ученые подлунного мира, профессор Абрикосов был принят президентом Бушем в Белом доме, прочел положенную по протоколу нобелевскую лекцию, и король Швеции Карл XVI Густав вручил ему долгожданную премию.

Этому событию в Стокгольме была посвящена вся неделя, состоящая из разных приемов и пресс-конференций. Кульминацией была церемония награждения и последующий обед в ратуше с участием всех гостей. Каждому лауреату можно было привести с собой жену и до 16 гостей. Профессор Абрикосов пригласил жену, дочь и трех друзей – двух своих американских сослуживцев из Аргонна и одного русского физика, заведующего кафедрой во французском Бордо. К ним Нобелевский комитет присоединил еще двух известных физиков, работающих в России и Норвегии.

Утром состоялась репетиция, чтобы взволнованный лауреат, не дай Бог, не перепутал, какой рукой держать диплом, а какой пожимать королевскую руку. Роль короля играл прекрасно говорящий по-русски председатель Нобелевского фонда, как и король высокого роста.

Вечером всё было очень торжественно. Всех членов семей посадили в первый ряд партера, а основное действо происходило на сцене – с одной стороны сидели лауреаты, а с другой – король, королева и члены королевской семьи. Вручение королем дипломов проходило под аплодисменты зала.

На банкет в ратуше всех построили в колонну, из пар состоящую, первым шел король с супругой Алексея Алексеевича. За столом они сидели вместе; король был приветлив и оживленно беседовал, благо их английский был примерно на одном уровне. Сам Алексей Алексеевич, впервые надевший черной фрак с бабочкой, шел в восьмой паре с младшей дочерью короля, юной принцессой Мадлен, студенткой, которая считается чуть ли не первой красавицей Швеции. Алексей Алексеевич тоже развлекал ее и чувствовал себя замечательно, потому что всю жизнь преподавал студентам и находит, что общаться с молодыми более интересно, потому что они «непотухшие». Вечер прошел в непринужденной обстановке.

Родился Алексей Алексеевич в Москве. Учился в Энергетическом институте, потом перешел на физический факультет МГУ. Закончил аспирантуру Института физических проблем и остался работать там научным сотрудником, защитив в свои 26 лет докторскую диссертацию. Его руководителем был академик Ландау. Когда случилась автомобильная авария и Ландау перестал заниматься теоретической физикой, в Черноголовке был организован Институт теоретической физики, который позже стал называться его именем. Там Абрикосов проработал почти 25 лет, а в 1988 г. стал директором Института физики высоких давлений. За два года профессору Абрикосову удалось провести нужные реформы, чтобы сделать институт настоящим научным центром. И тогда он почувствовал, что уже не нужен и пришло время подумать о собственной науке. Но понимая, куда движется Россия и какая судьба уготована российским ученым, он решил подыскать себе работу за границей. Такое место нашлось в Соединенных Штатах, в Аргоннской лаборатории, где он работает с 1991 г.

– Потом уже другие физики, – говорит Алексей Алексеевич, – и вообще советские ученые поняли, что им предстоит, и сейчас они раскинуты по всему миру, до Южной Африки, Южной Америки, Японии и Сингапура. Поэтому теперь нечасто встретишь статьи, в которых не было бы ни одной русской фамилии. Ну, я это предвидел, правда, не до такой степени. Я считал, что люди просто бросят науку и займутся чем-нибудь другим – бизнесом, например. Многие так и сделали, но все-таки преданных науке людей оказалось даже больше, чем я думал. И, конечно, они в основном поехали за границу.

Кто выдвинул вашу работу на соискание Нобелевской премии?

– На Нобелевскую премию выдвигает не государство, а отдельные люди. Я знаю, что меня выдвигали из России, но больше те, кто находится вне России. Ну очень многие; и если бы не это, я бы, наверное, ее не получил. Меня начали выдвигать с 70-х годов.

Когда была выполнена ваша работа?

– Строго говоря, работа была готова за 4 года до ее опубликования в 1957 году. Но мой руководитель Ландау с ней был совершенно не согласен и, хоть я в ней не сомневался, ее пришлось отложить. У меня тогда интерес лежал совсем в другой области – я защищал докторскую по квантовой электродинамике, и только когда американский физик Ричард Файнман сделал нечто похожее для жидкого гелия и для сверхтекучести, Ландау, поверив ему, признал ту мою работу и она вышла в печати.

Параллельно я работал в самых разных направлениях. Некоторые мои работы так и не получили надлежащей оценки. Когда они были сделаны, они опережали свое время и поэтому не вызывали интереса, а потом, когда прошло время, они устарели, хотя были совсем неплохими.

Как Вы находите актуальные темы для исследования?

– По Гегелю истина конкретна. Если я что-то считаю действительно важным, я об этом думаю не в общей форме, а конкретно, и тогда это хорошая тема для исследования. Еще мой покойный учитель Ландау говорил, что тему для исследования надо хранить втайне, как зеница око, потому что если об этом болтать, то сразу набегут люди и схватятся за нее. А в работе тема исследования более ценная вещь, чем все остальное. Идея – это главное. Так зачем я буду раздавать свои идеи?

Можно сказать, что сверхпроводимость существует при низких температурах?

– Это обычно говорят, но сейчас... Ведь что такое низкие температуры? Сверхпроводимость обнаружили при температурах на несколько градусов выше температуры абсолютного нуля, которые поддерживали с помощью жидкого гелия, а иногда и его не хватало. В настоящее время существуют так называемые высокотемпературные сверхпроводники, для поддержания которых достаточна температура жидкого азота, который кипит при температуре на 77 градусов выше абсолютного нуля. Получена и самая высокая критическая температура, которая на 160 градусов выше абсолютного нуля. Это, конечно, еще не комнатные температуры, составляющие примерно 300 градусов выше абсолютного нуля, и поэтому сверхпроводимость пока не вошла в быт. Преимущества сверхпроводников превосходят стоимость получения низких температур. Среди таких проектов скоростные поезда на магнитной подушке, подземные сверхпроводящие кабели, которые могут нести значительно больший ток, чем существующие. Ну еще, например, маховик, который висит на магнитной подушке и, раскручиваясь, запасает энергию. Все это машины с малыми потерями по сравнению с обычными электромоторами.

Это из области научной фантастики или где-то эти направления развиваются?

– Развиваются и здесь, в Соединенных Штатах, и в Японии, и в Германии. Не думаю, что они развиваются в России, потому что там сейчас для науки тяжелые времена.

Вы сохранили связи с российскими учеными, Московским институтом стали, Физтехом?

– Конечно, мы переписываемся, время от времени кто-то приезжает.

Это по дружбе, а на государственном уровне Вас приглашают вернуться?

– Приглашают сколько угодно, только я не поеду. Зачем? Здесь я всем доволен, привык. Россия сейчас совсем не та страна, из которой я уезжал.

Вы следите за тем, что там происходит?

– Слежу очень внимательно, и мне очень не нравится то, что там делается. Совсем не нравится. В России никогда не было законов. Это удивительно, но это продолжается. Хотя они изо всех сил стараются изобразить, что действуют по закону. Ну где это видано, чтобы человека, который никого не убил, никого не зарезал, никого не ограбил, просто держали в тюрьме, без следствия. Не доказано, что он вообще в чем-то виновен. Здесь такое невозможно.

Или возьмите, как отмечали День чекиста. Путин выступал – славный путь, замечательная героическая организация. И никто ни единым словом не помянул, сколько миллионов невинных людей на ее совести. Никто. А вот за последний один год выловлено столько-то шпионов, пресечено столько-то... тра-та-та-та.

Америка Вам больше нравится?

– Америка уважает законы. Она всегда, при любой администрации, поддерживает науку, что для жизни страны чрезвычайно важно. Несмотря на то, что и в Чикаго, и в других местах совершаются разные преступления, Америка является одной из самых безопасных стран. Здесь можно спокойно жить и даже не интересоваться, что происходит в криминальных районах. Надо только знать, где эти районы находятся. Я вначале по неопытности попадал в такие места, как в медвежью берлогу, где может произойти все, что угодно, но к счастью ничего страшного не случилось. Но лучше туда не соваться.

Над чем Вы работаете сейчас?

– Когда были открыты высокотемпературные сверхпроводники, возник разнобой среди теоретиков. Я – теоретик и меня интересует теоретическое объяснение высокой температуры, при которой существует сверхпроводимость. Люди почему-то сразу кинулись искать как можно дальше от существовавших теорий для обычных температур. Меня эти попытки не убеждали. Ну а поскольку там была большая толпа, а я ужасно не люблю работать в толпе, я туда и не совался. А потом в результате работ экспериментаторов, которые делали умные и хорошие эксперименты, выяснились разные вещи, очень меня заинтересовавшие. И я постепенно втянулся в эту область, но с совершенно другим подходом. Сейчас я продолжаю оставаться в этой области, а большинство ученых ее оставило, потому что их подходы оказались совершенно бесперспективными.

Когда я начинал свою деятельность, Ландау сказал: «Ищите себе тему. Читайте журналы, ходите на семинары и главное – разговаривайте с экспериментаторами». И надо сказать, что всю жизнь я следовал этому совету, очень много разговаривал с экспериментаторами, и мои темы, в основном, исходили из этих бесед. А те люди, которые шли в других направлениях, считали, что решить все дело могут какие-то абстрактные модели. При этом они всегда цитировали те эксперименты, которые подтверждали эти модели и совершенно не обращали внимания на противоречащие им. Я же считаю, что никогда не надо разделять эксперименты на угодные и неугодные и надо создавать теорию, которая будет соответствовать всем экспериментам, нравятся они тебе или не нравятся.

Я нахожу в этой области много новых и интересных вещей, еще необъяснённых. Попутно занимаюсь другими, тоже связанными с теми экспериментами, которые проводились в Аргонне. Так что если в конце концов эта суета, связанная с Нобелевской премией, кончится, я смогу вернуться к своей работе.

В вашем открытии было «ньютоново яблоко» или это результат длительной работы?

– Когда-то в Советском Союзе я участвовал в торжественном ритуале регистрации открытий. Председатель Комитета по изобретениям и открытиям вручал дипломы и некую сопровождающую их сумму. Стиль выступлений авторов был таков: «Это открытие явилось результатом многолетней работы большого коллектива людей... Эта награда обязывает нас работать еще лучше и делать новые открытия». Я же сказал: «Это открытие явилось для нас абсолютной неожиданностью. И меня удивляет позиция Комитета, требующего от всех рецензентов полного единогласия. Если все с этим согласны, какое же это открытие?» Моя речь была воспринята как критика устоев.

Когда ты работаешь в какой-то узкой области и интересуешься, что происходит рядом, то может появиться что-то совершенно нежданное. Это приходит прямо как по наитию. И вначале ты сам себе не веришь, пытаешься проверить – если ты честный человек – или опровергнуть всё; задаешь себе вопросы, которые ни один критик не задаст. И когда все эти вопросы получили ответы и все сомнения ушли, остается открытие. К сожалению, очень часто открытия не находят спроса. Моя работа по сверхпроводимости была признана через 15 лет и никакого развития не получила. Много позже, в 80-х годах, произошел взрыв и этим стали заниматься тысячи людей. Поэтому я считаю, что существует много очень талантливых ученых с большими заслугами, которые не имеют никакой поддержки, потому что их время в некотором смысле ушло. И мое время ушло бы, если бы не этот внезапный взрыв интереса и человеческой деятельности. Но поскольку такой взрыв произошел, я оказался счастливым человеком.

У Вас есть ученики?

– Есть. Их немного. Теоретическая физика – наука индивидуальная. Даже у Ландау – помните, «школа Ландау»? – ученик появлялся примерно раз в 3 года. А причина та, он был в этом убежден и я тоже, что нельзя думать чужими мозгами. В теоретической физике надо не делать что-то, а думать. Если ты сам находил себе тему, ты работал; если не мог найти себе приложения – Ландау прогонял.

Когда я преподавал в МГУ и Физтехе, я так поступать не мог, потому что был план по выпуску студентов, сроки. Поэтому я давал тему, но это была не простенькая задачка, а проблема, и обычно студент зашивался, приходилось ему помогать. Я включался, находил какое-то решение, но сроки поджимали и я сам доводил работу до конца. Хотя участие студента было весьма незначительным, работу подписывали мы оба, и так было чаще всего. В том случае, когда человек справлялся сам, я своего имени категорически не ставил. Так поступал и Ландау. Считаю такой подход для теоретической физики единственно правильным.

Каков по вашему мнению оптимальный путь развития науки?

– В Америке существовала частная научно-исследовальская лаборатория *Bell lab*, принадлежавшая фирме *АТТ*. Она была лучшей в мире, потому что они ухитрились через разные промежуточные ступени достичь взаимодействия от инженеров, занимающихся практическими изобретениями, до фундаментальных теоретиков, и это принесло колоссальную пользу. Было заработано несколько Нобелевских премий, сделано много замечательных открытий, в частности, открыты транзисторы. Сейчас все выдающиеся люди оттуда ушли, потому что нет финансирования. Это не вина руководителей, ведь цель частной компании – прибыль, и ждать результатов 10 лет они не могут. Так что такого рода лаборатории должны быть государственными. Только государство может поддерживать науку и ждать несколько лет, чтобы вложенные деньги окупились многократно. Такова и наша Аргоннская лаборатория.

И здесь, в качестве «лирического» отступления, я расскажу о своем посещении в мае 1998 г. этой Первой национальной лаборатории Америки, открытой в 1946 г. и уютно расположенной среди лесов и озер в живописном пригороде *Argonne*, что в 25 милях к юго-западу от Чикаго.

На мой взгляд, скромное название «лаборатория», а иногда и просто *Argonne*, не очень точно отражает суть этого огромного комплекса, раскинувшегося на 1700 акрах земли. Это скорее храм науки, по которому – случается и такое – разгуливают белые олени.

Вместе с филиалом в штате Айдахо здесь занято около 4500 сотрудников, в том числе 1775 ученых и инженеров, из которых 800 имеют докторскую степень; недавно открыли еще 3000 рабочих мест для обслуживающего персонала. Годовой бюджет составляет 470 млн долларов и расходуется на 200 исследовательских проектов разных направлений.

Под руководством Чикагского университета и Департамента энергетики США лаборатория собрала со всего мира команду талантливых специалистов, работающих на стыке различных областей знания. Так, физики и химики успешно трудятся над созданием высокотемпературных сверхпроводников, которые находят применение в более эффективных электромоторах и генераторах, более быстрых и миниатюрных компьютерах, линиях электропередач, без потерь посылающих электричество на сотни миль.

Здесь ведутся работы по созданию автомобиля будущего, с электродвигателем, представляющим собой собранные в модули электрические батареи высокой эффективности и минимальным загрязнением окружающей среды. Запуск самого мощного в мире источника рентгеновских лучей позволил ускорить работы по изучению различных болезней – от простуды до СПИДа – и созданию лекарств и вакцин для борьбы с их возбудителями.

В лаборатории созданы быстрые компьютеры, чтобы своевременно давать метеосводки и выполнять заказы фермеров на долгосрочные прогнозы.

На основе анализа денежных купюр, «запятнанных» кокаином, ученым удалось составить и представить в суд географию распространения наркотиков в 12 пригородах Чикаго, а также в Майами и Хьюстоне, где их концентрация была еще большей.

Сотрудники лаборатории в своей массе очень молоды и с огромным пиететом относятся к ее истории и людям, творящим ее. Гостям обязательно показывают установку для разделения пучка излучения, изготовленную в 30-е годы самим Энрико Ферми. Сегодня она выглядит примитивной и рядом с другим «чудо-оборудованием» ярко демонстрирует, как далеко ушла вперед наука за последние 60 лет.

В этом коллективе Алексей Алексеевич к тому времени уже проработал 7 лет и дал мне первое интервью, задолго до того, как стал Нобелевским лауреатом.

Алексей Алексеевич, в начале 90-х годов ученому с мировым именем остаться работать в другой стране было необычным и будоражащим воображение событием. Как Вы решились на это?

– В то время на посту директора Института высоких давлений и заведующего кафедрой теоретический физики Московского института стали и сплавов мне приходилось слишком много заниматься административной работой. Например, один из институтских корпусов строился 10 лет, и мне пришлось потратить много времени и нервов, чтобы за 2 года его достроить. Экономика страны разваливалась на глазах, и я понимал, что в первую очередь пострадают фундаментальные исследования. Я хотел заниматься наукой. В Америке, которая является центром мировой науки, для этого нет возрастного предела, как, впрочем, и в Европе. Поэтому, когда я получил приглашение поработать в *Argonne,* я согласился. Это сейчас спортсмены или музыканты могут заключить контракт и спокойно с семьей выехать за границу. А тогда мне пришлось для выезда оформить командировку на месяц и только потом из американского «далека» подать в отставку. Я всегда считал, что главное – это сохранить людей науки, которые способны работать и приносить пользу людям в тех странах, где наука живет и развивается.

А как на это реагировали советские власти?

– Времена медленно, но верно меняются. Отставку приняли, я даже остался консультантом, для этого часто приезжают мои ученики и коллеги. Сам же я в Россию не ездил ни разу, учитывая печальный опыт академика Капицы, который в 1935 г. вернулся из Европы, но больше его за границу не пустили.

Ваша семья с Вами?

– Да. Мы живем недалеко от лаборатории, я езжу домой на ланч. Моя жена, в прошлом хороший врач, кандидат наук, здесь ведет хозяйство. А дочь учится на врача.

Как Вы проводите свой досуг, с кем общаетесь?

– В основном, с коллегами; часто бывают гости из России, они всегда у нас желанны. Сейчас ждем профессора Московского института стали и сплавов А.А. Варламова, который работает во Флоренции. Для общения и установления личных контактов очень интересна ежегодная встреча 5–6 тысяч ученых со всего мира, которые здесь собираются вместе на заседание Американского физического общества. А так мы внимательно следим за культурной жизнью Чикаго, не пропускаем ни одной выставки в Арт-институте. Иногда заезжаем за продуктами в русский магазин на *Девоне.*

Вы сами набираете сотрудников в группу, которой руководите? Каков ее состав?

– Я сменил по конкурсу руководителя уже существующей группы теоретиков из семи человек. По возрасту я – самый старший, приближаюсь к семидесятилетней отметке. На постоянной основе здесь работают трое американцев в возрасте тридцати пяти лет и временно ведут исследования трое тридцатилетних «постдоков» из России, Голландии и Италии.

Вы занимаетесь только теоретическими разработками?

– Наша группа изучает фундаментальные свойства материалов, такие как сверхпроводимость и магнетизм, и занимается теорией конденсированного состояния. Здесь много загадок природы. Полученные закономерности использованы, например, при разработке записывающих головок в магнитофонах и компьютерах, ведь сейчас в технике применяют, в основном, искусственные вещества с заданными свойствами, а не то, что дает нам природа.

Насколько мне удалось заметить, в лаборатории в целом уделяют особое внимание фундаментальным исследованиям?

– Развитие фундаментальных работ – это залог будущего страны, ее развития. Наша лаборатория во время Второй мировой войны первой начала разработку атомного оружия. После окончания «холодной войны» было предложено лабораторию закрыть, но она смогла устоять, потому что взяла на себя те фундаментальные исследования, с неясным и нескорым практическим выходом, в которые фирмы не хотят вкладывать деньги. И эта система оправдала себя: на нашем оборудовании ведутся работы не только для университетов и промышленных предприятий Америки, но и для других стран и международных организаций типа НАТО.

Лаборатория существует за счет американских налого-плательщиков?

– Не только. Конечно, правительственные субсидии – самые большие, но у нас много спонсоров, которые ради рекламы вкладывают деньги в науку. Кроме того, существует определенная система оплаты за использование оборудования. Получив разрешение, фирма-заказчик бесплатно работает на лабораторном оборудовании, но по завершении исследования она должна за определенную плату опубликовать результаты в журнале «Физический обзор» для возможности их использования. Плохие работы отвергаются, и в этом случае фирма обязана выплатить все затраты, связанные с выполнением работы. Если фирма решает патентовать техническое приложение и поэтому не публикует результаты, она тоже должна заплатить за использование оборудования; но это под силу только очень крупным компаниям.

Получается, что на вашем оборудовании работают сотрудники самих заказчиков?

– Не только. Существует целая система грантов для аспирантов и «постдоков», а также для специальных исследований, например, для совместных работ Америки и России, под которые объявляют конкурс. Здесь все делается на конкурсной основе. Для ученых, приезжающих сюда на несколько дней, чтобы поработать на ускорителе, даже построили, причем очень быстро, новую гостиницу с рестораном.

Чем принципиально отличается ваш ускоритель от других, в частности, от построенного в лаборатории Ферми?

– В Америке в разных лабораториях и университетах существует несколько тысяч различных ускорителей. Самый большой из них диаметром 6 миль находится в лаборатории Ферми и предназначен чисто для получения элементарных частиц. В нашей лаборатории разработана хитрая система трех последовательных ускорителей, которые производят фотоны, – это самый мощный в мире источник рентгеновских лучей.

В свое время говорили, что самый большой ускоритель находится в российском городе Протвино.

– Россия всегда стремилась всех обойти. Но благодаря известному долгострою многое устаревало на ходу, а потому ничего полезного из этого ускорителя не получилось. А самый мощный ускоритель сейчас строится в Европейском центре ядерных исследований на границе Франции и Швейцарии.

2-7-2. Вначале было слово

Творить всегда, творить везде... этот солнечный лозунг озаряет жизнь человека, а если он еще и с пользой осуществляется, то приносит счастливцу второе, третье, десятое дыхание – пока жив человек.

Чикагская Литературная студия, руководимая поэтом и писателем Ефимом Чеповецким и его бессменным секретарем Малкой Розенберг, дарит людям счастье творчества, дает необходимое человеку общение, духовное, камерное. Студия существует в Чикаго более полутора десятка лет и насчитывает более 40 человек. Она разбудила и зажгла многих одаренных людей, чей талант до поры до времени дремал. Она помогла им самореализоваться в новых условиях и в новом качестве; и теперь они с наслаждением пишут и печатают стихи и прозу, издают свои книги, обсуждают литературные произведения и морально-этические проблемы. Их жизнь обрела особый смысл.

Я наблюдала, как Яков Нусинов, которому война помешала стать поэтом, заменив студенческие аудитории на окопы, вновь начал писать. И молодой блеск в его глазах, когда он представлял на суд единомышленников свои стихи и рассказы.

«Я живу от субботы до субботы, когда мы собираемся в студии, – говорила поэтесса и композитор Анна Сагаловская, лауреат Всеизраильского конкурса, посвященного 200-летию со дня рождения Пушкина. – Серая жизнь превратилась в именины сердца, даже недуги отступили. Потому что я встречаюсь с интересными людьми, познаю муки творчества, задумываюсь над мирозданием и поднимаюсь над обыденностью жизни».

К сожалению, жизнь не стоит на месте, многих талантливых людей уже нет с нами: основателя студии Кима Немировского, писателя и художника Фреда Вышкинда, писателей и поэтов Ефима Шляка, Яна Торчинского, Беллы Тункель, вот теперь и Анны Сагаловской. Они оставили свои прекрасные произведения в виде личных публикаций и в студийном альманахе «Пегас на Диване», вышедшем в 2003 г.

Продолжают радовать своим творчеством Алина Литинская, Михаил Каневский, Марина Каплан, Леонид Ботвинник, Михаил Клейнер и многие другие студийцы, ежегодно публикующие что-то новое в выпусках «Престижа».

Наше литературное сообщество еще называют студией Ефима Чеповецкого в честь этого скромного и доброжелательного человека, сумевшего объединить и сплотить на многие годы амбициозную и обидчивую пишущую братию, создать творческую и доброжелательную атмосферу, в которой автор читает свое произведение, а затем с величайшим тактом и деликатностью, доброй шуткой и очень нужной, полезной критикой разбирается каждое новое «поступление». Высшим пилотажем считается удачная эпиграммы, которую по ходу дела напишет кто-нибудь из литературных остряков. Запомнились, например, ироничные строчки, которые подарил мне Абрам Сагалович:

За то судитъ не будем строго,
Что много тем ее влечет.
Ей в журналистику дорога –
Поймет всяк, кто ее прочтет.

Когда Ефиму Петровичу исполнилось 85 лет, в общине прошел юбилейный фейерверк «месячника Чеповецкого». Его обнимали и желали творческих успехов суровые мужчина и восторженные женщины, дружественные поэты и угрюмые писатели, представители Чикаго и его пригородов, соседнего Милуоки и далекой Флориды. Сверх меры занятые бизнесмены и лучезарные адвокаты временно отложили свои профессиональные дела, чтобы тоже вскочить на вёрткого Пегаса и по достоинству воспеть чикагского классика на идиш, русском, украинском и местами на английском языках. Отдельно следует упомянуть письма и звонки из многих уголков планеты, где ступала нога русскоязычного любителя словесности.

В ответ Ефим Петрович, надев канотье, исполнял нравоучительные куплеты и всем на зависть делал заходы вприсядку. Его интеллектуальный вклад в культурную жизнь нашей общины был отмечен грамотами и ценными подарками, включая фунтовые помидоры с собственной фермы поклонников. Газеты и журналы посвятили ему многие колонки; его поздравляли по радио, телевидению и со сцены. Стихами, песнями и «презренной прозой», читая по «бумажке», по ранее изданным книгам и по-современному – держа в руках компьютер и одновременно управляясь с «мышкой» и микрофоном. Интересно, что бы сказал на все это Петр Первый (помнится, он не любил шпаргалок)?

Вот и я не удержалась от маленького исследования под названием «Прогулки по Интернету с Ефимом Чеповецким по поводу его появления на свет в августе», которое, как полагается, имеет эпиграф, а именно: «Скажи мне кто твои друзья, и я скажу кто ты».

Идея заключалась в том, чтобы найти «сообщников» Ефима Петровича. Я спросила Интернет, кто родился 9 августа, и электронные карты сказали, что он – августовский Лев. Как Лев Толстой. Его «соратники» по знаку зодиака люди тоже неслабые: Наполеон Бонапарт, Билл Клинтон, Фидель Кастро, Ясир Арафат. Поэтому каждую субботу и стоит он перед нами стройный, как Майкл Джордан; рассудительный, как Дастин Хоффман; страстный, будто Роберт Де Ниро и Майк Дуглас вместе взятые. С изобретательностью Альфреда Хичкока и изощренностью Романа Полански заливается он Луи Армстронгом, чтобы дипломатично, как умел только Александр Бовин, рассыпать на головы студийцев похвальный бисер Клода Дебюсси, как будто он – Елизавета, королева-мать. Однако при своей «безграничной власти» над нами он не стал ни раисом, ни диктатором, потому что вмешалась Муза. Мать Тереза завещала ему Сострадание, Ингрид Бергман передала Любовь, Клаудиа Шиффер вдохновила Красотой, а Мадонна открыла Секс.

Вот такого Льва с седой гривой мы любим, хотя знаем, что августовские львы имеют привычку вести за собой толпу на край пропасти и потом прыгнуть. И пусть этот прыжок будет только в творчество.

«Феномен Чеповецкого» заключается в том, что Бог щедро одарил его талантами в трех ипостасях, создав Личность, Поэта и Педагога. Которые, синтезируясь, притягивают людские души. Его этические категории вечны: человек, добро, любовь. И все, что выходит из-под его пера, идет от сердца и души, от боли за человека – «…это жребий мой, и я смеюсь и плачу над каждою строкой».

В литературе он всегда был приверженцем истины, даже когда это было запрещено. Может быть, поэтому он интуитивно пришел к жанру сказки, намеренно надев на себя маску шута. Его сказки и стихи становились пьесами и мультфильмами. И в новой жизни он не потерял чувства юмора, который есть его нутро, его суть.

Шутки прочь, я — иностранец!
Я уже американец!..
Я хожу в дырявых шортах,
И широких и потертых,
С модным лейблом на заду
И с прихлопом на ходу.

Юмор его добрый, мудрый, чуть еврейски-грустный, с самоиронией.

Во Франции и Бельгии, Венгрии и Польше, не говоря уже о странах СНГ, и сегодня театры для детей и юношества ставят его веселые и лукавые сказки: «Мышонок Мицик», «Непоседа, Мякиш и Нетак», «Я — дядюшка клоун». А недавно по московскому радио, выискивая подходящие названия для новых бизнесов, прочитали его «Приключения капитана Врунгеля» с тонким намеком:

Как вы шхуну назовете,
Так она и поплывет...

Да-да, это из того же знаменитого мультика, известного своей бесшабашной песенкой «Мы бандито, гангстерито, мы кастето, пистолето», которая стала визитной карточкой поэта...

Для беседы мы встретились в публичной библиотеке и по иронии судьбы оказались окруженными пестрыми игрушками и высокими полками, забитыми детскими книжками. Вот бы нам такое в детстве!

Но здесь я почувствовала себя скорее студенткой на лекции по предмету, именуемому жизнь. Как истинный педагог Ефим Петрович, объединив несколько моих вопросов о себе, о роли писателя и литературы в жизни человека, размышлял вслух:

– Писатель это прежде всего человек. Иной писатель замкнут в своих произведениях и считает их достаточными, чтобы ознакомить читателя со своими мыслями. Но если писатель – педагог, он неизбежно выходит к своему читателю и общается с ним вплотную, незаметно оказывая влияние на его мировоззрение. Обучая ребенка правилам поведения, надо иметь в виду не отношение его к предмету, книге, а прежде всего к человеку – родителям, друзьям, учителям, людям.

Фантазия была в моей природе изначально, от первого учителя и мудрого педагога – моего дедушки. Присутствие юмора в творчестве любого писателя необходимо не как самоцель, а как средство, способствующее выполнению главной задачи – проникнуть в душу и сознание читателя-слушателя.

Вы жили и писали во время жесточайшей цензуры. Это мешало творчеству или, наоборот, помогало оттачивать перо?

– Сталкиваясь в жизни с трудностями и запретами, я писал басни, в которых можно было как-то затронуть острые темы. Ну что страшного в словах «Валяй, шепчи, для дела я нагнусь» из моей басни, опубликованной в «Литературной газете»? Два месяца мы ждали разрешения на выпуск спектакля по моим «микробасням», пока за них не заступился Константин Симонов.

И Вы вооружились «эзоповым языком»?

– Продолжая искать Добро и Зло в сложившихся для советских людей условиях, я надел на себя маску шута. По сути в каждом произведении, особенно в сказках, невольно затрагивается судьба человека, и тогда я переходил впрямую на исторические события и факты, используя аллегорию, прозрачные намеки. Я не открывал Америки, ибо «эзопов язык» существовал до меня.

Вы много времени и сил уделяете чикагской Литературной студии. Здесь много талантливых людей и очень интересное и приятное общение. Но Поэзия? Не графоманство ли это?

– Я никогда не был кустарем-одиночкой, всегда был окружен людьми. Мы – не «Союз писателей», мы нечто большее. Приехав сюда из развалившейся страны, мы должны восстанавливать себя как личность. Интересоваться жизнью, держаться за нее. Уметь общаться на уровне высококультурных и образно выраженных понятий.

А графоманство – приверженность к сочинительству – не так уж и плохо. Когда человек делает попытки создать что-то, проявляется талант. У каждого нашего студийца есть сверкающее зерно. Многие пришли со слабым представлением, что такое литература, но она только средство. Цель моя не учить жить, но не дать остыть мысли. И философия моя, проистекающая от ее русского аналога – «любомудрие», проста. Это любовь к человеку.

Я благодарю Ефима Петровича за беседу и тут же вспоминаю его мудрый афоризм:

«И да здравствует жизнь – наш вокзал ожиданий».

ЧТОБЫ БЫТЬ САМИМ СОБОЙ, НЕ НУЖНО ОБЛАДАТЬ ОТВАГОЙ

Жизнь в эмиграции – это подвиг или слепое следование за толпой? На этот вопрос нет ответа. Эмиграция, этот неумолчно бьющий родник, порой поднимет на поверхность жизненного водоема теплые волны, способные растопить толщу льда и создать вокруг благодатную почву для ростков нового. А уж от человека зависит, кого он выбрал себе в поводыри и к какому идеалу стремится. Эмиграция дает ему шанс, лишнюю степень свободы.

Тех, кому она принесла свободу, кто нашел себя, к кому пришло второе дыхание, не так много, но они есть, есть. Да, это Виктория ЛеГеза – хрупкая женщина, смотрящая на вас с доброй, слегка лукавой улыбкой, за которой скрывается сильный и созидательный характер.

Молчит, молчит песок сырой,
Пропахший хвоей, сном и влагой,
И, чтобы быть самим собой,
Не нужно обладать отвагой.

Но нужно было пройти сквозь все тернии и подводные камни эмиграции, чтобы понять, что обрести себя для человека так же необходимо, как дышать и любить. И только в этом случае, будто вооружившись прибором ночного видения, начинаешь различать дотоле невидимые и неопознанные предметы и явления. Ты начинаешь жить и думать по-другому, дышать полной грудью.

Литературный талант В. ЛеГеза (литературный псевдоним) яркой звездой взошел на чикагском художественном небосклоне, даря людям удовольствие читать прекрасные стихи и прозу, радоваться удачным иллюстрациям и меткому слову, узнавать в персонажах себя и своего соседа. Ее рассказы, повести, статьи опубликованы во многих русскоязычных изданиях Америки и дальнего зарубежья. Но, наверное, именно сказки стали для автора тем жанром, который помог ей более полно и образно выразить себя и свое отношение к нашей непростой жизни. Ее сказки добрые. Певец эмиграции, она щедро, с самоиронией примеряет на себя камзол своего героя, чтобы показать его неотъемлемым действующим лицом современной трагикомедии. «Что за люди! Что за язык! Чего ни хватишься – у них нет. Обычного черного хлеба не купишь в магазине. Вата какая-то, а не хлеб. Вы говорите – буква «я»? У них и буквы «ц» тоже нет. Вместо «центр», они говорят «сентер». Как это может не быть буквы «ц», если мою жену зовут Циля?»

Общественно востребованной заслугой В. ЛеГеза явилось то, что она взяла на себя труд издателя уникального периодического сборника коротких рассказов «Арена», собираемых по всему миру, где только ступала нога русскоязычного эмигранта.

Этот сборник объединил работы русскоязычных женщин-эмигрантов, ныне живущих в разных странах мира, которые, в отличие от некоторых свободолюбивых братьев по крови, упрямо не желающих размножаться в неволе, или птиц, не поющих в клетке, на новом месте обитания не только крепко обосновались вместе со своими домочадцами, друзьями и собаками, но и начали петь – то есть писать.

Ни в русской, ни в советской литературе понятия «женская литература» не существовало. Анна Ахматова даже предпочитала мягко журчащему определению своего таланта «поэтесса» по-мужски рубленное слово «поэт».

Зато в американских колледжах существует предмет «женская литература», и выдержала уже 6 изданий замечательно-толстая антология поэзии и прозы пишущих на английском языке женщин «*The Norton Antology Literature by Women*». Она построена хронологически: первая публикация относится к средневековью, аж к 1390 году.

Среди имен более чем 160 женщин – поэтов и писателей из Северной и Южной Америки, Африки, Европы и Азии – значится королева английская Елизавета I, Гарриет Бичер Стоу, Шарлотта и Эмили Бронте, Эмили Диккинсон, Гертруда Стейн, Виржиния Вулф, которые, отстаивая собственный взгляд на свое тело и душу, боролись за свободу женщины, оказав огромное влияние на развитие мировой цивилизации.

Сборник «Арена», предоставив женщинам литературную трибуну в эмиграции, продолжает лучшие традиции мировой женской прозы на путях эмансипации в XXI веке.

О чем их рассказы? О любви. Которая озаряет и прощает. Однако в отличие от произведений англоязычных женщин-авторов, для которых любовь неотделима от свободы и в сочетании с ней дает феномен великого счастья, для героев нашего сборника свобода – не фетиш; «хэппи энд» не а почете и любовь чаще всего несчастная, неразделенная, неудовлетворенная, а ее отсутствие ранит, уничтожает. И «женское счастье», похоже, одно на всех.

Сборник интернационален. Глобален по количеству и глубине затронутых тем. Подводной же частью айсберга, на котором произрастает большинство реальных и вымышленных историй сборника, является эмиграция, перемещающая их в новое измерение. Как масштабное общественное явление эмиграция изменила состав нашей крови, сдвинула хрусталик глаза, чтобы через его призму увидеть мир по-иному. Но чтобы почувствовать всю горечь и бездонность эмиграции, совсем необязательно уезжать в другую страну – тот же крик одиночества выдает эмиграцию внутреннюю, когда живешь в городе вечного тумана, где еще обитает змея, «то ли кобра, то ли гадюка», которая «оказывается всегда рядом, в конце концов, под подушкой, все ночи напролет».

И в этой непредвзятости и свежести описания людей и событий, на мой взгляд, заключается ценность и притягательность сборника «Арена».

Авторами, а их более двадцати, являются талантливые женщины, начавшие писать, как сама Виктория, в эмиграции, и обладающие собственным языком, взглядом на мир и характером. И читаются эти сборники как единое целое, как летопись столетия – будто Пимен взялся за перо, чтобы составить портрет эпохи. Место действия – планета Земля, потому что только так можно объединить такие разные страны и континенты как Америка, Австралия, Англия, Германия, Израиль, Испания, Норвегия, Россия, Украина, Финляндия, Франция, Югославия. Время переходное – на стыке двух последних веков, когда получили новое толкование многие понятия, слова и поступки.

Эпоха своим непредсказуемым крылом врывается в каждый рассказ. Подкупает правда и искренность повествования; каждый сюжет волнует, захватывает. Несомненной заслугой В. ЛеГеза - издателя является интересный подбор материала – отбор из множества представленных произведений тех, которые дают неисчерпаемую картину человеческих страданий и радостей, ибо проблемы и земля на всех общие.

Виктория, тема эмиграции основная в вашем творчестве. А теперь Вы в сборнике «Арена» представили короткие рассказы женщин-эмигрантов, разбросанных по всему миру. С какой целью?

– Мне было интересно узнать, как в разных странах понимают, отражают и описывают лавину эмиграции, которая пришлась на конец XX и начало XXI веков. Например, разницу между политической и экономической эмиграцией и эмиграцией женщин, которые нашли себе мужей за границей, потому что русские женщины пользовались невероятным успехом на мировом брачном рынке.

Эмиграция объединяет людей?

– Эмиграция создала специфическую общность пространственно разобщенных людей, объединенных одним языком и общим прошлым. Когда люди переселяются на новое место, они заново строят свою страну или свой город, где есть свои герои, свои идолы, бандиты, пожарная команда. И в каждом городе обычно последней востребована библиотека. Книги – это ступеньки живого русскоговорящего города, разбросанного по всему миру. Этот город воображаемый, фата моргана, но он существует.

Вам тяжело далась эмиграция?

– Я по натуре космополит. Помните, Иосиф Флавий объявил себя первым космополитом, который не принадлежит ни Иудее, ни Риму, и считал себя гражданином Вселенной. Я тоже всегда считала себя гражданином Вселенной, хотя в Союзе такие взгляды не афишировали. И с этой точки зрения эмиграция далась мне легко; я не чувствовала себя чужой или потерянной, где бы не была. С отъездом я стала внутренне свободной, и что самое захватывающее – не только возможность ездить по миру, но иначе думать. В более широком русле, с меньшим количеством табу и предрассудков. И это самое ценное приобретение.

Я была рождена космополитом, выросла в еврейской семье, но отец мой украинец. Одинаково неприятно быть евреем среди украинцев и наоборот. Хотя, честно говоря, космополитизм – это еврейская часть крови. Евреи, как цыгане, имеют такую жилку, влекущую к перемене стран, языков. Не знаю, это вынужденное или благоприобретенное, но в эмиграции я стала идентифицировать себя с самой собой, а не со страной и режимами. Америка дает для этого благоприятную почву, и именно широта взглядов заставляет людей не зацикливаться на своей групповой принадлежности – национальной, религиозной – любой.

Ваш муж, американец, дает пример тому?

– Да. Он отнесся очень серьезно к нашей женитьбе: изучил массу книг о еврейских и русских традициях.

Именно у него я научилась относиться с уважением к любым национальным проявлениям; например, когда идем в гости, он напоминает, что по советскому обычаю следует что-то принести «в дом». Он научил меня прикусывать язык, когда хочется сказать что-нибудь непочтительное. О национальном наряде или цвете кожи. Терпимость и раньше была мне свойственна, но при всех интернациональных лозунгах у нас нет по-настоящему интеллигентного отношения к тем, кто от нас чем-то отличается.

Русско-еврейский мотив ваших произведений – откуда он?

– От друзей, родителей, дедушки с бабушкой – все слилось, еврейская среда витает.

По вашим наблюдениям отличаются ли американские и русские евреи?

– Для всего мира, кроме Советского Союза, понятие «еврей» связано не с национальностью, а с религией. Американские евреи считают себя таковыми, насколько и с какой конфессией – либеральной или ортодоксальной – они связаны. Хотя во всех выходцах из Восточной Европы просматриваются одни и те же национальные корни.

Еврейские же либералы совсем другие. Это заметил еще Фейхтвангер. Европейские евреи больше европейцы, чем все немцы, вместе взятые, и коммунисты они самые рьяные. Это свойство всех либеральных евреев.

Где и когда Вы реализовали себя?

– В значительной степени на Украине. Закончила я архитектурный факультет Киевского строительного института, отработала четыре года по специальности и с тех пор я – «профессиональный шатун». Преподавала рисунок и живопись, работала художником-мультипликатором на студии «Киевнаучфильм». Участвовала в создании таких фильмов, как «Остров сокровищ», «Страшная месть». Было интересно.

Как Вы пришли в литературу?

– Несколько моих литературоведческих статей было опубликовано еще в Киеве. Мне всегда хотелось писать прозу, но тяготела профессия. Давил советский миф – надо сначала окончить институт, приобрести специальность, стать профессионалом. Не в свои сани не садись!

В Америке многие понятия сместилась. Это придало вдохновения, или нахальства, и в 1994 г., ожидая приема у врача, на обратной стороне медицинского бланка я написала один из лучших своих рассказов. В него вылилась вся энергия того времени, когда я хотела, но не писала. С тех пор постоянно что-то пишу и печатаюсь.

Как Вы подбираете материал для сборника «Арена»?

– Сейчас в Интернете можно найти все. Кроме того, существуют интересные эмигрантские издания; я выбирала авторов и списывалась с ними. В первый номер сборника вошла лишь десятая часть всего того, что я прочла; в отборе лучших рассказов мне помогали друзья. Я понимаю, что не все авторы сильные и единодушного мнения не будет. Но есть выбор. Это как «шведский стол»: хочешь – ешь, не хочешь – не ешь. Но сборник дает широкую картину эмиграции, и это главное.

Я еще раз благодарю В. ЛеГеза за кропотливый творческий труд по изданию сборника и полное оптимизма и «американской мечты» напутствие, которое можно прочесть между его строк – не упусти свой шанс, старина, дерзай!

То же можно пожелать старым и новым авторам сборника с прекрасной перспективой увидеть свои произведения в хрестоматиях русскоязычного Зарубежья. Ибо они – авторы – сумели сохранить – по Бунину – «драгоценнейшие черты русской литературы: глубину, серьезность, простоту, благородство, прямоту».

ТВОРИТЬ – ЗНАЧИТ ЖИТЬ

Одной из особенностей и, я бы сказала, закономерностей нашей эмиграции является совершенно автономное существование и успешное функционирование вольных художников, свободных поэтов и независимых писателей, не подвластных начальственной указке, спонсорскому заказу или чужому мнению. В своей деятельности они руководствуются только своей совестью, внутренней цензурой и собственными способностями видеть разнообразные краски мира. О таком скажут: «Индивидуалист». Таков Михаил Вассерман – переводчик, поэт, писатель, актер, художник.

А приходилось ли вам встречать человека, который решился перевести Пушкина на английский язык? Нет? Михаил Вассерман сделал это, и его перевод «Скупого рыцаря» и «Моцарта и Сальери» с собственными иллюстрациями никого не оставит равнодушным.

Who'll say that proud Salieri ever was
An envier despicable to all,
A snake crushed underfoot by people, still alive,
Gnawing on dust and sand in impotence?
No one! But now – I'll say myself – now I am
An envier, I envy; deeply
And painfully I envy. – Heaven!

Михаил Вассерман – не только один из ведущих переводчиков Америки, в нашей общине он известен еще и тем, что в 1995-1998 гг., до того как русское телевидение из Нью-Йорка и Москвы вошло чуть ли не в каждый чикагский дом, организовал и вел передачу «Русский 23 канал».

Когда я позвонила, чтобы договориться об интервью, Михаил ответил мне... из Пекина, где в это самое время работал синхронным переводчиком на Олимпиаде-2008. Встретились мы позже, уже в Чикаго, и мой первый вопрос был:

Михаил, у Вас множество ипостасей. Кто Вы прежде всего?
Ответ был неожиданным:

– Занимаюсь многим, не хочу становиться деятелем одной профессии; но, если нужно назвать одно, то, скорее всего, практический философ. Это – мое основное занятие, а литература, живопись, театр, как щупальца одного осьминога, – это разные способы изучения человеческой психики. Переводы же – это любимое хобби, к тому же дающее средства к существованию.

Михаил на третьем курсе физмата Латвийского государственного университета увлекся психологией. Его дипломная работа была посвящена творческому мышлению; он и его соавтор впервые экспериментально доказали, что существуют творческие задачи, которые группа часто способна решить, а индивид – почти никогда.

В Чикаго Михаил прибыл в 1974 г. Работал в театре, что дохода не приносило. Английским – благодаря маме-учительнице – владел с детства, поэтому позвонил в Госдепартамент США и предложил свои услуги переводчика. На экзамене его посадили в кабину, вручили наушники и микрофон, и он синхронно переводил с русского на английский и обратно незнакомый текст. Получил высшую категорию А1 и похвалу – «феноменальное знание терминологии».

Знание языка – это, безусловно, талант, но перевод на английский стихов Пушкина – это нечто большее. Как Вы решились на это?

– Думаю, их переводить надо так же, как он их писал, – легкой рукой и небрежно. Трудно было преодолеть трепетное и добиться искренне небрежного отношения к классику, но пришлось. Помогло и то, что «Маленькие трагедии» написаны белым стихом, в каждом – всего две-шесть рифмованных строчек, и в них-то и заключена основная идея: талант может быть и злым, но гений – только добрым. При переводе стихов мало кому удается сохранить всё – смысл, рифму, ритм и длину строки. Пришлось сделать открытие: длина строки может «гулять», но чтобы было похоже на Пушкина, следует сохранять один инвариант – плотность распределения образов, то есть образы должны оставаться в той же строке перевода, в какой они были в оригинале, не переползая в следующую. Оказывается, в значительной степени именно по этому критерию мы отличаем голос одного поэта от другого. Это – хромосома пушкинского стиха. Конечно, полностью передать характерность Пушкина невозможно, но кое-что удалось, примерно на 30–40% похоже, а это уже достижение. (*Смеётся*).

Перейдем к «презренной прозе». Вы работали переводчиком на Олимпийских играх в Атланте, Солт Лейк Сити, Нагано, Пекине. Чем отличались игры 2008- года от предыдущих?

– Это была самая хорошо организованная Олимпиада, но и самая скучная. Хозяева не стремились к ее освещению в прессе. Если на Западе пресс-конференции Олимпийских игр идут обычно с утра до вечера, то в Пекине в день было всего 1–2 встречи с журналистами. А частое замалчивание и прочие фокусы с честной улыбкой на устах напоминали СССР. Например, вопрос: «Почему у китайских журналистов после пресс-конференции отняли блокноты?» Ответ: «Корреспондент агентства Синьхуа, опоздавший к началу, одолжил у коллеги записывающее устройство и потом вернул его». Вопрос: «В трех парках, отведенных для проведения митингов протеста, не было ни одного. Почему?». Ответ: «Видимо, все довольны жизнью». Вопрос: «Вот список приехавших из провинций и подавших в полицию заявления на разрешение проведения протеста в отведенном месте. Все они высланы по месту жительства или арестованы». Ответ: «Это вопрос не к нам. Обращайтесь в органы».

Многие объясняют феноменальные результаты китайской команды достижениями тибетской медицины и «волшебными» травами. Так ли это?

– По словам китайских врачей, за год до Олимпиады спортсмены были сняты со всех добавок и трав. А успех, думаю, объясняется тем, что страна большая, есть из кого выбирать сборную, да и – «дома стены помогают».

Россиянок несправедливо обвинили в подмене проб на анализ, как о том заявили их руководители?

– Генетический анализ на Олимпиаде-2008 проводился впервые, и спортсменки, видимо, не догадались о том, что сопоставление ДНК проб, взятых на анализ с промежутком в полгода, позволит установить, принадлежат ли взятые пробы одной и той же спортсменке. На том, видимо, и попались.

Многие русскоязычные иммигранты болели за «наших», то есть за российскую команду. Это право каждого. А как Вы относитесь к России?

– Я всегда мыслил себя русским по культуре. Думаю и пишу по-русски и по-английски поровну. Однако последние несколько лет там стало так нехорошо, что я больше себя русским не считаю. Из российской прессы правду узнать трудно. И самое ужасное – они боготворят Путина, молодые бизнесмены вешают у себя в кабинете его портрет. А в Латвию я езжу преподавать живопись с большим удовольствием.

Вы побывали во многих странах. Любопытен ваш взгляд на Японию (рассказ «Япония не ждет чудес»): «У японцев тонкие талии, потому что они все время кланяются. Феноменально неэффективная, очень стабильная страна...». Как это сочетается?

– В отличие от россиян, японцы не ожидают чуда, а очень много работают, с надрывом. И в то же время часто очень непроизводительно. Например, сотни людей целый день сидят «за пустым столом», совершенно ничего не делая и получая зарплату, только потому, что хоть делать им нечего, уволить их нельзя. Когда мне в Нагано по работе как-то потребовалось сделать ксерокопию одной страницы, в «дело» были вовлечены не менее пяти сотрудников.

И в заключение, как Вы относитесь к Америке?

– Я люблю эту страну. Мне больно, что она теряет свою динамичность и приходит в упадок; воцарился дремучий консерватизм. Отнимаются гражданские права и свободы, пригашен дух интеллектуальной дискуссии. Во внешней политике преобладает глупость и агрессия. А ведь США были самой открытой страной мира, где Конституция защищала гражданина от «добрых» намерений правительства. Очень надеюсь, что когда-нибудь здесь вновь воцарятся разум и свет.

2-6-3. Таланты и поклонники

Какое это все-таки изысканное наслаждение смотреть и слушать театральную пьесу на родном языке! Ты всем своим существом воспринимаешь каждое слово в отдельности и каждую фразу или остроту целиком, как придирчивый дегустатор-гурман оценивая и одновременно наслаждаясь малейшими смысловыми интонациями и модуляциями актёрского голоса. Ты вместе с артистами проживаешь театральное действо: с полуслова понимаешь любые закрученные перипетии сценарной жизни и сложные умозаключения, построения режиссёра; даже пытаешься предвидеть последующие события и невольно испытываешь чувство мрачного или, наоборот, радостного удовлетворения, если тебе удалось заглянуть вперед.

И начинаешь всё это ценить, осознавая, что по меньшей мере половина прекрасного и интересного ускользает от тебя, когда смотришь незнакомую пьесу на полузнакомом языке. Это тоже интересно, временами, даже захватывающе как сложный кроссворд, но уже совсем другое. Это уже не лёгкий, искрящийся театр, принимаемый на уровне подкорки, а головоломка, когда работает не правое полушарие, ответственное за эмоциональное, образное восприятие, а левое – мыслительное, рассудочное.

Поэтому нам, не очень избалованным хорошими постановками, привозимыми из-за рубежа, пришло время подумать о роли театра на русском языке как одного из цветов в палитре жизни. Совсем нелишне иметь в Чикаго, в его русскоязычной общине, свой театр, не правда ли? Для себя и для своих потомков. Это поднимет ее культуру и престиж, как открытие университета переводит тихий посёлок в разряд университетских городов. Необходимость в своём театре осознана обществом, висит в воздухе. Русскоязычная община Чикаго созрела для этого события и предрекает своему театру долгий творческий путь.

И нашлись-таки в нашей среде творческие люди, которые поняли это и взяли на себя огромный труд по созданию такого театра со странным (по-английски это центральный холл здания, построенного в романском стиле), но довольно благозвучным названием «Атриум».

И вот за месяц до премьеры я сижу на прогоне детектив-комедии «Ловушка» современного французского драматурга Робера Тома и стараюсь сформулировать, почему эта актёрская труппа воспринимается мною именно как новый театр. Это не потому, что они придумали себе замысловатое название и даже не потому, что поставили «Феномены» Григория Горина и с успехом сыграли этот спектакль во многих американских городах.

Просто уже на генеральной репетиции было видно, что ансамбль сложился и артисты состоялись. Они умеют слышать друг друга и чувствуют ритм жизни, протекающей на сцене. И самое главное – у них есть непреодолимое желание играть. Когда они это осознали и прочувствовали – родился театр.

Но это было только началом, за которым потянулись дни и годы тяжелого, кропотливого труда. Потому что в Америке почти у всех актёров есть основная специальность и днем они работают, а для репетиций и премьер отведен вечер. И ночь...

Как положено настоящему театру, «Атриум» имеет свою историю. Она восходит к известному в Чикаго творческому объединению «Тема», которая сплотила талантливых поэтов, музыкантов и певцов. Один из лидеров «Темы» Вячеслав Каганович, когда-то в Минске игравший в «Феноменах» в народном театре, загорелся перенести эту пьесу на чикагскую землю. Он несколько раз собирал разные команды, читал текст, но отклика не находил. Пока не объявился другой энтузиаст, моторный Евгений Колкевич, обладавший хорошими организаторскими способностями. Они создали что-то вроде студии на дому, где репетировали, обсуждали, спорили. У истоков театра были артисты: Борис Борушек, Елена Бернат, Ольга и Олег Осташевы, к которым со временем присоединялись другие таланты и способная молодежь. Так по кирпичику складывался этот коллектив.

В спектакле «Феномены» заметны сатирические краски, даже гротеск, с помощью которых артистам удалось создать не только разноплановые характеры, но и единый образ «мы – советские люди»; узнаваемую атмосферу, в которой мы жили долгие годы. Что-то по глупости и невежеству похожее на поворот сибирских рек. И вместе с тем в спектакле присутствует так необходимая людям доброта и ирония, зрители узнавали себя недавних и смеялись, а забытые мелодии будили воспоминания.

Для следующего спектакля молодой режиссер Артур Офенгейм, известный своими работами во МХАТе, предложил на выбор несколько пьес и поставил единодушно выбранную «Ловушку». По его словам у артистов был «суровый интерес» к работе, и за 3 недели они сделали то, чего другим бы не удалось...

И вот премьера. К парадному подъезду прикатил весь русскоязычный Чикаго. У многих в руках цветы, ведь в отличие от американцев, для нас театр без цветов – не театр. Дважды после позывных на мелодию «Подмосковных вечеров», надоевших «там» и трогательных здесь, устроители переносили начало представления из-за неуменьшающейся толпы желающих приобрести билеты в кассе.

Неожиданно в зал полились торжественные звуки мелодии «Америка, Америка» и все встали, чтобы почтить память погибших от рук террористов. Диктор объявил, что часть денег, вырученных от спектакля, перечисляется в фонд пострадавших. Мы чувствовали себя американцами.

За месяц, прошедший с того прогона, артисты явно улучшили своё мастерство, обрели необходимую раскованность, свободу движений. Каждый по-своему лепил свой образ. И вместе они показали, что жизнь в свободном мире при ближайшем рассмотрении вовсе не является идиллией и требует сноровки.

Публика тепло приняла спектакль. Артистов забросали цветами, аплодисменты не стихали. Единодушным скандированием зал выразил свою поддержку и удовлетворение этим знаменательным событием. Молодому театру, как новорожденному, предсказана счастливая жизнь и долгий творческий путь.

А что скажут специалисты? Я заранее пригласила на премьеру известного в Чикаго режиссёра Европейского репертуарного театра Люду Лопатину, чтобы узнать ее мнение о новом театре «в момент рождения».

– Прежде всего, хочу поблагодарить артистов и всех, кто им помогал и поддерживал, за ту огромную работу, которую они взвалили на свои плечи и с честью выполнили. Я поздравляю чикагцев с рождением нового театра, работающего на русском языке. Это большое событие в культурной жизни нашего города, и я, как никто, могу оценить многотрудный вклад этого коллектива, потому что дважды пыталась это сделать, но мне не удалось. Нам, воспитанным на русском языке и литературе и привыкшим к хорошему театру, свой театр необходим как воздух. И только так я оцениваю это событие. Этот театр будет жить.

С профессиональной точки зрения могу сказать, что исполнители одаренные, а их безмерная любовь к тому, что они делают, сглаживает отсутствие школы.

В целом театр набирает силу. Нужны хорошие пьесы; нужна работа с актёрами. А создателям театра я бы поставила памятник при жизни. Они – герои.

Режиссёр и писатель Илья Рудяк был лаконичен: «Я прихожу в театр прежде всего как доброжелательный зритель, чтобы ознакомиться с новой пьесой, посмотреть на игру актёров и как осуществлена постановка. От «Ловушки» получил удовольствие. Общее впечатление хорошее. Не сразу можно было догадаться о повороте сюжета, и мне было любопытно узнать, чем закончится действие. В этом я вижу заслугу не только автора, но и режиссера и всех актёров, которые органичны, работают на хорошем уровне. Они нашли свои краски и оптимальный вариант постановки спектакля. Художник Ирина Ратнер сумела скупыми мазками создать спокойный интерьер и яркие костюмы, оттеняющие и дополняющие действие.

А всё вместе это подвиг энтузиастов, и сегодня это самое главное. МХАТ начинался с любительского театра, который собрал Константин Сергеевич Алексеев, известный миру по будущему псевдониму Станиславский. Я не хочу ничего предрекать, просто я очень рад успеху. Мне было интересно».

В заключение можно только повторить, что в театре «Атриум» работают действительно большие энтузиасты.

За 8 лет своего существования театр освоил большой и интересный репертуар, отточил свой профессионализм, завоевал симпатии зрителей, став достопримечательностью, любимым детищем русскоговорящей общины Чикаго, какого нет в других городах Америки. Он уже вошел в историю ее культуры.

РЕЖИССЕР АМЕРИКАНСКОГО ТЕАТРА

О режиссере Люде Лопатиной хочется говорить особо хотя бы потому, что других театральных режиссеров-женщин я не знаю, разве что Галина Волчек, но она далеко... И еще потому, что Люда – русский режиссер американского театра, ставящий спектакли на английском языке.

Вся театральная карьера Люды проходит на наших глазах, начиная с первых робких шагов на сцене до глубоко продуманных и волнующих зрителя постановок «Иванова» и «Дуэли» Чехова, «Зойкиной квартиры» Булгакова, которыми она, являясь ярким и активным поборником русской драматической школы, пытается приобщить благодарную американскую аудиторию к европейской классике.

При первой встрече, увидев вместо маститого бородатого маэстро изящную молодую женщину, я даже слегка растерялась. Про таких говорят: «Артистка!» И она действительно «в той жизни» была театральной актрисой, а о режиссерской карьере лишь мечтала.

Театром увлеклась в 10 лет, когда, затаив дыхание, смотрела «Королевство кривых зеркал» в екатеринбургской театральной студии. На другой же день выучила положенную басню и, нравоучительно прочтя ее со сцены, была принята в коллектив. С тех пор с театром не расставалась.

После ряда неудачных попыток поступить во МХАТ в 1984 г. она становится студенткой Академии искусств в Санкт-Петербурге и гастролирует по стране со спектаклем «Принцесса Турандот» Карло Гоцци, в своей любимой роли Адельмы.

Не желая стоять на месте, неутомимая в своих мечтах и планах Люда, открыв в себе потребность передавать свой жизненный и профессиональный опыт другим, решает стать преподавателем, поступает в аспирантуру и пишет диссертацию на тему «Талант педагога».

Однако закончить аспирантуру тогда ей было не суждено – сделала она это гораздо позже – потому что в 1992 г. отправилась в гости к друзьям в Америку и с первого взгляда влюбилась в эту страну.

– Я поняла, что это другой, заманчивый мир. А трудности меня завораживают, мне интересно их преодолевать. Чтобы прожить, я закончила *Beauty School* и курсы программистов. Только одна мысль, что здесь я не смогу заниматься театром, пугала меня.

Но произошел ряд случайностей. В армянской церкви повесили объявление о создании русского театра. Собрались актеры со всего Чикаго, среди них был Ясен Пеянков из Болгарии, который по обмену бывал в Санкт-Петербурге. Он вместе с Дейлом Голдиным основал Европейский репертуарный театр. И мы начали репетировать «Дядю Ваню» на английском языке. Я была консультантом по произношению русских имен. Режиссером был Ясен, постепенно я стала ему помогать. Спектакль получился интересным, в американской печати появились восторженные рецензии.

Следующий поставленный Людой Лопатиной спектакль «Иванов» привлек нас, тогда студентов Трумэн-колледжа, изучающих театральное «дело» в Америке. Было очень любопытно узнать, что американцы сделают с чеховской пьесой и как отнесется к ней публика.

...Действие неспешно, как и положено в «дворянском гнезде», протекало в церковном здании, где голоса артистов звучали низко, по-особенному интимно. Ни обычной сцены, ни занавеса: все происходило прямо между рядами кресел, развернутыми к центру. На сценической площадке, которая по прихоти режиссера превращалась то в сад с отходящими аллеями перед усадьбой в имении Иванова, то в гостиную председателя земской управы с зачехленной мебелью и канделябрами. И мы почувствовали себя соучастниками событий, когда можно заглянуть в глаза персонажам, услышать шорох кринолина и журчание наливаемого в чашки чая.

Это был Чехов, каким любят его по всему миру. Потому что его образы общечеловечны. Американской публике было интересно познакомиться с русской жизнью, которая стала уже историей, но имеет продолжение в поступках современных россиян, а мы узнали, что существует американский Иванов, который в исполнении Ясена Пеянкова был человеком энергичным, но не представляющим куда и как употребить свои способности, и отсюда проистекала пожирающая его неудовлетворенность собой и своей жизнью. Револьвер выстрелил.

Люда, Вы стремились воссоздать на сцене образ лишнего человека, который восходит к известным и любимым героям русской литературы – Чацкому, Онегину, Печорину – и заканчивается на обломовском диване? Или Вы хотели показать американского неудачника?

– Ни то, ни другое. Меня интересуют просто люди и их взаимоотношения независимо от страны и времени, в которых они живут. Люди меняются, и показать это для меня самое интересное и важное.

Чем, на ваш взгляд, отличается американский театр?

– В России считалось, что если спектакль удался, то актеры хорошие, если нет – плохой режиссер. Там спектакль делает режиссер; он определяет стратегию и дает указания. Там театр режиссерский. В Америке театр актерский. Актерам предоставляется полная свобода; режиссер только контролирует, поддерживает актеров. Мне даже кажется, что здесь работа с ними недостаточна.

Я работаю по методу моего учителя профессора Владимира Владимировича Петрова, который и поныне является для меня образцом человека и педагога. Он говорил, что не надо заходить в театр, если можешь пройти мимо. Но если вошел, надо отдаваться ему полностью.

И я выжимаю из актера все, что он может дать, а потом лишь добавляю какие-то штрихи или подправляю его. Чтобы он блистал. Мы можем спорить, даже ссориться, но главное – чтобы зритель вернулся. Посмотреть не что, а как мы играем.

Признанный во всем мире высокий профессиональный уровень американских актеров не чудо, упавшее с небес. Он объясняется их необычайной трудоспособностью: из-за высокой конкуренции они просто вынуждены заниматься своей профессией всерьез, с полной отдачей, с привнесением в свою работу чего-то своего, свежего, до сих пор неизвестного. Как говорил мой учитель: «Ленивых актеров вдохновение не посещает».

Вы специально вводите в русскую пьесу американизированные детали?

– Нет, это не принцип. Просто так получается. Например, когда актриса Дженифер в роли Саши разозлится, она очень по-американски топает ножкой. Она – американка и по-другому не может. И совсем необязательно делать из нее русскую девушку...

Когда мы увидели афишу о спектакле «Зойкина квартира», мои друзья весьма скептически отнеслись к самой идее ее постановки – мол, и тема жилищного уплотнения уже нафталиновая, и про бордели все известно, и вообще американский зритель вряд ли поймет всю горькую иронию финальной сцены, когда двое Неизвестных в Смокингах арестовывают Зойку и графа Абольянинова. У него подкашиваются ноги, его мутит, но он насмешливо замечает:

– Простите, пожалуйста, к смокингу ни в коем случае нельзя надевать желтые ботинки.

Правда, видимо в реквизите театра желтых ботинок не нашлось и их заменили коричневыми, но, посмотрев спектакль, мы все были приятно удивлены его современным звучанием и правильно найденной ретроспективной тональностью, а главное – тем восторгом и пониманием, с каким был принят он публикой.

Его даже называли брехтовским. Но мне он показался чисто булгаковским – по режиссерской выдумке, неожиданностям, ярким законченным образам. А мнение зрителей очень точно выразила моя американская подруга, учительница Мэрилин, разглядев в этом бурлеске общечеловеческие проблемы: «Жизнь этих людей так печальна... Это потому, что они потеряли Бога. Мы видим что у них осталось: алкоголь, секс, наркотики. И еще деньги, деньги... Все это развивает алчность, вожделение, гордыню и лень – основные людские грехи. И приводит к своему логическому завершению – к ужасному преступлению, к убийству человека. Артисты показали это ярко и убедительно, а их пластика и почти акробатические трюки просто великолепны».

Люда настойчиво и увлеченно знакомит американского зрителя с пьесами современных российских авторов. Одной из ее последних работ был трагикомический спектакль «Марьино поле» по пьесе молодого российского драматурга Олега Бодаева о деревенских старухах, которые по-прежнему ждут с войны своих мужей. На мой вопрос, почему такая сложная трагическая тема представлена в столь ироническом сюрреалистическом ключе и актуально ли это, драматург ответил продуманно:

– Жизнь в России – это реалистический абсурд с элементами сюрреализма и иррациональной логикой. Поэтому только так можно максимально реализовать задуманное. А человеческие взаимоотношения, ожидание близкого человека, верность – темы вечные.

Люда, кому адресован ваш спектакль?

– Всем, кто ждет своих мужей, отцов, детей, многие из которых никогда не вернутся. Из Ирака, Афганистана, сейчас Израиля. Для жен, которые потеряли своих мужей-солдат, война продолжается. Но надежда умирает последней, и они живут воспоминаниями, мечтают – а вдруг?

И дело не только в кровавой войне. Война идет и внутри нас. Моя подруга умерла от рака в 46 лет. Ее мама до сих пор вздрагивает от стука входной двери. Вот сейчас войдет дочь и все пойдет по-прежнему, все станет на свои места. Надежда дает ей силы жить.

Я ставила спектакль как притчу для взрослых. Яркую, смешную и грустную. И чтобы дать ощущение тепла, мы привезли из соседнего штата Висконсин высокие колосья, которые как бы олицетворяют широкое русское поле.

Как американским актрисам удалось столь убедительно сыграть роли деревенских старух?

– Мы вместе смотрели русские фильмы, в деталях обсуждали деревенский быт и образ жизни. Кроме того, у каждой из них есть собственный сельский опыт: в детстве вставали спозаранку, кормили цыплят или бывали у бабушки, которая выращивает рожь в Висконсине.

Люда попробовала себя и в новом жанре, блестяще поставив мюзикл Стефана Шварца «Жена пекаря», который я отношу к ее лучшим работам. А увлек ее на эту новую стезю 19-летний художественный руководитель компании «Один театр» Джошуа Соломон, сын ее мужа-продюсера. Люда рассказывает:

– Постановка мюзикла имеет свои особенности. Очень трудно найти актера, который бы не только хорошо играл и свободно двигался по сцене, но еще пел и танцевал. Чтобы найти два десятка артистов для этого спектакля, пришлось провести три просмотра. У нас было мало времени, поэтому я не разделяю сцены на игровые и вокальные, а выстраиваю действие в целом. Так, чтобы артист переходил на язык пения от избытка переполняющих его чувств, как влюбленный, исполняющий серенаду под окном возлюбленной. Мы все прожили и все прочувствовали.

Сам Джошуа Соломон пишет музыку, поет, играет на фортепиано, гитаре и ударных инструментах. Признанный лидер, одержимый идеей создания своего театра, он собрал молодых единомышленников, объединенных любовью к искусству и составивших великолепный ансамбль, которому Люда, как опытный ювелир, помогла засветиться всеми своими разноцветными гранями талантов.

Спектакль удался. Нам подарили светлый, радостный и умный праздник.

Джош, как Вы представляете свой театр в будущем?

– Мы хотим создать семейный театр, где будет интересно и взрослым, и детям. Мы будем рассказывать увлекательные истории не только в форме мюзикла и комедии, но и в других жанрах. Главное, чтобы спектакли были высокопрофессиональными. А наша заветная мечта – создать в Чикаго собственный Бродвей.

Молодой задор увлекает, и мне кажется, что эти талантливые люди смогут осуществить свои самые дерзкие планы. Будем надеяться, что новый театр возьмет главный девиз Голливуда – Шоу должно продолжаться! – и вслед за «фабрикой грез» станет долгожителем.

ХУДОЖНИК СОЗДАЕТ АТМОСФЕРУ СПЕКТАКЛЯ

Всякий раз, когда талант режиссера счастливо соединяется с вдохновением художника, рождается магия театрального действа, заставляющая зрителей затаить дыхание, а их сердца учащенно биться в едином порыве ликования, ужаса или сострадания.

Художник-постановщик это маг-волшебник, создающий атмосферу спектакля, его стиль, эстетику, цвет и настроение. Он знает и воспроизводит на сцене исторические эпохи, страны и города со своими жителями, их обликом и поведением.

Это всецело относится к Никите Ткачуку, в свои 54 года оформившего 150 спектаклей; 30 из них в Америке – Нью-Йорке, Чикаго, Де Мойне, Рочестере.

С некоторыми мне посчастливилось ознакомиться. Мы еще не оседлали машину времени, но с помощью телеэкрана можем нанизывать на древо жизни бусинки прошлых лет и критически оценивать их с позиций дня сегодняшнего. Могу сказать, что собранные вместе спектакли Никиты Ткачука волнуют и завораживают.

Классическая чистота «Ромео и Джульетты», экзотика восточного базара из библейского «Иуды», энергичная экспрессия брехтовского «Бала», тревожная лиричность

«Вальса белых орхидей» по произведениям Ремарка, причудливо сочетающаяся с показом мод – смена художественных образов поражает своим многообразием и в то же время индивидуальностью, которой художник наделяет каждую мизансцену, рисует каждого персонажа.

Никита, ваши спектакли столь неповторимы, сколь узнаваемы. Где зарыт золотой ключик, открывающий секреты гармонии?

– Каждая постановка должна иметь собственную концепцию. В спектакле «Гамлет» мы представили зло как пошлость, ограниченную и засасывающую. Это и продиктовало его сценографию: потертый красный бархат; облупленная амальгама зеркала, смутно отражающая тень отца Гамлета, появляющегося за спинами зрителей; современные костюмы, табачный дым.

Вы сочетаете несовместимое, оставаясь органичным. Эклектика в балете «Петрушка» – девки в платочках, одетые в деревенские кофты и шопеновские балетные пачки – создает впечатление какой-то фантасмагории, как на картинах Дали. Всё пёстрое и всё танцует, даже заборы. На чем основана эстетика этого спектакля?

– В этой веселой и страшноватой сказке я перемешал русский лубок и авангард 20-х годов, что слышится мне в фантастической музыке Стравинского.

Я люблю работать с нетрадиционными материалами и формами. В театре абсурда – спектакль «В ожидании Годо» Бекета – актеры выходят на сцену, прорывая бумагу. Это не совпадало с ремарками драматурга, но по интонации точно соответствует духу пьесы.

Как Вы достигаете визуально большого объема и глубины сцены для маленьких американских театров?

– Обманываю зрителя (смеется). Для таких театров особенно нужна выдумка и изворотливость. В балете «Макбет» три висящие друг за другом задника из прозрачного пластика с написанным на них тревожным небом при правильно подобранном свете создают меняющуюся, глубокую и широкую перспективу. В 3-мерных кулисах из того же пластика, как в стеклянных призмах, танцуют ведьмы. Такие трюки увеличивают пространство и насыщают его некоей магией.

Были времена, когда на сцену выводили лошадь, а пышным декорациям в начале второго акта устраивали восторженные овации. Сейчас даже для «Евгения Онегина» достаточно садовой скамейки. Какой стиль Вам ближе всего?

– Замечательные были спектакли, но художник всегда ищет новую эстетику и новые способы самовыражения. Мне интересен синтетический театр, где жанры органически переплетаются. «Так победим» Шатрова мы с Олегом Александровичем Ефремовым поставили в стиле, я бы сказал, эклектического импрессионизма с элементами балета. Похоже было на страшный сон.

О, я помню этот спектакль Художественного театра – очереди за билетами и Калягина в роли Ленина. На сцене всё подвижно, конструкции и люди вращаются вокруг кабинета вождя. Ефремов был доволен?

– Спектакль дался ему мучительно, его много раз запрещали. Но это был успех...

Никита Ткачук родился в Ташкенте; его отцу, Роману Ткачуку, всесоюзную славу принес любимый народом телесериал «Кабачок 13 стульев», где он исполнил роль пана Владека. Очевидно, «театральные» гены привели Никиту на постановочный факультет Школы-студии МХАТ, а затем на работу в Большой театр, МХАТ, Ленком, провинциальные театры, где он оформлял разнообразные спектакли. Его макеты и эскизы были представлены на выставках в Праге, Берлине, Токио, Венеции.

В перестройку вернулся в Москву, работал главным художником в «Театре на Спартаковской», с которым в 1990 году три месяца гастролировал в Лос-Анджелесе и Чикаго. Здесь он познакомился со своей будущей женой Линдой и получил приглашение из Нью-Йорка поставить несколько спектаклей и преподавать в Рочестерском университете. Так с 1992 г. они живут в Чикаго, в доме, где родилась Линда.

Никита, Вы 10 лет работали со студентами, в том числе чикагского университета Норсвестерн. Какое у Вас осталось впечатление?

– Дети в Америке очень талантливые, раскрепощенные, свободные. Они умеют шутить и плакать, с ними работать – одно удовольствие. Жалко, что здесь нет жанра капустника, где бы они могли проявить себя.

Театральный артист здесь не востребован?

– Важнейшим из искусств в Америке является телевидение как самое доступное. Зрители увлечены телешоу. Театральные артисты зарабатывают мало; им приходится совмещать несколько работ и больше всего они боятся проявить непрофессионализм. Драматургия, посвященная войне или гомосексуализму, часто рождает засушенные спектакли. И декорации при этом не важны, и тоже скучны.

Это тенденция. Но это не значит, что нет замечательных декораций, например, блестяще оформленный мюзикл Уэббера «Призрак оперы».

В 2006 году Вы поставили спектакль в России. Там работать интереснее?

– Я никогда не отказываюсь от работы в России. Там несколько поколений были воспитаны на театре, зритель готов к восприятию новых идей. В Москве каждый год устраивают выставки театральных художников, происходит обмен опытом. А здесь имя художника даже в афишах не значится, хотя техника исполнения декораций несравненно выше.

Сейчас у Вас «живописный» период творчества. Ваши картины на старых окнах, будоражат воображение необычной фактурой, воздушностью, неуловимостью. Урбанистический пейзаж, туманные пустыри, выбеленные солнцем старые здания. Странный замес кирпичных стен, облупившейся штукатурки и облаков. Загадочно. Красиво. Их покупают?

– Есть несколько галерей, которые не против представить мои работы. Но пока я не готов отправить их в самостоятельное плавание.

ЖИВОПИСЬ У НАС ДОМА

Удивительно, как в Америке близко и привычно человек соприкасается с живописью, скульптурой, графикой. Невиданно свободный доступ всех желающих к художественной специальности (не надо годами пытаться поступить в высшее учебное заведение), огромное количество действующих художественных музеев и школ, галерей и выставок; доступность произведений искусства, которые украшают улицы городов, общественные помещения, офисы и частные дома. Даже яркие и красочные, но запрещенные граффити встречаются здесь чаще, чем известные «надписи на русском языке».

В нашей общине успешно работают и постоянно выставляются многие талантливые художники. Мне нравятся картины безвременно ушедшего от нас Василия Мязина, наполненные жизнью, движением, новаторством. У меня дома висит его загадочная и тревожная картина «Разорванный парус» как память об этом светлом одаренном человеке.

Самым непредсказуемым художником нашей общины, на мой взгляд, является Леонид Осенний. Его сложные художественные образы, оригинальные сочетания цветов, необычные конструктивистские построения волнуют, заставляют думать.

Его творчество можно сравнить с небоскребом в виде сверла, который будет построен в Чикаго, где всё, от основания до стен, служит опорой для шпиля, устремленного в космос. Художник использовал весь свой многолетний опыт архитектора и реставратора, чтобы прийти к современным художественным формам изобразительного искусства.

Когда в 1991 г. Леонид с семьей приехал в Америку, он впервые ощутил себя абсолютно свободным. Удача пришла в образе интереснейшей программы по реконструкции библиотек центральной Америки. Построенные еще в прошлом веке на деньги известного металлургического короля и мецената Карнеги, они поизносились, устарели и требовали перестройки и современного подхода. Леонид участвовал в разработке 50 макетов, среди которых библиотеки в чикагских пригородах Норсбрук, Найлс и Гурни.

Потом Леонид, как это часто бывает в Америке, работу потерял, и мы начали беседу с этого драматического события.

Леонид, лишиться работы всегда очень тяжело не только в плане материальном, но и психологически это событие пережить трудно. Тогда Вы не потеряли уверенности в себе?

— С собственными комплексами я борюсь всю жизнь. Когда у меня появилась жгучая зависть к музыкантам, которые могут извлечь из своего инструмента любимую мелодию, я купил флейту, взял чистую ноту «до» и пришел в неописуемый восторг. С тех пор флейта стала моим спутником жизни, в трудные времена помогала преодолеть отчаяние и одиночество. Как в Чернобыле, когда нас, голых и незащищенных, «забрили» в ликвидаторы.

В Америке, потеряв работу архитектора, я испытал шок; но получив на полгода пособие, взял краски и отправился в даунтаун писать Чикаго, который почитаю как огромный великолепный музей под открытым небом.

Как говорится, не было бы счастья, да несчастье помогло. Городской пейзаж Вам удается замечательно. К какому направлению в живописи Вы себя относите?

— Друзья называют меня «демисезонным», потому что я чуть ли не каждый год меняю стиль работы. Это и понятно, потому что молодую девушку и старушку не пишут в одном ключе.

Вид города небоскребов без конца и края я называю архитектурным пейзажем, для которого органичен конструктивизм и кубизм. Основанный импрессионистом Сезанном кубизм разрушительный, но я его люблю и считаю будущим Америки, хотя широкая публика его воспринять еще не готова...

Через шесть лет Леонид, наконец, полностью посвятил себя живописи и компьютерной графике, и это сочетание породило прекрасные, неожиданные зарисовки, эдакую страну модерн.

Кистью импрессиониста он передает очарование чикагских пригородов с их задумчивой, пронизанной светом тишиной и бликами на воде от грустных яхт. Графикой создает четкие, как бы застывшие на века очертания каменных громад цивилизации и вечное движение космоса. А нежные акриловые цвета, затуманенность акварели вносят мягкость и загадочность в волнующий образ сурового, пульсирующего «ветреного города». Целая поэма, воспевающая его наполненные воздухом и солнцем небоскребы и улицы, острые башни и кружевные мосты.

В ваших очень интересных иллюстрациях к книге Джеймса Джойса «Улисс» можно найти элементы сюрреализма в стиле Михаила Шемякина. Иллюстрация книг это очередная смена одежд?

– Просто это итог моего изучения компьютерной графики. Моё прочтение произведения.

В этом году исполняется 30 лет вашей педагогической деятельности и десятилетие со дня основания в Чикаго художественной галереи Леонида и Сони Осенних?

– Да, в 1977 г. в Минске мы с женой открыли изостудию и через 5 лет на конкурсе кукольных театров завоевали первое место. И в Чикаго чуть ли не с первых дней в своем рентованном апартаменте мы начали обучать детей живописи и лепке; мастерили кукол, разыгрывали пьесы, с которыми выступали на еврейских праздниках в синагоге.

В вашей галерее и поныне существуют классы рисования для детей. Какие основные навыки приобретают здесь дети?

– Мы даем понятия гармонии, равновесия, ритма, единства пространства. Ощущение жизни через искусство. В 5–7 лет важно схватить суть взаимодействия цветов и смешения красок. Если в детстве не научиться различать хотя бы 20 оттенков одного цвета, то потом ничего серьезного не получится. Кроме того, как в литературе и музыке, в живописи очень важна композиция, без нее нет художника...

Художественное воспитание ребенка бесценно для будущего цивилизованной страны, а удивительные картины Леонида Осеннего, создающие образ нашего волнующе-прекрасного города, затрагивают душу и понятны благодарным жителям...

Живопись, как музыка, вплетается в нашу жизнь, отражает ее, становится обязательной и неотъемлемой ее частью.

И примером тому был прием в культурном центре синагоги F.R.E.E. («Друзья беженцев из Восточной Европы») в честь замечательного еврейского праздника Ханука, овеянного божественным предначертанием, объединяющим еврейский народ и придающим ему силы, чтобы с надеждой смотреть в будущее.

Вот и на этот раз в огромном зале молодые юноши и девушки в мгновение ока расставили меноры, накрыли белыми скатертями и сервировали столы. Музыканты исполняли живые еврейские мелодии, а хасидские юноши в черных костюмах и черных шляпах лихо плясали, затягивая в свою орбиту непосед из старшего поколения. Здесь было и торжественное зажигание ханукальных свечей, и омовение рук, и произнесение с зажатой в правой руке халой молитвы хором, и вкусная еда с традиционными «латкес», то есть картофельными оладьями.

В своей торжественной речи ребе Нотик сказал, что мы собрались, чтобы зажечь ханукальные меноры в честь победы евреев над греками. Греки были цивилизованным народом и не хотели никого убивать, но им не нравилось, что евреи считали себя избранными, им не нравилось, что евреи имеют веру. И они захотели отнять эту веру. Евреи боролись за свободу своей религии, они были готовы отдать свою жизнь за веру и они победили. Если будет вера, еврейский народ будет жить вечно, как вечно будет гореть менора.

По стенам зала были выставлены картины внесенных в реестр чикагских художников, которые представляли их лично. Запоминающиеся, интересные по содержанию и очень разные по стилю работы – яркое свидетельство тому, что эти талантливые и в общем-то немолодые люди нашли себя в этой жизни, взяв все лучшее из предыдущего опыта, чтобы своим творчеством служить новым идеалам и приносить радость тем, кто разделяет их взгляды. Такие творческие люди составляют цвет нашей общины и своим примером способствуют ее самосознанию и развитию.

Своими новыми работами порадовал известный чикагский художник и писатель Фред Вышкинд. Это акварели, пастель, работы маслом и гуашь на темной жатой бумаге – новое изобретение художника, которое он удачно применил для изображения архитектурных композиций – синагоги в Дюссельдорфе и синагоги Абалей, находящейся в штате Мессачуссетс. Легендарные иерусалимские места – Львиные ворота, улица Дела Росса; типичные пейзажи земли обетованной; бытовые сценки – танцующие хасиды (совсем как сегодняшние в нашем зале), скрипач на крыше, дискуссия двух студентов ишивы с характерной еврейской жестикуляцией. Отдана дань красотам американской природы, бережно сохраняемой в национальных парках, и ностальгическому настроению, будто льющемуся с картин «Март» и «Березки» или с изображения одесского дворика с его каменными балконами и развешенным на веревках бельем («Двор моего детства»).

В прошлом архитектор, доцент, Фред не мог найти свободного времени, чтобы серьезно заняться живописью, которую знал и любил. И теперь он счастлив, что можно наконец-то отдаться ей, с помощью своих картин участвовать в еврейской жизни.

Эту тему продолжает Израиль Радунский; его любавичский ребе отличается глубиной тяжелого проникновенного взгляда и почти фотографической точностью изображения атрибутов одежды и религиозного убранства.

В творчестве Израиля Радунского, которого называют «королем акварели», слились воедино музыка и поэзия, чтобы дарить людям искусство живописи. Он учился в Минском политехническом институте на факультете графики. С сыновней преданностью воспел художник свою родину – старый Минск, как Марк Шагал родной Витебск. Член Союза художников СССР, он хранит книгу отзывов об одной из своих выставок, из которых я выбрала один – трогательный отзыв, подписанный некими членами общества великих трезвенников: «От души благодарность за тот лучик эстетического ощущения радости, который Вы внесли в наши скудные крестьянские души аборигенов города Жодино. Все работы, особенно динамичные этюды акварели, производят впечатление дуновения свежего ветра».

В Америке художник продолжил активную работу во всех подвластных ему жанрах. Философски интересно решена театральная афиша для спектакля «Поминальная молитва» в чикагском театре «Атриум». Это исторический разрыв между ушедшими в прошлое местечками с их бесправием, олицетворением которого становится повозка, запряженная понурой лошаденкой, и манящими очертаниями американских небоскребов.

Его жизненное кредо: искусство – это удел тех, кто без него испытывал бы страдание; если человек видит красоту в луже или грозовых облаках, этот человек счастливый.

Единственным из выставивших свои работы при ханукальных свечах, кто стал художником уже в Америке, был Михаил Резник. Инженер из Украины, он учился рисунку и секретам писать красками в американском колледже. Помнит, как перед классом посадили модель и сказали: «Рисуйте!» А посему своим учителем считает чикагского художника Михаила Лянглебена, приехавшего из Москвы, – увидел, как пишет Мастер, и многое понял. Тогда возникло чувство, что Америка предоставляет человеку свободу мысли и действия, заставляя самовыражаться и реализовать скрытые качества. «Пишу ради самого процесса, а когда удаётся передать свое настроение, переживание, то получаю удовлетворение». Хороши его портреты: с открытым лицом юноша («Бар мицва»), бабушка с внучкой, которая как дань новому поколению выписана более современным широким мазком. Символизм, присущий автору, присутствует в загадочной картине «Луна над Мичиганом», вызывающей чувство тревоги благодаря четким линиям и красноватой подсветке.

Эта выставка показала талантливость и трудолюбие наших людей, любящих и высоко ценящих творчество как божественный дар, украшающий человеческую жизнь. Она стала частью благородной задачи ознакомления русско-еврейского населения Чикаго и пригородов с еврейскими традициями и праздниками с целью сплочения и дальнейшего роста нашей общины и передачи этого ценного наследия нашим детям...

А на пятки маститым наступает молодежь. В начале тигрового года в Чикаго открылись сразу две выставки художницы Анны Гноенской.

На этом вернисаже не ждали «свадебного генерала» и не разрезали красную ленточку. И антураж был особенным: низкие диванчики, изощренные бутылки с пестрыми этикетками и звон бокалов, когда хлопают дверью новые посетители. А интимную, домашнюю атмосферу создавали яркие, лучезарные и теплые картины, развешанные на высоких стенах галереи, расположенной в этом уютном бутике, или винном погребке, с интригующим названием *Poison Cup*, который затерялся в самом центре артистического, богемного Чикаго, на улице Эрмитаж.

Общее впечатление от выставки и от всего творчества Анны Гноенской это многообразие форм, цветов и композиций. Свежесрезанные цветы и опавшие листья, замысловатый натюрморт, городской и зимний пейзаж, в тени деревьев монастыри и храмы – для всего находится своя гамма цветов и техника написания, своя манера расставлять акценты, своя фактура.

Например, для изображения грозди сирени использована вся богатая палитра цветов: от лилово-синих до сиреневых и бело-розовых. Лилии представлены как белые холодные или красные надменные красавицы, окруженные подчеркнуто очерченным воинством трав. Есть и свои «Подсолнухи», утонувшие в веселом букете таких милых полевых цветов, что хочется схватить их в охапку.

«Меня вдохновляет мое восхищение природой и ее очарование. Я благодарна возможности видеть осенние деревья, отражение в воде солнечного луча и весь прекрасный мир. И самое высокое для меня наслаждение это выразить свои чувства и положить их на холст или бумагу», – пишет Анна в резюме к выставке.

Но если посмотреть на творчество художницы в целом, то, как у Ван Гога, кроме услаждающих взгляд радужных цветов и многоцветия человеческих будней здесь есть свой «Сеятель». На мой взгляд, это полотна, рассказывающие историю мира: перспектива грустной Венеции; трогательная на фоне монастыря распустившаяся ветка в Сан-Франциско; засыпанная снегом Галена; мощеная улица, неясные очертания домов и островерхая церковь вдали на картине «Брюгге – желтое небо». Эта картина является визитной карточкой художницы, а этот бельгийский город – особенно любимый ею – со своей старой черепицей, глазами-окнами в буйной зелени и ломаными крышами главным персонажем вошел в увлекательный сериал ее городских пейзажей.

Особенно тронула меня неброская картина «Дом», написанная в Греции. Такой заброшенный дом со следами былой роскоши можно найти в любой стороне. На его пышное прошлое указывают высокис арочные проёмы да старинный фонарь у входа. Сейчас здесь царит запустение. Обветшалые стены, разваливающаяся крыша и редкая, робко пробивающаяся к солнцу трава ассоциируются со старым и всеми забытым человеком, знаменитым в прошлом и уже никому неинтересным.

Анна считает себя приверженцем московской школы живописи, основателем которой был Р.Р. Фальк, а течение возникло в начале прошлого века из французского постимпрессионизма и экспрессионизма и развивалось своим путем, с учетом национальных традиций.

«Я – живописец, – говорит она, – наследник тех, кто пишет с натуры, передает свое восхищение миром. Это моя внутренняя потребность, мне слишком нравится то, что я вижу». И как-то радостно и щедро, крупными мазками рассыпает по полотну золото осенней листвы, сочную спелость граната, чистую розовую белизну яблони.

Аня рано поняла, что не может не писать. А осознав это, поступила в Московскую художественную школу № 1, что на Кропоткинской, которая дала ей эмоциональный импульс. Оттуда произросла ее способность оберегать свою индивидуальность в море художественных течений и абстрактных изысканий, ее профессиональное мастерство.

Это была хорошая школа – я знала ее, потому что моя дочь, которая хотела заниматься только станковой живописью, окончила ее на 10 лет раньше. Школа давала хорошие знания, расширяла кругозор, воспитывала художественный вкус. А что дальше? В те времена в художественные вузы – Суриковский, «Строгановку» – абитуриенты поступали годами. Моей дочери отец сказал: «По нынешним временам это не специальность – ну будешь где-нибудь под лестницей малевать лозунг «Да здравствует 1 Мая!» Иди-ка лучше в науку, это надежней». Был ли то хороший совет – сказать трудно. Но была убита Мечта...

После окончания художественно-графического факультета Московского педагогического университета Аня восемь лет работала в детской больнице по трансплантации почки, основанной о. Александром Менем. Это была «арттерапия» – Аня учила больных детей рисовать, представляла их картины на выставках, побеждала с ними на конкурсах.

В Америке она подтвердила свой диплом и за следующие 8 лет отточила свое мастерство – ее картины выставлялись престижными галереями города.

Аня, за последние годы очень изменился стиль ваших картин, их фактура. Какие новые технологии используете Вы в своей работе?

– Я экспериментирую с фактурой произведения, нанося краску «пастозно», то есть не многослойно, а жирно в один слой, например, выдавливая ее из тюбика, без использования палитры.

Что дает этот метод?

– Это очень сильный инструмент, повышающий энергию картины, ее заряд. Здесь главное слово – мерцание. Форма переливается в цвет, увеличивая его мягкость, глубину, романтичность. Это позволяет ярче сиять маленьким вещам.

Меня не привлекают громкие сюжеты. Мне в голову не придет написать, например, Пантеон, Белый дом или Кремль. Я вижу большое в маленьком, а не наоборот. И моя задача состоит в том, чтобы увидеть красоту в этом малом – лежалом снегу, придорожной траве – прочувствовать эту красоту и открыть другим. Люблю разные сочетания цветов и настроений. Иду и вижу необычное состояние неба в сочетании с мокрыми крышами или в обрамлении леса розовые стены, серые заборы. Очень люблю все оттенки серого цвета.

А как протекает ваша педагогическая деятельность?

– Мои ученики, дети и взрослые, делают большие успехи и, что важнее, увлечены своим творчеством. Конечно, талант художника от Бога, но художественное образование нелишне для многих профессий. Я учу рисунку и живописи: как правильно писать, чтобы все было на месте и все играло – объем, перспектива, композиция. Я показываю разнообразие стилей, а ученики сами выбирают, например, голландский натюрморт.

Зная по опыту, который, к сожалению, пришел слишком поздно, как это волнующе прекрасно писать маслом по холсту, я робко спрашиваю учителя:

Можно научить рисованию обычного человека?

– Конечно; только 5% всех людей не способны рисовать. Для того, чтобы научиться, надо знать 30 правил, а потом «набивать» руку – примерно 60 набросков в неделю – и через год придет успех. Но чтобы стать художником, надо очень много работать. Настоящий художник учится всю жизнь.

Чем, по вашему мнению, отличаются русская и американская школы живописи?

– Трудно сказать. На мой взгляд, у американцев часто нет никакой школы, царит чрезмерный либерализм. В России, наоборот, душат индивидуальность: на выставке картин в Суриковском институте отличить и идентифицировать работы студентов порою невозможно – школа «забивает» индивидуальные черты. Я бы выбрала золотую середину.

Востребована ли в Америке художественная специальность – art education?

– Насколько я знаю, здесь популярно двойное образование, одно из которых связано с искусством. Как в мире музыки концертируют единицы, художниками становятся тоже немногие, но существует множество сопутствующих профессий, например, в области дизайна, моды, менеджмента, преподавания, искусствоведения.

Чтобы начать рисовать, имеет ли значение возраст?

– Известно, что художественные способности проявляются позже, чем музыкальные. Многие великие художники начинали писать когда уже сформировалась личность человека и его взгляд на окружающий мир. Чтобы взять в руки кисть, неважно, сколько вам лет, главное – любить это и не бояться большого труда.

Ученики и почитатели единодушны:

– Аня не только талантливый художник, она талантливый педагог.

– Опытный преподаватель, она ставит руку, учит законам перспективы и смешения красок, сама подправляет рисунок. И тогда вода становится ярче, а цветы живее.

– Я благодарна моему учителю, которая помогла мне обрести себя. Теперь могу часами просиживать за мольбертом, испытывая сумасшедшую радость.

– Аня продлевает нам жизнь.

Художница не останавливается в своем творчестве. Своими оптимистичными, праздничными картинами, в которых много света и воздуха, она зажигает своих учеников, радостно и щедро передает им свой опыт, свой восторг и радость бытия.

МУЗЫКА ДОЛЖНА РОЖДАТЬ ОГОНЬ
В ЛЮДСКИХ СЕРДЦАХ

Чикаго – музыкальный город. Прославленная Лирик-опера, Чикагский симфонический центр, ежегодные музыкальные, джазовые и блюзовые фестивали, общедоступные концерты звезд мировой величины на открытом воздухе. А знаменитые чикагские мюзиклы?

И в этой богатой музыкальной истории нашего города жемчужиной сверкает Чикагский симфонический оркестр... Как не восторгаться его волшебной музыкой, чистым звучанием – нежнейшим, как полет бабочки, пианиссимо и мощным, с литаврами, фортиссимо, сводящим в единый эмоциональный порыв исполнителей и слушателей? Как не преклоняться перед музыкантами, которым подвластно все: и труднейшие технические пассажи, и необычные ритмы, и, казалось бы, диссонирующие звукосочетания, позволяющие более полно и ярко представить многоцветие нашего беспокойного времени?

На скрижалях истории оркестра начертаны имена великих дирижеров Артуро Тосканини, Игоря Стравинского и Леонарда Бернстайна, обозначивших ту планку, которая соответствует завету Бетховена: «Музыка должна рождать огонь в людских сердцах».

Этот оркестр играет заметную роль не только в музыкальной, но и в общественной жизни нашего города, привлекая внимание людей к социальным и политическим событиям в стране и мире. Так, в 2009 г. прошли концерты, посвященные столетию знаменитого «Плана Чикаго», который стал первым всесторонним документом для реконструкции и национального планирования американских городов.

Знаковым событием стало исполнение Чикагским симфоническим оркестром в Равинии симфонии Дмитрия Шостаковича № 13, известной во всем мире как «Бабий Яр», на стихи Евгения Евтушенко.

Дирижировал оркестром Джеймс Конлон, один из тех, кто считает своим гражданским долгом поднять голос в защиту многострадального еврейского, а теперь и израильского народа. На вопрос «Кто искупит их сломанные судьбы... Тех обреченных, призванных войной, побежденных?» он отвечает:

– Мы – те, кто может искупить их сломанные судьбы...

С трудом нашли мы место на «демократической» лужайке в Равинии. Тысячи американцев пришли сюда и в мертвой тишине, многие стоя, слушали эту волнующую музыку, в которой было и мирное, не предвещающее трагедии время, и скрежет железа, и стук кованых сапог, и неодолимый страх, переходящий в полную беспомощность и апатию, за которыми стоит бездна.

Проникновенная, мощная и гневная музыка поднималась к черному, с мелкими светящимися звездами небу, застревая в подсвеченных деревьях и отзываясь пронизывающей болью в сердце.

Мужской хор и глубокий бархатный баритон темнокожего солиста Нмона Форда вдохновенно звучали на русском языке с иностранным акцентом, усиливая впечатление интернациональности этой человеческой трагедии.

Творческий симбиоз двух одаренных и благородных русских людей дал миру выдающееся, полное драматизма музыкальное произведение, которому суждено жить в веках. И исполнять его под силу лишь высокопрофессиональным и свободным по духу музыкантам...

Скрипачка Чикагского симфонического оркестра Элла Бракер, единственная русскоязычная женщина, допущенная в святая святых этого музыкального олимпа, на протяжении почти 30 лет делила его славу, его труд и волнующие моменты божественного вдохновения.

В своем просторном доме, затерявшемся в прохладной зелени Гленко, Элла собрала концертные афиши, программки, фотографии, постеры, рассказывающие о творческом пути музыканта.

Заглянем в пору ее юности, где многое покажется до боли знакомым. Элла родилась в Донбассе, в семье инженера и пианистки. У девочки рано проявился абсолютный музыкальный слух, она могла различать «веселенькие» мажорные и печально-минорные аккорды. Мама «показала» дочку патриарху Московской консерватории профессору Гольденвейзеру, нареченному студентами «стариком» за то, что тот любил рассказывать, как играл для Льва Толстого.

По его совету семья переехала в Одессу и Элла поступила в музыкальную школу к профессору Столярскому по классу скрипки, так как мама полагала, что на свете слишком много пианистов.

Скачки с препятствиями... Так Элла определяет свою сознательную жизнь.

Война, эвакуация в Сталинград, где отец работал на военном заводе, и затем в Ашхабад, где отец преподавал сопромат и заведовал кафедрой.

Родители считали своим долгом дать дочери хорошее музыкальное образование и не побоялись отправить ее одну в столицу. Элла вспоминает, смеясь, как в туркменских валенках поступала в Центральную музыкальную школу. Как жила у дальней родственницы за городом, голодая, постоянно болея без теплой одежды.

Когда родителям удалось перебраться в Москву, случилась беда. Дело в том, что ее отец в 19 лет убежал из литовского местечка в Палестину, работал в кибуце, изучил иврит. Он вернулся, когда заболел его отец и надо было кормить семью, но в душе остался сионистом. Приветствовал образование государства Израиль; интересуясь его судьбой, часто посещал библиотеку имени Ленина. Поскольку другой работы не было, согласился на предложение стать библиографом на иврите.

В 1949 г. группу закрыли и сотрудников арестовали. В холодный загородный дом, где на кухне ютилась семья, в 1 час ночи пришли бравые чекисты; после обыска длиною в ночь отца увели.

Почти год мама носила передачи в Лефортовскую тюрьму прежде чем его «за антисоветскую пропаганду» приговорили к 10-ти годам лагерей. Элла тогда училась в 7-м классе; у нее появился страх, неуверенность; она замкнулась в себе. Думаю, именно тогда ее скрипка обрела то глубокое, трепетное звучание, которое она пронесла сквозь годы.

Музыкальную школу она закончила в числе лучших и при поступлении в консерваторию по музыкальным дисциплинам получила отличные оценки, но ...«завалила» историю партии. Чтобы получить разрешение пересдать этот «важнейший» предмет, мама пошла на прием к замминистра с характеристикой, подписанной профессором Ямпольским: «...Игра Э. Бракер отличается очень хорошим музыкальным вкусом, строгостью и благородством исполнения, превосходной интонацией и, что очень ценно, она отлично владеет собой на эстраде. Предоставление при ее общей музыкальной одаренности музыкального образования в Московской ордена Ленина консерватории даст ей возможность развиться в отличную скрипачку и стать полезным советским музыкальным деятелем».

На 3-м курсе Элла попала к замечательному педагогу Давиду Ойстраху, который поверил в нее и даже на год продлил учебу. С его легкой руки Эллу пригласили в женский квартет, позже получивший звание Государственного квартета имени Прокофьева. Сыграв с листа 1-й концерт Бетховена, она была принята в этот маленький коллектив, который репетировал по 7 часов в день, давал по 60 концертов в год, выезжая в Японию, Германию, Румынию, в Сибирь и на целину, а в 1959 г. занял 1-е место на международном квартетном конкурсе имени Гайдна в Будапеште. Концертная афиша сохранила хрупкие девичьи фигурки на фоне блестящих органных труб Большого зала консерватории.

Однако за внешним блеском стояла тяжелая неустроенность поездок, несвобода, даже трехлетнюю дочку пришлось отдать родителям. Это была «женитьба вчетвером», которая начинала тяготить, и, когда виолончелистка позволила себе антисемитский демарш, Элла без сожаления хлопнула дверью.

Следующим был оркестр Большого театра, который под управлением Геннадия Рождественского был замечательной школой, но перейти в «яму» было грустно – только в опере «Руслан и Людмила» Элла в концертном платье высовывалась «из шахты» до пояса, чтобы ее скрипка плакала вместе с героиней.

За кулисами царила атмосфера жесткой конкуренции, поддерживаемой постоянными конкурсами на перемещение поближе к дирижеру, каждое из которых сулило 20-рублевую прибавку к жалованию, а когда ей за удачное исполнение другого соло добавили аж 80 рублей, несколько человек побежали жаловаться.

Отца, после семи лет отсидки вернувшегося с Печоры, реабилитировали, но убеждение, что у русского народа антисемитизм в крови, у него осталось. Элла тоже с горечью думала об этом, когда на 3-месячные гастроли в Америку – а это была не только всеобщая мечта увидеть свет, но и единственная возможность поправить свое незавидное материальное положение – не взяли ни одного еврея. Элла была десятой из оркестра, в 1976 г. подавшей заявление на отъезд.

Мужественная женщина пустилась во все тяжкие с дочкой-школьницей и старенькой мамой. Была уверена, что будет играть, найдет работу. Сотрудница еврейской организации «Наяна» была другого мнения: «Вы знаете, сколько в Нью-Йорке музыкантов?», но все-таки нашла 150 долларов, чтобы Элла поехала на объявленный Чикагским симфоническим оркестром конкурс.

Легко сказать «поехала», а если совсем не знаешь языка и в чужом Чикаго нет ни одной знакомой души? Это почти без слов понял хозяин магазинчика, где Элла брала напрокат смычок, и вызвался помочь. В аэропорту О`Хара ее встретила жена ребе, привезла в свой дом, в течение 2-х недель была ее шофером и переводчицей.

На первом туре Элла играла за деревянной ширмой, отделяющей музыкантов от жюри; на втором предстала очно перед конкурсной комиссией во главе с ее председателем, главным дирижером Чикагского симфонического оркестра сэром Джорджем Шолти, получившим этот титул от английской королевы за музыкальные заслуги перед страной.

Без единой репетиции с аккомпаниатором Элла блестяще исполнила программу, так что Маэстро пожал ей руку. Ее приняли!

Шолти руководил чикагским оркестром в течение 22 лет, пользуясь непререкаемым авторитетом. Это он вдохновил Эллу принять участие в конкурсе на позицию первых скрипок. Вначале, когда открыли вакансию и она не решилась участвовать, Шолти был разочарован: «Ты струсила!» Почувствовав его поддержку, Элла купила хорошую скрипку и начала готовиться.

Следующая такая возможность представилась лишь через 5 лет. К конкурсу были допущены 10 человек – профсоюз добился, чтобы и на втором туре музыканты выступали инкогнито. Из-за ширмы через посредника Элла объявила, что будет играть не один концерт, а два – Чайковского, которого играли все, и своего любимого Моцарта. Шолти откликнулся из зала: «Пожалуйста, но ланч за ваш счет!». Зато когда она сыграла, его реплика «За ланч можете не платить!» означала, что конкурс выиграла она.

Впоследствии Маэстро доверил ей солировать при исполнении концерта Вивальди для скрипки с оркестром под своим управлением.

После Шолти 15 лет Чикагским симфоническим руководил Даниэль Боренбойм, и я прошу Эллу сравнить этих двух ярких представителей еврейского народа, великий талант которых в значительной степени был отдан служению нашему городу.

«Мне было интересно работать с этими большими дирижерами, которых роднит необыкновенная музыкальная одаренность. Но отношусь я к ним по-разному.

Боренбойм был вундеркиндом, играл на фортепиано с младенчества. Он родился в Буэнос-Айресе в семье русских эмигрантов, и его первым педагогом был отец, вывозивший 10-летнего мальчика на гастроли в Европу. Он владеет английским, французским, немецким, итальянским, испанским языками, немного говорит по-русски. Когда он стал главным дирижером чикагского оркестра, местные газеты не скупились на убийственную критику, да и сам он комплексовал: «Что я могу дать этому оркестру? Я могу его лишь испортить!»

Однако Боренбойм – гений работоспособности; как дирижер он вырос необычайно. Но с мастерством росли и его амбиции. Удивительно, как в одном человеке художник может сочетаться с политиком. Он боялся конкуренции, поэтому приглашал слабых дирижеров; узнав про человеческую слабину, мог унизить музыканта; порою был невыдержан и несправедлив.

По сравнению с Шолти работать с ним было непросто – на доске объявлений в артистической время от времени появлялись карикатуры.

Скандал и Израиле тоже связан с его нетерпимостью. Он – признанный специалист по Вагнеру, любит его музыку, но ему чуждо сострадание к людям, он просто не понимает, что музыка, ассоциируясь с трагическими событиями в жизни человека, может ранить.

Мой кумир – Джордж Шолти, этот умный, талантливый, теплый, с большим чувством юмора человек. Во время отпуска он прислал мне из Лондона поздравление с рождением внука; он видел в оркестрантах коллег, которых глубоко уважал и которым доверял. Все европейские турне мы начинали и кончали в его лондонском доме. В последний раз он там устроил ланч для всего оркестра – а это два больших автобуса, со всеми попрощался за руку и обещал скоро вернуться. Но этого не случилось – подвело сердце.

Когда его стали критиковать за то, что в оркестре слишком много «белых голов», он ответил: «У меня музыканты, не футболисты».

Элла Бракер готовит сольный концерт для чикагской публики. Потому что без аудитории – без зрителей и слушателей, почитателей и поклонников – нет искусства.

Быть почитателем талантов тоже непросто. Это работа ума и души, сродни труду дегустатора, члена конкурсных жюри или независимого критика. На этом тернистом пути первопроходца подстерегают коварные хищники – пошлость и халтура, затягивают в свой гламурный смрадный омут сладкоголосая безвкусица и воинствующая бездарность. Но если приверженец муз минует этих Сциллу и Харибту, останется в живых и сохранит свежесть чувств, он откроет для себя мир прекрасного – настоящее искусство, дарящее минуты блаженства и вдохновения, зовущее к творчеству и созиданию.

Часть III
НАШИ ГОСТИ

Глава 3-1. Два дня
чикагской жизни поэта

Был по-весеннему солнечный день с веселой зеленой травкой на пригорках и грязноватыми кляксами снега на площадях-плазах, куда его сгребала вся мощная городская техника во время последнего буйного снегопада.

Рейс Нью-Йорк – Чикаго прибыл с завидной точностью; тут же отворились боковые двери, и спортивно-американская толпа весело выкатилась на ковровую дорожку аэропорта Мидвей. Я предусмотрительно вскинула над головой полоску бумаги с лаконичным призывом *Yevtushenko*! И сразу же передо мной возникла знакомая по авторским выступлениям и книжным фотографиям рослодолговязая фигура и лицо, улыбающееся из-под клетчатой кепки всеми своими складками.

Когда мы вышли из здания аэропорта, он сказал, указывая на строящиеся вокруг корпуса и промышленный мусор: «Как будто в Россию прибыл».

В наш город Евгений Евтушенко приехал по приглашению своего друга, писателя и создателя «Дома русской книги» Ильи Рудяка, который принимает его в своем доме уже много лет и организует встречи с читателями. Недавно Илья повредил ногу и стал «невыходным». Поэтому он и доверил мне сопровождать Евгения Александровича во время его двухдневного визита в Чикаго. Наверное, это не очень человеколюбиво, но я была счастлива и жалела лишь об одном – что моя машина не оборудована подслушивающим устройством, чтобы записать все разговоры с поэтом, а не полагаться на несовершенную и временами коварную память.

А говорили мы обо всем: о Мещанских улицах поры нашей невозвратно промелькнувшей юности и о Переяславке, где живет его мама; о восторженном поэтическом буме шестидесятых, когда поэзия ворвалась в жизнь миллионов; и о политической эйфории августа 1991 года, который мы наивно приняли за начало эры свободы и справедливости. И еще о том, что сейчас он живет «на две страны и на два города»: полгода проводит в России, а два семестра преподает русскую поэзию и историю кино в американских университетах Нью-Йорка и Талсы, что в Оклахоме. В прошлом семестре ему приходилось каждую неделю перелетать из города в город, между которыми шесть часов лёту. Двое его младших детей сейчас ходят в среднюю школу в Петрозаводске, где их мама Маша, жена Евгения Александровича, переучивается с врача на гуманитария, и катастрофически пишут "помидоры" через «е».

– Можно Вас называть, как здесь принято, Евгением? – спросила я.

– Нет.

– О'кей. Евгений Александрович.

– Нет, только Женя. А машину Вы водите спокойно – с Вами можно грабить банк.

– Я не люблю ездить задним ходом.

– А мы разработаем план операции без заднего хода.

– Тогда согласна.

Мне он показался рассеянным и чем-то озабоченным. Оказалось, что через день он должен вылететь в Кёльн, где состоится фестиваль памяти Льва Копелева, и читать там свои новые стихи, которые не заладились. Потому что бывают непереводимые строчки, и надо найти такие слова, чтобы при переводе на немецкий язык донести свою мысль, по возможности сохранив ритм и музыку стиха.

Поэтому сразу после домашнего обеда с синенькими и борщом, которыми нас заботливо угощал Илья, облаком паря по кухне на костылях, Евгений Александрович устроился со своей черной общей тетрадкой прямо среди тарелок и ушел в себя, не обращая внимания ни на телефонные звонки, ни на постукивание моющейся посуды.

Но поработать удалось недолго: в пять часов он должен был выступать на радиостанции «Новые горизонты», и Илья уже натягивал, постанывая от боли, белый шерстяной носок на забинтованную ногу, чтобы лично представить радиослушателям своего гостя. Мне же он дал короткое интервью:

«Женя одарен многосторонне, он – Поэт от Бога. У него возрожденческий характер по неуёмному желанию охватить своим творчеством весь мир, откликнуться на любые значительные события. При этом он всегда выступает с позиций друга, не судьи. Он – великий лирик; его стихи, опубликованные в 1995 г. в сборнике “Мое самое – самое”, могут тронуть юной страстью даже самую суровую и непоэтическую душу.

Его фильмы “Детский сад” и “Похороны Сталина” пользовались успехом за границей, а лекции, которые он читает в университетах и библиотеках Америки на английском языке, всегда собирают большую аудиторию. Американская публика искренне хочет понять русскую мечту, уходящую ввысь, и найти в мелодичных строчках философский подтекст».

В студии Евтушенко был в ударе: самозабвенно читал стихи, глаза его светились. Его темпераменту было тесно в замкнутом пространстве небольшой комнаты. И почти без перерыва снова выступал уже в узком кругу в просторном и уютном доме, затерявшемся где-то в бесфонарном Гленвью, так что я без карты слегка заблудилась, и Евгений Александрович при виде первой же бензозаправочной станции нетерпеливо выскочил из машины, чтобы лично убедиться, что мы на верном пути.

В этом гостеприимном доме Бориса Цехановского, большого ценителя людей творческих, за двадцать лет его жизни в Америке уже побывали Аксенов, Войнович и еще многие.

Собравшиеся – иммигранты со стажем – с завидным интересом и вниманием слушали стихи и прозу Евтушенко, задавали вопросы, подтверждающие, что родина – место рождения – у человека одна, и за нее бывает больно.

Такое чувство вызвал его рассказ о том, как КГБ выступил в новой своей ипостаси – врачевателя человеческой души. Там решили, что после многолетней и широкомасштабной травли, каковую устроили в своем отечестве Молодому Пророку, он как любой нормальный человек может «самоубиться» и тем самым сдать лишний козырь идеологическому противнику. А посему в Пророка надо вдохнуть жизнь с помощью Прекрасной Незнакомки, знающей наизусть его стихи. Юная подпольщица задание выполнила, но при этом сама влюбилась в Пророка и, выходя на связь, даже пыталась убедить своих работодателей в его полной политической лояльности. Трагическая развязка была предопределена хроническим дефицитом сигарет в стране: за отсутствием курева он заглянул в ее сумочку, чего он как Пророк делать не должен был, потому что она-то ему доверяла и наивно хранила там шифровки, и понял, что его провели. Ну, Пророку стало обидно, ведь она была красивая, и он ушел в тайгу; но расчеты с жизнью прекратил.

И я подумала, что, наверное, Евтушенко чувствовал себя в своей стране примерно так же, как эти рыбки, резвящиеся в причудливых зеленоватых водорослях подсвеченного аквариума, встроенного в деревянную стену дома и как бы освещавшего наш маленький зрительный зал, устроенный в гостиной. Он был всегда на виду, всегда много и результативно работал, часто колесил по земному шару, прославляя державу, но всякий раз утыкался носом в предательское, хоть и прозрачное, стекло.

Его предавали и в послепутчевской России. Леваки-писатели даже не пожалели «полбутылки бензина» для эффектно-показательного сожжения его соломенного чучела.

Его предали «инженеры человеческих душ» из вполне демократического «Апреля», подписав письмо-донос семнадцати. И больше всего ему обидно, что в их число входят люди талантливые и те, которым он помогал в свое время. Я могу это объяснить только обычной черной завистью, подобной чувству Сальери к блестящему Моцарту, которая множественно усилена бедственным экономическим положением писателей в России и американскими заработками Евтушенко.

Кто им судья?

Это было последней каплей в чаше смирения. И он принял предложение университета и поселился с семьей в небольшом, типично американском городке Талса с по-провинциальному теплыми отношениями людей друг к другу. Например, когда в свои три года потерялся его сын Митя, то вся улица с факелами вышла его искать.

Он, не имеющий никакого официально законченного образования, но владеющий семью мантиями почетного профессора, учил молодое поколение чувствовать и понимать поэзию. И был счастлив, когда его студентка, у которой сестра погибла при взрыве в Оклахома-Сити, доверительно сказала ему, что только руки Цветаевой и Ахматовой вытащили ее из бездны отчаяния.

За восемь лет педагогической деятельности он полюбил своих студентов и считает, что среди них было не менее четырех гениев и еще что благодаря его лекциям у них нет колониальной психологии, они ездят в Россию и видят народ, а не правительство.

В целом же, говорит он, идет процесс «манкуртизации сознания», когда молодежь во всем мире интересуется «звездными войнами и картунами», мало читает и не помнит истории своей страны. Как его последние авиапопутчики, молодые итальянцы, которые никогда ничего не слышали о его любимом фильме «Похитители велосипедов» – жемчужине итальянского неореализма. Россия – не исключение, там молодые люди уже не знают ни академика Королева, ни Кожедуба.

Серьезную роль в этом процессе «оболванивания» играет телевидение. И Интернет, несущий, как и атомная энергия, свои хорошие и плохие плоды. Достаточно посмотреть на детей, которые как наркоманы, забыв обо всем, уходят в виртуальную реальность.

Обо всем этом Евгений Александрович рассказывал в доме Бориса Цехановского, подписывая свои книги и даже старые пластинки, а потом – и за столом, за которым как на московских кухнях обсуждаются все глобальные проблемы. Попутно выяснилось, что он открыл для себя американское вино, впрочем, австралийское тоже; а из еды предпочитает техасскую кухню, особенно *стейк* по-техасски и *потейтоу скин,* что означает хорошее мясо и картофельную кожуру с сыром. Беседа затянулась далеко заполночь, и мне пришлось перепоручить обратную транспортировку гостя доброжелательному хозяину.

Я даже не заметила, когда именно поняла, почему женщины любят его. Так, наверное, любили Пушкина. Стихи и неподдельная искренность создают ему ауру, излучающую теплые и всепроникающие волны, которые обволакивают и заставляют верить в его романтические идеалы и божественные озарения. Юношеская пылкость и неуемная жажда жизни и любви пронизывают его и его стихи на протяжении многих лет. С годами его творчество не стареет, а лишь становится более осязаемым и мудрым.

Какая женщина не мечтает о любви? И поэт, выражающий эту любовь в простых и прекрасных словах, помогает ей разобраться в своих чувствах, а заодно и в жизни.

Он искренне хочет, чтобы его любви хватило на всех; верит, что любовь спасет мир, и надеется, что даже если она одна, ее – «на все человечество хватит». Эта его любовь к близкому, родному, человеческому и делает его Поэтом, движет его пером, закаляет его волю и заставляет смиренно принимать удары судьбы.

...На другой день была запланирована экскурсия по Чикаго, но ее пришлось отменить: Евтушенко работал над стихами Копелеву. Он писал, листал книги, искал, например, во всех энциклопедиях, которых в доме Ильи предостаточно, воинское звание друга Копелева – Генриха Бёля. И, представьте, нашел, что Бёль был не унтер-офицером, как предполагалось, а капралом. В какой-то момент он сказал: «Пошло!» – и его больше не отвлекали.

Оторвался он от работы только когда надо было выезжать в *Mother High School*, где должен состояться его творческий вечер. Еще было запланировано по дороге заехать в «Дом русской книги», чтобы порыться в новинках.

Обидно, но мы попали в самый час пик и медленно ползли в потоке машин. Евтушенко тут же достал заветную тетрадку, напомнив мне, как когда-то, стоя в переполненном вагоне метро, я сразу раскрывала толстую книгу, как только удавалось вытащить ее из сумки. Он бормотал про себя, что-то вычеркивал и вписывал снова. Я не выдержала и робко попросила прочесть. Ответ был суров, но справедлив: «Это непрофессионально. Стихотворение нс готово. Если закончу, прочту на вечере».

Дописать он не успел. А мне миролюбиво сказал, что у меня самый чистый в мире багажник. Это когда он загружал чемодан с книгами, которые отобрал в книжном магазине. Мы чуть не опоздали, потому что он увлеченно рыскал по полкам, и я не могла его оторвать. Тогда я сказала, что иду греть машину. Ведь ему надо было еще переодеться в черную с золотом концертную рубаху.

...И снова Евгений Евтушенко читал русскому Чикаго свои стихи. Он вышел на сцену, высокий и прямой, с тем же молодым блеском в глазах и зычным голосом, как будто не было четырех десятков лет, отделяющих нас от тех памятных вечеров поэзии в Политехническом и Лужниках, когда он вместе с Вознесенским, Ахмадулиной и другими поэтами был кумиром нового поколения и провозвестником грядущих перемен.

Многие из сидящих в зале помнили те дни надежд и предчувствия свободы, которые пьянили душу и требовали стихов. И сегодня, в такие непростые для нас времена на новой земле и такие тревожные для России, где остались наши родные и близкие, нам снова хотелось слушать стихи, несущие правду и заглядывающие в будущее.

Вершиной его гражданской лирики по актуальности и смелости считают «Бабий Яр» и «Наследники Сталина», известные во всем мире. Он был одним из шестидесятников, которые, как декабристы, сыграли свою роль в истории. Они были «десантниками из двадцать первого» века, они «прорубили зарешеченное окно в Европу и в Америку», и они навсегда останутся в истории России «легендарными, оплеванными, но бессмертными».

Евтушенко был совестью страны, жил болью нации.

Может быть поэтому он был так тронут, когда на сцену поднялись, чтобы поблагодарить его, фронтовики-ветераны. В зале кто-то пошутил: «Жалко, что в Чикаго нет пионеров».

Евгений Евтушенко всегда мечтал соединить в себе Есенина и Маяковского, но в наш политизированный век в нем видят прежде всего трибуна. Большинство вопросов, которые ему задавали в эти дни, касались политики и России. Вот какими были ответы:

— В России никогда не было цивилизованной политики. Хочется совестливого правителя.

— Я не буду выдвигать свою кандидатуру в президенты. Каждый должен заниматься своим делом. Сегодня в России не за кого голосовать. Михалков — талантливый человек и режиссер. Но у него отрицательное обаяние. Все размыто и не хватает нравственности.

— Нас развратили иностранные подачки. Что, мы не можем сами создать сеть трактиров? Чиновники соглашаются на контракты Макдональдсов потому, что те дают живые деньги. Нельзя одновременно стучать рукой по столу и протягивать ее за подаянием, как это делает наше правительство.

– Церковь слилась с государством и подхалимствует.

– Антисемитизм, как и национализм, – это болезнь. Опасная для других.

– Макашовы больше не придут, это – пена. Сейчас несколько миллионов русских оказались «евреями» в разных постсоветских странах.

– Две последние поездки в Израиль меня очень расстроили. Нетерпимость к несвоему мнению. Разные партии воюют друг с другом, когда страна находится под дамокловым мечом.

Меня интересовал кибуц. Не успел я приехать, как какие-то люди спрашивают:

– Товарищ Евтушенко! Почему Вы выбрали именно этот кибуц.

Отвечаю:

– Потому что там мой переводчик, выживший в Варшавском гетто.

– А почему он выжил?

Такие обвинения! Только советские люди пишут друг на друга доносы. Это маленький Израиль, а что тогда говорить о большой России?

...Заключительным аккордом визита было посещение первого и пока единственного в мире музея Евтушенко (родительский дом на станции Зима ветшает без хозяина), перевезенного из Санкт-Петербурга в Чикаго.

Мы дважды объехали все прилегающие кварталы, но свободного места, чтобы припарковаться, не было. Вдруг прямо напротив подъезда, через дорогу, Евтушенко узрел свободное пространство на маленьком пятачке перед глухой стеной. Никаких запрещающих знаков на ней не было.

Я интуитивно чувствовала, что это – частные владения, но он был тверд.

– Это можно будет опротестовать в суде, – сказал он как человек бывалый.

– А когда ваш вылет? – скромно поинтересовалась я.

– В 8 утра.

– Если машину уволокут, мы ее найдем нескоро – я еще пыталась возражать.

– Вперед! – сказал Евтушенко голосом Командора.

...И экскурсия началась. Создатель музея Марк Левин со своей сподвижницей-женой Аней поделились с поэтом своей жилплощадью, и теперь в самой большой комнате представлено более 1000 экспонатов. Это книги и фотографии, афиши авторских концертов, грампластинки и аудиокассеты с записями выступлений Евтушенко. Есть даже конфетная обертка из Донецка под кодовым названием «Сладкий Женя».

Марк начал собирать материалы в шестидесятых годах, вырезая из газет стихи тогда еще неизвестного поэта, задевшие его своей душевностью. Но постепенно логика борьбы захватила его; собирательство и популяризация творчества поэта стали его страстью.

В музее хранится самиздатовский вариант «Автобиографии рано созревшего человека». Здесь можно подержать в руках изданный в Америке сборник стихов Евтушенко в переводе американских поэтов и прочесть текст телеграммы, направленной в 1991г. президентом Клинтоном по случаю шестидесятилетия поэта: «Дорогой Евгений, благодарю Вас за книгу избранных стихов. Я хочу поддержать историческое движение к демократии и свободному предпринимательству, происходящее сейчас в бывшем Советском Союзе. Я буду иметь в виду Ваши исполненные мысли слова, пытаясь справиться с многочисленными вызовами, которые бросает мне быстроменяющаяся Россия. Искренне Ваш Билл Клинтон».

Мы подняли бокалы за долгую жизнь музея и его хранителей, после чего, как водится, перешли на политику. Когда же мы вышли в хорошо освещенную ночь, сопровождаемые хозяевами и гостями, и увидели живую и нетронутую машину, то общей радости не было предела. Но кто-то мудрый обошел машину с тыла и позвал остальных: на ветровом стекле красовался бело-оранжевый *тикет*...

...Мы ехали по ночному хайвэю; мимо проносились нагромождения железобетонных конструкций.

– Шоссе энтузиастов, – сказал Евтушенко.

– Почему Вы написали «Бабий Яр»? – спросила я.

– Я увидел Бабий Яр. Мне стало стыдно. Я мучительно люблю Россию. Вечером я уже читал эти стихи, – ответил он.

Это было в 1961 году. Теперь эти стихи живут самостоятельной жизнью. Они – единственные в XX веке переведены на 72 языка.

– Вы тогда верили в свое предназначение? – спросила я.

– Нет. Я просто писал.

– Вы идеалист?

– В поэзии. В жизни я – реалист, ведь я зарабатываю на жизнь с шестнадцати лет. Я верю в Высший Разум и в то, что назначение каждого человека предопределено.

– Какое из 2000 Ваших произведений самое любимое?

– Трудно сказать. Наверно, «Голубь в Сантьяго» – поэма, которая, судя по полученным письмам, спасла от отчаяния и безысходности многих людей.

...Когда на другой день утром я открыла дверь своей машины, то увидела цветы.

От Поэта.

Глава 3-2. «Я несу витамин размышления»

В пятничный вечер по американским меркам полагается заслуженный неделей труда семейный выход в ресторан. Но наша община отправилась на встречу с журналистом Андреем Черкизовым – едва хватило дополнительных стульев, чтобы усадить всех желающих.

Впервые мы выделили и обособили его имя во время августовского путча по его пламенным «антилебединым» радиорепортажам. На интернетовском сайте радиостанции «Эхо Москвы» под его фотографией в черно-белой кипе – дань еврейской составляющей его родословного древа – помещены слова: «Когда вы слушаете то, что я вам несу, вы только об этом думайте, спорьте, полемизируйте, соглашайтесь или не соглашайтесь. Это не более чем витамин размышления».

К нам в Чикаго он залетел по пути из Милана в Новый Орлеан и вот сидит на сцене Орт института и предлагает присутствующим задавать ему вопросы и не дискутировать. Аудитории, состоящей в основном из людей старшего поколения, это непросто; она соглашается далеко не со всем. Но московский журналист № 1, известный своим крутым нравом, предпочитает вести корриду один. По убеждению Черкизова, представитель прессы должен быть адвокатом общества перед властью, ассенизатором, срывателем масок, мальчишкой, который первый кричит: «А король-то голый!». Он должен честно зарабатывать свой хлеб, говорить о властях всё, что думает, критиковать и наставлять их. И вообще учить людей относиться к государству примерно как к прачечной или химчистке, существующим на их деньги.

Российские граждане к этому не привыкли, они еще не ставят свои права выше прав государства. Пока они еще не могут примириться с распадом державы и расстаться со своим имперским мышлением, которое ярко проявляется в их отношении к Чечне.

Для Путина журналист не пожалел ярких эпитетов и сравнений, потому что «президент не совершил пока ни одного хорошего поступка, проявляя лишь мелочность, злобу, злопамятность и перераспределяя собственность в интересах своей команды». Ни второй чеченской войны, ни «Курска» ему простить нельзя. Да, начал военную кампанию в Чечне Ельцин, но он признал свою ошибку, консолидировал воюющие стороны и сам, для всех неожиданно, ушёл в отставку.

С недавних пор три первые, самые важные новости, сообщаемые тремя главными каналами страны, абсолютно одинаковы, как будто исполнены по одному приказу. К ним уже подстроились и газеты: некоторые даже дают редакционную статью-передовицу на первой странице, как встарину.

Войну с Гусинским Черкизов назвал личной вендеттой Путина. И враждебным поглощением его Газпромом, то есть государством. А как известно, воевать с государством бессмысленно. У Гусинского чистые руки и чистые деньги, а его проблемы начались с дефолта 1998 г. «Меня никогда не заставляли говорить или не говорить что-то, – сказал Черкизов. – Зато все удары получали наши хозяева. 90% неприятностей Гусинского проистекало из-за нас. Я его видел всего раза два, и он обращался ко мне так: «Здравствуй, моя самая большая проблема!»

На вопрос об отношении России к Израилю Черкизов ответил, что у России нет никакого отношения к Израилю. Она продолжает заигрывать с арабами. Без войны у Израиля нет будущего. Арафат просто жулик, а арабские граждане Израиля – это потенциальная пятая колонна.

Многие из заданных вопросов в той или иной степени касались известных политиков.

– Ельцина и Горбачёва считаю титанами, выдающимися личностями со своими плюсами и минусами. Они заставили Россию развернуться и всё начать с нуля. Ельцин своей волей упразднил советскую власть, повернул страну к демократии, рынку, реформам, избежав при этом югославского варианта.

– Не считаю Жириновского фашистом. Скорее он ультраправый, что-то вроде городского сумасшедшего. Но он заставил свою партию воевать в Думе по правилам, а не бомбами на улице. То есть он обучает своих людей парламентским методам борьбы. То, что делает Жириновский, как бы к нему ни относиться, это полезно, потому что он уводит общество с улиц.

Как и полагается, конец встречи был сдержанным, но оптимистичным, с абрисом некоей программы, в которой базой жизни народа названо самоуправление. Россияне начинают это понимать, но отсутствует цивилизация сожительства и культуры. И известный принцип «не по закону, а по понятиям» – это своеобразная попытка выстроить нормальное общежитие. Однако процесс становления гражданского общества долгий. Про Россию говорят: «Я другой такой страны не знаю, где так сладко ноет человек». Надо учиться работать.

На этой ноте встреча закончилась, но на другой день разговор получил неожиданное продолжение во время пикника русскоязычной общины Большого Чикаго, который, как матч, состоялся в «нелётную» погоду.

Черкизов был на пикнике, пожалуй, самой импозантной фигурой. Одетый как заправский американец в шорты, футболку и многокарманную жилетку, видимо, заменяющую «дипломат», он бы прекрасно смотрелся и за университетской кафедрой, и в роли частного детектива. Его постоянно осаждала любознательная толпа, желавшая послушать его оценки текущих событий. Когда в конце дня толпа немного рассеялась, я пригласила его к нашему столику.

– *Why not?* – без лишних церемоний согласился он. И терпеливо прошлёпал по грязи и мокрой траве через всё поле к дереву, под которым мы временами прятались от дождя или солнца. Только спросил:

– Что так далеко? Вы в оппозиции?

– Нет; просто здесь музыка не так гремит.

От трапезы отказался, только курил и отвечал на вопросы. Собеседник он интересный, но категоричный. Дискуссий не любит. Он работал и вкладывал в своё дело всю недюжинную энергию и эмоции. Мы начали с Чечни.

Андрей Александрович, является ли рязанский гексаген доказательством того, что «чеченский след» не имеет отношения к взрывам в Москве и Волгодонске?

— Прямых доказательств нет, но логически властям был нужен тот ужас, чтобы 85% населения приняли вторую чеченскую войну.

Меняется ли настроение людей по отношению к Чечне?

— Всё зависит от того, приходит ли война в дом. От количества гробов. Когда, не дай Господи, оно зашкалит, люди поймут. Еще в 1998 г. я спрашивал солдатских матерей: «Зачем отдали сынов в армию?» А как вам слова «счастливой» матери: «Слава Богу, у моего сына больные почки»? До чего довели страну?

А разве у российских матерей есть выбор?

— Мы не в языческой стране живём; слава Богу, есть коррупция. Не хочешь, чтобы твои дети служили в преступной армии, залезь в долги и «отслюни бабки». Или «сдайся» в дурдом, как сделал я в 1973 году, или уезжай, как сделали вы. В моей стране иного выхода нет. Я заплатил 4 тысячи баксов — московская такса — и моего сына не призывают; в провинции ставки пониже, можно обойтись пятью сотнями. А у вас в Америке? Клинтон был одним из волонтёров, которые тайно переправляли по жслезной дороге в Канаду людей, не желающих воевать во Вьетнаме.

Но это нарушение закона государства о воинской повинности.

— Законы меняются. То, что раньше называли спекуляцией, сейчас считается предпринимательством и поощряется. Я — уже 34 года педераст; раньше это было преступлением, а сейчас законно.

В России к власти пришли люди, которые хотят передела собственности; они разыграли Чечню. Подписали мир, но ничего не сделали для его претворения в жизнь, не вкладывали денег. И сейчас это война банд. Надо отпустить Чечню. И в этом моя основная претензия к Путину.

А как же «единая, неделимая Россия»?

– Это возможно только при федеративной империи через личность императора или при тоталитаризме. Но убрали партию и нерушимый Союз распался. Распадётся Россия – и хорошо. Но пока это не просматривается, хотя слишком большая страна – это глупость, потому что она не управляема. Зачем людям, живущим в Сибири или во Владивостоке, быть в составе России? Во Владивостоке уже правый руль, а левостороннее движение при правом руле, это тоже глупость.

Людям свойственно стремление к независимости; в 1991 г. за нее было 94% населения. Это как умные родители, которые спокойно относятся к тому, что дети рано или поздно уйдут жить отдельно. А глупые ложатся костьми. Не устраивайте диктатуры, не отпугивайте людей преступностью, сделайте соблазнительными экономику, политику, правовые рычаги – и от вас не побегут. Америка не отсасывает мозги, они сами туда устремляются.

Вы считаете, российский народ уже готов отдать Чечню и Курилы, как в своё время это сделала Великобритания?

– Израильский президент Моше Кацав сказал, что с палестинцами нельзя иметь дела, потому что это другой век, другая цивилизация. Мой народ такой же. Опрос делать глупо, не в Швейцарии живём. Не забывайте, Гитлер пришел к власти легитимным путём при полной поддержке народа.

Как Вы думаете, сколько времени потребуется, чтобы Россия стала цивилизованной страной?

– Россия сейчас дрейфует и не умеет относиться к себе самокритично. Она, как подросток, находится в переходном возрасте. Движение медленное, потому что на 70 лет целый народ выбили из нормальной жизни и бросили в одночасье. Они работали ванькой-встанькой, их никто не учил и они тяжко учатся понимать. Я думаю, чтобы всё «устаканилось», надо еще лет 20.

Вы – оптимист. Вы полагаете, что коррупция это хорошо и у олигархов чистые деньги?

– Приватизация прошла по закону, с ножом к вам не подходили. Менты сейчас сменили рэкетиров, но они тоже не нарушают закона: «крыша» – не преступление.

Коррупция даёт возможность жить спокойно. В Таиланде, между прочим, взятки легальны. Что касается олигархов, они были выбраны государством – которому были нужны богатые люди – и допущены к «трубе». Крупные бюджетные деньги дало им государство.

Теперь, с вашего позволения, от прозы жизни перейдём к поэзии. В одной из своих передач Вы озадачили чикагских радиослушателей, сказав, что не любите ни Пушкина, ни Лермонтова. Поясните, пожалуйста.

– Пушкин для меня слишком прост. Я считаю его хорошим драматургом и плохим поэтом, рифмоплётом, у которого нет интересных образных сравнений. То же Лермонтов. Я люблю Тютчева, Фета, Пастернака.

Иосифа Бродского?

– Бродский – великий поэт.

На этой общепримиряющей ноте мы попрощались с Андреем Черкизовым, а я упомяну лишь, что он сам не чужд поэзии, и его стихотворение помещено Евгением Евтушенко в изданную им в 1995 г. антологию русской поэзии XX века среди 875 авторов, в разделе произведений поэтов-«детей скучных лет после смерти Сталина».

Черкизов неординарен своим обликом, мыслями и поступками; он может показаться слишком радикальным и даже эпатажным. Но мне он представляется органичным и естественным, как сама природа. Его суждение всегда интересно, даже когда вы с ним не согласны. Мы поёживались от его «ненормативной лексики»; он мог прервать на полуслове или пригвоздить словом «глупость». Некоторым было непонятно, почему он был за бомбардировки Югославии и ратует за отмену в России смертной казни. Но хоть он и подчеркивал, что является таким же обывателем, как мы с вами, он всегда чуточку впереди.

Он видит закономерную преемственность поколений. Например в том, что его отец был коммунистом и даже сталинистом, а его сыну, современному юноше, увлекающемуся музыкой, он предоставляет полное право самому решать, жить ли в России или податься в Америку. Главное – «уважительно полемизировать и не переносить политические мотивации в человеческие отношения».

...Ушел он из жизни для нас неожиданно, в 2007 г. Ему было 53, но казалось, он был в эфире всегда, со своей сокрушающей «Репликой Черкизова», которая ставила с головы на ноги любое запутанное или закамуфлированное событие. Его могли любить или ненавидеть, но у всех вызывало огромное уважение полное отсутствие у этого человека страха перед властью, его умение разглядеть суть дела, его живой ум и едкая ирония.

Попрощались с ним тихо и немногословно – уж очень многим во власти он был неудобен и неугоден. Последнюю «Реплику» на радиостанции «Эхо Москвы» подал его сын: «Такой папа достается не каждому. Его любимым занятием было посылать всех по известному адресу. И мы все, наконец, дошли. Владимир Вольфович Жириновский сегодня своими руками ставил дополнительный стол для цветов папы. Он был Фаиной Раневской, только с бородой. Два комментария на сайте «Эха» заставили меня плакать. Первый от твоего врага, который написал, что ты был вредным мужиком, но без тебя как-то не так. А второй от 14-летней (!) девочки, которая написала, что выросла на твоих комментариях.

Отец был всегда самым непримиримым из всех. Он не терпел несправедливости и всегда вставал на защиту самого слабого. И был самым слабым. При всей его жесткости и грозном виде ранить его больно было очень просто.

Я скорблю вместе со всеми вами. Спасибо всем тем, кто поливал отца при жизни и за то, что молчите. Но помните, не так страшен черт, как его малютка. Папа, спасибо тебе за все. Тебя любит бесчисленное количество народу».

Историк по образованию, Черкизов видел, что Россия во многом все еще страна империалистического мышления. И как терпеливый учитель преподавал российскому народу азы «несоветского» менталитета – уважение прав отдельного человека, терпимость к инакомыслию, умение признать свои ошибки и «повиниться», не прятаться от правды.

Он был борцом. Широк спектр его политического комментария. От сценария к телесериалу «Россия XX век.

Взгляд на власть», где впервые открыто сказано, что с 1 сентября 1939 г. по 22 июня 1941 г. Сталин был союзником Гитлера во Второй мировой войне, до прозорливого замечания в отношении расследования смерти Литвиненко: «Наши генпрокурорские будут очень серьезно мешать скотланд-ярдовцам в их работе. Однако, полагаю, у них это не получится...»

Особенно волновали его взаимоотношения России со своими соседями. По поводу «бронзового солдата» журналист полагал, что Эстония во время Второй мировой войны утратила примерно треть населения, и в этом были повинны как нацистская Германия, так и СССР, так почему эстонцы должны отличать один символ тоталитаризма от другого, ведь результат для народа Эстонии одинаков?

«Скажу резко: Россия – страна, не чувствующая, не испытывающая вины – ни перед кем и ни за что. Большой должен быть особо аккуратен, особо внимателен, особо чуток к маленькому. Следует этому правилу Россия? Нет.

Оккупация, террор и вранье – вот три обстоятельства, которые для эстонцев определяют память о полувеке советской власти. Можно это не учитывать? Нельзя, если, конечно, своего соседа уважаешь и хочешь иметь с ним дружеские отношения. И если мы, россияне, не хотим неприятных – для собственного самолюбия – последствий, поговорили бы с гражданами Эстонии; поговорили бы открыто и честно. Похоже, не хотим».

Не менее «дружественные» отношения у России и с украинскими братьями. Кремль понимает, что через пару лет референдум одобрит вступление Украины в НАТО, и в качестве первой угрозы отказывается от совместного производства самолетов АН-70. То ли еще будет... Так дружественная ли страна Россия? Его слова оказались пророческими, если вспомнить недавние «газовые войны»...

Как Чаадаев, Андрей Черкизов любил свою страну «критической любовью», как Шукшин и Высоцкий, болел душой за ее страдающий, но безмолвный народ и, как они, не смог выжить в несвободе.

Глава 3-3. Российский посол в Израиле

В гостях у русскоязычного Чикаго побывал известный журналист-международник Александр Бовин, который был первым послом России в Израиле спустя почти четверть века после разрыва дипломатических отношений между СССР и Израилем – и последним послом Советского Союза.

Пять лет, проведенных послом в Израиле – с декабря 1991 по май 1997 г. – стали основой интересного разговора, состоявшегося в *Northside College,* который закончился массовым получением автографов на его книге «5 лет среди евреев и мидовцев, или Израиль из окна российского посольства», вышедшей в 2000 г.

Это время Бовин назвал своей четвертой молодостью после аспирантуры, работы в журнале «Коммунист», аппарате ЦК КПСС и в газете «Известия».

Там впервые я с ним и встретилась, чтобы передать приглашение наших ветеранов посетить славный город Чикаго. В своем просторном кабинете с открывающимся из окна великолепным видом на Пушкинскую площадь он, вальяжный, сидел за необозримым письменным столом, такой же массивный и добротный. А приехал в Чикаго он значительно позже, уже с палочкой, когда появился солидный спонсор – дешевых гостиниц он не любил.

На определенную противоречивость его взглядов указывает тот факт, что в общественной, социальной жизни России для него были две катастрофы: ввод в Чехословакию советских танков, растоптавших саму идею сочетания плановой и рыночной экономик, и ликвидация Советского Союза, которую он, как Путин, переживал как личную трагедию. Он считает, что обе произошли из-за недальновидности и ограниченности политических лидеров, облеченных правом принимать судьбоносные решения, и уверен, что суд истории их не оправдает.

Бовин всегда стоял особняком: его читали «между строк», его позиция по Ближнему Востоку представлялась непредвзятой по сравнению с точкой зрения многих других политиков, хотя он неоднократно заявлял: «Моя позиция никогда не была ни проарабской, ни произраильской. Я всегда ставил и ставлю во главу угла интересы своей страны. Моя позиция пророссийская».

И именно это недоучли собравшиеся в большом зале колледжа представители старшего поколения нашей общины. Многие были явно разочарованы, услышав не то, что им хотелось. Его приняли сдержанно.

Хотя не со всеми доводами Бовина можно согласиться, в чем ему не откажешь, так это в искреннем желании быть объективным и разобраться в сути явлений. Попробуем и мы сформулировать его точку зрения на интересующие нас вопросы.

В начале дипломатического пути его называли «послом несуществующего государства» и сокрушались, что из настоящего журналиста он превратится в ненастоящего посла. Сам Бовин считал тогда, что идеальный дипломат должен быть элегантным, умным, симпатичным, контактным и образованным. Но жизнь среди евреев поневоле развила у него чувство юмора и позже он скажет, что идеальный дипломат не должен относиться к своей персоне со слишком уж большим пиететом – иначе будет «жутко тяжело и окружающим, и ему»...

Как общий итог его пребывания в Израиле и пламенное объяснение в любви этой солнечной стране, можно расценить его слова: «Возможно, мазохистская составляющая израильского менталитета лишь подчеркивает, оттеняет общую позитивную ориентацию молодого израильского общества. Ведь только сильные, лишенные комплексов люди способны смеяться над собой и обличать дела рук своих. А дела эти достойны уважения. Израиль – это единственная утопия, которая выстояла на ветрах истории».

И израильтяне полюбили его, платя за непредубежденность уважением и признательностью. Известно, что в бытность послом каждую неделю, сверяясь с календарем, Александр Евгеньевич не только читал, но штудировал главу Торы, выписывая в толстую тетрадь интересные места. И еще осталась «аксиома Бовина»: в Израиле на каждую сотню мужчин больше красивых женщин, чем в любой другой отдельно взятой стране. Приятно и мужчинам, и женщинам, не правда ли?

После возвращения из южных краев работа в родных «Известиях» не сложилось. «Раньше газета была фактором культуры, а потом стала фактором коммерции. То, что я делаю, – достаточно обстоятельные аналитические обзоры или маленькие заметочки – газете не нужно. Ей нужны интриги, сенсации, склоки, катастрофы, но все это – не мое».

Зато его авторская программа «Мир за неделю. Полчаса с Александром Бовиным» на радио «Россия» – пользуется успехом. Сначала многие звонили только для того, чтобы публично выругать автора. Например, обсуждается известный факт: вошел Шарон на Храмовую гору – и начались известные события. «Почему все это произошло? Начинаю рассуждать. Поскольку считаю, что в данной ситуации вина ложится не на Израиль, а на Арафата, пытаюсь это объяснить людям, а на меня обрушивается шквал звонков радиослушателей: «Ты такой-сякой, сам еврей, евреев защищаешь. Уезжай ты в свой Израиль!» А в общем, аудитория становится все более интеллигентной и постепенно в радиодиалог включаются люди, которые хотят что-то понять, которым интересны не только аргументы, но и контраргументы».

«Израильтяне говорят: чем больше мы уступаем палестинцам, тем хуже для нас... Вы Калининград «отшибли» у немцев и не отдаете... Вы Курилы японцам не отдаете, хотя для вас это мельчайший кусок территории. А для нас Западный берег – огромный кусок Израиля. Если сравнить акты террора со стороны евреев и со стороны палестинцев, то будет 100:1 не в пользу палестинцев... Израильтяне настроены достаточно миролюбиво... Они не хотят войны, терактов. Они ютятся на клочке земли».

Бовин активно участвует во всех общественно-политических событиях, связанных с Израилем. Он четко формулирует свою точку зрения. Приведу его ответы нашей аудитории. Думаю, комментарии излишни.

– Когда к власти в Израиле пришел Шарон, все думали, что он подтвердит свою кличку «Ястреб» и будет рвать и метать, но он этого не сделал. И правильно. «Умеренный ястреб», он самая подходящая фигура для руководителя, что подтвердили последние выборы, когда Ликуд получил больше голосов и Кнессет поправел. Однако трагедия заключается в том, что израильское общество не созрело для грядущих перемен. Хотя некоторые лидеры понимают, что нужно идти на уступки, массы, как это часто случается, отстают от лидеров. А у арабов, в отличие от Израиля, даже лидеры на уступки пока не готовы. Несмотря на то, что Арафат ведет двойственную политику, совершил больше, чем израильтяне, ошибок в мирном процессе и исчерпал свой политический ресурс, нельзя допустить, чтобы палестинские экстремисты причислили его к лику святых. Стена ненависти больше поддерживается арабами, чем евреями, но это не Берлинская стена, которую можно разрушить за один день. Обе стороны шаг за шагом должны идти к компромиссу – альтернативы этому нет. Или – война. А если война, то Израиль в очередной раз раздолбает любую коалицию арабов. Израиль сейчас сильнее. И арабы это понимают, хотя время не на стороне Израиля.

Следует учитывать также, что по всему миру размазан антисемитский фон. Израиль, уверенный в своей правоте, не объясняет миру и своим гражданам, что происходит. Там нет толковых интерпретаторов своей политики и, увы, израильтяне проигрывают идеологическую информационную войну.

– Я не сторонник жесткого решения проблемы – эффективной «зачистки» местности по чеченскому варианту. Подобное могло бы нарушить известное равновесие. Мировое общественное мнение далеко не всегда благосклонно к Израилю.

– Относительно голосования России в ООН – Россия голосует не проарабски, а пророссийски. В каком-то диапазоне наша политика может совпадать с политикой Израиля. В каком-то – нет. Например, идея «считать Восточный Иерусалим оккупированной территорией» не проарабская. На самом деле, она давняя и пророссийская.

– Ситуация в мире, сложившаяся после 11 сентября, напоминает картину во время операции «Буря в пустыне». Тогда единственным арабским деятелем, открыто поддержавшим Хусейна, был Арафат. Все остальные арабские страны в той или иной степени осудили Ирак. То же и в наши дни с Афганистаном. В Египте, например, понимают, что если сегодня протаранили небоскребы в Нью-Йорке, завтра это могут сделать в Каире.

– О будущем Израиля... Он будет существовать как остров демократии. Пока Россия не поругалась с Америкой, здесь войны не будет. Есть время для мирных переговоров. Существует неразрешимый пока «бермудский пятиугольник»: судьба Иерусалима; поселения с 300 000 евреев; беженцы с быстрорастущим числом детей, а также границы предполагаемого Палестинского государства и его статус. Отрабатывая общий подход к ближневосточному урегулированию, следовало бы иметь в виду два обстоятельства. Американцы играли и будут играть первую скрипку. В конце концов, они работают и на нас, на наши интересы. Вторая скрипка – тоже неплохо. Если, конечно, играть на ней, а не просто держать в руках. И второе. В данном случае переговоры, если угодно, самоцель. Переговоры важны сами по себе. Почти незаметно, но все-таки они меняют атмосферу, дают опыт общения. Наша задача – не давать «советы», а терпеливо внушать сторонам, что только они сами и только сидя за одним столом могут найти решения, устраивающие всех.

– Покончить с терроризмом в течение ближайших 15–20 лет, думаю, не удастся. Религия – это знамя, а основа терроризма вполне материальна. Они хотят захватить землю или получить политическую независимость. Опыт Чечни показал, что на место убитого террориста приходят новые камикадзе. Израиль действует более эффективно, уничтожая террористические структуры (лагеря, дома начальников), но и здесь его упрекают в неадекватности. Надо сделать так, чтобы терроризм стал невыгоден.

– Сейчас в России государственного антисемитизма нет. Хотя существует «Память», все это локализовано, ограничено. Есть легальные средства борьбы, но с этим бытовым, традиционным злом борются лениво – правительство к борьбе не готово. Своей шкурой я антисемитизм не чувствовал, но в общем плане, мне кажется, все меняется к лучшему. С другой стороны, проблема эта тысячелетняя, поэтому сразу она исчезнуть не может. Этот фон существует везде и где-то по временам усиливается. Левые силы и арабы, которых сейчас много в Европе, поднялись на защиту бедной, угнетенной нации, бьющейся за свой кусок земли. Когда антисемитизм исчезнет в Америке, он пропадет и в России.

– В политике Россия руководствуется своими интересами, которые включают поддержание хороших отношений с соседями и учитывают экономическую выгоду. Поэтому мы помогаем Ирану создавать ядерную энергетику и сотрудничаем с Сирией. Но каждая конкретная акция не должна противоречить нашей общей линии на поддержание и укрепление стабильной обстановки на Ближнем и Среднем Востоке. Россия, как Израиль, не заинтересована в ядерном вооружении Ирана. Контроль МАГАТЭ обязателен. При этом мы сами можем контролировать положение дел. Если мы уйдем, найдутся другие помощники. Вряд ли это выгодно Израилю.

– Одна моя мечта не сбылась: я так и не дожил до коммунизма. И внуки мои не смогут, но человечество, думаю, доживет. И просчитался я не один: вместе с Марксом. Выяснилось, что принцип «твое-мое», мотор всей истории, невозможно за семьдесят лет перемонтировать на «наше». Видимо, для этого нужен отрезок времени лет в пятьсот. Природа человека – фактор, не учтенный в теории. Ну, а мне остается благодарить судьбу за то, что она дала возможность познакомиться с одной из удивительнейших стран мира и даже попытаться сделать Россию понятней Израилю, а Израиль – России.

Глава 3-4. Глаголом жечь сердца людей

Валерия Новодворская стоит особняком в российской политике. Ее обличительный голос заставляет обывателя встрепенуться, а политика – призадуматься. Она низвергает недавних кумиров с легкостью необыкновенной и чаще всего по заслугам. Она – всегда придирчивый оппонент. С ней можно не соглашаться, но по ее принципиальным и четким формулировкам всегда интересно и полезно выверять собственные политические пристрастия. Вот ее жизненное кредо: «Человек обязан ругать страну, в которой живет. Это называется патриотизм. Любовь проповедуют священным словом отрицания. И тот, кто хвалит свою страну – тот не гражданин, тот подхалим. Так что патриот обязан бранить свою страну, чтобы она стала лучше».

Либерал, публицист, убежденный антикоммунист Валерия Новодворская сегодня является самым свободным человеком в России. Потому что эта «сильная слабая женщина» может открыто высказывать свою точку зрения на все текущие события в стране и мире, не таясь и не оглядываясь на реакцию властей и прочих кликуш из народа, за что ее боготворят и ненавидят, травят и цитируют. У нее прозападные взгляды, она целенаправленно выступает за развитие гражданского общества. Не допуская ни слова неправды.

Она была арестована КГБ за осознанную, но безрезультатную антисоветскую деятельность в свои 19 лет – на втором курсе института иностранных языков. В 1987–1991 гг. во главе первой в СССР оппозиционной партии «Демократический Союз» (ДС) была организатором несанкционированных митингов в Москве, за что 17 раз задерживалась милицией и подвергалась административным арестам. Принудительному лечению в психушке. Август 1991 г. застал ее в Лефортовской тюрьме, потому что после Вильнюса, Баку и Тбилиси ДС предлагал свергнуть власть Горбачева вооруженным путем. Если при Ельцине ДС был непримиримой, но конструктивной оппозицией, то при Путине поддерживать оказалось нечего – «остается только издеваться, критиковать и отрицать». После событий в Грузии бескомпромиссная воительница заявила: «Никогда, за исключением августа 1991 и октября 1993, я не видела повода гордиться своей страной. Только краснела и стыдилась за неё»...

Впервые я встретилась с Валерией Ильиничной во время своей первой после эмиграции поездки в Москву в июле 1998 г. В редакции журнала «Новое время», в котором г-жа Новодворская тогда активно сотрудничала, публикуя эмоциональные и образные эссе под рубрикой «Свободный полет». «Демократический Союз» был тогда самой массовой партией демократической ориентации, хотя насчитывал всего 300 «штыков». И продолжал агитировать, разъяснять людям, что такое подлинная демократия.

Пока мы беседовали, в ее кабинет время от времени заходили сотрудники по каким-то текущим делам. Молодому бородатому коллеге она задала риторический вопрос:

– Кто будет умирать за демократию?

Бородач ответил добродушно, примирительно.

– Полно-те, Валерия Ильинична! Зачем за нее умирать? Жить так прекрасно! Еще старик Гёте сказал, что идея мертва, а жизнь, как дерево, зеленеет.

Рассматривая мою визитную карточку, заметила:

– А у меня нет визитки. Что я там напишу – профессиональный революционер?

Что профессиональным революционерам не чужды житейские и даже женские печали, я вынесла из другой ее реплики:

– Если бы и в других журналах платили, как в нашем, я бы давно умерла с голову, хоть и сижу на диете.

Ее прогнозы на развитие демократии в России не очень оптимистичны.

И действительно, во время моего следующего визита, через пять лет, ее редакционный стол стоял уже в углу общего зала, и на мой вопрос: «Горбачев-Ельцин-Путин – это восхождение?» она ответила:

– Если Горбачев является более высокой ступенькой по сравнению с Брежневым–Андроповым, некий лучик, форточка такая; если Ельцин просто сшиб стену, обрушил ее, и крыша упала на этот советский мир и, безусловно, это восхождение от Горбачева к Ельцину; то сейчас резкая дорога вниз – пике – страна пикирует. Путин – это пике, такой вот камикадзе, Гастелло № 2, который врежется в собственную же колонну и себя погубит, и колонну погубит, и будет большой пожар. Недаром Бог подаёт знаки: башня горит, лодка тонет, лето не настаёт. Мне кажется, в прежние времена однозначно был бы сделан вывод, что данный президент неугоден Богу, но он еще и международным европейским нормам не угоден и, разумеется, к пакту о гражданских и политических правах не имеет никакого отношения. Путин – это то, что советский народ видит в зеркале, когда встает утром; Путин – это приход к власти охлоса, потому что КГБ в своих замечательных разработках всегда опиралось на охлос: на его ксенофобию, невежество, на его левизну, злобу и агрессию, на его зависть. При Ельцине охлос не имел власти. То, что делал Ельцин, делалось помимо решения охлоса: и приватизация, и либерализация, и реформы – всё шло поперек, против течения. Сейчас мы плывем по течению, а течение нас несет в море ясности – в реставрацию советских стандартов: Сталин–Берия–Гулаг. Известно что.

В 2009 г. Валерию Новодворскую ждали в Чикаго с интересом и уважением; накануне нам удалось побеседовать.

Валерия Ильинична, чем Вы занимаетесь в последнее время?
– Ношу воду в ступе. Это такое же продуктивное, благотворное и возобновляемое дело, как спасение России, но голова и руки заняты. И журналистикой. К телевидению допускают друзей, а не врагов Кремля, поэтому для меня телевидение под замком, а ключи у черепахи Тортиллы, хотя Путин это скорее Змей Горыныч. Поэтому, скажем, Немцов появляется там 2 раза в месяц, а я – пол-

тора. Остается «Эхо Москвы», «*The New Times*» и «Новая газета».

В России отстреливают журналистов, неугодных властям. Вам не страшно?

– С властью мы не встречаемся, не общаемся, живем будто на разных планетах. Они близко ко мне не подходят – горячо. Меня, профессионального диссидента, они знают по прежнему периоду и не трогают. Нет легенды. Коммерческой деятельностью я не занимаюсь, в губернаторы, как Старовойтова, не стремлюсь, с Березовским и расследованием взрывов домов, как Юшенков, не связана. Хотя быть «отстрелянной» приятнее, чем получить, как ранее, 7 лет тюрьмы и 5 лет на поселение.

Куда идет Россия?

– Никуда. Она будет, как бегемот, лежать в болоте, раскрывать пасть и реветь. НЭП и демократическое движение кончились, идет точечное раскулачивание. Не сотрудничают с Кремлем: наш «Демократический Союз», «Партия экономической свободы» Константина Борового, «Солидарность» Немцова и Каспарова, правозащитные организации Льва Пономарева и Людмилы Алексеевой. Но только мы не идем на компромиссы с властью в зависимости от конъюнктуры.

Как Вы оцениваете «перезагрузку»?

– Соединенным Штатам неуместно проявлять по отношению к России кротость, потому что на них держится мир. Нельзя разговаривать с бандитами: Венесуэлой, Кубой, Кореей, Китаем. С ними трубку мира не раскуришь. Надо действовать, как Рейган, который сокрушил коммунизм, и Маргарет Тэтчер. Не надо заигрывать с Ираном, не надо думать о палестинцах, надо заботиться об Израиле.

Америка недооценила Буша. Он остановил Третью мировую войну в Грузии. Остановил дальние налеты своими адекватными действиями против фанатизма и терроризма. Он показал, что это даром не пройдет. Хотя у Саддама Хусейна и не было атомного оружия. И это проблема не России, это проблема Америки, как и с Китаем.

Хлеб-соль здесь не пройдет. Но этого в Гарварде не проходят, этому учат только в Высшей школе КГБ.

И вы должны открыть глаза своим конгрессменам и сенаторам. В России как будто не было перестройки, Ельцина. Это время называют теперь «лихие 90-е». Стремительно реставрируют советское жлобство и хамство. Нет демократии, нет выборов. Есть диктатура. Есть мафия, которая своих не выдает и существует за счет нефти. Кто будет следующим? Скорее всего Путин, так они и будут меняться еще 15 лет.

Почему российский народ безмолвствует?

– Весь народ против Грузии. Потому что у нас нет народа – есть чернь, которой надо хлеба и зрелищ, еще с Рима. Народ уехал в США и Европу, а оставшиеся 5% ходят на марши несогласных до ближайшего милицейского автобуса либо сидят в Интернете. Мы проиграли, хотя сражались как могли. А они идут за Путиным, пообещавшим сон золотой – не надо напрягаться, держава вернется. Власть засела в Кремле и кричит, что кругом враги: Америка, Прибалтика, Грузия, Украина. Путин – это зеркало страны.

Через 40 лет станет ли Россия цивилизованной и демократической?

– Россия не станет ни цивилизованной, ни демократической, если не произойдет какого-то чуда. Но нового чуда, скорее всего, не будет, потому что Богу надоело, что в 1991 году это чудо так бездарно прохлопали. Единственный способ, если кто-то хороший и добрый преподнесет нам, как в свое время нацистской Германии и Японии, оккупацию денационализацию и план Маршалла. Хотя у нас слишком много бездельников...

Русскоязычный Чикаго, так же как Нью-Йорк и Филадельфия, с огромным уважением и восхищением принимал несгибаемую революционерку. Она образно, своим живым и красочным языком рассказала о себе, о жизни людей в России; в наиболее трагических местах читала стихи; отвечала на вопросы, подписывала свои книги, давала автографы. Как должное принимала цветы, слова благодарности и восторга. Но когда ее пригласили перебраться в Чикаго, ответила:

– Я в увольнительной и должна вернуться на фронт – держать оборону на переднем крае.

В поездке по Америке Валерию Новодворскую сопровождал ее друг и соратник Константин Боровой, основатель первой в Союзе биржи, бизнесмен. Он сказал, что таких честных и порядочных людей, как Валерия Ильинична, сейчас в России нет. Она одна. И это признают даже враги. К ней прислушиваются. Кто другой может дать такое точное и исчерпывающее определение Медведеву: Унтер-президент?

Отвечая на вопросы, Константин Боровой отметил, что прежние олигархи живут в Лондоне и Израиле, а реальные российские олигархи – это Путин, Сечин и их друзья-чекисты, потому что произошло сращивание собственности с властью. Они обвиняют Гусинского, Березовского и Ходорковского, а сами отнимают у людей бизнесы: продай свое дело за бесценок или пойдешь в тюрьму. Москва отдана на откуп Лужкову, в губернаторских креслах сидят «свои сукины сыны» – Россели и Илюмжиновы.

– Что же касается последнего решения Олимпийского комитета, боюсь, что Путин дал взятку не только за Россию, но и за Бразилию.

И в заключение приведем точку зрения Валерии Новодворской на то, как должна развиваться Россия.

– Либералы должны сегодня наплевать на народ и на его о них мнение, чтобы иметь возможность сделать что-то для этого народа завтра. Либералы должны посадить Россию за парту – навсегда, может быть, и уж точно на столетие. Учиться у Запада. Учиться работать, избирать, ценить свободу, делать добро, уважать себя и других, не кидать мусор на мостовые, мыть тротуары шампунем, жалеть животных, детей, инвалидов и стариков, ничего не просить у «державы». Не надо предлагать народу колбасу вместо свободы. Ничего не надо предлагать кроме свободы и прав человека. А еду надо заработать. Нет права на еду. Либералы должны усвоить, что демократия – это не народовластие. Демократия – это власть просвещенного народа, который готов собраться под святое знамя либерализма. Декларация прав человека, Пакт о гражданских и политических правах, американская Конституция – вот Евангелие западника, российского либерала. В мире нет других ценностей кроме либеральных и никакого другого пути кроме западного. Не верить, не бояться, не просить, не лгать. Не сдаваться.

Глава 3-5. «Я – писатель, а журналистика мой черновик»

В *Computer System Institute* состоялась очередная встреча людей, не равнодушных к судьбам России, русскому языку и литературе, которых объединяет Литературный салон Аллы Дехтяр.

На этот раз принимали писательницу и журналистку Юлию Латынину, члена Союза писателей России, автора более 20 книг. Юлия родилась в семье литераторов, окончила Литературный институт им. М. Горького. Кандидат филологических наук; лауреат премии «Защитник свободы» Госдепартамента США, премий им. Г. Меир и Александра II за работы в области экономической журналистики. Русским биографическим институтом была признана в 1999 году «Человеком года» в номинации «Журналистика». Сотрудничает с «Новой газетой», «Ежедневным журналом», газетой «Коммерсантъ», является автором программы «Код доступа» на радиостанции «Эхо Москвы».

Из-за непогоды самолет из Нью Йорка опоздал на 2 часа, но самые стойкие – а таких оказалось большинство – не дрогнули, обратив свое внимание на салонные вина и чипсы.

Паузу заполнила Алла Дехтяр, музыкант, преподаватель *Columbia* колледжа, рассказавшая для «новеньких» о том, как зародился ее Литературный салон.

– Это произошло 30 лет назад в Питере. Мы собирались по субботам у кого-нибудь на квартире и слушали молодых и тогда еще неизвестных поэтов и писателей. Это было как глоток свободы. Свои произведения читали В. Сорокин, Д. Пригов, В. Ерофеев. В Америке я возобновила такие встречи ради двух своих дочерей – чтобы в доме звучал русский язык. И еще ради общения единомышленников.

Мы расширяем круг своих интересов: у нас побывали поэт А. Найман, писатель А. Битов, режиссер Ю. Норштейн, ждем в гости журналиста и фотографа Ю. Роста.

Теперь нам не нужно кочевать по домам друзей: президент *Computer System Institute* Элла Зыбицкер предоставила нам этот прекрасный зал. Спасибо ей.

...И вот встреченная аплодисментами в зал влетела Юлия Латынина, легкая, в кроссовках, с копной густых рыжих волос, всем своим спортивно-бесстрашным обликом напомив мне любимца Америки, Олимпийского чемпиона, сноубордиста Шона Вайта по прозвищу «Летающий помидор». И атмосфера воцарилась доверительная. Мы выяснили, что она либертарианка; на ее мировоззрение большое влияние оказали родители: мама – литературный критик, отец – талантливый поэт, и себя она считает писателем, а журналистику своим черновиком.

Это была беседа с умным, думающим, эрудированным и непредвзятым человеком.

Юлия Леонидовна рассказала, что вокруг Сочи еще ничего нет, кроме красивых макетов. Что пресловутого комплекса С-400 тоже не существует: на «опытное боевое дежурство» (?) поставлен С-300 с отдельными деталями от С-400; начали разработку С-500, а что ездило на парад – неизвестно.

В России царит византийская пышность с примесью Гаити. И подтверждением тому были снимки российских раздолбанных дорог с постоянными пробками и президентские дворцы (их более тринадцати), по сравнению с которыми, с их шпилями и башенками, американский Кэмп-Дэвид (один из двух президентских резиденций) кажется скромным жилищем средней руки буржуа. И фото чудес импорта – от личного самолета геноссе Сечина до горнолыжных очков дорогого тандема Путин–Медведев – которые с удовольствием потребляют кремлевские сидельцы. И это несмотря на грозные призывы к народу быть патриотами всего отечественного и общий настрой страны на антиамериканскую истерию. А что народ? По статистике российский избиратель голосует за своего лидера прямопропорционально цене на нефть.

Мне удалось задать журналистке несколько вопросов.

– *Юлия Леонидовна, Вам не страшно?*

– Бывает...

– *А какие у Вас взаимоотношения с властью?*

– На меня махнули рукой, как и на Шендеровича.

– *Прокомментируйте, пожалуйста, политику России по отношению к Израилю.*

– Путин строит свою внешнюю политику в зависимости от цены на нефть: ему выгодно, чтобы Израиль ударил по Ирану. Все, с кем Путин может договориться за деньги – Хамас, Венесуэла, Каддаффи, Шредер, Олимпийский комитет – для него друзья. А те, кто денег не берет, оскорбляет Россию. С Америкой и Израилем (со времен, когда не был отдан на заклание Невзлин) за откаты договориться невозможно, значит это – враги.

На «репутационный», как говорил Е. Гайдар, вопрос, что будет с Россией через 10 лет, журналистка ответила честно, что не знает. Конечно, она не Глоба и даже не госпожа Надин, но я согласна с ее точкой зрения, что в России, как во Франции, режим умрет с Путиным. Как с Лукашенко, Назарбаевым, Каримовым и другими авторитарными вождями советского пошиба.

На основании выступления Юлии Латыниной и ее опубликованных статей вырисовывается довольно неприглядная картина российской действительности времен 2010 г.

РОССИЙСКОЕ ОБЩЕСТВО

В открытом обществе выгодно быть булочником, а в закрытом – мародером. В путинской России выгодно быть пожарным, налоговым или санитарным инспектором, который булочника проверяет.

Путинская Россия – пример деградации закрытого общества. Никто не хочет производить, экономическую деятельность заменяет импорт. Частным случаем экономической деградации является невозможность развития высоких технологий, а следствием – «африканизация» общества: деградация мотиваций и ожиданий. Мотивация «сделать карьеру в компании» заменяется мотивацией «устроиться на доходное место».

Следствием деградации мотиваций является деградация системы образования. Уровень образования падает, система жизненных стимулов учащихся разрушается. Если федеральный судья получает доход 500 тыс. долларов ежемесячно, то нет никакой рациональной причины учиться для того, чтобы получить базовую зарплату 500 долларов.

Честность и образованность являются экономически абсурдным поведением. Мотивационный рак поражает не только настоящее, но и будущее общества.

С административной точки зрения страна делится на Москву, не принимающую решений, потому что у кланов разные интересы, и всю остальную территорию, где никто не принимает решений, потому что надо спросить Москву. С транспортной точки зрения Россия делится на Москву, по которой нельзя проехать из-за пробок, и на остальную территорию, по которой нельзя проехать из-за отсутствия дорог. Транспортная система России – это метафора российского общества.

ДЕГРАДАЦИЯ СИСТЕМЫ

В закрытом обществе каждый уровень управления превращается в госкорпорацию, заинтересованную в максимальных взятках и максимальном расширении объема потенциального воровства. Стратегический ущерб обществу во внимание не принимается.

Система не выполняет приказания даже сверху. Строительство в Сочи – личный проект Путина движется вяло, потому что если платить затребованные откаты одному подрядчику, второй сорвет проект, а если платить обоим, то сумма откатов превысит прибыль от проекта.

В стране, где количество преступлений выше определенного порога, преступление перестает быть преступлением и рассматривается как привилегия. В такой системе нет приказов, есть заказы. Продавец-начальник предлагает тему, но покупатель купит, только если это ему выгодно. Даже когда система выполняет заказ сверху, она не способна выполнить его квалифицированно: Ходорковского обвиняют в физической краже всей произведенной ЮКОСом нефти.

Юлия Латынина беспощадно заменяет понятие «система», предполагающее высокую упорядоченность и часто центральное руководство, более точным словом «рой», означающим высокий уровень организации, существующий, однако, только за счет простейших индивидуальных инстинктов. У роя нет общего разума, для него неважно, что не все чиновники берут взятки и не все милиционеры убивают людей. Это как в городе, отданном мародерам: некоторая часть солдат может отказаться грабить и убивать, но на судьбу граждан это мало влияет. Мародерство – это высшая форма социальной дезорганизации. «В принцине мы к ней близки», – заключает журналистка.

ИДЕОЛОГИЯ

Самоощущение правящего роя совпадает с самоощущением пьяницы. Наркотик они потребляют через Останкинский шприц. Это самоощущение не является идеологией. Это – пиар. Идеология предписывает то, что по мнению ее носителя является правильным поведением. Пиар – это способ оправдать любое поведение.

Такой диагноз ставит непредвзятый исследователь своей стране. Но вопреки пессимистическому взгляду, что, мол, Россия ни к чему не пригодна и ей на роду написано рабство и низкопоклонство перед начальством – взгляду, который усиленно пропагандирует правящий рой под маркой «уникального исторического пути России», она отмечает, что Южная Корея и Северная Корея различаются не «историческим путем» и не «неповторимой душой народа», а системой управления.

И заключает, что историческое решение может быть найдено Россией как множеством стран, перед которыми стояла проблема догоняющего развития. «Россия — слишком великая страна, чтобы погибнуть от вшей. Эта болезнь не смертельная, но неприятная».

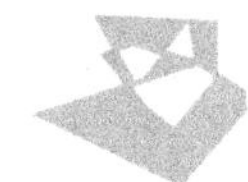

Часть IV
ПО АМЕРИКЕ
(путевые заметки)

Глава 4-1. Лучше гор могут быть только горы

Во время своих путешествий по Америке мы были очарованы красотой и многообразием ее природы. И еще тем, что американцы не только беззаветно любят и гордятся своей страной, но каждый из них стремится внести свой посильный вклад в ее процветание.

4-1-1. Лыжная весна в далекой Юте

Весна на лыжах в горах – о ней много и с удовольствием пишут поэты и журналисты, хоть раз побывавшие в горах: «праздник в белом», «если это не счастье, то вполне заменяет его». Но лучше Высоцкого не скажешь: «Лучше гор могут быть только горы, на которых еще не бывал».

И вот мы в горах. Ослепительное солнце, прямые, как струна, ели и десятки снежных трасс – выбирай самую быструю.

Мы – это группа чикагских горнолыжников, которым ведомо «щемящее чувство дороги» и которые любят лыжи и горы; старшему члену нашей команды из 36 человек всего 72 года, а самому молодому восемь месяцев. И хотя у него пока только четыре зуба, все относятся к нему, родившемуся в Америке, с особым почтением, как к потенциальному президенту Соединенных Штатов. Забегая вперед, скажу, что из Илюши Набатова – ему уже 11 лет – вырос отличный горнолыжник, у которого на сложных спусках не дрожат коленки.

А прилетели мы в штат Юта, взявший свое название от древнего индейского племени, и приземлились в его столице Солт-Лейк-Сити, живописно раскинувшейся на берегу огромного Соленого озера в окружении горных хребтов. Здесь уже вовсю хозяйничала весна, украсив город зеленоватым кружевом плакучих ив и бело-розовой вишневой дымкой.

Столица этого штата не зря выбрана хозяйкой следующих XIX зимних Олимпийских игр – первой зимней олимпиады XXI века, которая состоится 8–24 февраля 2002 года. Здесь выпадает около 42 футов снега в год, и исторически сложилось так, что горнолыжный сезон открывается в ноябре на День благодарения и продолжается до конца мая, а иногда и июля. В прессе это благословенное место именуют не иначе как «Самый лучший снег на Земле».

Впечатляет размах индустрии лыжного спорта и отдыха. Например, количество подъемников – их около 90, от массовых кресельных на 4 человека до более вместительных закрытых гондол. Снег, действительно, идет часто и подолгу, но уже утром все трассы очищены и утрамбованы ратраками. Поневоле вспоминается, как после снегопада в Домбае советские горнолыжники, прежде чем встать на лыжи, обнявшись за плечи, развернутым строем топтали склон, а когда его было мало, то катались на Русской поляне, что чуть повыше, «пешком», то есть и вовсе без подъемника.

Количество и разнообразие маркированных трасс, честно говоря, поначалу просто ошеломляет. Обычно главная гондола доставляет вас на любую из выбранных вершин, находящихся на высоте от 7200 до 9570 футов, откуда открывается великолепный вид на окрестные горы и долины, которыми можно любоваться часами. Тем более что здесь в изобилии рестораны с уютными террасами, смотровыми площадками и всякими другими удобствами для отдыха и релаксации. На самом видном месте висит карта местности с нанесенными маршрутами, без которой можно просто заблудиться. Для каждой трассы существуют указатели степени их трудности: один зеленый кружок для новичков; один голубой квадратик для бывалых; два голубых квадратика – для катальщиков среднего уровня; один черный ромб – для имеющих большой опыт; два черных ромба – для ассов. Имеется еще маркировка не без черного юмора – «вдовий спуск», ведь всегда найдутся любители острых ощущений.

Самыми отчаянными были, конечно, сноубордисты (в просторечии досочники), которые на своих досках, как циркачи, могут всё – и взлететь, и сальто в воздухе раскрутить. Но пересекаться с ними, особенно в тумане, никому не пожелаю. Как, впрочем, и со сноумобилем, который был диковиной на российских просторах и называли его любовно «Чук и Гек». Здесь он не только доставляет море удовольствия любителям, но и выполняет спасательно-санитарную миссию, транспортируя тех, кто что-то повредил, выбился из сил или просто застрял на крутяке. Его позывные слышны издалека, и ему уступают дорогу.

Очень много здесь дежурных спасателей в красной униформе, которые ястребиным взором оглядывают всех съезжающих и сползающих и готовы прийти на помощь. Такая строгая леди подлетела к одному нашему подростку.

– Это опасно! – сказала она и решительно отправила его чинить лыжную палку, от которой потерялся кружок.

В целях безопасности количество катающихся в спортивном комплексе «Оленья долина» ограничено числом 20 тысяч в день, а с досками туда вообще не пускают. Именно здесь планируется проведение олимпийского чемпионата на слалому, фристайлу и воздушной акробатике. Сейчас же это милый и вполне мирный горнолыжный курорт с небольшими отелями в окружении стоянок для машин и отдельными коттеджами, взбегающими высоко в горы, так что заехав туда на машине, вы можете надеть лыжи и встать на трассу прямо за порогом своего дома. И неудивительно, что недавно здесь отдыхал президент Клинтон со своей семьей; правда, катались только женщины, а он предпочитал уединение с книгой.

Мы расположились в более скромной, но по-домашнему уютной гостинице, расположенной пониже, в Парк Сити. Каждое утро на выбранный с вечера склон нас доставлял микроавтобус-шаттл, снаружи оборудованный вертикальными пеналами для перевозки лыж. Взрослые тянулись за неугомонными детьми, так что катались мы пока держали ноги, с перерывом на обед.

На трассах поражали своей виртуозностью и силой духа лыжники без одной и даже без двух ног и слепые люди с сопровождающими, которые командуют, куда и как ехать. Ну и, конечно, совсем маленькие дети, как будто бы родившиеся на лыжах.

Возвращались домой усталые, с заходом солнца, хотя можно было кататься и при луне по трассам, освещенным электрическими фонарями. Восстанавливали силы в бассейне, где дети с криками: «Марко Поло!» самозабвенно играли в американские пятнашки, а взрослые задерживались в джакузи.

Вечерами собирались в «зимнем саду», чтобы за малиновым чаем обсудить мировые проблемы. Тинэйджеры перед телевизором играли в карты, маленькие приросли к игральным автоматам. Между собой они говорили по-английски, снисходительно переходя на русский при общении с родственниками. Нечаянно услышала разговор двух мальчишек:

– Кошелёк или жизнь?

– А у меня в *кошелёке* ничего нет.

Спрашиваю у первого полиглота:

– Где это ты научился так хорошо говорить по-русски?

– Меня мама много бил, – ответил он добродушно.

У своего внука Димы, которому исполнилось 11 лет и он впервые попал в «настоящие» горы, я спросила, что ему здесь больше всего нравится.

– Подниматься в закрытой кабине и наблюдать, как далеко внизу несутся люди. И еще я здесь встретил друга, с которым хорошо кататься даже по буграм и смотреть телевизор.

Руководителя нашей группы Свету Прицкер я попросила рассказать, как собрался этот коллектив и как все начиналось.

– Все началось с Киева, когда мы с мужем увлеклись горными лыжами и ездили кататься в Карпаты. Своих детей мы тоже приобщали к этому спорту. У сына тогда вместо креплений были валенки с галошами, а дочку каждый раз после спуска муж вытягивал из оврага на веревке. В Америке, 9 лет назад, первый раз поехали с друзьями кататься в Колорадо. Тогда нас было шестеро, и всем очень понравилось. С тех пор каждый год мы отправляемся в новое место. Сначала к нам присоединились жёны, потом дети, родственники и друзья. И вот мы здесь...

А вообще есть у меня мечта создать клуб любителей экзотических путешествий, ведь в группе можно одолеть цены на авиабилеты даже в Австралию, но при этом главное – направить энергию наших детей-подростков в полезное русло. Пусть они скачут по снежным буграм или сплавляются на плотах по бурной реке, сознавая, что с веслом в руках они оберегают жизнь семьи. И это надо практиковать не один раз в жизни, а постоянно.

Вы считаете, что это может помочь решению проблемы американских подростков?

– Да, я по природе учитель, и мне хочется рассказать другим, что я знаю. Наши дети здесь ходят в наушниках и, без сомнения, будут в американской культуре. Но культуры костра, тихой песни под гитару, когда можно перевести дух, здесь нет. Мы, как и все американские родители, много работаем, нам всегда некогда и до задушевных разговоров в будни дело не доходит. Но чем старше становятся мои дети, тем больше они ценят наши туристические походы и тем больше, кстати, ценят русский язык. Детская душа, уставшая от телевидения, компьютеров и всяких виртуальностей, даже не осознавая того, стремится к природе, движению и духовным ценностям.

...Была у нас и культурная программа. В Солт-Лейк-Сити мы увидели, каким может быть «лучший в мире снег»: цветущий город был завален сугробами, из которых жалостливо выглядывали подстриженные зеленые кусты.

Солт-Лейк-Сити был основан в 1847 г. группой пионеров-мормонов, выходцев из Европы, которые прошли пол-континента в поисках пристанища, где бы они могли свободно исповедовать свою религию. Они были первыми неиндейцами, поселившимися на солончаках, – 143 мужчины, 3 женщины и 2 ребенка. Сейчас на этом месте стоит памятник первооткрывателям, а вокруг шумит прекрасный город.

Через месяц у костра, на котором вновь прибывшие готовили еду, из гимнов в благодарность Богу за счастливое избавление сложился хор, который сегодня насчитывает 400 певцов и которому рукоплещет весь мир от Москвы до Осаки и Сиднея.

Нам посчастливилось попасть на репетицию хора в грандиозном аудиториуме, построенном специально для него в прошлом веке, и услышать чарующее многоголосие в сопровождении одного из величайших органов мира, насчитывающего 11 623 трубы.

Старая часть города сложилась исторически вокруг храма мормонов, строить который начали еще в 1853 г., используя местный гранит, доставляемый с гор в повозках, запряженных четырьмя волами. Строили 40 лет. Чтобы избежать опасных разворотов, проложили самую длинную и прямую, как стрела, улицу, которая заканчивается кольцом, опоясывающим теперешний великолепный архитектурный ансамбль – Всемирный центр мормонской религии и культуры.

С окончанием в 1869 г. строительства трансконтинентальной железной дороги, проходящей в 80-ти милях от города, сюда стали приезжать люди, чтобы посмотреть на «Город святых». Многие оставались, чтобы попытать счастья в добыче золота, серебра и свинца, разведанных в окрестных каньонах. В последующие 50 лет были сооружены сотни шахт и гигантские плавильные печи по восстановлению руд. Город богател, были построены роскошные дома, многие из которых или их фрагменты сохранены при последних реконструкциях города.

В 1890 г. мормонская церковь запретила полигамию, вызванную необходимостью выжить в условиях религиозных преследований, а через шесть лет Юта стала сорок пятым штатом США и третьим штатом, давшим женщинам право голосовать.

В наши дни здесь созданы самые благоприятные условия для развития бизнеса, причем столица штата находится среди первых в стране по количеству фирм, занимающихся биомедициной, высокими технологиями и программным обеспечением.

Участие в Олимпийских играх грядущего века подхлестнуло развитие гостиничного дела, озеленения пригородов, строительства дорог, создания новой системы доставки спортсменов и зрителей в горы.

Юта приглашает к себе в гости весь мир, чтобы ознакомить с колоритным прошлым, насладиться волнующим настоящим и заглянуть в многообещающее будущее. А мы будем следить за всеми этими событиями на экранах своих телевизоров.

4-1-2. Рождественские иды

ЗВЕЗДНЫЙ ШТАТ КОЛОРАДО

На зимние каникулы чаще всего мы отправлялись в звездный штат Колорадо, о существовании которого знает каждый, кто когда-либо спускался со снежных гор. Он окутан ореолом таинственности и опасности.

Свое имя этот западный штат получил от испанского слова «красноватый», которым исследователи назвали реку, берущую начало в местных предгорьях Скалистых гор. Уже само здание аэропорта Денвер, напоминающее цепочку белоснежных горных вершин, символизирует эти места как горную страну. И мы – уже около полсотни отважных – не теряя драгоценного времени, пересели в комфортабельный автобус и устремились в ее высокогорную часть, носящую имя *Grand County*, что означает графство грандиозное и величественное. Молодежь, устроившись на задних сидениях, играла на гитарах абсолютно американский рок.

После обильных и многодневных чикагских снегопадов боимся одного – что снегу на все графства не хватит. Но его хватило, и мы с радостью и надеждой смотрели на проплывающие за окном автобуса отвесные склоны, поросшие вековыми, заваленными снегом елями. Его здесь тоже выпадает достаточно – до 9 метров ежегодно.

Горы расступились неожиданно, и мы въехали в сказку. Всё светилось: и увитые гирляндами маленьких лампочек деревья, и небольшие жилые домики со струящимися из труб дымами, и витрины роскошных спортивных магазинов на главной улице. Городок был таким же уютным, как и его название Винтер Парк. Он раскинулся в сосновом лесу вместе со всеми своими мостиками, деревянными скульптурами, елками, украшенными красными бантами, ресторанчиками и фонтаном теплой воды, окутанным облаком пара. Как на старой лубочной картинке, подаренной Санта Клаусом.

Горнолыжный комплекс Винтер Парка, расположенный в национальном заповеднике Арапахо, был открыт в 1940 г. Тогда, чтобы проехать полмили на бугельном подъемнике, надо было заплатить всего 1 доллар. Первый кресельный подъемник был пущен в 1962 г. Сейчас с ноября по апрель на площади 1,2 гектара функционируют 134 трассы разной степени сложности, которые обслуживают 22 подъемника, поднимающих 35 тысяч лыжников в час. Самый длинный из них покрывает расстояние в 5 миль, а самая высокая точка, куда доставляют искателей острых ощущений, находится на высоте 12 060 футов над уровнем моря. Почти все трассы расположены в лесу, что придает им особую прелесть. Они содержатся в образцовом порядке: каждое утро трудяга-ратрак выходит на склон, чтобы сравнять бугры, нарытые за день, и утрамбовать свежевыпавший снег.

Интересно, что каждая трасса имеет свое имя. Кроме таких названий как «Игрок», «Сладкий танцор», «Пьяный француз», «Норвежец» имеется много посвященных памяти людей, внесших большие пожертвования для развития инфраструктуры района, в том числе Мэри Джейн, которая по преданию дарила свою любовь железнодорожным рабочим и горнякам и на вырученные деньги купила землю, где теперь проходит одна из лучших трасс страны.

Наша группа сразу разделилась по интересам. Детей отправили в школу для начинающих или продвинутых. Те, кто впервые попал в горы или не хотел рисковать, катался на более легкие трассах, маркированных зеленым цветом. Умеренное большинство, которое на равных ценит красоту полета и радость жизни, остановилось на разумных синих трассах. И только буйная молодость и ассы устремились на крутые черные спуски, сплошь покрытые утрамбованными буграми. С высоты проходящего лифта даже смотреть на них было страшно. И в то же время на смельчаков, которые идут по ним, как по бульвару, глядишь с невольным восхищением и хорошей (если такая бывает!) завистью. Примерно такие же чувства вызывали у меня девчонки и мальчишки, которые, пристегнутые к доске, буквально падали вниз, тормозя чуть заметным движением плеча. Многие демонстрировали технику, принятую при использовании беговых лыж. Правда, сами лыжи не беговые, а окантованные металлом, но пятка на них не крепится, и это дает возможность более свободно маневрировать. В этом виде спорта ничто не стоит на месте: за последние пару лет появились лыжи новой формы *shaped*, а теперь вот и вовсе совершенно новый стиль спуска.

Лифт плывет под самые небеса, навстречу солнцу и облакам. Внизу остаются разбросанные среди деревьев площадки отдыха с лесом торчащих вверх лыж, застывших в ожидании пока их хозяева отобедают, сфотографируются и просто полюбуются незабываемо прекрасной горной панорамой.

Минуем последние заснеженные ели, сквозь которые пробиваются слепящие солнечные лучи, и попадаем в снежное безмолвие. Вокруг только снег и небо. Ты плывешь к нему. И кажется, что вот за той горой, за надвигающейся линией горизонта всё остановится, всё кончится. И не жалко, потому что ты познал совершенство.

Горными лыжами надо заболеть. У меня это произошло неожиданно и надолго. А сколько с этим связано! На целую жизнь хватит.

...В конце 60-х я с сдала свой кандидатский «кирпич» в Ученый Совет и, чтобы скоротать время до защиты, отправилась в марте на Карпаты, прихватив обычные беговые лыжи. Мы полдня восходили на какую-нибудь вершину, чтобы потом за час с нее скатиться, тормозя чем придется, а чаще всего кубарем в снег. Отряхнувшись и убедившись, что никто ничего не поломал, отправлялись к дяде Йошке пить горячее гуцульское вино. Жизнь была прекрасной и омрачалась лишь одной мыслью, что ученым мужьям может не понравиться наш весенний загар. Самый предусмотрительный, которому предстояло выйти на защиту первым, на всякий случай прикрывал лицо марлей.

Гармонию жизни нарушили окантованные деревяшки под названием «Слалом», которые я увидела в доме, где мы остановились. На другой день, как-то прикрутив их к своим лыжным ботинкам, вышла на лысый холм, где без подъемников и ратраков тренировались местные любители горнолыжного спорта. На любой горе найдется теоретик, который толково объяснит, что надо делать и чего лучше не делать совсем. Уезжала я, прихрамывая, но с тех пор зимой меня тянуло в горы.

Это было непросто, потому что в стране этот вид спорта считался ненародным и был в зачаточном состоянии. Нужны были подготовленные трассы, подъемники, специальное спортивное снаряжение, да и палатку на снегу не раскинешь. А добровольных инвесторов, как в Америке, еще не вырастили. Но было много фанатов этого дела, в основном в альплагерях, которых не пугали ни удобства во дворе, ни душ раз в неделю, ни умывание из ледяной реки. Ногами утаптывали склон и после каждого спуска вновь и вновь поднимались вверх с тяжеленными лыжами на плече.

Зато с каким воодушевлением было принято открытие турбазы «Терскол» Министерства обороны на Чегете! Она стала оплотом государственного влияния на окрестные кавказские сёла и народы. Здесь чуть ли не круглосуточно крутили кино или устраивали разнообразные конкурсы. В новогоднюю ночь каждая группа должна была чем-то удивить народ. Из суточного запаса продуктов готовили невообразимые блюда; жареную курицу сажали на горнолыжный ботинок, а бутылки шампанского помещали в ледяные дворцы, вырубленные из застывшего ручья. Не допускалось лишь вольнодумия, все должно было быть политически выдержанным. Например, когда зал устроил слишком бурную овацию исполнительнице песни Окуджавы про виноградную косточку, которая олицетворяла просто жизнь и мир, то первую премию наперекор и демонстративно присудили музыкальному сумбуру, посвященному гибели космонавтов.

Но самым большим страданием были очереди на подъемник. Местные джигиты проносились по горе и по нашим лыжам на следующий круг, и ничего не оставалось, как раз поднявшись наверх, кататься там на маленьком бугельке. Это было неинтересно и обидно.

И тогда появились энтузиасты, которые организовывали горнолыжные группы для поездки в братскую Болгарию или Румынию. Однако без трудностей у нас не обходилось: для получения характеристики для выезда за границу надо было пройти партком. Помню, как перед поездкой в Польшу мы сидим в партийном «предбаннике» и вспоминаем великих поляков: Коперник, Шопен, Вайда, Цыбульский... Кто еще?

Но тем бонзам были созвучны совсем другие имена. Меня спросили:

– Кто сейчас министр обороны Польши?

Помилуй Бог, я – невоеннообязанная – и своих-то министров не упомню! Но что-то отвечать надо, а то останусь дома... Хватаюсь за соломинку:

– Самым уважаемым министром был маршал Рокоссовский.

Пронесло. Но чувство унижения осталось.

Утешением стал Закопане, настоящий международный центр горнолыжников. Многоязыкая речь. В барах и ресторанах пели, пили и танцевали до глубокой ночи. Мы чувствовали себя вырвавшимися на свободу, правда, безденежную. Склоны были длинными, хорошо укатанными, никаких очередей. И хотя часто приходилось кататься в тумане, утром, еще до открытия подъемников, мы шли с лыжами наверх, чтобы продлить удовольствие.

На трассе встретили Юрия Визбора. Он катался на хороших лыжах и в белой кепочке. От всей его крупной фигуры веяло спокойствием и уверенностью, изящные движения. Кто-то пригласил его к нам в гостиницу, и он пришел с гитарой. Напротив для вдохновения посадили красивую молодую девушку, поставили вино; наш собственный поэт-песенник разогревал публику популярными мелодиями, как перед большим концертом. Да этого и не надо было. Визбор пел без остановки, словно беседуя, делясь своею болью. Ему было достаточно чувствовать, что его понимают:

– *Не верь в разлуку, старина*!

Ему верили. Это был луч света в беспросветном пока царстве, внутренняя эмиграция в узкий круг единомышленников, отдушина, хотя бы временный уход от грустной действительности.

А об нее приходилось спотыкаться часто. Как-то на склоне в Туристе, этой московской горнолыжной Мекке, пронеслась убийственная весть. Организуется горнолыжная группа в Австрию! Нужны партийные кадры!

Какой лыжник не мечтал об Альпах?! Тони Зайлер, Килли! Мы знали о том, что в доме чемпиона мира находится национальный музей и над ним взвивается государственный флаг. Но видеть всё это своими глазами?!

Оказалось, что Главный архитектор будущей московской Олимпиады-1980 едет в Австрию знакомиться со спортивными сооружениями. А поскольку он сам горнолыжник и у него молодая жена и друзья из той же породы, он решил прихватить с собой небольшую группу в 30 человек.

К слову сказать, Главный оказался очень милым и интеллигентным человеком. И вся московская горнолыжная братия должна быть ему благодарна за то, что он спас для грядущих поколений овраг в Крылатском, который по первоначальному проекту должны были сравнять с землей, чтобы на его месте построить олимпийский велотрек. Его стараниями трек отодвинули в сторонку.

Не знаю, что на месте оврага сейчас; может быть, он уже застроен очередным жильем для депутатов, но иметь даже небольшие горки в десяти минутах ходьбы от станции метро «Молодежная» было очень удобно. Там проходили профсоюзные или отраслевые соревнования по слалому, за что участникам полагалось бесплатное пожизненное пользование приличными лыжами. Сюда можно было в багажнике «Жигулей» подвезти движок и, укрепив стальной трос на двух опорах, цепляться за него руками или бугелем, соревнуясь, кто больше совершит спусков в единицу времени.

Но вернемся к вояжу группы горнолыжников в Австрию. Проблема была в том, что ОВИР капризничал: то выбросили из списка всех работающих в оборонке, то решили, что, видите ли, группа слишком беспартийна. Словом, моего партийного мужа долго уговаривать не пришлось, и назавтра я с документами была в Доме архитектора. Руководитель группы так обрадовался нужным бумагам, что я решилась:

– А еще одного беспартийного возьмете?

– Возьмем!

– А если я – жена?

– Говорю, возьмем! У нас на автобус людей не хватает! Кому охота переплачивать?

Я была счастлива, тем более, что мне удалось отбиться от вербовки в Первом отделе.

В капиталистической Австрии все было необычным и интересным: и красавица-Вена, и грандиозные сооружения для бобслея, и, конечно же, горнолыжные трассы. По которым можно не только кататься, но и путешествовать. Однажды мы к вечеру по ошибке скатились не в ту долину и оказались в другом городке. Добирались на перекладных, знакомясь с миром капитала. Узнали, например, что 8-го марта на австрийской железной дороге для женщин билет вдвое дешевле.

А в австрийской глубинке русских не видели со времен Второй мировой. Нас принимали за кого угодно – поляков, американцев; но когда узнавали, что мы из Союза, удивлялись и цокали языком. Однажды, когда мы сидели на открытой террасе и любовались тирольскими домиками на фоне голубоватой снежной долины, вдруг услышали, как за соседним столиком кто-то отчетливо произнес: «Семечки!»

Удивившись, мы оглянулись и увидели пожилого человека, который улыбался и махал нам рукой. У него была одна нога, обутая в горнолыжный ботинок. Рядом в снегу лежала лыжа и две палки, на концах которых вместо колец были пристроены миниатюрные лыжики размером в ладонь. Он сказал с сильным акцентом: «Здравствуйте!»

Мобилизовав весь школьный запас слов, мы поняли, что во время войны он был ранен, лишился ноги и вдобавок отморозил руки в сибирском плену. Только тогда мы заметили, что вместо кистей рук у него протезы. Видя наше замешательство, он одним ловким движением вскочил на лыжу и рухнул вниз, обдав нас облаком снежной пыли...

Как давно это было! В Америке горные лыжи, на мой взгляд, такой же массовый вид спорта, как велосипед или баскетбол. И занимаются им люди в любом возрасте, просто и естественно, без проблем. Я попросила нескольких членов нашей группы рассказать о своем горнолыжном опыте и, конечно, о новой жизни в Америке.

Александр Надель, программист: «В моих родных Чебоксарах был один холм, облюбованный горнолыжниками, так что катаюсь я с 10 лет. Учился, смотря на других. В институте ездил по профсоюзным путевкам в Домбай, Азау, на Чегет. На Красную поляну, под Сочи, лыжников доставляли вертолетами. Ратраков не было, и из-за бугров не было никакого удовольствия от катания. Это скорее походило на борьбу за выживание. И за каждые 10 минут спуска приходилось часами стоять в очереди.

В Америке мне повезло, что я встретился со спортивной семьей Притцкеров, с которыми езжу в горы почти каждый год. Сначала брал с собой только старшего сына, теперь не отстает и младший. На весь день отдаю его в спортивную школу. Считается, что у детей до 10 лет нет чувства страха, поэтому надо успеть обучить их правильным движениям, которые остаются на всю жизнь, как плавание. Здесь есть специальная программа обучения. Начинают с «плуга», чтобы в любой момент могли остановиться, потом поворот прыжком на параллельных лыжах. Детей провозят между деревьями, по буграм, и им это очень нравится. Не успел мой младший добраться на лифте до верха, как потребовал: «*Black diamond*», что означало, что он желает спускаться только по самой сложной трассе, маркированной черным ромбом. Надеюсь, что этот спорт бесстрашных поможет моим детям выработать сильный и независимый характер, который в Америке не повредит».

Александр Винокур, инженер-химик: «Всегда мечтал встать на лыжи, но в той жизни не пришлось. Здесь поехал с друзьями в Висконсин, на «Каскад», и попробовал. С тех пор не упускаю случая, чтобы отправиться в горы. Это так прекрасно оторваться от повседневности хотя бы на один день. Как говорят американцы, *get away*. А выбор здесь велик: от скромной «консервной лирики» до полного пансиона. Купил пакет, куда всё включено, приземлился, взял напрокат машину и езжай на любую гору.

Америку можно только уважать. Это единственная страна, которая ежегодно дает приют до двух миллионов человек. Государство, где акцент не вызывает раздражения, а скорее интерес. Вспомните, в автобусе, на подъемниках наша речь привлекает внимание и доброжелательное любопытство. Хотя они знают, что мы забираем их рабочие места и бенефиты. Америка каждому предоставляет шанс добиться того, чего он достоин.

Она лидирует в науке, медицине. Здесь наибольшее количества Нобелевских лауреатов, а Голливуд производит 80% мировой кинопродукции. Но главное – они сумели создать высокий уровень жизни для большинства. В Швейцарии, Швеции он не ниже, но эти страны замкнуты. Я был в командировке в Англии и понял, что США для жизни удобнее. В туманном Альбионе всё дороже: валюта, машины, бензин, еда. Все недоступно. Люди живут гораздо скромнее. Например, имея 30 дней отпуска, сидят дома. Американцев упрекают в бездуховности. Но сколько в стране театров, музеев! При желании всё это доступно. Конечно, сложности закономерны, тяжело работать. Но ограничений здесь нет, можно добиться всего. Страна такая».

Кристмас отмечали в ирландском ресторане. Пили за спортивные успехи, за будущие интересные туры, за здоровье девушки, которой в этот раз не повезло – она растянула ногу. Единодушно избрали Человека года, которому исполнилось 70 лет и по закону он может теперь бесплатно кататься на всех подъемниках Америки.

И в заключение приведу слова Джерри Гросволда, в течение 22-х лет бывшего Президентом горнолыжного комплекса Винтер Парк и ставшего живой легендой. В 1939 г. он девятилетним мальчишкой носил воду своему отцу и другим рабочим-волонтёрам, вручную срезавшим деревья для прокладки первых трасс. Всю свою жизнь он посвятил развитию этого района, лидирующего в уровне обслуживания посетителей со всей страны, в выравнивании и расширении сети трасс и в создании искусственного снега. Но главное – он был инициатором при организации всемирно известного Национального центра для лыжников-инвалидов. Когда в 1997 г. он ушел на пенсию, то проехал 22 тысячи миль, чтобы посетить 140 лыжных комплексов по всей стране, и надеется осмотреть остальные 120 в ближайшем будущем. Он считает себя счастливым человеком, потому что жил и работал в спорте, в окружении людей и природы, которые он любил. Хотя как юрист и бизнес-администратор всегда знал, что в области, требующей больших финансовых и трудовых затрат, а также всецело зависящей от погодных условий, разбогатеть невозможно.

Так вот этот многоопытный и мудрый человек сказал: «Мне представляется кощунственным, что выпускники высшей школы могут не знать, как спускаться на лыжах. Это должно стать обязательным. Меня не заботит, нравится ли это им или нет, но они должны уметь стоять на лыжах».

Прощальный спуск всегда грустный, потому что возникает предательская мысль: «А вдруг этот спуск последний?» Но надо спешить. Внук Дима, который еще 2 года назад еле поспевал, теперь всегда впереди.

Новое поколение выбирает пепси!

Когда через год, в 2002 г., мы собрались в аэропорту О`Харе, чтобы по славной традиции отправиться в любимое Колорадо, то почувствовали, что по сравнению с прошлой рождественской неделей изменился сам дух аэропорта. В воздухе висела, нет, не тревога, – озабоченность. Увеличилось число полицейских и стюардесс мужеского пола, а в терминалах работали национальные гвардейцы. Очередь к проверочным и просвечивающим камерам выстраивалась прямо у входа и вилась длинной змеёй между переносных веревочных заграждений. Для пассажиров с детьми и для опаздывающих на очередной рейс был предусмотрен укороченный путь. Из нашей группы доскональному осмотру подвергся один человек – с армянской фамилией (!?). Но ко всему, что касалось нашей общей безопасности, мы относились с пониманием. Не разбираться же американским спецслужбам со всеми нашими братскими республиками; где им попять, что Абхазия – это Абхазия, а Аджария – это Аджария.

На обратном пути, когда стало известно о попытке провезти бомбу в каблуке, строгости усилились. Нашу Аллу Лось уже после просвечивания в камере подвергли досмотру со снятием ботинок. Мы опять решили, что это резонно, так как она черноволосая и носит имя, созвучное «аллаху». Но когда уже на входе в самолет меня выдернули из толпы, и дюжий молодец начал рыться в моей сумке и выворачивать карманы, я поняла, что никакой системы у них нет, а жертву они выбирают чисто случайно. Так что, собираясь путешествовать по воздуху, психологически приготовьтесь стоять в носках, как преступник раскинув руки, и смиренно сносить экзекуцию «прозванивания» вашего бренного тела чем-то вроде миноискателя.

Но все это в целом, доложу я вам, ерунда, дело житейское по сравнению с тем, что тысячи американцев продолжают летать, жить привычной жизнью и доверять своему правительству, которое совершенствует способы защиты мирного населения.

И мы – из его числа – тоже радовались жизни и благополучному приземлению почти на краю графства *Summit* (верхнего, предельного, вершинного), расположенного на высотах, приближающихся к 4000 метров над уровнем моря. И стойко перенести акклиматизацию. Когда вода закипает при температуре 80 градусов по Цельсию, самочувствие человека близко к морской болезни и явно не из приятных. Как ни удивительно, помог принцип, которым руководствуются американцы во всех случаях жизни – побольше пить воды и энергичнее двигаться.

Оглядевшись, узнали, что первыми жителями этого графства были индейцы из племени *Ute*, которые летом охотились и рыбачили в плодородной долине. Подлинный расцвет этого края относится к поздним 1800-м годам, когда в покрытых вечными снегами горах было обнаружено вожделенное золото.

С тех «золотых» времен сохранились викторианские корни в строительстве и архитектуре причудливых, но привлекательных зданий и мостов.

Мы расположились в очаровательном городке под названием *Copper Mountain*, что значит Медная гора; когда-то его называли самым диким местом Старого Запада. С 1923 г., получив доступ к железной дороге, здесь начали разработку меди, временно приостановленную в годы Великой Депрессии и окончательно закрытую в 1957 г. Переключившись на «белое золото» и открыв в 1972 г. свои двери лыжникам, город переживает в последнее десятилетнее бурное возрождение, которое его поэтические поклонники называют Ренессансом. И действительно, 2450 акров горно-лесистой земли со множеством ухоженных трасс; скоростные подъемники с 4-местными, а теперь уже и с 6-местными креслами; оазисы для еды и отдыха. Что еще нужно неизбалованному человеку?

А забавные придумки, чтобы гостям было интересно пройтись по городским улицам! Уставшие за трудовой день лыжники, обретя в спорткомплексе с бассейном, сауной и джакузи второе дыхание, весело и шумно гуляют по вечерам, с удовольствием рассматривая подсвеченные густо-синим цветом многоярусные крыши домов, издалека похожие на фантастические трассы, и изображения на экране, в качестве которого неожиданно использован широкий снежный выкат с горы, и светящуюся ниточку, создающую впечатление ручейка, бегущего прямо по брусчатой мостовой.

Наш отель стоял у подножия горы. Из окна открывался рериховский вид на далекие, освещенные солнцем вершины. Прямо с гостиничного дивана можно было видеть по снегам снующих, как неугомонные муравьи, лыжников-фанатов, которые уже в 7.30 утра занимали места на креслах тоже неутомимых, как маятники, подъемников. Так что лыжи были у нас дома.

Обслуживали отель рослые, абсолютно черные сенегальцы, а подъемники – 50 австралийских студентов, которые приехали сюда на полгода по обмену. Спасательные работы оставались привилегией американцев. И вся эта молодость мира то ли из-за легкого, непривычного для них морозца, то ли благодаря внутренней энергии и ритмам предков двигалась, шутила, пела, заражая окружающих неизбывным оптимизмом. Тоже хотелось улыбаться и пританцовывать.

Для начинающих взрослых в недрах нашей группы нашелся собственный инструктор. Ира Поляченко – тренер по художественной гимнастике из Киева – прошла суровую практику зимних кавказских альплагерей. В Колорадо она была на отдыхе вместе с дочкой и мамой, но не могла не помочь страждущим приобщиться к снежному священнодействию.

Ира, Вы чуть ли не на второй день спускаете своих подопечных с огромной высоты. Это все равно, что бросить в океан неумеющего плавать. Не пропадает ли у них после этого всякая охота подниматься в горы?

– Только при таком спуске они понимают, что такое скорость и как надо тормозить. Они падают, они борются за жизнь. Но они преодолели себя, и у них счастливые глаза. Ради таких минут не жалко времени. Они это почувствовали, и дальше я им не нужна – будут сами стремиться в горы, и сами будут отрабатывать каждый поворот.

Вы первый раз поехали с нами; какое у Вас создалось впечатление от группы и от катания?

– Мне все очень нравится. Все хорошо организованно. Группа представляет единый коллектив. Когда у кого-то задержался багаж, по комнатам быстренько собрали экипировку, чтобы не пропал катальный день. Наши катаются не в одиночку, а группами не только чтобы при необходимости помочь друг другу – здесь на каждом шагу телефоны и патруль. Просто хочется поделиться с понимающими своими впечатлениями и восторгами.

И еще мне понравилась дружба поколений. Общее увлечение – это способ продлить наше общение с детьми. Мы вместе катались или встречались на «Русской поляне» – на балконе кафе. Они видели взаимоотношение взрослых, и это лучше любых разговоров о взаимопомощи. Уверена, что эта любовь к горам и верность друзьям сохранится у них на всю жизнь.

Ириным подопечным был профессор *Wright* колледжа Генрих Тер-Саакянц.

Генрих, так это Вы первым приняли на себя в аэропорту почетную миссию быть проверенным на лояльность? Что Вы почувствовали, когда Вас повели на досмотр?

– Я много лет работал в Киевском институте гражданской авиации и не понаслышке знаю, что самолет – это хрупкое тело, которое легко вывести из строя. Поэтому я всегда возмущался, когда видел открытые двери в кабине пилота, и сейчас только поблагодарил военных за разумные меры предосторожности. А они, проверив мои запястья, лодыжки и грудь и убедившись, что я законопослушен, сказали: «Спасибо за терпение».

Надеюсь, это не испортило начало вашего отдыха?

– Наоборот, я почувствовал заботу о нашей общей безопасности. Я могу это оценить, потому что родился и жил в Баку и моего брата в 90-х годах взяли в заложники, пытали, держали в гаражах, стремясь обменять или получить выкуп. Брату удалось бежать и теперь он живет в Америке. Я счастлив быть здесь и путешествовать с друзьями.

Но Вы выбрали не самый обломовский вид отдыха, ведь первый раз встать на горные лыжи в не очень юном возрасте и страшно, и опасно. И здесь самое трудно – преодолеть себя, не так ли?

– Я всегда любил кататься на беговых лыжах по пересеченной местности, испытывая необъяснимое чувство превосходства над природой. И я бесконечно благодарен друзьям, которые вдохновили меня поехать в горы и попробовать себя, чтобы вновь обрести ощущение молодости.

Было очень трудно?

– Сначала я упражнялся на пологом склоне, поднимаясь по бегущей дорожке, чтобы почувствовать скорость и владение телом. А потом Ира предложила испытать характер и спуститься сверху. Ну, что Вам сказать? Натерпелся я изрядно – мы спускались 3 часа.

Первый высокогорный спуск запоминается на всю жизнь. У меня, например, осталось живое ощущение, как я летела вниз и падала, а самое трудное было встать. И в голове все время вертелось: «Как будет по-английски – зачем меня мама на свет родила?» А о чем думали Вы?

– У меня была одна мысль: «Когда же это кончится?» Я изо всех сил старался тормозить, но меня так разносило, что я вопил: «*Go away!*» – и все врассыпную, а я кубарем. Подлетала Ира, помогала встать. Подъезжали спасатели, предлагали спустить на вездеходе. Но я стойко отвечал, что я «О`кей». Тогда они переспрашивали: «*OK or all right?*» Я кивал: «*All right, all right!*», и они уезжали.

Но в конце я все-таки снял лыжи и пошел пешком. Ира, эта необыкновенная женщина, свезла мои лыжи вниз и ободряюще сказала: «Поздравляю с боевым крещением! На Кавказе после первого спуска пьют водку». Но где на горе возьмешь водку? И мы символически, ликером, отметили мое посвящение в горнолыжники.

И еще был один новообращенный в нашу горнолыжную веру – Жанна Черткова, экскурсовод из Нью-Йорка.

– Всю жизнь я панически боялась гор и высоты. А когда начала новую страницу жизни в Америке, поняла, что недаром американцы так любят слово *challenge* – вызов, преодоление. Потому что жизнь здесь – это борьба, и надо уметь преодолеть свои страхи и находить в этом радость и удовлетворение. Это сродни горным лыжам. Как там у Пушкина? – *Есть упоение в бою, у бездны самой на краю.*

Жизнь заставила меня в немолодом возрасте выучить язык вплоть до синхронного перевода и водить экскурсии по извилистым дорогам Норвегии и альпийским серпантинам.

По-моему горнолыжники – это особый народ, отличающийся своей целеустремленностью и способностью преодолевать трудности, особенно себя и свою лень. Я с большой опаской надела пудовые ботинки и, как колорадский жук, ползала по склону, пока не ощутила, что могу поворачивать. А когда благополучно спустилась с гор, почувствовала неподдельную радость приземления.

Жанна, изменилось ли лицо русско-американского туризма после печальных событий одиннадцатого сентября?

– Этот день стал водоразделом, лакмусовой бумажкой, определяющей истинно интеллектуальных людей и приверженцев растительной жизни. Сейчас путешествуют в основном люди одухотворенные, цельные, которые, как горнолыжники, преодолели себя и свой страх во имя своей любознательности, искреннего интереса к культуре, к другим странам.

Мы увозили в сердце своем эти сосны, снежные вершины, зимнее слепящее солнце и ветер, свистящий в ушах. И никому не позволим лишить нас этого чувства свободы и полета. Мы не хотим жить в гетто.

ШТАТ ВАЙОМИНГ

В сезон 2005 г. Света Прицкер собрала команду из 74 человек. Это неравнодушные люди в возрасте от 6 до 78 лет в полной спортивной амуниции и с пятью гитарами. Это те, кто любит горы, природу, движение и еще многое, о чем проникновенно поет наш бард Ирина Поляченко:

С кем-то видимся часто, с кем-то лишь иногда,
Но важней соучастье – и плевать на года.
Что ж так тянет друг к другу? Жажда души согреть,
Жажда солнца и снега, жажда песни попеть.

...Приземлились в аэропорту *Jackson Hole*, штат Вайоминг, недалеко от города и горно-спортивного комплекса, тоже носящих имя Джексона.

Хотя первый белый человек появился в тех местах зимой 1807 г., люди увековечили имя Дэви Джексона, предпринимателя и охотника за пушным зверем, который весной 1822 г. дал объявление в Сент-Луисе о том, что с реки Миссури требуются 100 молодых людей в Скалистые горы для работы в качестве охотников; были даже назначены подъемные в 200 долларов. А слово «*hole*» означает вовсе не «дыра», «нора» или «лачуга», а долину между горными хребтами.

Горные потоки и реки, текущие по этой долине, создавали благоприятные условия для обитания бобров и ондатры, и охотники расставляли здесь капканы, промышляя пушниной. Часто охотник присваивал себе право на определенные места, где он часто работал. Так образовалась территория Джексона, давшая позднее название и нашему знаменитому спортивному комплексу *Jackson Hole Mountain Resort*, который начинается от южных границ всемирно известного заповедника *Yellowstone* (желтые камни) и тянется 60 миль на юг через национальный парк *Grand Teton* (по-французски «большая грудь»).

В середине XIX века *Jackson Hole* стал центром, где велась бойкая торговля мехами. Здесь же можно было запастись едой и питьем, потягаться силами и умением с другими охотниками, найти хозяйственную жену.

К 1845 году, когда на восточном побережье мужская мода на бобровые шапки сменилась почитанием шелковых цилиндров, торговля мехами захирела. И только опубликование фотографий с захватывающими дух видами *Yellowstone* убедили федеральное правительство дать этому парку статус национального, за 18 месяцев до того, как Вайоминг стал штатом.

Следующим этапом в истории этих мест стало развитие скотоводства и мясной промышленности, что неожиданно натолкнулось на конкуренцию за пастбища со стадами диких лосей, населяющих здешние равнины и предгорья. Чтобы спасти их от голода зимой и одновременно поддержать фермеров, сохранить ранчо и фермерский уклад жизни, Конгресс принял продовольственную программу для выживания лосей, а в 1910 г. федеральное правительство купило земли к северу от города, чтобы организовать там Национальный лосиный заповедник.

Сейчас в парке *Grand Teton* насчитывается около 3000 лосей, они там жируют до первого снега, а потом перебираются на юг, в свой заповедник, где со всех окрестностей ежегодно собирается до 7000 лосиных особей. И чуть отъехав от аэропорта, можно увидеть их, украшенных роскошными рогами, мирно пасущихся среди снегов вдоль дорог с оживленным движением. Такова Америка.

В самом начале прошлого века некоторые поселенцы поняли, что «зимнее пижонство лучше, чем коровы», и начали развивать сферу обслуживания для индустрии отдыха и развлечений, которая включала рыбную ловлю, охоту, путешествие верхом на лошадях, так что туризм постепенно стал основой экономики края.

В 1950 г. парк *Grand Teton* с его горнолыжным комплексом, привлекающим любителей со всего мира, также получил статус национального. Если доисторические визитеры приходили сюда ради хлеба насущного, то теперешние находят здесь пищу духовную. Потому что основной задачей национальных парков является защитить дикую природу и ее обитателей для будущих поколений, научить людей ценить и любить свой край.

Суровый штат Вайоминг встретил нас дружески – морозной солнечной погодой, а город Джексона вызвал любопытство. Здесь популярны ковбойские шляпы, их носят мальчишки, полицейские и водители автобусов: одна фетровая шляпа с широкими полями на голове, другая, соломенная, на передней панели автобуса-шаттла – для чаевых. Стены гостиниц и ресторанов украшены ружьями, сапогами со шпорами и номерами машин, подаренных посетителями из всех штатов Америки.

Многие строения старых времен – пестрые лавки, салуны, скромные деревянные церкви, парки с воротами, сооруженными из множества оленьих рогов, – сохранились и напоминают скорее декорации к какому-нибудь лихому западному вестерну. Недаром в этих краях снимались многие голливудские фильмы, например, «Гора Спенсера» Генри Фонда или «Неожиданная миссис Полифакс» с Розалиндой Русселл. Уникальную культуру здешних мест называют «последней и лучшей на Старом Западе».

Жизнь здесь налаженная и размеренная, все подчинено стремлению привлечь гостей. Принимающая фирма устроила нам пышный прием с горячим вином и представлением своих сотрудников, наперебой приглашавших прокатиться на собачьей упряжке или оленях.

Катание здесь замечательное; ты несешься вниз по склону, паришь над долиной, только ветер свистит в ушах, поскрипывает жесткий наст при соскальзывании да фонтанчики снега отмечают повороты.

В день отдыха группа из 14 человек под руководством инструктора Майкла отправилась в горы на горячий источник. Обратите внимание, на 7 снегоходах. Это что-то вроде мотоцикла на гусеничном ходу с двумя лыжами впереди. Заботливо одели нас в черные комбинезоны и шлемы со щитками из плексигласа, защищающими лицо, так что мы стали похожи на каких-нибудь марсиан. Инструктаж был крайне прост; наверное, в Америке люди рождаются, уже умея обращаться с техникой.

– *It is easy*, – сказал Майкл, и это означало, что надо дернуть за веревку, а когда мотор взвоет, жать на газ руками, которые очень кстати обдуваются теплым воздухом, если учесть, что температура за бортом составляла – 18 градусов по Цельсию.

Честно говоря, вначале было страшновато: машина не очень слушалась и скользила сама по себе, как лошадь, которая поначалу изучает седока. Но потом ее незаметно оседлали и даже прибавили скорость. Ведомые Майклом, мы поднимались в горы по дороге, вьющейся над бурной незамерзающей речкой, а он по ходу демонстрировал фигуры высшего пилотажа, взбираясь по отвесному склону или, поставив машину наклонно на один полоз, выписывал дуги.

Вызвав своим умением желание подражать, он привез нас на широкое заснеженное поле и дал время порезвиться на воле, чтобы мы сами попробовали и оценили все возможности этой боевой машины. Склон моментально превратился в «куликово поле»: тучи газа и снежной пыли поднялись в небо – это мы ездили кругами, как на гонках, а Майкл еле успевал вытаскивать из снега заствавших да вдыхать жизнь в заглохшие моторы.

После этой «битвы» охладили свой пыл, нырнув в горячий источник среди снега и камней, под голубым небом и ласковым солнцем. Майкл уже накрыл стол под сосной, поджарил на барбикью стейки и как гостеприимный хозяин пригласил всех к столу.

На обратном пути встретился водопад, пробивающийся во льдах. Мы уже уверенно носились по лесным тропам, чувствуя себя, по меньшей мере, молодыми рокерами, хоть серьгу в ухо вставляй.

Другая, молодежная группа в этот же день на снегоходах посетила заповедник *Yellowstone*, расположенный примерно в трех часах езды.

Усталые и возбужденные, все собрались вечером, чтобы обменяться впечатлениями и попеть под гитару любимые песни и новые, которые складывает жизнь. И это духовное единение трех поколений было прекрасным. Когда «отцы» не словами, а своим примером передают детям свои идеалы и интересы, свое чувство прекрасного, те благодарно воспринимают это, и я уверена, что такие дети не способны на неблаговидные поступки, потому что в них уже заложены непреходящие духовные ценности.

Под впечатлением от этого вечера я побеседовала с еще одним Дмитрием – Иерусалимским, которому 22 года и который живет в Сан-Франциско, а здесь отдыхает с друзьями.

Дмитрий родился в Москве; в 14 лет родители увезли его в Америку, спасая от армии. Здесь он окончил школу и колледж, работает по компьютерной специальности, подал документы для поступления в университет. На мой вопрос, что нравится и что не нравится ему в Америке, он ответил, что здесь, если хочешь работать, открываются большие возможности, но... скучно. Все друзья много работают, устают, выходные у всех в разные дни, а ходить в одни и те же кафе и рестораны надоедает. Система американского образования тоже не очень нравится, потому что нормальному, слегка ленивому человеку, к коим он себя относит, очень трудно учиться, когда никто не понукает. «В России заставляли учиться, – говорит он, – и школа давала базовые знания, а здесь системы нет. При поступлении на работу я знал, чего им не достает, и написал программу автоматизации процесса, меня и взяли. Американцы мне нравятся своей доброжелательностью, но они очень наивны.

С группой Светы Прицкер я уже ездил летом в *Yellowstone*. Здесь необыкновенно красивые горы, леса, озера – я как открыл от восторга рот, так его больше и не закрывал. Удивительно, что после пожара 80-х годов природа сама восстанавливается, без участия человека. Зимой, хоть было холодно и утомительно, интересно смотреть на «извержение» гейзеров, это настоящее шоу.

А вообще мне очень нравится кататься на лыжах с ребятами. Поеду еще, потому что больше всего ценю душевный отдых и общество хороших людей».

В заключение нельзя не упомянуть о восхождении, которое совершил будущий восходитель на Эверест Юра Прицкер с проводником, а на другой день и со своим другом Мишей Савченко. На коротких лыжах, которые благодаря специальному покрытию дают возможность подниматься «в лоб» по крутому склону, а затем, закрепив пятку, спускаться как на горных, они несколько часов поднимались к одной из вершин хребта *Grand Teton*, расположенной на высоте 3220 м, а потом за 2 часа спустились вниз прямо по целине. Это ли не вершина человеческого духа? Но такое доступно далеко не каждому, и остается только восхищаться и поклоняться этим мужественным людям, безумству храбрых. Вот радость жизни!

КАНАДСКИЕ ВАНКУВЕР/УИСТЛЕР

За месяц до открытия зимней Олимпиады-2010 в канадском Ванкувере, все газеты писали о ливнях, проблемах со снегом и беспрецедентных мерах, принимаемых хозяевами для создания искусственного снега или его задержания на верхних участках горных склонов с тем, чтобы при необходимости спускать его вниз, на трассы.

Нам семь лет назад повезло больше, мы с удовольствием вспоминаем о тех рождественских каникулах, проведенных в Уистлере, который американские СМИ называли самым большим и самым лучшим курортом Северной Америки.

На этот раз белокрылый на фоне хмурого неба лайнер за 4 часа перенес нас на Тихий океан, в Британскую Колумбию. А нашей команде потребовалось два автобуса, чтобы погрузить лыжи, доски и прочую амуницию и двинуться в горы, по пути знакомясь с Ванкувером, который своим размахом и разнообразием ландшафта покорил нас с первого взгляда, еще с высоты птичьего полета.

Он раскинулся на материке – тихоокеанском побережье – в обрамлении горных каскадов с белыми вершинами. В самом Ванкувере снег выпадает редко, а теплый морской климат благоприятствует пышной растительности: секвойи, папоротники, пальмы стоят зеленые, как будто и не зима вовсе. Хвоя знаменитого парка Стэнли и трава на городских газонах такие свеже-ярко-зеленые и сочные, что их хочется пожевать. Город мне показался европейским: безукоризненная чистота улиц, мощёные мостовые, модные бутики с парящими ангелочками, картинные галереи, зазывные вывески баров, уютные кофейни с деревянными стульями и столиками вдоль стен прямо на улице, совсем по-французски.

Небоскрёбы здесь не излучают мощь и не подавляют; они неправильной оригинальной формы, изящны и пропорциональны, а розовые, бирюзовые и графитовые оттенки их стеклянного покрытия придают городу мягкую цветовую гамму.

Залив Тихого океана с чайками, кораблями, парусниками и яхтами отделяет от города огромный зеленый остров Ванкувер со столицей Британской Колумбии – Викторией – на юге. Она была построена британцами в 1843 г. как форт, чтобы защитить и удержать остров. Сообщение с материком паромное. Говорят, что американцы любят там парковать свои яхты – до границы всего 10 км, а стоянки здесь дешевле.

Дорога вьется вдоль узкого залива, потихоньку поднимаясь все выше в горы. Сочетание яркого солнца, голубой воды и поросших зелеными елями гор совершенно, словно путь в рай. И таким вожделенным местом для нас стал горнолыжный комплекс мирового класса Уистлер, открытый для широкой публики в 1966 г. Его название «Свистун» произошло от пронзительных звуков, которые издают седые сурки, живущие в окрестных горах.

Первые поселенцы появились здесь в начале прошлого века, в 1914 г. Восточная тихоокеанская железная дорога достигла долины, где тихо дремало синее озеро, и привнесла в ее жизнь стремительность и напор неспокойного внешнего мира. Уистлер-свистун становится центром лесозаготовок и разработки недр. Обширные рыбные запасы привлекали сюда любителей посидеть на природе с удочкой и способствовали строительству многочисленных гостиниц. Но еще в 1964 г. здесь не было ни дорог, ни электричества, ни канализации.

Всего за два года четыре бизнесмена из Ванкувера, объединившись, совершили чудо. Уистлер был заявлен как место для проведения будущих зимних олимпийских игр. Эта попытка успехом не увенчалась, но о новом горнолыжном комплексе заговорили и это положило начало его бурному развитию. В 1975 г. он становится первым муниципальным заповедником Канады и получает государственные земли для развития городского центра.

Так что же представляет собой этот благословенный край зимнего спорта сегодня? Это два горных массива – собственно Уистлер высотой 7160 фт. и Блэккомб (Черный гребень) высотой 7494 фт., у подножия которых и расположена альпийская деревня Уистлер, вся в снегу, разноцветных лампочках, ярких гирляндах и венках. На небольшом пятачке в деревянных с каменным основанием домах-теремках уютно разместились отели и рестораны, дискотеки и магазинчики. И всё это переливается огнями, манит и зазывает бойкой рекламой.

Каждое утро, еще до рассвета, тысячи лыжников пешком, на шаттлах и машинах устремляются на центральную площадь, где высокоскоростные подъемники и гондолы, в которые обычно набивается по 20 особо нетерпеливых персон, берут старт к заоблачным далям. И каждое утро возникает сакраментальный вопрос, на какую из вершин податься. Молодежь естественно выбирает что-то повыше и поопаснее, то есть Черный гребень.

Вы поднимаетесь наверх, выше границы леса, а потом путешествуете по неизведанным склонам. Наверху блестят на солнце 4 ледника с длинными языками, которые, если ткнуть палкой, просвечивают голубизной. Издалека доносятся глухие взрывы – это заботятся о нашей безопасности и подсекают потенциально способную сползти лавину.

Снег в этом году припозднился. Но на второй день нашего пребывания он пошел, да так, что почти не останавливался всю неделю. А мы открыли для себя неизведанную ранее прелесть катания по свежей и мягкой целине. Это (доходчивыми словами какай-то въедливой рекламы конфет) – райское наслаждение!

На минуту останавливаешься, чтобы перевести дух и полюбоваться величием гор, слегка прикрытыми кружевом облаков озёрами внизу, стеной обступающим тебя еловым лесом. Отдохнул и – вперед!

Названия трасс всегда интригуют: Бульвар заходящего солнца, Ангельская пыль (это, наверное, о дующих в лицо распылительных пушках искусственного снега), Симфония, Гармонии и, конечно, Колдун, Черная магия и непереводимое слово *Pakalolo*, о котором в справочнике написано, что оно придумано для тех, кто оставил дома свои мозги.

В гондоле подслушали разговор молодого тренера детской спортивной школы со своими подопечными в возрасте от 6 до 8 лет. Вначале он велел проверить свистки, прикрепленные к голубому, видимому издалека нагруднику с опознавательными знаками школы, именем и страной участника. (Дети оказались из Канады, Соединенных Штатов, Англии, Японии, Китая, Кореи и Сингапура). Потом учитель показал на склоны, поросшие лесом, на отчетливые следы лисы и зайца в глубоком снегу, на цепочку маленьких лыжников, которые старательно выписывая большие дуги, следуя за своим наставником, хлопающим в ладоши, чтобы задать темп. Самый маленький англичанин (не иначе как баронет), еле дослушав назидательную речь, нетерпеливо спросил:

– А на черные пойдем?

– Сначала выйдем на сине-зеленые и я посмотрю, кто на что способен...

– А я вчера уже прокатился по черным!

И не врет ведь, мерзавец! Конечно прокатился, да еще как – со свистом, и сверху донизу. Но, наверное, именно поэтому и оказался в скучной спортшколе, чтобы от греха подальше, да и дать возможность родителям отвести душу во время краткого отпуска. А симпатичному тренеру, наверняка, еще сегодня придется вытаскивать его из сугроба, куда он, превысив скорость, непременно влетит вместе со своими веснушками и светлой челкой, выбившейся из-под металлического шлема. И тренер будет улыбаться, хотя больше всего ему, понятно, хотелось бы дать хорошую затрещину этому вождю краснокожих.

В середине дня, когда уже ноги не держат, положен перерыв. В высокогорном оазисе всегда праздник – играет музыка, на верандах загорают и пьют кофе наблюдатели и сопровождающие лица, незнакомые люди охотно фотографируют друг друга, слышна многоязыкая речь.

Здесь можно встретиться с блудными детьми и отобедать. Как-то за нашим столом оказалась семья из Японии. Глава семьи поинтересовался, на каком языке мы общаемся, а когда узнал, что на русском, спросил у восьмилетней дочери, слышала ли она о таком. Та наморщила лоб, соображая, и отрицательно покачала головой...

Вся неделя была напряженной, так что беру краткие интервью уже на обратном пути, когда все страсти и переживания позади (на этот раз – ура! – ни одной травмы). Начинаю со старожилов.

Роман Марчевский, программист: «Мы с сыном катаемся 14 лет, а начинал он в 4 года. Мне нравится ездить с этой командой; всегда можно найти группы по интересам и возможностям, и никто никому не мешает. Место здесь неплохое, трассы похожи на Колорадо и акклиматизации не требуется, но там интереснее – выше, суровее и наст жестче».

Мой внук Дима, 15 лет (перевожу с английского): «Самое сильное впечатление, когда ты мчишься, рассекая целину, по белому полю, называемому «Седьмое небо». Доски не видно, она под снегом, но он такой мягкий, что кажется, ты летишь над землей в снежном облаке.

А в *Terrain* парке бугры, трамплины – только поворачивайся! *Pakalolo*, действительно, не только очень крутая, но и очень каменистая трасса. Мы там чуть в водопад не влетели. Мне понравилось всё, кроме длинных пологих спусков, когда приходится стоять на носках, так что ноги устают и никакой скорости».

Его друг Женя Слободецкий, 16 лет: «А мне лыжи нравятся больше, чем доска – можно использовать разнообразную технику, разные стили в зависимости от рельефа и прыгать с трамплина. Самое приятное спускаться с самого верха. С вершины Черного гребня открывается очень красивый вид на другую долину: снежные просторы, озёра. Жалко, что было всего два солнечных дня. А вечером мы гуляли по городу, слушали музыку, играли в карты, смотрели и обсуждали телевизионные передачи.

Миша Бек, 16 лет: «Я первый раз в больших горах. Красота, разнообразие спусков! До этого катался с друзьями на холмах Висконсина, учился у них поворачивать, но это совсем не то. Здесь, конечно, нападался хорошо, но попробовал себя и на лыжах, и на доске – это высший *фан!*»

Мы возвращались в родимые пенаты с чувством выполненного долга, как будто побывали на спортивных сборах перед мировым первенством.

В аэропорту Ванкувера нас особенно не допекали проверками и досмотрами. Мы как законопослушные американцы сами снимали куртки и пиджаки, выворачивали карманы и всё укладывали в пластмассовые коробки. Но привыкшие к тому, что расстаемся со своей тяжелой поклажей почти сразу при входе в аэропорт, мы были неприятно удивлены забытыми элементами социализма, а именно самообслуживанием, когда пришлось потаскать свой багаж почти по всему аэропорту, прежде чем положить его на транспортёр. Наверное, это проделали с нами, чтобы убедить в необходимости добровольно, а не принудительно отдать в конце этих блужданий по 7 долларов на улучшение обслуживания пассажиров.

Очевидно, ложка дегтя только подчеркивает всю сладость и притягательность чистого меда, а потому мы уже в самолете обсуждали свои дальнейшие спортивные планы. На нашу долю еще много осталось на этой земле, что следует посмотреть, например, японский олимпийский Саппоро или снега Килиманджаро...

С огромным удовольствием снова любовалась я незабываемыми красотами Британской Колумбии, когда вместе с миллионами людей по всему миру 17 дней с неослабеваемым вниманием следила за Олимпийскими играми-2010. Я даже отложила в сторону приготовленные на вечер *DVD*, потому что киношные интриги бледнеют перед живыми спортивными страстями.

Начавшиеся с трагической гибели Нодара Кумариташвили события нарастали крещендо, снежной лавиной. Грандиозное открытие с использованием всех мировых достижений в области спецэффектов, турнир и трогательное прощание. Это были незабываемые дни. Спасибо тебе, Канада!

Ярким и праздничным, как на всех Олимпиадах, был торжественный выход делегаций в самобытных национальных и стильных спортивных одеждах, со знаменами, фотоаппаратами и камерами на ходу, молодыми озорными улыбками. Которые озаряют и согревают. И кажется, что в мире не осталось неразрешимых проблем, обо всем можно договориться...

Основные виды зимних состязаний проводились в любимом нами Уистлере: здесь есть где разгуляться на спортивной воле и потом отметить заслуженные победы.

На мой взгляд, по массовости участников с выдающимися результатами это была триумфальная победа американского спорта: 37 медалей – 9 золотых, 15 серебряных и 13 бронзовых! Никогда и никто еще не увозил домой столько олимпийских наград. На прошлых играх в Турине наша команда заняла 2-е место, завоевав «всего» 25 медалей, и это было наибольшее количество полученных ею вне стен родного дома.

Так кто же эти герои? Их много, молодых, амбициозных, удивительно талантливых и трудоспособных людей. И тех, кто их тренировал, снаряжал, помогал, напутствовал.

Самыми ярыми болельщиками были, конечно, канадцы: трибуны горели от их алых кленовых листьев. А наши посланцы брали изобретательностью: ну кому в голову придет стоять на морозе полуголыми – в штанах, темных очках в белой оправе и рыжих париках – зато с гордой надписью на груди «USA»!

Я тоже «болела» отчаянно, временами хватаясь за валокордин. Это когда на большой скорости переворачивался боб или дисквалифицировали наше «чудо на льду» Аполло Оно, имеющего 8 олимпийских наград. Драматически сложились события для горнолыжницы Линдси Вонн – первой в истории американки, получившей золото за скоростной спуск, – когда на трассе слалома в густом тумане она влетела в ограждение и сломала палец. В это время принявшая старт другая наша замечательная Олимпийская чемпионка Джулия Манкузо была остановлена желтым флагом и при повторном забеге уже не смогла сконцентрироваться на победу.

Обо всем не расскажешь...

Это двукратный Олимпийский чемпион, сноубордист в клетчатой, слегка приютской рубахе Шон Вайт, завоевавший золото по дисциплине *half pipe*. Известный прозвищем «Летающий помидор» из-за своих огненно-рыжих кудрей, он в грудном возрасте перенес две операции на открытом сердце. Рос в горах и в 6 лет перешел с горных лыж на сноуборд. Через год у него уже был собственный спонсор. Начиная с 16 лет, Шон завоевал 15 медалей (10 золотых, 3 серебряные, 2 бронзовые). А в 2009 г. спонсоры построили ему в Колорадо собственный *half pipe* из натурального снега. Мне нравится та легкость и непринужденность, с которой он взлетает в воздух, как воздушный гимнаст под купол цирка. Думаю, он и в Сочи полетает, вместе со своей обезоруживающей улыбкой.

Это фигурист Эван Лайсачек, который выделяется своим напором, страстью, четкостью линий, скоростью. Его настоящее мужское, без воздушных поцелуев, катание абстрактно, современно и устремлено в будущее. И претензии к судьям по поводу его золотой медали, на мой взгляд, смешноваты. При судействе многих спортивных дисциплин присутствует субъективный фактор, вспомните бокс или футбол (с истошным: «Судью на мыло!»). И чем ближе вид спорта к шоу, тем больше различаются вкусы людей и выносимые ими оценки. Артистизм невозможно оценить объективно, искусство количеством оборотов не измеряется.

По-своему артистичен конькобежец Шани Дэвис, первый чернокожий атлет, выигравший в Турине золотую медаль Зимней Олимпиады. Его коронная дистанция это скоростной бег на 1000 метров, но на более длинной дистанции 1500 м он тоже заработал медаль, серебряную. В Ванкувере повторил свои достижения, блестяще сочетая феноменальные способности спринтера и стайера.

Шани родился в Чикаго, встал на коньки в 2 года, а в три катался быстрее, чем стражи порядка на катке. Когда ему было 6 лет, по совету друзей мама отдала его в спортивный центр, а через два месяца Шани выиграл региональные соревнования, вызвав восхищение даже соперников.

Окрыленная успехом, воспитывающая его в одиночестве мама каждое утро будила сына, чтобы он пробежал милю для укрепления выносливости и характера; они даже переехали, чтобы быть поближе к спортивному клубу.

В 16 лет Шани был приглашен в Лейк Плэсид, штат Нью Йорк, для участия в годичной программе для юных конькобежцев, после которой у него родилась мечта и цель жизни – выступить на Олимпиаде. Начиная с 2004 г., в различных международных соревнованиях он завоевал 18 медалей (11 золотых, 4 серебряные, 3 бронзовые), так что мама может гордиться своим сыном.

А мама нашей 16-летней фигуристки купила ресторан, чтобы у дочери был хороший тренер; другая мама с трибуны осеняет крестом свою дочь, застывшую на старте, а при виде перевернувшегося экипажа своего сына-бобслеиста на глаза его отца навернулась нежданная-скупая-мужская слеза. Родители вкладывают в детей свои сбережения, подбадривают их, переживают за них, гордятся ими. И происходит чудо.

Чудом на льду называют победу американских хоккеистов над канадцами со счетом 3:5. Это была настоящая Победа – над более сильным противником, можно сказать, над родиной хоккея. А разве не чудом была задержавшаяся на 62 года золотая медаль по бобслею четырех наших богатырей? И еще одно чудо произошло уже на снегу: команда США завоевала долгожданную (с 1998 г.) золотую и серебряную медали в *Nordic combine*, комбинации прыжков и беговых лыж!

Полагаю, успехи американского спорта были заслуженными и закономерными. Потому что они имеют мощное – свободное, массовое и доступное – основание. Вспомните хотя бы сотни горнолыжных комплексов по всей стране – только вблизи равнинного Чикаго их пять: *Devil's Head, Cascades, Alpine Valley, Galena, Wilmot.* И на этом благотворном фундаменте пышно расцветают молодые таланты, с детства разыскиваемые, лелеемые и поддерживаемые. И при таком соцветии трудолюбия и мастерства всегда будет место чуду.

Глава 4-1-3. Озеро Тахо –
Мекка горнолыжников

Всякий раз, когда я влезаю в «испанский сапог» – пудовые горнолыжные ботинки – или зависаю на ветру над пропастью при неполадке подъемника, говорю себе: «Всё. Это в последний раз!».

Но проходит год, и первый робкий снежок рождает беспокойство: зимние горы зовут еще раз прикоснуться к этому празднику в белом.

К озеру Тахо, расположенном в горах Сьерра-Невада на границе Калифорнии и Невады мы примеривались давно, как к одному из красивейших мест в мире. Развитию этого района способствовало проведение в 1960 г. VIII зимних Олимпийских игр в долине Скво-Вэлли (Долина индианок).

Чем были знамениты те Игры? Впервые они проводились так высоко в горах – 1889 метров над уровнем моря, впервые в истории Зимних игр участниками были представители всех пяти континентов. Впервые была введена система информации на основе вычислительной техники, облегчившая проведение соревнований. Прибывшие из 31 страны 665 спортсменов впервые были размещены в Олимпийской деревне. Торжественное открытие Игр состоялось на Ледяном стадионе в присутствии 15 тысяч зрителей. Режиссером праздничной церемонии был сам Уолт Дисней.

Кумирами стали конькобежцы Л. Скобликова, Е. Гришин, В. Косичкин, К. Юханнесен; фигуристы Д. Дженкинс и К.Хайсс, принесшие команде США две золотые медали; третью золотую медаль неожиданно завоевали американские хоккеисты, а советская команда довольствовалась бронзой. В командном зачете первое место заняла команда СССР, второе и третье места поделили спортсмены из США и Швеции.

Сейчас вокруг озера Тахо создано 14 высококлассных комплексов для лыжников и сноубордистов с сотней подъемников. А за всего за 4 года до начала Игр Скво-Вэлли располагал всего лишь одним подъемником и приютом, к которому вела грунтовая дорога. За короткое время в лесной глуши построили новые лыжные трассы и подъемники, вырубили деревья и кустарники, убрали валуны. А главное – пришлось покорять свыше тридцати лавин на шести различных горах к 9.00 каждое утро.

С этой целью разработали специальные площадки для стрельбы из безоткатных орудий. Старожилы вспоминают реакцию залетного фотокорреспондента, когда орудие выпустило свой обычный заряд огня и грома. Лавины обрушились со всех гор, включая склон прямо за наблюдателями. Фотограф поглядел вокруг безумными глазами.

– Как бы хорошо вам, дуракам, ни платили за такую работу, этого все равно недостаточно, – сказал он и уехал, чтобы никогда больше не появляться в Скво-Вэлли.

Лавинщики каждый день объезжали склоны, бросали бомбы с подъемников, подрывали карнизы взрывчаткой и стреляли снарядами замедленного действия по твердому снежному насту. За тот сезон в этом районе сошло 137 лавин.

Но вернемся к нашему путешествию. Зная о неустойчивости тамошней природы, мы, как охотники, следили за прогнозом погоды, и сначала все было хорошо: выпало много снега, все резорты открылись для паломников.

Волнения начались за два дня до отъезда, когда метеослужба сообщила об урагане, разгуливающем по Калифорнии со скоростью 30 миль в час. На голубом экране появились снимки перевернутых траков.

Но отступать уже было некуда, и мы прибыли в аэропорт Рено в сильнейший ливень и с большим опозданием. Наш «охотничий домик» находился в Олимпийской деревне, что примерно 50 миль по горной дороге.

В прогнозе были снежные заносы, так что мы выбрали «боевую» машину с четырехколесным приводом. Но этого оказалось недостаточно, и нас отправили в *Wal-Mart* покупать цепи на колеса, без которых полиция машины в горы не пускает.

Пока мы всё оформили, стемнело. Из-за сильных порывов ветра багажник на крыше загружать не рекомендовали – пришлось 8 пар лыж и ботинок впихивать в салон. Зажатая лыжами и сумками, говорю:

– Я чувствую себя Атлантом...

– Атлантидой, – поправили меня.

Настроение было приподнятое: дождь кончился, красивыми мягкими хлопьями падал снег, мы «легли на курс». И даже когда дорогу преградила полиция, мы не заподозрили ничего плохого – подумаешь, заставят надеть цепи!

Но дело оказалось безнадежным: из-за заносов в горах все дороги закрыли. Нам указали на...(не шучу!) – ближайшее казино. Напомню, что Рено это второй после Лас Вегаса город азартных развлечений. Десять гостиничных комплексов, войти в которые можно только через казино, неоновым светом и мерцающей рекламой зазывали простаков. С полицией не шутят, и мы заночевали, готовясь к худшему: или зимовать здесь, у игровых автоматов, или с помощью навигатора обходить заносы по проселочным дорогам, подальше от полиции.

К счастью, утром – не успели мы позавтракать, как на табло высветилось, что дороги уже расчищены и открываются одна за другой. Америка, черт возьми!

Это был незабываемый путь по снежному царству: запорошенные по самую макушку ели стаями черно-белых пингвинов карабкались вверх по склонам; из тяжелых сугробов робко выглядывали домики; на дороге пыхтела техника, выбрасывая высокие снежные фонтаны.

Наш охотничий домик из зимней сказки стоял под соснами на берегу горной речки, усеянной огромными, в снежных шапках валунами.

...Неделя пролетела, как одно мгновение. Здесь не так сурово, как в Колорадо, и снег не такой мокрый, как в Юте. Благодаря близости Тихого океана и особому микроклимату целинный снег похож на пудру, и скольжение отменное. Даже бугры мне показались более мягкими и доступными.

Долина Скво-Вэлли поразила широким горизонтом. Это громадная чаша, окаймленная голубым небом и гребнями рыжих на солнце скал. Поднимаясь в гондоле на вершину, видишь далеко внизу движущиеся кресельные подъемники, цепочки спускающихся лыжников, стайки застывших в снегу досочников. Каждый час здесь поднимают наверх 49 тысяч спортсменов.

Скво-Вэлли считается местом рождения американского движения экстремального катания, которое и поныне приносит немеркнущую славу американскому спорту. Очень распространено здесь внетрассовое катание, когда отчаянные смельчаки взбираются на высокие скалы и птицей летят вниз, на мгновение касаясь бренной Земли, чтобы оставить за собой легкое снежное облачко.

Несмотря на то, что в последний день пришлось кататься под дождем, все промокли и даже простудились, уезжать не хотелось...

Возвращались в аэропорт будто в другом измерении: ярко светило солнце, предвещая весну; вчерашние капли дождя, запутавшиеся в иголках хвои, переливались мириадами бриллиантов; лыжи весело постукивали о багажник на крыше машины; за окном мелькdaми веселые деревеньки и зеленели сбросившие снежные кандалы деревья. Промытая дорога черной лентой вилась между горбатыми холмами. В Рено местные жители дружно перешли на шорты. Простуда прошла.

– Куда едем на весенние каникулы? – спросил самый нетерпеливый.

Вспыхнула новая надежда. Никогда не говори «никогда». В мире так много прекрасного и неизведенного!

Глава 4.2. Здесь вам не Лас-Вегас – здесь климат иной

В первый год иммиграции ты чувствуешь себя примерно как матрос, которого злой волной смыло с палубы корабля и он оказался в отрезвляюще-холодной воде. Что делать? К какому берегу пристать? И есть ли досягаемый берег у океана? А когда ты уже совсем готов опустить уставшие крылья, приходит озарение – в океане непременно есть острова! Жизнь обретает смысл, появляется второе дыхание.

Каждый человек выбирает свой остров для интеллектуальной высадки.

4-2-1. Человеческое общение бесценно

Трагические события 11 сентября 2001 г. объединили Америку. Люди сплотились; они поняли, что все и каждый несут ответственность за эту страну. Люди стихийно собирались на митинги и траурные церемонии, держали друг друга за руки – потребность в человеческом общении возросла многократно.

Вначале было слово... И очень кстати, потому что человек – существо коллективистское, если под коллективом подразумевать всё, что больше единицы. Но в отличие от тоже коллективных, но перелётных птиц, разорванным треугольником устремляющихся по осени в края южные, наши далёкие предки, устав гонять по деревьям, вовремя спустились в земные пещеры на оседлое местожительство. Вокруг костра, который издревле согревал, охранял от злых духов и вдохновлял на подвиги, слова создавались сами и лились, и эхом разносились по вселенной.

Однако такая идиллия и бесконфликтность были пресечены при Вавилоне, когда Бог перемешал все народы, чтобы они учили чужие языки, а не спохватывались об этом, когда в зрелом возрасте оказывались на операционном столе в передовом иностранном государстве, и врач, глядя на бледнеющие губы пациента, просил сказать хоть что-нибудь. Общение затруднялось.

Соборность внутри племён со временем тоже была нарушена. Совсем по Энгельсу, рассудившему, что элементарной ячейкой общества является семья. Племенной очаг сменился частным камином, русской печью, буржуйкой или самоваром, уж как кому повезёт. Люди размежевались. Чтобы потом более осмысленно объединяться, на временной или постоянной основе. Общение стало избирательным, по интересам; формы его с течением веков тоже менялись существенно.

Кратковременным, но самым распространенным во все времена и у всех народов было людское общение во время свадеб, похорон, крестин и прочих юбилеев. В новейшие времена этот список был дополнен застольями в честь государственных и международных праздников, защиты кандидатской, реже докторской диссертации. Правда, общение при этом было ограниченным по причине занятости рта расстегаем, бараньим боком с кашей или фаршированной рыбой. С другой стороны, обильные возлияния развязывали язык, поднимая на недосягаемую, прямо-таки поэтическую высоту анекдотно-тостовое творчество народов.

Во время приёмов и скачек, игры в карты и гольф, балов и аукционов люди интенсивно общались на заданную тему. Например, если помните, чиновный князь Василий пожаловал на вечер в гостиную Анны Павловны Шерер, фрейлины и приближенной императрицы Марии Федоровны, с одной лишь целью – найти хорошей фамилии и богатую жену своему непутёвому сыну Анатолю. А каково наполовину по-французски обращение к хозяйке? Галантное и топящее лёд житейской просьбы:

– Послушайте, милая Анет, устройте мне это дело, и я навсегда ваш вернейший раб.

Этим рядовым «междусобойчиком» высшей знати Петербурга Лев Толстой начинает свой неспешный рассказ о мире, для которого светское, семейное, дружественное и эпистолярное общение людей было естественным и необходимым.

Революция прервала общепринятые общественные закономерности жизни. Общение людей стало одновременно и подвигом Геракла, и государственным преступлением. После студенческой вечеринки с вином и анекдотами следуют аресты. Всех для ясности. А кто Брут? Кто Иуда? Их так же много, как и доносов. Разве подсчитаешь? Система заставила многих людей жить по принципу «человек человеку волк», до общения ли тут?

Многие годы люди вынуждены были скрывать свои истинные религиозные и морально-этические взгляды потому, что хотя декларировался принцип «за убеждения не судят», инакомыслящих могли обвинить в чем угодно, хоть в нарушении общественного порядка, как семерых смельчаков, разорвавших стену умолчания и впервые рискнувших сообща выйти к памятнику Минину и Пожарскому в 1968 г., в те дни, когда советские танки кромсали брусчатые мостовые Праги.

Но людское общение погибнет с последним человеком, потому что «гомо сапиенс» может общаться не только с себеподобными, но и с самим собой: он может безответно петь серенады под окном, читать восторженные стихи луне, благодарить дождь и небо над головой, благословлять и молиться Богу. И не это ли свойство помогает нам, иммигрантам, выжить?

Человеческое общение многогранно и хрупко. Его легко потерять. А чтобы приобрести, необходимы определенные усилия – дружить надо уметь, нельзя только брать, ничего не отдавая взамен. И всё это особенно проявляется в иммиграции, когда так необходима, так важна человеческая коммуникабельность, от своевременного телефонного звонка до совместного проживания в качестве «румейтов». Не говоря уже о таком многонациональном, исповедующем разные религии «общежитии», каковым является Америка.

Американская преподавательница английского языка, которая много лет работала с русскоязычными иммигрантами, обратила внимание на то, что приезжая в Америку, они «никого не любят – ни «чёрных», ни мексиканцев, ни немцев, ни своих соотечественников». И проходят годы, прежде чем они осознают, что американская демократия тем и сильна, что она терпима к меньшинству. На этом стоит Америка.

В водовороте жизни не сразу осознаешь многообразие людского общения и только с годами понимаешь, что, как писал великий француз Антуан де Сент-Экзюпери, человеческое общение бесценно. Что всегда рядом есть прекрасные и интересные люди, надо только хотеть и уметь их найти.

В Америку я приехала в большом смятении чувств. Работала до последнего дня и после политической эйфории и радужных надежд девяностых не мыслила и дня без обсуждения с друзьями текущих событий и грядущих перемен. И вдруг дальний чикагский пригород: ни души, ни тротуаров. Пойдёшь погулять подальше от дома – и перед тобой, «как конь перед травой», встанет сверкающая полицейская машина и белозубый коп поинтересуется здоровьицем и предложит подвезти восвояси. И мне, как «столичной штучке», всего не хватало: Ленинки, театров, консерватории, друзей, которым можно было в любое время запросто позвонить: «Приезжайте!» Тогда-то я и поняла, почему отъезжающим обычно задавали два вопроса: «Что ты там будешь делать?» и «С кем ты там будешь общаться?»

Моей первой американской знакомой была Канни, урождённая Кончетта. От своих далёких итальянских предков она унаследовала громкий голос, строптивый характер и больные ноги, не позволяющие ей выходить из дома. Ее муж, удачливый торговец холодильниками, умер, оставив ей симпатичный домик и приличную пенсию. Но при дележе наличности ее сын перессорился с ее дочерью, своей сестрой, а потом под влиянием жены и вовсе хлопнул дверью. Дочь (всё-таки дочь!) раз в неделю привозит продукты и, подписав у матери кучу чеков, исчезает. Четверо внуков тоже навещают ее – по праздникам. Чтобы получить свои законные 50 долларов. Если ей нужно помыть окна, они тоже придут. Возьмут недорого – по 5 долларов на брата. Вот и всё общение. Я старалась ее ободрить, но она сразу заливалась слезами, проклиная свою «золотую клетку» и «мани-мани», что означало «всюду деньги, всюду деньги без конца». И все же мы поддерживали друг друга; она стала моим первым американским собеседником, и я с большим интересом слушала ее рассказы и привыкала к американскому образу мыслей.

А потом я попала в американский дом, который стоял посреди огромного поля, окруженный садом, певчими птицами и морем цветов. Райский уголок в океане жизненной суеты. Его хозяйка, Тереза, после окончания университета успела до замужества поработать по какой-то химической специальности, а потом воспитывала 4-х детей. Когда они стали взрослыми, она, почувствовав некую пустоту, превратилась в местную мать Терезу.

По четвергам женщины со всей округи, бросив работу, детей, мужей и прихватив с собой скрипки, виолончель и фруктовые салаты, съезжались к гостеприимному дому, чтобы утонуть в уютных креслах между камином и роялем. Мы изучали и толковали Библию. Скорее это был женский клуб, где молоденькая Денис, рыдая в голос, рассказывала о своих безнадёжно больных детях, а красавица Марша с ожесточением и презрением на лице грозила разорить и пустить по ветру своего гуляку-мужа. Каждая женщина находила те самые, единственно нужные слова, чтобы высказать их страждущей в утешение или назидание. И еще мы пели волшебные псалмы под плач скрипок и молились, закрыв глаза, чтобы у всех всё наладилось. Расходились обновлёнными, с желанием обнять весь мир.

Для меня, как для агностика, такое общение было скорее психотерапией, но в те дни истинно придающим силы. Тогда я впервые целиком прочла Библию, и это тоже было общение – с мудростью еврейского народа.

В своё время Раневская сказала, что всё в мире провинциально, кроме Библии. Я не знаю, на каком языке Фаина Георгиевна ее читала, может быть, на иврите, но мне кажется, что большинство советского народа были знакомы с Книгой лишь по толкованию местного батюшки. Потому что продраться сквозь дебри старославянского языка непросто.

В романе Джона Стейнбека «К югу от Эдема» один из героев, китаец, потратил 3 года, чтобы изучить иврит настолько, чтобы понять истинное значение спорного стиха. Я не думаю, что в России нашлось много таких подвижников. А зря. Потому что любое толкование вторично и у каждого думающего человека оно своё. И поняла я это, прочтя Библию на современном английском языке. И не потому ли отец Александр Мень, убийцу которого не нашли до сих пор, так безуспешно боролся за то, чтобы перевести Библию на нормальный русский язык? Тогда бы миллионы людей, наконец, узнали подлинную историю еврейского народа. И не исключено, что антисемитизма немного поубавилось бы...

Религиозная общность людей масштабна, но в современном мире, пожалуй, самым распространенным всетаки является общение телевизионное, перекрывающее все страны и континенты. И чем менее интеллектуальна передача, тем обширнее ее аудитория. Люди общаются с «ящиком», чтобы «иметь фан», особенно если он клубничного цвета.

И последнее достижение человечества – это общение виртуальное. Выходит какой-нибудь пай-мальчик в Интернет со своей удочкой:

– Хай, у меня есть обезьянка!

– Правда? А у меня в ванне плавает маленький крокодильчик!

– И чем ты его кормишь?

Круг интересов очерчен. Здравствуй, племя молодое, незнакомое!

Каждый человек выбирает свой остров для интеллектуальной высадки. Мой остров надежды – Трумэн-колледж – оказался обитаемым: там я нашла друзей и единомышленников.

Моя подруга как-то сказала, что ее сроднило с Америкой... чикагское небо – с такой родной Большой Медведицей!

Ее можно увидеть и с балкона своей квартиры, но в лесу у костра... чувствуешь себя ближе к звездам.

Нас объединила природа. София Козлова – наш соловей алябьевский – вспоминает: «В Киеве у нас была постоянная туристская группа, с которой в выходные дни мы отправлялись за город. Ставили палаточный лагерь и ходили по живописнейшим лесам и перелескам киевщины, а вечером у костра пели под гитару. Отпуск проводили в Крыму, на Карпатах и Кавказе, в Карелии.

Уезжая в Америку, и не надеялась, что найду здесь что-то подобное. И вдруг в газете «Земляки» за 1997 г. я увидела объявление «Приглашение к общению» с замечательным эпиграфом «Заштопаем ранение души», которое созывало всех, кто хотел открыть для себя Америку в стороне от хайвэев. И дал это объявление, положившее начало туристскому клубу «Земляки», его президент, член Совета директоров Ассоциации, мастер спорта по туризму, кандидат технических наук из Одессы Владимир Калмыков.

Я глубоко благодарна этому неординарному, влюбленному в море и горы человеку за то, что он объединил людей, которые, как я, любят природу, движение и тишину. Вместе мы постигаем бездонную душу Америки с багряными лесами Висконсина, золотыми дюнами Мичигана и загадочными ущельями штата Теннеси. Мы видим, как американцы любят и берегут свою страну, не жалея времени и денег для ее благоустройства. Как целые деревни собираются в гавани, чтобы всей семьей участвовать в празднике и грандиозном салюте в честь Дня независимости.

В любом путешествии Володя выбирает для знакомства самые интересные и запоминающиеся достопримечательности, которые действительно лежат «в стороне от проезжих дорог». Его опыт – а он добровольцем поехал на строительство Братской ГЭС, строил мирные объекты в Алжире, занимался альпинизмом, – его стремление полностью погрузиться в изучаемый материал дают ему уникальные знания, которым может позавидовать любой профессиональный гид.

Володя относится к тому разряду людей, которые не только сами, может быть, из последних сил взбираются на сияющую горную вершину, но и увлекает других, чтобы вместе насладиться открывающимся незабываемо-волшебным видом. Он уже бороздил океан на паруснике, хотя многие предостерегали:

– Там же пираты!

Но главное – он вселил в нас мечту когда-нибудь выйти в море под парусами»...

На мой взгляд, туризм – это мировоззрение. Это жгучее желание познать мир во всей его первозданности в сочетании с любовью и трепетным отношением к земле и природе.

А посмотреть в Америке есть что. Проезжая мимо девственных лесов и болот, каждый находил что-то родное.

– Ну точно Подмосковье!

– Смотри! Настоящие Карпаты!

А когда идеальной гладкости дорога закружила среди лесистых холмов, все единодушно выдохнули:

– Швейцария!

Хотя там еще никто не был.

Путешествовать по Америке интересно и приятно. Создана целая система заповедников с информационными центрами, где можно получить карты и описание всех маршрутов и достопримечательностей. Кемпинги расположены в самых живописных местах, у озер или в горах. Обеспечено место для машин, палаток и костра; стол со скамейками и все удобства с горячим душем. Чистота и ухоженность. Здесь туризм массовый и цивилизованный.

Мне вспомнилось, как много лет назад мы отправились на Кавказ. В путевке значилось: поход через перевал верхом на лошадях. Это было романтично и заманчиво, да еще не надо тащить на себе этот противный рюкзак!

Однако на турбазе «искренне» удивились: «Какие лошади? Какой поход? Дышите горным воздухом здесь – целее будете!»

Пришлось на берегу горной речки... играть в преферанс. В конце смены нас все-таки сводили на Приют

Одиннадцати под Эльбрусом. Красота необыкновенная: горы, снег, солнце! Но вокруг Приюта была такая грязь, что оставаться на ночевку не захотелось.

Наверное, в стране должен быть определенный уровень культуры. Чтобы появились свои меценаты. И чтобы правители хотели вкладывать деньги не в швейцарские банки, а в сохранение исторических ценностей, которыми богат каждый народ. В Америке это есть, и еще есть горячее желание самого народа хранить свои традиции.

4-2-2. Гостеприимный северный сосед – Висконсин

Штат Висконсин прекрасен в любую погоду... И лучезарной осенью, и очищенной грозами весной, и студёной зимней порою, когда ветки деревьев сгибаются под тяжестью выпавшего за ночь снега. И, конечно же, долгими летними днями, когда природа зовёт и манит человека в свои первозданные объятия. Слиться с ней, прикоснуться к её животворным крыльям – это ли не зов предков, не страстное желание вырваться из повседневности и почувствовать свою человеческую силу?

Висконсин – это край озер и рсдких, причудливой формы скал. Геологи утверждают, что образование этих выветренных утесов началось «всего лишь» 500 миллионов лет назад, когда здесь было море и на дно осаждался песок, приносимый реками, и уплотнялся в песчаник. Постепенно море отступало и образовалась суша, по которой прошел огромный континентальный ледник. Таяние льдов создало мощные потоки, размывшие песчаные холмы и создавшие эти узорчатые уступы.

Есть и другая версия происшедшего. Согласно индейской легенде, с севера на юг прополз громадный змей, извиваясь по лесам и полям и оставив глубокий след на земле. И хлынула вода, заполняя каменное ложе. Так потекла узкая и извилистая река Висконсин. Подлетев к гребню из песчаника, змей протиснул огромную голову в расщелину между скалами и раздвинут их. В продуваемый всеми ветрами коридор устремились змеи поменьше и проделали боковые каньоны. Так гласит легенда.

Индейцы играли заметную роль в истории Деллс и экономической жизни региона. От них пришло название реки и штата. Они охотились на буйволов, рыбачили, выращивали урожай. И глядя сегодня на кукурузные поля и кедровые рощи, невольно вспоминаешь строчки Г.У. Лонгфелло с их «лесным благоуханьем» в волшебном переводе И. Бунина.

Это женщины весною
Обрабатывали нивы, –
Хоронили в землю маис
На равнинах плодородных,
Это женщины под осень
Желтый плащ с него срывали,
Обрывали косы, перья,
Как учил их Гайавата.

Прекрасны душистые и прохладные сосновые леса. Специальные программы сберегли нам норвежскую и белую сосны, дуб и вяз, клен и ясень. Рядовой гражданин Г.Х. Грэндал не пожалел на это ни денег, ни сил, считая, что никто не должен владеть Деллсом, а только охранять его для потомков. И сегодня 100 тысяч сосен являются живым памятником этому настоящему человеку.

Южнее Барабу в лесном ущелье раскинулось красивейшее озеро *Devils Lake*, окаймленное каменными развалами и торчащими, как корабельные трубы, гладкими отвесными скалами.

Индейцы называли его озером Духа, но когда в 1840-х годах здесь появился белый человек, они переименовали его в озеро Дьявола, так как видели в новых поселенцах злых духов.

В этих местах родилась другая легенда, гласящая, что в одном индейском селении жили-были прелестная Минневава и храбрый Виндаго. Счастливую и размеренную жизнь деревни нарушил светлоглазый охотник Пьер из

Франции, который неожиданно появился на древних берегах и, как подобает настоящему французу, создал любовный треугольник. Это была любовь с первого взгляда; Миннавава и Пьер провели вместе много счастливых летних дней. А когда наступила осень, Пьер попросил отца Миннававы, вождя племени, руку его дочери. Но смелый Виндаго, ревниво наблюдавший за ними издалека, попросил вождя о том же.

В состязании, которое должно было решить, кто из двух молодых людей достоин прекрасной Миннававы, оба нашли свою смерть. А сама красавица бросилась в озеро, чтобы соединиться со своим Пьером. И если вам посчастливится, то в лунную ночь вы увидите, как плывут по водной глади души двух взлюбленных.

Индейцы жили в здешних лесах 10–12 тысяч лет, то есть на протяжении жизни примерно 400 поколений. И только 6 поколений белых людей нашли здесь свой дом, но за это короткое историческое время они сумели изменить облик окружающей среды, предельно сохранив природу.

Для меня, например, остается загадкой, как на эти лесистые каменные хребты можно поднять строительные материалы, чтобы соорудить пешеходные дорожки, забетонировать валуны в гигантские лестницы. С помощью вертолетов?

На обрывистых утесах молодые люди, вооруженные плоскими (!) разноцветными веревками и карабинами, соревнуются в скалолазании. Слышна польская речь.

А мне эти одиноко торчащие «пальцы» напомнили Красноярские столбы и на моих глазах разбившегося насмерть мальчика, экипированного, как там водится, только галошами...

Особого внимания в Висконсине заслуживает его северо-восточная часть – полуостров графства Дор. С одной стороны его омывает холодный Мичиган и дует свежий бриз, а с другой – почти безветрие и теплая вода Зеленого залива. По природе это напоминает узкую Куршскую косу в Балтийском море: песчаные дюны, теплые и пахучие на солнце сосны.

Мы ехали туда 5 часов под проливным дождем, не видя впереди ни зги. Но когда выглянуло солнце, мы оказались среди яблоневых садов, сказочных домиков с черепичными крышами, балкончиками и крылечками, сплошь уставленными корзинами и ящиками с цветами. От художественных галерей и салонов мод, крохотных магазинчиков и кафе прямо на улице исходил европейский дух.

Длина полуострова 75 миль. С него началось освоение штата европейцами, его этнография пестра. В Неймуре, на берегу Зеленого залива, издавна селились выходцы из Бельгии. И сегодня сохраняется архитектурный стиль тех ранних поселений, когда после Великого пожара 1871 г. фермеры стали покрывать свои бревенчатые двухэтажные дома огнестойким красным кирпичом.

Тот пожар полностью уничтожил маленькое селение Вильямсвиль с его 80 жителями. Бельгийская община была разорена. Спасшиеся в водах залива 800 человек остались без крова, застроенная фермами и ухоженная земля лежала в руинах.

На помощь пришли жители южного Висконсина, приславшие деньги на восстановление хозяйства. Это вместе с высоким чувством собственного достоинства бельгийцев позволило им возродить общину еще более сильной и процветающей. Погибшим в огне поставлен памятник в парке Торнадо к северу от Брюсселя.

Полуостров Дор Каунти окружают 40 островов, с веселыми названиями «Пират» или «Маленькая клубничка». На самый большой из них, имеющий собственный аэропорт, мы перебрались на пароме. Две части суши разделены проливом шириной 6 миль, который индейцы назвали, а французские исследователи перевели как «Ворота смерти». Непредсказуемые штормы, сильные порывы ветра и мощные потоки воды из Мичигана вероломно подстерегали беззащитные шхуны и каноэ рыбаков. Сейчас любители подводного плавания могут изучать эти кораблекрушения, а дикие утесы и скалистые берега являются объектами любования путешествующей братии с борта современных плавсредств.

На острове находится самая большая в Америке община выходцев из Исландии, чувствующих себя в этих суровых краях как на родине, то есть вполне островными жителями. Сохранилась норвежская деревянная кирха XV-го века с резным орнаментом и изысканными фресками ручной работы.

На самом северном Скалистом острове из глыб доломита построен целый ансамбль зданий, внесенных в государственный и национальный реестры исторических памятников. Среди них *Viking Hall Boat House* – массивный, выполненный из камня и дерева монумент в стиле северных замков, с богатым интерьером и оригинальной исландской мебелью из дуба. Собраны интересные экспонаты об истории викингов и скандинавском фольклоре.

Эта часть острова принадлежит заповеднику, а другой его хозяин – береговая охрана – владеет прибрежной полосой и содержит современный навигационный маяк на солнечных батареях и старый маяк, построенный в 1836 г., который был первым в Висконсине.

В этом краю озер маякам придают большое, даже магическое значение, потому что 250 миль береговой линии составляют скалы и каменистые обрывы. Это заставляет капитанов морских судов каждый день бросать вызов судьбе. Здесь построено 10 маяков – больше, чем в любой части США. Они стали частью колоритной морской истории полуострова, их реставрируют очень осторожно, сохраняя первозданный вид и внутреннюю обстановку, как в те времена, когда там жил хранитель огня со всем своим семейством.

В суровом краю можно проверить себя на мужество. Однажды мы решили освоить рафтинг, что по-русски приблизительно означает сплав на плотах или пароме. Приблизительно – потому, что вместо массивного, грубо сколоченного из брёвен плота с присоединенным тяжелым деревянным веслом, вы садитесь на легкую непотопляемую лодку с двойным дном и надувными бортами. И сделана она из такого материала, что ни камни, ни коряги пропороть ее не могут. И летит она по водной глади как птичка, подгоняемая лёгким веслом, изготовленным тоже из чего-то очень современного. И ни зашивать, ни клеить ее время от времени как привычную байдарку вовсе не требуется.

Живем в лесу, в палатках вокруг костра, а рядом все достижения цивилизации, включая уютный ресторанчик. Невдалеке протекает порожистая река Вулф – цель нашего присутствия, вдоль которой шумит хайвэй, одна из самых исторических дорог Висконсина.

Этот торговый путь на север туземцы открыли еще в бронзовый век. В 1800-е годы по этим тропам двигались белые поселенцы. Во время Гражданской войны президент Линкольн, опасаясь британо-канадского вторжения в поддержку конфедератам, отдал распоряжение построить Военную дорогу от местечка Зеленый залив до озера Верхнее, замаскированную под лесную тропу. Для передвижения войск она так и не пригодилась, но ее использовали лесорубы, поставляющие древесину. Так этот путь «из варяг в греки» постепенно стал обычным хайвэем.

Накануне своего звёздного заплыва, чтобы выбрать посильный маршрут, поехали ознакомиться с рекой. Вначале она была широкой и спокойной, как Днепр при тихой погоде, но потом, зажатая скалами, превратилась в действительно волчий, свирепый и бурлящий поток, тяжело перекатывающийся через отполированные каменные валуны. Двое молодых ребят кувыркались в волнах на каяках – маленьких спортивных лодочках – оттачивая своё мастерство. На смельчаках были непромокаемые прорезиненные фартуки, пристёгнутые к бортам, так что когда лодка переворачивалась в водовороте, вода в нее не заливалась, и они как ванька-встанька поднимались со дна почти сухими и совершенно невредимыми. Этот порожистый каскад назван Ошибкой Гилмора по имени незадачливого сметчика, убеждавшего своего хозяина в бесперспективности лесоразработок в верховьях реки Вулф.

Нам нырять не хотелось, и было решено обратиться к услугам другой фирмы, повыше по течению, где безопаснее. Надо сказать, что этим делом в штате Висконсин занимаются индейцы, которые выдают участникам спасжилеты и отвозят их в машине наверх, к началу маршрута, а плоты едут на прицепе следом. Развитию такого бизнеса способствовало древнее искусство аборигенов сплавлять брёвна, о чем свидетельствуют остатки плотины, регулирующей водяной поток.

Скалистые берега реки Вулф почти сплошь заросли деревьями, так что трассу, рассчитанную на 2 часа спуска, просмотреть не удалось. Пойдём вслепую. Позже мы узнали, что существует подробное описание каждого маршрута, но это было после того, а пока более опытные «мореплаватели» посоветовали не искушать судьбу и на опасных участках высаживаться.

Не буду лукавить, я слегка побаивалась этого нового для себя эксперимента. Какой-то опыт водоплавания «по ровному» у меня был, но эти скорости, большой перепад высот и огромные камни, между которыми надо лавировать, мгновенно принимая решения, пугали. Однако отступать было поздно.

Ночь выдалась холодная, и мы облачились в гидрокостюмы, как будто отправлялись в подводную экспедицию. В торжественном молчании спустили плавсредства на воду и ... – гляди-ка! – они поплыли. Более того, были устойчивы и управляемы. Плывём! Ласково светит солнышко, водный простор манит живописными картинами причудливых береговых скал. Легко обходим отдельные валуны, разделяющие русло. Стало жарко – сняли спасжилеты как лишние, приспустили гидрокостюмы. Расслабились. Странно, и чего мы боялись?!

И вдруг неожиданно я увидела уже знакомое сужение реки и белый кипящий поток. Как впередсмотрящий кричу своему напарнику:

– Это те самые пороги Ошибка Гилмора! Давай обносить!

Но тот и бровью не повёл:

– Греби!

И мы влетели в водяную струю и понеслись по скалистому ущелью, как на крыльях. Вот тогда-то по достоинству и был оценен наш плот. Когда вас несёт на камни и единственно, что вы успеваете сделать, это хоть как-то от них оттолкнуться, он поворачивается на 180 градусов и продолжает плавно двигаться задом наперёд до следующего разворота. Тугой и упругий, как мячик, он скользит по поверхности подобно глиссеру, и ему нипочём подводные дебри. Нужна лишь скорость, чтобы не зависнуть на каком-нибудь остром каменюке, иначе прыгай в поток и пытайся стащить его в воду.

Трасса была разнообразной и непредсказуемой: кто-то сел на мель, кто-то вывалился на крутом повороте, кого-то вовремя поймали за ногу. Но главное – никто не сошёл с дистанции; отделавшись лёгкими царапинами, все были здоровёхоньки и счастливы, что сумели преодолеть себя и поставленный рубеж.

Вечером у костра жарко обсуждали все перипетии гонок, как футбольные болельщики, вспоминающие каждый гол, забитый любимой командой за последнюю четверть века. Нам собственное участие и «раны» добавляли эмоций.

Но лиха беда начало – и на другой день самые отчаянные пошли на побитие личных рекордов. На этот раз была выбрана трасса ниже по течению, с порогами и даже водопадами. Остальные «сачки» в качестве международных наблюдателей пошли просто посмотреть. И не зря – это, скажу я вам, действительно было шоу.

В конце маршрута над Большим Дымным водопадом, имеющим высоту около семи футов, оборудована специальная смотровая площадка – 50 центов за вход. Не поверите: яблоку упасть было некуда.

Фотоаппараты, камеры на изготовку! Вы видите, как вдалеке из-за поворота выскакивает лодка-рафт и, лавируя между камнями и подскакивая на порогах, приближается к водопаду. Если скорость большая, она по касательной пролетает над ним и плавно приземляется на водную гладь маленького водохранилища. Общие аплодисменты зрителей! Гребцы встают в полный рост с победно поднятыми вверх кулаками: *We did it!* Ура! Если же скорость недостаточна, лодка опускается вместе с падающей водой, сверху заполняющей ее до краёв. На тонущем корабле надо дотянуть до мелководья, но это уже неопасно и даже весело. В струях водопада резвятся индейские мальчишки, которые в нужный момент прыгают ласточкой и подбирают потерянное весло или выпавшую девушку.

Забавно проявляются людские характеры: большинство гребёт изо всех сил, стараясь удержаться наплаву. Но вот течение проносит неуправляемый снаряд, на дне которого, обнявшись, сидят двое – губы шевелятся в неслышной молитве. Другая лодка красиво летит под дружными взмахами вёсел двух крепких молодых ребят. А на дне, отчаянно обняв термос с питьём, ничком лежит девушка в спасжилете и истошно вопит.

В целом же создалось впечатление, что рафтинг – это любимое национальное развлечение типа «американских горок», с той лишь разницей, что требует физической и психологической подготовки. Своеобразная школа мужества, когда в игре незаметно формируется характер.

Для моего поколения водный туризм значил несколько больше: помимо физической культуры он давал людям духовную близость и возможность познания мира.

Тогда не было доступных гостиниц, путёвки «планового туризма» выдавали по месту работы только для одного члена профсоюза, в лучшем случае еще и на ребенка. Так что супругам полагалось отдыхать по очереди. Отсюда и произросли «самодеятельные» туристы, не признающие установленных правил «социалистического общежития» (не путать с «дикарями», которые тоже были обделены прелестями плановой экономики, но предпочитали в «семейных трусах» кучковаться вокруг фешенебельных морских курортов).

Помню, в середине 50-х, мы на утлой лодчонке объехали жемчужину Алтая – Телецкое озеро. Водный простор, прозрачная вода с нагромождениями камней, величественные кедры. И кругом тайга, одна тайга.

Встретился лишь медведь да горноалтайцы, живущие в чумах. Из дырки в потолке валил дым. Из-за полчищ комаров существовать в этом месте можно было лишь в клубах едкого дыма. Для женщин длинная деревянная трубка, набитая махоркой, была так же естественна, как жидкая косица на затылке. Связь с внешним миром поддерживалась катером, который раз в 3 дня доставлял в сельпо хлеб, водку и консервные банки с крабами «снатка».

До ближайшей железнодорожной станции сплавлялись по реке Бия на деревянной четырёхвёсельной «байде» водоизмещением в 30 человек, не считая местного проводника, ловко ворочавшего рулём, тоже деревянным. Гребли все по очереди, в кровь стирая ладони, по 4 руки на каждое тяжеленное весло. Дважды оно меня опрокидывало навзничь и тогда я понимала, как чувствовал себя раб на галерах. Но когда ты отгрёб своё и утёр пот с глаз, возвращалось чувство юмора и ты снова видел солнце и голубых тайменей с розовыми плавниками, играющих в тени лодки. Жизнь опять обретала свои удивительные краски!

Позже с помощью трёхместных байдарок «Луч» открыли для себя иную цивилизацию. Литва покорила сразу и на многие годы. Целые системы озёр, сообщающихся заросшими задумчивыми речушками или рукотворными протоками. Разогретые на солнце стройные сосны. Когда у нас заболел ребёнок, врач по вызову приехал прямо в лес. А когда снялись с якоря соседи-литовцы, мы повели своих детей посмотреть, в каком виде оставляют лагерь те, кто любит свою землю. Никаких следов пребывания человека – даже кострище уложено свежим дёрном.

И разве можно забыть Каунас – город композитора и художника Чюрлёниса, смешного музея чертей и исполняемых на колоколах мелодий Баха?! Для нас это была «ближняя заграница» с мощёной мостовой в центре, отполированной каблуками гуляющих, крохотными домашними ресторанчиками и пахнущими ванилью кондитерскими. Возвращались в Москву непременно с пирожными, которые впоследствии будут фигурировать на заседаниях Верховного Совета СССР как аргумент в борьбе за независимость Прибалтики. Какому народу хочется согласовывать с Кремлём рецепты своей выпечки?!

«Щемящее чувство дороги», и водной в том числе, объединяет наших людей и на американской земле.

Со спортивной семьей Набатовых мы познакомилась в Юте, на горнолыжной стезе, и это Ира приобщила нас к водному слалому, которым она успешно занималась в родном Харькове.

В 16 лет прогрессивная мама разрешила ей с плановой группой отправиться на лодке-плоскодонке по реке Вуокса, что протекает под Санкт-Петербургом. Было красиво и волнующе интересно. Разве сравнить с вьючными пешими походами, когда пот неэстетично капает со лба? Там не до красот – тяня и тяни!

А здесь – казалось – только «плыви, мой чёлн!» Но после двухнедельных маршрутов по живописнейшим рекам – Белой и Чусовой – стало ясно, что и здесь прикосновение к девственной природе требует напряжения мышц и железной воли. Перед особо опасными участками трассы полагалось остановиться, выгрузить вещи и провизию и челночным способом перетащить всё, вместе с неподъёмными лодками, вниз по течению. Это называлось «обнос порога».

Но Иру не смущали ни трудовые мозоли на руках, ни ледяной дождь майских плаваний по быстрой воде. Она уже занималась в клубе при авиазаводе и сплавлялась по горным речкам Карелии и Карпат сначала на байдарках, потом на катамаранах. Это два надувных понтона, жестко связанных друг с другом, для 4-х человек. У каждого по маневренному веслу. Выполняли все правила: ходили в касках, гидрокостюмах и спасжилетах. И это было лишним...

После наших 2-дневных приключений я спросила Иру о ее первом впечатлении от рафтинга.

– Мне было очень приятно вновь окунуться в эту атмосферу. Впечатление хорошее; оба маршрута, что мы прошли за эти дни, живописны и разнообразны. Хотя, если бы я предварительно осмотрела трассу, то наверное бы еще подумала, следует ли плыть. Удивило, что при отсутствии инструктора не выдают шлемов. Но сам рафт прекрасный, сидит неглубоко, идет по самой поверхности. Если располагаться низко и не смещать центра тяжести, то он очень устойчив и вполне безопасен. Хотя какая-то вероятность удара с выбросом зазевавшихся на камни всегда есть.

А чем можно объяснить такое пренебрежение к технике безопасности?

— В прошлом году мы ходили на 10-местных плотах по большой реке. Там было всё: и инструктор, и шлемы, и командные выкрики рулевого. Но это совсем не тот *фан*, неинтересно. Здесь есть выбор, на свой страх и риск.

Что привлекательно в этом виде спорта?

— Мне интересно правильно выбрать путь, разработать тактику. И главное — пройти трассу без потерь. Как на горных лыжах. Не кубарем. Но к рафтингу я не отношусь как к виду спорта, это скорее просто активный отдых, максимум 3–4 дня. Хотя выбор здесь большой, известны заманчивые водные трассы от Колорадо до Коста-Рика. Только плати.

Ваш сын Илья непременный и равноправный член всех ваших походов, начиная с годовалого возраста. Вы это делаете вполне сознательно?

— Мы считаем, что это закаляет ребёнка, помогает выработать активную жизненную позицию. И хочется, чтобы ему это нравилось.

В разговор вступает глава семейства:

— Мы хотим приобщить сына к спорту, к романтике дальних дорог.

Валентин, сам разрядник в байдарочном спорте, родившийся на берегах Днепра и ходивший под парусами в Матвеевском заливе, был настроен в нашем походе просто отдохнуть и глотнуть водяную пыль, но родео второго дня заставило его поработать и почувствовать себя как на соревнованиях. А когда его еще смыло на лихом вираже и он благополучно вынырнул, то первыми его словами были:

— В Ниагару я не полезу!

С нами был 19-тилетний Владимир Куперман, который приехал в Америку 7 лет назад; за это время успел окончить школу и поступить в университет. Занимается компьютерной графикой и рекламой. В нём хорошо сочетаются американская и русская культуры: он прекрасно говорит на двух языках и, обладая абсолютным слухом, играет на гитаре и поет песни народов мира.

Вова, ты уже не первый раз выходишь на водные трассы. Чем тебя привлекает рафтинг?

– Первый раз меня к этому делу приобщили родители, а вот теперь мой дедушка, Миша Куперман. И я ему благодарен. Мне нравится бывать на природе, собирать грибы. Здесь чистая вода, скорость, водопады, редкая возможность поработать руками.

Мы здесь встретили много старших школьников. Как родители отпускают их одних в такие, в общем-то рискованные путешествия?

– Здесь дети раньше становятся самостоятельными. Правда, они с детства зарабатывают доверие родителей. Как? Например, приходят с вечеринок вовремя, непьяными и непрокуренными. Да и трассы здесь ухоженные: под водопадами глубоко и нет острых камней.

Как обычно проводят свободное время студенты колледжа?

– Все по-разному, но общим увлечением являются дискотеки, кино, бильярд.

Твои друзья русскоязычные или американцы?

– У меня есть знакомые американцы, но близкие друзья русскоязычные, потому что у нас больше общего. Нам нравится одна и та же музыка, мы любим петь свои песни и играть в шахматы, шашки, карточного дурака. А у них другие понятия о жизни, другое чувство юмора. И играют они в основном в покер.

А любимая девушка у тебя есть?

– Я ищу девушку, которая бы, как и я, любила сидеть у костра.

Вечерний костёр – это непременная и вдохновенная традиция. Здесь исполняются самые задушеные песни и читаются лучшие стихи. Под далёкий фейерверк в честь Дня независимости на наш огонёк заглядывали одиночные американцы с неизменной банкой коки или бренди. Уезжая, подкидывали к нашему пепелищу дрова, оставшиеся от национального священодействия под названием «барбикъю». Мы им пробовали переводить, но они так и не поняли того чувства общности и теплоты, которые заключены для нас в простых словах: «Как здорово, что все мы здесь сегодня собрались!»

Глава 4-3. Родной штат Иллинойс

За годы иммиграции мы успели привязаться к нашему замечательному Чикаго с его величественными небоскребами, прямыми, как натянутая тетива, улицами, зелеными пригородами и задумчивым голубым Мичиганом, зовущим в неизведанные дали.

Многие из нас любят отправиться в далекое путешествие по странам и континентам, чтобы посмотреть собственными глазами на очередное чудо света, о котором слышали или читали.

А знаете ли вы, что совсем близко, всего в нескольких часах езды на машине, в нашем штате существуют ничуть не менее интересные и интригующие чудеса природы? Это неповторимые по своей причудливости и красоте каньоны и нагромождения отполированных водой и ветром камней в «Саду богов», среди которых кто-то разглядит знаменитого «Верблюда», а другой – страшноватую «Дьявольскую дымовую трубу». Или затерявшееся в лесах призрачное каменное царство – нерукотворный «Гигантский город» с гладкими отвесными стенами-«зданиями» и узкими, будто средневековыми, «улицами», который только наведённые человеком деревянные мостки связывают с реальностью.

Но все по порядку. Если вы расстелите перед собой карту нашего штата, то в его южном подбрюшье увидете почти сплошные зеленые пятна, обозначающие лесные массивы, раскинувшиеся на многие мили от реки Миссисиппи на западе до Огайо-ривер на востоке. Это и есть заповедник Шони, объединивший несколько графств и состоящий из множества красивейших парков с весьма поэтичными названиями: «Сосновый холм», «Пещера в горах», «Яблоневый сад», «Египетское озеро».

Создание этого громадного заповедника относится к 1930–1938 гг. Сама идея основать национальный парк на юге Иллинойса и до того дискутировалась в течение многих лет на уровне штата, страны, муниципальных организаций и общественно мыслящих граждан, однако первая попытка сделать это успехом не увенчалась.

В то время наиболее популярными местами отдыха и развлечений на Среднем Западе были лесные и озерные штаты Висконсин и Мичиган. Но наиболее предприимчивые люди уже прикидывали, какие прибыли сулят им малоосвоенные земли Иллинойса. С другой стороны, в Департаменте военных инженеров понимали, что в этом районе леса изничтожаются быстрее, чем они вырастают, и их следует воссоздавать, иначе эрозия превратит все в бесплодную пустыню.

И постепенно граждане Иллинойса осознали, что южная часть их штата, именуемая Маленький Египет, нуждается в защите, а топографически очень подходит для массовых лесонасаждений. И они начали писать в лесные службы с просьбами рассмотреть предложение о воссоздании здесь прежних лесов. Эта идея получила свое развитие на Конгрессе по лесному хозяйству центральных штатов, который прошел в декабре 1930 г. в городе Индианаполис, штат Индиана. Последовали даже некоторые практические действия, включающие предварительные переговоры с землевладельцами и местными бизнесменами, а также контакты с населением с целью выяснения их отношения к созданию заповедника.

Газеты того времени подлили масла в огонь, намекая, что если таковой будет создан, то построят хорошие дороги, протянут телефонные линии, создадут систему защиты от лесных пожаров. Упоминались также выгоды местного населения от развития инфраструктуры региона и ожидаемого притока посетителей и туристов.

Идя, что называется, навстречу пожеланиям трудящихся, Лесная служба США подготовила доклад, в котором со ссылками на существующие законы, разрешающие подобные сделки государства с землевладельцами, были определены цели создаваемого заповедника, а именно: предотвращение размывания почв и уноса их наиболее плодородного верхнего слоя могучими американскими реками Миссисипи и Огайо, с трех сторон омывающими южную оконечность штата; производство лесоматериалов; организация территорий для демонстрации правильного ведения лесного хозяйства для выгоды штата, частных компаний и индивидуальных хозяйств.

Речь шла примерно о 600 тысячах акров земельных угодий, включающих 900 акров водных пространств, горы и возвышенности, низины и плодородные земли, составляющие всего 12% и расположенные чаще всего в недоступных или бездорожных местах. Эти земли использовались фермерами в течение 100 лет и были доведены до полного истощения, а местами поросли молодым лесом.

В докладе сообщалось также, что несмотря на наличие небольших угольных шахт, количество полезных ископаемых в этих местах незначительно. Для получения живых денег население производило пиломатериалы; пользовались спросом рудничные опоры, шпалы, фанера для изготовления фруктовых корзин. Фермеры выращивали кукурузу, зерно, сено, персики, яблоки и груши, которые поставляли в города, в том числе и в Чикаго. Вскользь упоминалось, что территория благоприятна для размножения перепелов, фазанов, диких индеек, уток и гусей, оленей и медведей, пушных зверей. Доклад заканчивался оценкой новых налоговых поступлений в казну и рекомендацией учредить заповедник.

Однако в Вашингтоне после анализа доклада и общего экономического положения в стране это предложение было отклонено.

Неожиданно это решение правительства послужило мощным импульсом для начала массового движения в защиту природных ресурсов штата Иллинойс. Я бы назвала последующие события «гражданским обществом в действии». В демократическом государстве, разумеется.

С целью продвижения идеи создания заповедника была создана специальная организация *Illinois Ozarks Reforestation Unit*, которая проводила в окрестностях города Озаркс агитационные туры. В 1932 г. поддерживаемый этой организацией конгрессмен Клауд Парсонс отправился в Вашингтон, чтобы перед Комиссией по национальным заповедникам заявить о крайней необходимости сохранения лесов в Южном Иллинойсе. Его усилия были поддержаны большим количеством петиций и писем в Комиссию и отдельным конгрессменам и сенаторам. Приводились доводы об особой важности первых законодательных актов. Обращали внимание Главного лесника в Вашингтоне, что леса Кентукки, во многом схожие с лесами южного Иллинойса, принесли стране большие материальные выгоды.

Газета *Daily Register*, выходящая в Харрисбурге, на протяжении многих лет методично освещала события, связанные со становлением заповедника в Иллинойсе. В марте 1933 г. она писала о митинге поддержки, на котором присутствовали представители всех заинтересованных населенных пунктов. Появился там и Главный лектор Лесной службы США, который указал на то, что 7 000 000 акров земель, использующихся для фермерства и пастбищ, будут более эффективны в качестве источника древесины. Это свидетельствовало о том, что идея не только овладела массами, но и постепенно добирается до верхов.

В мае 1933 г. газета сообщала, что предложение вошло в целевой план покупки земель для Национального заповедника и что проект общественных работ по созданию заповедника в десяти южных графствах Иллинойса губернатор Иллинойса отправил по телеграфу президенту Соединенных Штатов. Через месяц президент разрешил покупку земель, а 30 августа 1933 г. газета вышла с заголовком: *Approve Shawnee Unit for Forest*, что означало законодательное рождение заповедника Шони!

Это решение было основано на поистине народном движении, объединившим усилия многих организаций, принявших самое активное участие в сохранении национального достояния. К таким добровольным помощникам относились: Иллинойский университет, Торговая палата, Сельскохозяйственная ассоциация, Академия наук, Конгресс лесничества, Ассоциация друзей национального ландшафта, Федерация женских клубов и отдельные граждане Иллинойса.

Первая служба лесничества находилась на 3-ем этаже городского банка в Харрисбурге, местные жители добровольно охраняли здание. И это было не лишне, так как в связи с созданием заповедника разразилась настоящая война с Союзом горняков и для прекращения волнений в этот шахтерский городок пришлось вызывать Национальную гвардию.

А тем временем работа кипела, и ничто остановить запущенный маховик уже не могло. Интересно, что в заповеднике начала действовать социальная программа *Civilian Conservation Corps* (ССС), учрежденная президентом Ф. Рузвельтом в годы Великой Депрессии и называемая *alphabet soup*, согласно которой безработные молодые люди до 24-летнего возраста могли получить здесь работу по строительству дорог, плотин, туннелей, стоянок для автомобилей, зон отдыха. В рамках этой программы только в Иллинойсе было посажено 60 миллионов (вдумайтесь!) деревьев, построено 400 мостов, проложены тысячи миль пешеходных троп для изучения истории и географии края.

Общее строительство было закончено перед Второй мировой войной, но программа ССС продолжала действовать до 1966 г., и работы по благоустройству и реконструкции заповедника продолжались. В 1971 г. была построена, я бы сказала, американская пародия на Эйфелеву башню, отмеченная премией «Стальной резервуар года». Это цистерна на 100 000 галлонов воды, поднятая на высоту 82 фута, под которой на высоте 50 футов сооружена смотровая площадка, открывающая великолепный вид на окружающие леса и горы.

Сегодня заповедник является жемчужиной Иллинойса, притягивающей любителей дикой природы со всего мира своим простым девизом: *We Have Something For Everyone* – каждый найдет здесь для себя что-то интересное.

На многочисленных озерах представлены все виды водного спорта, и мы наблюдали, как сотрудники заповедника, чтобы сохранить пляжи и водные пути для каноэ, каяков и водных лыж, самоотверженно борются с агрессивной природой, безжалостно выдирая лилии и кувшинки.

Каждая лесная тропа приводит пешехода или велосипедиста к водопаду или пещере в горах, поднимает на головокружительную высоту. Встречали мы и целые отряды всадников в длиннополых шляпах, напоминающих, что в здешних лесах во времена Гражданской войны обитали конфедераты, а в каньонах прятались дезертиры. Романтика этих мест привлекает сюда отважных; дети бесстрашно гарцуют рядом со взрослыми на резвых лошадках, разве что стремена им подтягивают повыше.

Там мы познакомились с хрупкой американской женщиной, которая одинаково уверенно сидит в седле и носится в джипе по проселочным дорогам, взметая клубы пыли. Это Кэрол, владелица конюшни и немалых земельных угодий. Такое причудливое сочетание старых традиций и современности ярко проявляется в ее огромном, в три уровня, доме, который, наверное, никогда не будет достроенным. Он скорее напоминает амбар с рифлёной крышей и голыми стропилами вместо потолка. Необработанные балки, заменяющие стены и перекрытия; в незастекленные верхние окна залетела птичка, за которой с интересом наблюдали с веранды возлежащие на кресельных подушках ленивые кошки. И в то же время везде стоит и висит современная электроника, в углу примостился компьютер, а в полуподвальном ярусе красуются новенькие станки с программным управлением.

– Кэрол, а как зимой, не холодно? – спрашиваю.

– Да у нас зимы мягкие, – смеется она.

И с удовольствием показывает свои владения: выгон для лошадей, глубокий водоем с выпрыгивающей рыбой, зеленый луг, по которому на минитракторе разъезжает ее муж. Дочь снарядила группу всадников и отправилась с ними в путешествие по окрестностям. Везде следы «довольства и труда». Единственно, на что она посетовала: «Помощница у меня славная девушка, любит лошадей, чистит их, моет, да только странная у нее религия – режет зачем-то себе руки-ноги»...

Просторы здесь необъятные, что там Швейцария: дороги, повторяя перепады ландшафта, создают эффект катания на качелях – то вы камнем падаете вниз, то, еле успев перевести дыхание, взбираетесь наверх, к светлеющему горизонту. А по сторонам дикие леса; дуб и клен соседствуют с кизилом, кипарисом, эвкалиптом и пряно-благоухающими экзотическими растениями южных широт. И все приживается в этом благодатном крае, дикая местность и дикая жизнь которого любовно сохраняется и дает приют обитающим здесь 500 видам позвоночных.

А рыбная ловля? Ни один район штата Иллинойс не располагает такими широкими возможностями по этой части. На полноводной Огайо-ривер с восходом солнца появляются баржи, катера, лодки и одиноко-застывшие силуэты сидящих на скалах задумчивых рыбаков, вдруг оживающих, когда на спиннинге блеснет долгожданная полновесная рыбка – мелочь не берём! Увлекательное, скажу я вам, занятие. И когда вечером на костре жарится пойманная рыба, разделяешь чувства первобытного человека, боготворящего природу, которая дает и стол, и дом.

Но природа-мать не только допускает к своим дарам, она любит пошутить с человеком, чтобы он не зазнавался, поигрывая мускулами и превознося свое интеллектуальное превосходство над другими сопланетниками.

А потому она продемонстрировала нам, что такое «дикая жизнь» в полной мере, наслав на этот раз не торнадо, нет, а всего лишь нескольких представителей отряда беспозвоночных, а именно лесных клещей, которые впились в незащищенные части наших изнеженных цивилизацией тел и, в отличие от привычных комаров, оводов и прочих жуков и пауков, не желали подобру-поздорову их покинуть. Выкуривали их огнем, мечом и алкоголем. Последний способ, как всегда, оказался самым действенным: под парами одеколона эти маленькие завоеватели становились послушными, как козочки, и их можно было ухватить за рожки и бросить в огонь – только так (по инструкции) следует расправляться с этими вредоносными распространителями болезней. К счастью, американские клещи не энцефалитные, какими были их алтайские сородичи, и в худшем случае могут вызвать «только» *line disease* с температурой и сыпью, но при регулярном визуальном осмотре тела и своевременном удалении пришельцев их пугаться не стоит.

Так и поступают американцы: не обращая внимания на пустяки, без лишних слов залечивают раны, нанесенные болезнями и землетрясениями, пожарами и наводнениями, отстраивая города и поселки, которые становятся еще прекрасней. Потому что они любят свой край и всеми силами сохраняют свою среду обитания. Природа зовет!

ЛЕГКО НАЙТИ, ТРУДНО РАССТАТЬСЯ

А что может быть более умиротворенно-поэтичным, чем путешествие по маленьким американским городкам, одетым в желто-красно-зеленые цвета багряной осени?

И чтобы вкусить все прелести семейного отдыха выходного дня, выехали поутру, но неожиданно «спешились», чтобы не пропустить увлекательное шоу – в городском парке одновременно на нескольких полях шли соревнования детских команд по американскому футболу.

Утонувшие в богатырских «плечах» и шлемах совсем маленькие мальчишки самозабвенно дрались за мяч, а среди них, пронзительно свистя, металась, как пинг-понговый шарик, толстенькая женщина-судья в полосатой черно-белой футболке. Группа поддержки, полуодетые девчонки-чирлидеры, тоже почти детсадовского возраста, мужественно согревались танцами. Завернутые в одеяла родители с воинственными криками вскакивали со своих стульчиков, когда на их отпрыска наваливалась «куча мала»; собаки как равноправные члены семей лаяли, а старшие братья и сестры на машинах, разукрашенных воздушными шарами и призывами «*Cowboys, go!*», носились вокруг, оглашая окрестности отрывистыми гудками и громкой музыкой.

После бодрого начала приятно было оказаться на сельских дорогах южного Иллинойса среди спокойного и ровного, как гладильная доска, безбрежья засохших кукурузных полей и окаймленных лесами задумчивых речушек.

В графстве Канкаки, расположенном в 45 милях к югу от Чикаго, есть что посмотреть и чем заняться. Здесь зародился так называемый сельский туризм с полным погружением в деревенскую жизнь. Вы можете безбедно пожить на ферме, собирая цветы, кукурузу или яблоки, собственноручно приготовить сидр, освоить сенокосилку и погарцевать на быстром скакуне. При особом расположении хозяйки вам разрешат подоить козу, чье пронизанное витаминами молоко считается самым здоровым.

Здесь культивируют парки и заповедники с размеченными маршрутами, организованной охотой и рыбалкой. А чтобы вообразить себя лихим ковбоем, достаточно отправиться на конное родео. Ежегодно здесь проводится около 30 фестивалей – от джазовых, тыквенных и клубничных до рыболовных дерби и запусков бумажного змея.

Каждый «районный центр» имеет свое лицо. В одном сохранились занесенные в Национальный реестр дома, построенные по проекту архитектора Фрэнка Ллойда Райта в его знаменитом стиле прерий. Другой славен бывшим сенаторским домом, куда по субботам устремляются свадебные кортежи из Чикаго, а жених с невестой, как когда-то, подъезжают в запряженной лошадьми карете. В *Balmoral Park Race Track* проходят международные рысистые испытания.

Мудрые родители ведут детей в краеведческий музей, где можно узнать, что доминировавшие здесь индейские племена *Ottawa* и *Chippewa* после закончившейся в 1812 г. войны Черного ястреба ушли, а им на смену двинулись белые поселенцы, преимущественно иммигранты из Нью-Йорка и Вермонта, которым федеральное правительство в 1832 г. разрешило приобретать земельные участки для обустройства и развития сельского хозяйства.

Свободные люди привносили творчество во все свои дела, что и создало эту страну. Любопытный пример.

В 1938 г. в витрине маленького кафе-мороженого появилась скромная вывеска: «За 10 центов все, что вы сможете съесть». Для времен Великой Депрессии это было неслыханно заманчивым предложением. Посетителям, которые и не предполагали, что делают историю, преподнесли новое мягкое, полузамороженное мороженое, продажа «на десерт» 1600 порций которого запустила полумиллионный бизнес, насчитывающий ныне 5000 кафе-мороженых *Dairy Queen*, открытых в США, Канаде и 14 других странах мира.

В музее представлена галерея трех губернаторов Иллинойса – Леннингтона Смола, Самюэля Шапиро, Джорджа Райана, выходцев из здешних мест. И скрипочка Самюэля Шапиро, на которой он играл в оркестре на танцевальных вечерах, зарабатывая на учебу в адвокатской школе, и резные деревянные парты сельской школы, и видавший виды винчестер образца гражданских войн и побед создают бытовую ауру той эпохи.

В современном городке *Bradley* несколько кварталов занимает торговый центр с гостиницами и местным Диснейлендом, куда, как в Мекку, съезжается по выходным все население окрестных деревень, а бывшие придорожные лавки, когда-то торговавшие керосином, патокой и патронами, смиренно встроились, подобно европейским бутикам, в просторные фирменные залы с эскалаторами, цветущими пальмами и ресторанами.

Самым любимым действом в Америке является, конечно же, семейный «шоппинг», особенно в преддверии праздников, когда объявляются большие распродажи. Желание подарить близким на праздник какую-то малость стало своеобразным элементом культуры. С другой стороны, в таком общем ажиотаже трудно удержаться от бессмысленных покупок, и хорошо, что после домашнего анализа по крайней мере половину из приобретенного можно отнести обратно.

Когда приятно утяжеленные пакетами мы покидали этот торговый рай без очередей и дефицита, на площади у входа громко ссорилась молодая афроамериканская пара. Семья расслаблялась в день отдыха? Тут же, как из-под земли, появилась полицейская машина, и шериф величественным движением руки развел нарушителей тишины в разные стороны. Мы, конечно, не сообразили, а американцы не стесняются звонить в родную полицию...

Девиз этой земли: «Легко найти, трудно расстаться», и мы действительно вернулись, чтобы на День благодарения съесть свою традиционную индейку чуть юго-западнее, в Пеории, на берегах славной реки Иллинойс.

Здесь образовалась целая водная система с цепью живописных озер и островов, превращая в цветущий оазис унылую сельскохозяйственную равнину, оживляемую лишь выставленными на продажу белоснежными, сверкающими на солнце траками и ядовито-желтыми бульдозерами фирмы «*Caterpillar*», основного спонсора и работодателя этого большого «областного» центра. По счастью, на праздники к нам вернулось «индейское лето», зазеленели холмы, и приятно было, вороша сухие осенние листья, взобраться повыше, чтобы окинуть взором реку, город и открывающиеся лесные дали.

Все население города вышло на улицы, чтобы приветствовать 119 ежегодный парад Санта Клауса, который уже начинает свое шествие по стране с благословения отцов города, стоящих на трибуне в красно-белых шапочках. Но разбрасывали конфеты не они – задавали тон местные предприниматели, банкиры и адвокаты, а ребятня с энтузиазмом бросалась под колеса и радостно хвасталась сладким уловом.

Парад получился красочным и патриотичным. Полицейские «Мерседесы», всадники под знаменами, пожарная машина с маленькими гражданами страны и даже патруль Мохаммеда (?) на антикварных автомобилях. Каждая школа, каждый колледж или община были представлены собственным духовым оркестром.

Апофеозом праздничных дней стал Фестиваль огней в восточной Пеории, включенный в перечень ста самых замечательных событий года в Северной Америке. Его история началась в 1984 г. с 30 тысяч зрителей и нескольких маленьких платформ, поставленных на самоходные тележки для гольфа и названных в честь самых любимых рождественских песен *Jingle Bells* или *Here Comes Santa Claus.*

Сейчас на это междунароное шоу съезжается до 800 тысяч поклонников из разных стран, чтобы полюбоваться полетом человеческой фантазии. Люди с утра занимали места в первых рядах уличного амфитеатра. Мы тоже загодя «забронировали» скамейку, а расположившееся на газоне семейство выделило нам, как гостям, дополнительный стул и ведро. Еще лучше устроилась веселая семейка, пригнавшая из соседнего штата открытый грузовичок с добротным диваном и уже накрытым столом.

Когда на город опустилась густая ночь, выстрел известил, что старт дан и огненная процессия движется по центральной улице в сопровождении музыки, рева моторов и бурных восторгов толпы. Сорок огромных платформ, установленных на автомобили и автобусы, электрокары и электромобили, везли и несли все, что только можно придумать. Переливаясь всеми цветами радуги, мимо проносились космические корабли, НЛО, пароходы и оленьи упряжки, проплывали диковинные рыбы и жар-птицы, извивались динозавры и крокодилы. «Мисс Пеория» и мэр города парили на крыльях славы. Эта рукотворная вакханалия света состояла из полумиллиона передвижных огней и 2,5 миллионов ламп, украшающих город.

Праздник закончился грандиозным фейерверком. Россыпи огней сменяли цветочные созвездия; было светло, как днем. Веселую семейку, перегородившую нам выезд своим диваном на колесах, пришлось разыскивать в ближайшем баре. Полицейские быстро и умело разруливали пробки. После такого обилия света обратная дорога показалась путешествием впотьмах по подземным лабиринтам.

И долгожданными были ослепительные огни разукрашенных улиц и домов Большого Чикаго, готового встречать следующие любимые народом праздники – Хануку и Рождество Христово.

Глава 4-4. Миссисипи – главная река

На очередной День поминовения мы двинулись на северо-запад, в город Дюбюк, который расположен на границе штатов Иллинойс, Висконсин и Айова, соединенных в этом месте знаменитым мостом Трех штатов.

По дороге листала любимую книгу: «...Оставив Бекки, он ушел отыскивать выход из пещеры; прошел две галереи, свернул в третью и хотел уже повернуть обратно, как далеко впереди блеснуло что-то похожее на дневной свет; он стал пробираться ползком и увидел, что широкая Миссисипи катит перед ним свои воды!»

Да, это строки из книги про озорного мальчишку Тома Сойера – большого любителя приключений, благодаря которому мы узнали о великой американской реке задолго до начала школьных уроков географии. И что при переводе на русский язык ее имя *Mississippi* потеряло часть своих струящихся звуков.

Подстать Тому его закадычный друг Гекльберри Финн, сбежавший из дому и много миль проплывший по Миссисипи на плоту в компании с беглым чернокожим невольником Джимом. Гек рассказал, какая здесь замечательная рыбалка: «Мы насадили на большой крючок ободранного кролика, закинули лесу в воду и поймали сома ростом с человека: длиной он был в шесть футов и два дюйма, а весил фунтов двести. Мы, конечно, даже вытащить его не могли: он бы нас зашвырнул в Иллинойс. Мы просто сидели и смотрели, как он рвался и метался».

Вдохновленные, мы тоже по утречку вышли на рыбную охоту, но с другого берега, из родного штата Иллинойс, поскольку каждый штат выдает на свои территории собственную лицензию. До Гекельберри нам далеко, но серебристых окуней и усатых сомиков средней величины мы натаскали, так что уха получилась знатная.

А создатель этих бессмертных героев Марк Твен, урожденный Сэмюэль Легхорн Клеменс, именно здесь, работая лоцманом на Миссисипи, вынес «из народа» свой знаменитый псевдоним. Так кричали замеряющие дно реки плотовщики: «*Две* отметки!» или, выбрасывая вверх два пальца, сам Марк Твен: «*Двойное* виски!», обращаясь к бармену, мелом на доске ведущему счета завсегдатаев.

В те далекие времена Миссисипи была основной национальной артерией, поставляющей грузы, дающей людям работу и средство сообщения. Сначала товары возили на плоскодонных баржах, которые под парусами шли до Нью-Орлеана, там меняли груз и потом долгие месяцы тащили вверх, против течения, бечевой или с помощью шестов. С увеличением торгового движения по реке, пишет Марк Твен, «целая орда загрубелых смельчаков получила работу; это были неотесанные, необразованные, но храбрые малые, переносившие невероятные трудности со стойкостью истых моряков, страшные пьяницы, необузданные гуляки, завсегдатаи злачных мест, отчаянные драчуны, все до одного бесшабашные, неуклюже-веселые, как слоны, ругатели и безбожники; транжиры – когда при деньгах, и банкроты к концу плавания, любители дикарских побрякушек, невообразимые хвастуны; а в общем – парни честные, надежные, верные своему слову и долгу».

Потом появились пароходы, и через 20 лет эти люди все еще водили баржи вниз по течению, но продавали свои суда в Нью-Орлеане и возвращались домой на пароходах, которые обеспечивали все движение вверх по реке.

Постепенно лодки были вытеснены из торговли, и отпетые барочники шли на пароходы палубными матросами и лоцманами или сплавляли плоты от истоков Миссисипи.

Теперь только в музее можно увидеть флотилии мощных плотов с горами белых досок и шалашами для команды на палубе и прочитать, как береговые мальчишки любили выплыть на быстрину и влезть на плот, чтобы прокатиться, пока тебя не заметят и не скинут в воду.

С тех пор многое изменилось. По реке летают «ракеты» на подводных крыльях; скачут, как шустрые кузнечики, легкие быстроходные глиссеры; на волнах переваливаются неуклюжие катамараны. А на высоких обрывистых берегах, как ласточкины гнезда, притаились северные виллы и замки с бойницами.

Но по-прежнему неспешно шлепает по воде колёсный пароходик на радость восторженным любителям старины, и вдалеке от городских мостов исправно трудится паром, переправляя туда-сюда через реку местные грузы. По случаю праздника это была целая стая кожано-заклёпочных, в пиратских косыночках, байкеров (или рокеров?), которые на своих трещащих и дымящих мотоциклах ехали в свой фирменный бар, расположенный на противоположном берегу.

Жизнь здесь, как встарь, течет спокойно и размеренно, внешний мир как будто с трудом прорывается сюда. Например, скоро пожалуют ученые мира сего на свой международный симпозиум, чтобы взглянуть на Миссисипи и обсудить, вслед за Волгой и Нилом, и ее судьбу.

Напомню, что длина Миссисипи составляет приблизительно 2350 миль, что чуть больше половины самой длинной в мире реки Нил; но вместе со своим притоком Миссури она превышает 5000 миль и является самой длинной речной системой планеты. Она принимает воды 250 притоков из 31 штата и двух канадских провинций, граничит с 10 штатами, пересекает всю страну от северной Миннесоты до устья в Луизиане, спуская в Мексиканский залив ежегодно каждую секунду 2300 тысяч кубометров воды и вместе с ними около 400 миллионов кубических ярдов грязи, песка и гравия.

Французы были первыми европейцами, которые в XVI веке услышали от северных индейцев о «великой реке». Потом на нее случайно наткнулся испанец-кладоискатель, но мутная ширь лишь испугала его; и только один из ранних европейских исследователей, Ла Салле, понял, какое непреходящее социальное и политическое значение будет иметь эта плодороднейшая долина в жизни континента, и в 1682 г. объявил бассейн Миссисипи французской территорией.

В американские руки эти земли перешли только в конце XIX столетия. С покупкой президентом Джефферсоном Луизианы в 1803 г. долина Миссисипи была открыта для белых поселенцев, которые с востока тысячами хлынули на эти благодатные земли: пешком через Аппалачи, на челноках и яликах по широкой реке Огайо и позже по железной дороге. У этих мест еще не было названий, но поток кукурузы и пшеницы, мехов и шкур, свинца и древесины уже пошел по реке на рынки Сант-Луиса и Нью-Орлеана.

Рожденная в легендах, полноправная участница великих исторических событий, Миссисипи сыграла огромную роль в становлении нации, стала частью ее сознания и движения, подъемов и падений.

Величие реки вы почувствуете, когда поднимитесь на крутой утес и с высоты птичьего полета посмотрите на поблескивающую внизу ленту реки, то распадающуюся на многие рукава, то собирающую свои воды в синие блюдца-озера. И многочисленные острова, и берега как мягким зеленым ковром покрыты лесами, нескончаемыми до самого горизонта.

Здесь на вершине холма построена башня и похоронен основатель города Жюльен Дюбюк, выходец из французской Канады, который торговал мехами и, женившись на индианке, в 1788 г. получил от индейского племени *Fox* разрешение на разработку в этих местах месторождений свинца. С приходом иммигрантов получило развитие судостроение, деревообрабатывающая и мясная промышленность. А когда город разбогател, были построены прекрасные дороги со сложными развязками, монументальные общественные здания и живописные особняки.

В последние годы в этих богатых историей краях процветает индустрия туризма; более 188 млн долларов потрачено на создание Национального музея реки Миссисипи и аквариума. Здесь на вечном приколе, как революционный крейсер «Аврора», стоит величиной с футбольное поле корабль-землечерпалка *William M.Black*, умиляя мальчишек примитивностью машинного отделения.

Здесь можно узнать имена первых женщин-капитанов, водивших речные суда, – прообраз теперешних американок-адмиралов – и даже увидеть живого аллигатора, сгоряча доплывшего до этих негорячих широт.

Из местных достопримечательностей сохранилась построенная в 1882 г. самая короткая в мире железная дорога – длиной 296 футов при подъеме 189 футов. Предание гласит, что бывший мэр города и сенатор от штата Айова мистер Грейвс тратил полчаса, чтобы доехать на лошади от своего дома на вершине холма до банка в даунтауне, где он работал. Располагая полутора часами на ланч, когда жизнь в городе замирала, мистер Грейвс не успевал насладиться послеобеденным сном, поэтому вместо того, чтобы купить лошадь порезвей или обойтись, как другие, бутербродом из автомата, он отправил свою лошадь на раннюю пенсию и построил железную дорогу с канатной тягой наподобие фуникулеров, виденных в Европе. Через два года, идя навстречу пожеланиям трудящихся соседей, он открыл свою «лошадку» для широкой публики за 5 центов, а уж после пожаров они сами ее отстраивали и благополучно эксплуатируют по сей день.

Расположенный за городом Грот искупления называют восьмым чудом света. Это не пещера, скорее архитектурный сад с арками, фонтанами и скульптурами на религиозные и историко-партиотические темы. Я бы назвала это удивительное сооружение «Гимн труду», потому что эти каменные джунгли сложены из тысяч и тысяч фрагментов – камней, сталактитов и сталагмитов, ракушечника, изумрудов, сапфиров, аметистов, нефритов и янтаря, собранных со всего мира.

В течение 42 лет, начиная с 1912 г., отец Пол Добберстейн трудился над созданием этого грандиозного монумента в честь девы Марии, полагая, что она спасла его, умирающего, от пневмонии. В своей работе он доходил до фанатизма: прополз 9 миль по узкой пещере в Южной Дакоте, чтобы вытащить нужный камень, после чего несколько недель отлеживался в госпитале, пока ему не вернули зрение. Он работал на Вечность. Самую тяжелую работу выполнил Мэт Щеренце, однако, остался в исторической тени своего патрона, после смерти которого проект закончил отец Луиз Гревинг.

Но это всего второе чудо Айовы, а первым считают сырные шарики *Cheeto* (закуска наподобие чипсов), которые сделали известными даже в Австралии и городок Алгона, где родилось изобретение, и предприимчивого Бруса Вилсона, который просто назвал сырки самыми большими в мире и выставил на интернетный аукцион eBay, что принесло городу и достойному потомку Тома-Гекльберри неплохие (миллионные) прибыли.

Закончили мы свое путешествие на висконсинских берегах Миссисипи, в заповедниках, где каньоны сменяют озера и теряешься, выбирая, что посмотреть. Познакомились с «птичьими наблюдателями», которые в бинокль созерцают дикую природу. И вправду, скажу я вам, впечатляет, когда с высокого утеса смотришь на кружащих над речной пропастью и совсем близко от тебя рыжих сарычей из семейства ястребиных, хищно высматривающих добычу.

Лысого орла – символ Америки, при виде которого у истинного янки на глаза наворачиваются слезы и рука сама тянется к груди, встретили только в музее. Старожилка Алис рассказала, что поскольку Миссисипи является главным путем миграции птиц, лысых орлов в здешних краях много, но они плохо переносят суровые зимы, и лет десять тому назад она видела, как специальный самолетик осенью повел их за собой зимовать во Флориду.

Очарование здешних мест завораживает, манит вернуться. Как незабываемое гоголевское – «чуден Днепр при тихой погоде...», к Миссисипи навечно прилепились слова Марка Твена: «Великая Миссисипи, величественная, прекрасная Миссисипи, катящая свои воды шириной в милю, блестя на солнце».

Глава 4-5. Штат «голубой травы» Кентукки

С нетерпением ждали мы следующих праздников, чтобы вместе с 31 миллионом американцев встать на колеса и отправиться в дорогу «в поисках Америки».

День Благодарения – праздник замечательный. Для меня прежде всего тем, что он сменяет Халувин, когда на прогулке приходится обходить дома, где на зеленых лужайках разбросаны черепа и кости, возвышаются надгробные камни с именами здравствующих хозяев, а с деревьев свешивается всякая нечисть. Бр-р-р...

День Благодарения – праздник добрый, недаром на торжественной церемонии помилования индейки президент Буш традиционно подарил жизнь двум счастливым птицам, выбранным из 45 миллионов съедаемых американцами за раз со словами благодарности Богу, родителям и друзьям. А когда человек благодарит судьбу, прощает обиды, просит счастья детям и внукам, он смягчается, обретает душевный покой.

А мы решили съесть свою «турку» на этот раз в штате «голубой травы» Кентукки, известном не только 200-летними традициями в производстве американского виски – популярного «бурбона», но и как родина чистокровных породистых лошадей благодаря холмистым пастбищам, поросшим сине-зеленой травой. Проводимые по весне рысистые испытания трехлеток на 1,25 мили, знаменитые *The Kentucky Derby*, имеют самую длинную в стране историю и призовой фонд более 600 000 долларов. Скачки же здесь происходят почти круглый год, но об этом чуть позже.

Находится этот самый большой в мире ипподром *Churchill Downs* в городе Луисвилле, названном в честь короля Франции Людовика XVI. Он раскинулся по берегам полноводной реки Огайо, украшен разноцветно-разновысоким даунтауном, красавицей набережной и кружевом мостов. Из него вышел великий боксер Мохаммед Али, а его спортивный дух живет в бесстрашных тинэйджерах, лихо выделывающих в бетонных лабиринтах сальто верхом на велосипеде.

Настоящим открытием для нас стала старая часть города, насчитывающая тысячи строений Викторианской эпохи, сохранивших очертания и отдельные элементы домов и церквей прошлых веков. Здесь можно различить более 10 архитектурных стилей: от классических ионических колонн, «пламенеющей» готики и итальянского ренессанса до стиля «тюдор» с его башенками, деревянными переплетениями, массивными дымоходами и французского «шато» с мансардами и цветным орнаментом.

И всё это великолепие вместе с газовыми фонарями и фонтанами, вековыми магнолиями, пурпурными азалиями и золотыми рыбками составляет несколько кварталов единого градостроительного комплекса, где удобно жить людям и интересно бывать любознательному люду.

Район бурно застраивался в 1870–1900-х годах, но только через 100 лет жители осознали всю его уникальность, и тогда в Женском клубе Луисвилля появилась идея, что было бы неплохо построить здесь специальную стоянку для гостей, а вскоре весь этот комплекс получил статус национального достояния.

Каждый дом имеет свою, бережно сохраняемую летопись, а вместе они складываются в живую историю города. Вот дом, построенный в 1892 г. в романтическом стиле «Королева Анна» с многоугольной башней, мезонином и глубокими оконными нишами. От богатого промышленника он перешел в собственность мормонской церкви, проводившей здесь службу, а теперешний владелец много сделал для сохранения старины и проведения на улицах старого города Шекспировского фестиваля.

Большой «Розовый дворец», или «Казино», был частным клубом для резидентов, одним из которых стал изобретатель слухового аппарата Джордж Вилсон по прозвищу «Барабанная перепонка», владевший первым в городе автомобилем. Другая жительница, будучи президентом местной ассоциации, легко решила проблему парковки на центральных газонах, приказав спускать шины на автомобилях нарушителей...

Следующим по плану был ипподром, и когда мы туда прибыли, все пространство вокруг гудело, словно развороченный улей. Машины с номерными знаками из всех окрестных штатов занимали даже лужайки прилегающих домов. Одна предприимчивая матрона, стоя на проезжей части дороги, зазывала опоздавших на свой участок, где уже «покоилось» машин 15–20, выкидывая вперед ладошки с растопыренными пальцами. Довольно скромно при таком Вавилоне!

По полю уже мчались плотной стайкой 13 скакунов с упруго застывшими и ярко одетыми жокеями. И только на финишной прямой вперед стремительно вырвалась белая лошадь. Рев трибун приветствовал победительницу. Ее обступили тренеры и конюхи: сняли шоры, полили водой, обтерли и надели сухую попонку. После круга почета ее завели на «лобное место» для общения с прессой и фотографирования в обнимку с гордыми и счастливыми владельцами.

А на арену уже выводили под уздцы участников следующего заезда, чтобы публика могла посмотреть и оценить их в движении. Делайте ваши ставки, господа!

Многие играют на скачках, не выходя из пивных баров и не отходя от компьютеров, установленных на верхнем этаже, похожем на огромный вычислительный центр. Мне обычно в азартных играх не везет, и я, чтобы просто «поболеть», мысленно выбрала резвую каурую лошадку под номером 5.

Начала она хорошо, потом шла вместе со всеми где-то в середине табуна. И тут случилось непредвиденное: почти перед финишем она оступилась и, сильно хромая, сошла с дистанции.

Наездник соскочил, а к ней бросились спасатели, отгородив большим экраном, чтобы не смущать публику. Лошади сделали укол и втащили в подоспевшую машину скорой помощи.

Цепь из нескольких ратраков выровняла поле для очередного заезда. Шоу продолжалось... Ремейк из романа Толстого «Анна Каренина», не правда ли?

...И еще одно чудо Америки – заповедник «Мамонтовая пещера», в которую человек проник всего-то 4000 лет назад.

Бородатый, в обязательной форменной шляпе, с собранными в длинный конский хвост волосами рейнджер, начал с шутки:

– Поднимите руки те, кто уже бывал здесь. Кто не был? А теперь поднимите те, кто не поднимал!

И он повел нас по лестницам прямо в преисподнюю, где было тепло и влажно, завораживающе светились сталактитовые и сталагмитовые изваяния и было очень страшно, когда вдруг опустилась абсолютная темнота.

Это самая протяженная на нашей планете подземная система пещер, составляющая предмет национальной гордости наряду с Большим каньоном и Гигантской секвойей. Интересно, что открытая в 1798 г. и получившая доступ публики в 1816 г., она предшествовала всем национальным паркам и вместе с ними сыграла не последнюю роль в определении статуса США среди мировых держав XIX века.

Подлинные ее масштабы не известны, но геологи предполагают, что общая ее длина может быть вдвое больше, чем доступные ныне 350 миль, превышающие любую известную систему пещер по крайней мере в 3 раза. Первопроходцем многих ее миль называют Стефана Бишопа, раба-самоучку, начавшего водить экскурсии по пещере в 1838 г., когда ему было 17 лет. Здесь найдено около 130 форм жизни: от летучих мышей, стаями висящих на каменном потолке, до безглазых и бесцветных рыб. Что человек побывал здесь, свидетельствуют найденные тростниковые стрелы, выдолбленные из тыквы сосуды, плетеные сандалии.

Эта причудливая система пещер образована медленным – в течение 70 миллионов лет – растворением известняков подземными водами. Здесь чувствуешь себя подавленным беспредельной силой природы, которой всё подвластно: она может творить и эти огромные «мамонтовые» гроты, и тончайшие каменные узоры.

Последним аккордом было путешествие на моторной лодке по подземной реке. Из просторных холлов, напоминающих залы для бальных танцев и парадных приемов с подсвеченными каменными изваяниями вместо люстр и скульптур, мы плавно «перетекали» в узкие и низкие темные коридоры, где приходилось пригибать голову и становилось не по себе. А когда мотор внезапно запутался в иле и остановился, многих посетила предательская мысль, что из этого подземного лабиринта уже не выбраться никогда...

Однако сомнение оказалось напрасным: остановка была срежиссирована в духе «халувиновской» страшилки, чтобы поставить окончательный и запоминающийся штрих в фантастической картине подземного царства.

Напоследок женщина-рейнджер, стройная в своей песочного цвета униформе, сказала:

– Приезжайте на следующий год, здесь есть что еще посмотреть, не пожалеете.

– Вы, видно, большой патриот этих мест? – спросила я.

– Да. Я живу в доме, принадлежавшем не одному поколению моих предков. Они здесь жили и умирали. Я тоже никуда отсюда не уеду. Вот уже 15 лет, как я каждый день езжу на работу больше часу, и мне это нравится.

– Здесь всегда такая приятная погода?

– Зима у нас великолепная, а летом бывает жарковато. Но, наверное, ко всему можно привыкнуть – я даже по жаре каждый день бегаю трусцой.

И она проводила нас, чтобы показать, откуда лучше заснять живописную панораму.

Она права. Как французы, встающие из-за стола, когда еще способны съесть парочку бутербродов, мы покидаем эти края с желанием вернуться. Чтобы побольше узнать об этих людях и их истории. Американцы заботливо хранят свои традиции, даже иногда не очень понятные другим, но они считают своим долгом постоянно отдавать дань уважения своим предкам. Может быть, в этом и заключается их негромкий и непоказной патриотизм?

Глава 4-6. На тропе Аппалачей

В День поминовения, первый по-настоящему теплый после долгой зимы праздник, когда распустились цветы, зазеленели луга и оделись в пышный наряд деревья, вся или почти вся способная к движению Америка стремится на природу. Машинами и мотоциклами, лодками и теплоходами, самолетами и вертолетами, велосипедами и на лошадях. Чтобы наконец-то вволю походить пешком и увидеть что-то интересное, прикоснуться к чему-то доселе не виданному.

Мы не были исключением и, снарядив три «Одиссея», отправились странствовать, но не на остров Корфу, как наш великий предшественник, а в самый большой на восточном побережье Северной Америки и наиболее посещаемый национальный парк «Великие Дымящиеся горы» (не путать с Курилами), раскинувшийся в Аппалачах на границе штатов Теннеси и Северная Каролина.

Самая доступная и популярная часть парка это асфальтированная петля длиной 5 миль с односторонним движением, по которой очень медленно катится непрерывный автомобильный поток, временами замирающий. Встроенные в это неспешное течение, мы начали нервничать, потому что за 6 дней путешествия планировали успеть многое, а тут такая непредвиденная задержка. Выбравшись на очередной остановке из машины, чтобы разобраться, что происходит, в чаще леса увидели разгуливающего на свободе черного медведя, явно недовольного яркими вспышками фотоаппаратов и кинокамер. При следующей остановке народ снимал фильм про оленью семью, а дети пытались накормить непослушного оленёнка. Это было что-то вроде местного сафари, но с мирными животными, которых можно фотографировать «вживую», а не из окна автомобиля, когда нельзя опустить стекло, не рассердив дежурного рейнджера.

Здесь можно половить форель в горной речке, посетить хижины первых поселенцев или, как мы, подняться к водопаду Абрамс, названному в честь индейского вождя. Это было настоящим паломничеством; шли целые семьи, держа за руки и на руках детей, прижимая к груди любимого пёсика. Тропинка вилась вдоль обрыва под вековыми деревьями, всё круче. Хорошо бы отдохнуть, но размеренный шум падающей воды притягивал. Вот последний мостик через ручей и в разгоряченное лицо приятно пахнуло свежестью. Взору предстали мощные струи белой, как снег, воды с затерявшейся радугой, несущиеся вниз, чтобы замереть в голубовато-зеленом озерце, окруженном скалами и первобытными папоротниками. На камнях сидели гордые восхождением паломники, фотографировались на утесе и в больших количествах потребляли воду из пластмассовых бутылок, без которых здесь ни один уважающий себя путешественник не выйдет из дома.

Но это было только начало. Самое большое впечатление произвела на меня знаменитая Аппалачская тропа, на знамени которой написано: «Путь для тех, кто дружит с дикой природой». Она идет по горному хребту так, что вы с одной стороны видите лесистую долину и цепи голубых гор на горизонте, принадлежащие штату Северная Каролина, а с другой – такую же красивую, освещенную солнцем панораму штата Теннеси. Ноги сами идут по этой тропе; мы даже не заметили, что поднялись до альпийских лугов. Редкий пахучий кустарник, высокие травы и яркие цветы наполняли воздух пряным ароматом и образовали пестрый мягкий ковер, плавно переходящий в голубую линию горизонта. Если и бывают моменты истины, то это здесь, наедине с природой – выше только небо да легкие облачка, несущиеся неизвестно куда, а внизу – округлые, подернутые молочной дымкой горы. Дух захватывает, так бы и смотрел часами, как на огонь или линию морского прибоя...

Здесь тишина, попутчиков меньше и они другие. Это группки молодых людей с рюкзаками, у которых серьезные намерения штурмовать тропу, спортивные пожилые пары с непременными лыжными палками в качестве ледоруба и одинокие путешественники с другом – породистой собакой.

Аппалачская тропа длиной 2150 миль идет вдоль атлантического побережья Северной Америки через 14 штатов – от горы Катадин, штат Мэйн, на севере до горы Спрингер, штат Джорджия, на юге. Начиная с 1948 г., всю тропу с начала до конца прошли 4000 человек; рекордное время составляет 52 дня. Она проходит по лесам, крутым склонам, болотам, через мосты, большие и маленькие города. Она поднимается от уровня моря, пересекая Гудзон, до самого высокого пика Клингманс Доум (6643 фута), куда мы благополучно добрались. В этом месте построена высокая смотровая вышка, откуда открывается прекрасный вид на 9 штатов. Наверх ведет пологая спиральная лестница без ступенек, как в нью-йоркском музее Гугенхейма. Вышка является визитной карточкой тропы и издалека напоминает маяк; на нее может подняться любой человек, даже в инвалидной коляске.

Проект создания тропы был предложен федеральным чиновником Бентоном МакКейем в 1921 г. как средство связи между затерявшимися в горах фермами, рабочими поселками, учебными лагерями и в надежде, что он будет популярен среди жителей больших городов, уставших от индустриализации.

Движение за охрану окружающей среды в Америке началось в начале XX века при поддержке президента Теодора Рузвельта, и идея МакКейя упала на вспаханную почву общественного мнения, воплотившись в план создания пешеходной «супер» тропы между самыми высокими точками Северных и Южных Аппалачей. Через год началась работа, и к 1937 г. были расчищены последние мили тропы, которая стала обрастать спортивными комплексами, принося людям радость и здоровье.

Однако ураганы, война и неумолимое время способствовали постепенному уничтожению человеческих завоеваний, требующих постоянной заботы и внимания. И больших денег. Политические битвы многих лет вокруг нее закончились в 1968 г. подписанием президентом

Линдоном Джонсоном постановления о государственной защите «первой национальной живописной тропы» и прилегающих земель. Ныне легендарную тропу поддерживают в рабочем состоянии около 70 спортивных клубов.

Интересна история самого парка. Первыми людьми, прибывшими сюда в 1000 г. нашей эры, были индейцы племени Чероки, которое живет там и поныне, называя свою родину «Страной голубой дымки». Они вели оседлый образ жизни, выращивали кукурузу, бобы, дыни и табак, охотились. Их города состояли из хижин, в центре возвышалось большое здание с куполом – Дом Советов – для собраний общественности и религиозных церемоний. Они поклонялись одному богу; правление было вполне демократическим, с разделением власти и домашних обязанностей между мужчинами и женщинами поровну.

Когда во второй половине XVIII столетия в большом количестве начали прибывать шотландско-ирландские, немецкие и английские иммигранты, индейцы еще были настроены весьма дружественно, отвечая лишь на провокации. Чтобы прийти к соглашению с могущественными пришельцами, они пытались договориться и даже приспособиться к европейским обычаям. В 1808 г. был принят свод законов и чуть позже учрежден Верховный суд. Секвоях, серебряных дел мастер, разработал алфавит для языка Чероки и уже через два года почти все его люди читали и писали на родном языке. Начали выпускать газету, приняли конституцию, основанную на Конституции США.

Но всё это не помешало белым поселенцам методично оккупировать их земли. Открытие в 1828 г. золота в северной Джорджии стало приговором для нации. Президент Эндрью Джексон подписал *Removal Act*, обязывающий всех аборигенов, проживающих к востоку от Миссисипи, переселиться на индейские территории в Оклахому. Чероки апеллировали в Верховный суд США и постановление судьи Маршалла было в их пользу, но президент Джексон – единственный раз в американской истории – игнорировал решение суда.

Путь в Оклахому 13 тысяч индейцев племени Чероки в 1838 г. вошел в историю как «Тропа слез». Около трети из них погибли на марше от голода и болезней. Однако нашлись смельчаки, которые не подчинилась правительственному указу и, скрываясь в горах, выжили. В 1889 г. этому населению в количестве 1000 человек было даровано право владеть 56 000 акрами земли (*Qualla Indian Reservation*). Примерно 10 500 их потомков неплохо живут сейчас в этой резервации вдоль южной границы парка.

Как Чероки, белые пионеры XVIII века стремились селиться на плодородных землях, расположенных в долинах. В XIX веке вновь прибывшим таких земель уже не хватало, им приходилось забираться выше в горы и осваивать бедные и трудоемкие почвы. Их называли «фермеры, с трудом карабкающиеся». Их деревянные, потемневшие от времени домики сохранены в парке как достоверные свидетельства той эпохи.

Но угроза природе Аппалачей исходила не от землепашцев. Потребности городов в древесине для строительства домов и заборов, для топлива и разработки мебели наряду с развитием технологии лесоповала и железнодорожного транспорта, вклинившегося глубоко в горы, привели к почти полному уничтожению лесов южных Аппалачей.

Лесозаготовительные компании построили на территории будущего парка 15 поселков по числу лесопилок, а местные жители, которые раньше пахали землю и разводили свиней, соблазнившись обещаниями постоянного заработка, оставляли свои фермы и начинали валить деревья и пилить доски. Однако стабильность нам только снится и, когда было вырублено всё доступное, компании переметнулись на нетронутые лесные богатства Запада, а наёмные работники были вынуждены вернуться в фермерство либо искать работу в шахтах, на текстильных и автомобильных заводах.

Таковы были предпосылки для образования национального парка. В 1904 г. библиотекарь из Сент-Луиса по имени Хорейс Кефарт приехал в горы, чтобы поправить свое здоровье, и увидев, что крупномасштабные порубки вывели из строя землю и разрушили жизнь людей, выдвинул идею сохранения этих живописных мест в виде национального парка. Идея овладела массами не сразу: лишь в 1920 г. граждане штатов Теннеси, Северная Каролина и бесчисленные волонтеры собрали 5 миллионов долларов; федеральное правительство нехотя добавило еще 2 млн. Недостающие 5 млн внес Джон Д. Рокфеллер, основав мемориальный фонд в честь своей матери. Когда 6 марта 1928 г. пришла эта весть, в окрестных городах звучали свистульки и гремели колокола.

Было куплено 500 000 акров земли; 15 июня 1934 г. эта часть Аппалачей получила статус национального парка. И закипела работа.

Согласно программе, учрежденной президентом Франклином Рузвельтом, была создана гражданская служба заповедника, которая строила туннели, дороги, стоянки для автомашин, зоны отдыха. Это была целая армия труда, расположенная в 200 военизированных лагерях – более 4200 человек. Сохранились фотографии: молодые, но очень серьезные строители делают утреннюю зарядку. Они представлены на стендах одной из смотровых площадок, где при большом стечении народа в 1940 г. президентом Рузвельтом был торжественно открыт парк. В честь этого события сооружена каменная стена, на которой сейчас резвятся юные скалолазы. Если бы у общества не было предубеждения к этому слову, 20-летнюю эпопею создания этого грандиозного национального парка я бы назвала примером благополучного завершения «великой стройки коммунизма».

Глава 4-7. Кто не видел Сан-Диего, тот не знает Америки

Когда в Чикаго неурочно падает снег, заунывно воет ветер или дождь неугомонным дятлом стучит в окно, рассматривая старые фотографии, приятно вспомнить, что всего в нескольких часах лёта есть на земле сказочный город – белый с красными крышами, где всегда сияет солнце, а океан катит и катит на берег свои волны.

Для многих этот город «белых штанов» – самое комфортное для проживания место в Америке, потому что там устойчивая погода и нет преступности. А потому мечтают о нем и стремятся туда настойчиво, примерно как потомок турецких янычар товарищ Бендер в Рио-де-Жанейро.

И, честно говоря, город стоит того. Правда, белых брюк я там не углядела – в прошлом сезоне была мода на полуобнаженную загорелую натуру – но в остальном это город голубой мечты. Ослепительное, слегка назойливое солнце, освежающий лицо и мысли бриз, ярко-синее безоблачное небо, белые океанские лайнеры, огромные шелестящие на ветру пальмы. Дышится легко, хочется двигаться.

Утопающий в зелени город широко и вольготно раскинулся на холмах и равнинах вдоль великого океана. Запоминаются красные черепичные крыши, увитые зеленью и цветами белёные стены и такие же по колориту островерхие церкви со свисающими точно ёлочные игрушки колоколами. Есть, конечно, и свой даунтаун с небоскребами тонированного стекла, серого цвета высотными домами-близнецами, прозванными «сигарами» как дань деловому имиджу Америки, и современными роскошными гостиницами, гостеприимно открытыми для всех желающих порастрясти тугие кошельки. Но в целом город произвел на меня впечатление эклектического провинциального курорта со смешением времён, культур и религий, с нелепыми, но обязательными ангелочками на крышах и пронзительно окровавленными сердцами на окнах. Есть здесь даже свои рикши – запряженные в двухместную коляску велосипеды, ведомые крепкими парнями и девушками (за что боролись!). Но за удовольствие покататься «на американце» надо хорошо заплатить.

В «русском» магазине я спросила симпатичную продавщицу, как ей живется в лучшем из городов. Она ответила: «Очень люблю этот город, особенно после того, что мы жили в Канзас-Сити, где была скука смертная. В Америке мы уже 10 лет, приехали из Армении. У мужа магазин, правда, не совсем свой – приходится арендовать помещение, но дела идут неплохо. Здесь все хорошо – и океан, и погода, и город, но мало общения. Мы оставили в Армении столько друзей, здесь их уже не наживешь. И это грустно». В тесном магазинчике, где молодая женщина проводит свои дни, я была единственным покупателем.

Есть много мест в Сан-Диего, составляющих его гордость и славу. И одно из них это остров Коронадо, заливом отделенный от города фешенебельный курорт с пляжами белоснежного песка, на которых хозяйничают огромные хищные пеликаны, стремительным камнем падающие на добычу. Может быть, малоприятная перспектива оказаться в их мощных лапах удерживает публику от морских купаний, но берег пустынен, а отдыхающие предпочитают дистанцироваться от океана, чтобы спокойно плескаться в комфортабельных бассейнах и загорать в окружении привычных баров и острых ресторанных ароматов. Или уютно, с чашечкой кофе, устроиться на веранде, в тени под зонтиком, чтобы уже не отрывать взгляда от поблескивающей на солнце глади океана и одиноких шхун, качающихся на рейде. И тогда покой разливается, заполняя всё твое существо.

«Кто не видел Сан-Диего, не знает Америки...» Здесь не только созерцают – сотни целеустремленных одиночек отмеряют мили по мокрому песку в своем стремлении к здоровому образу жизни. На горизонте просматриваются очертания огромной военно-морской базы, а над головой время от времени с грохотом проносятся два самолета-крепости, охраняющие свободу и независимость американского народа. И это радостно. Но шумно.

Другим местом паломничества путешествующих является обширный северный пригород Ла Хойе с очаровательным, в европейском стиле, центром, ласкающим глаз своими кофейнями, ресторанчиками на крышах домов и в цветах балконами. «Там живут евреи», – предупреждали меня многие, примерно с теми же интонациями, которые предшествуют вступлению в кварталы Сан-Франциско, отмеченные радужными флагами.

Как это понимать? Более определенное высказывание на этот счет я услышала еще в перестроечные времена от молодого турка-гида. Тогда небольшое научно-исследовательское суденышко в коммерческих целях и для оказания технической помощи населению, почти сплошь подавшемуся в челноки, поутру прибыло из Ялты в Стамбул. Немногие, не обремененные узлами и необходимостью торговать на «блошином» рынке пассажиры пересели в автобус, предвкушая приятную экскурсию по экзотическому городу. И первыми словами этого ослепительной красоты арабского гида были:

– Посмотрите на этот зеленый мыс – там, как и во всем мире, на лучших землях живут евреи (?!).

В его словах была вся вселенская зависть, без которой человечество, видимо, существовать не может. Та зависть, легко переходящая в агрессию, которую невольно выплеснул уже российский парень, впервые попавший на московский Центральный рынок и одурманенный его пряными запахами и недоступными ценами: «Эх, взорвать бы все это к чертовой матери!»

Если евреи и живут в Ла Хойе, то им удалось сохранить природу и создать там прелестный оазис, доступный всем желающим почувствовать дыхание океана. Люди зачарованно двигаются вдоль обрывистого, изъеденного морем побережья над маленькими песчаными бухточками с прозрачной водой по тропе с *оверлуками* – площадками для обозрения. А посмотреть есть на что: необозримый океан и берег, чайками, голубями и пеликанами превращенный в крикливый птичий базар. И как замок Ив ввиду Марселя, где томился граф Монте-Кристо, в море выдается скалистый остров, на котором котики устроили свое лежбище и теперь резвятся на потеху детей и взрослых, ныряя и смешно вскарабкиваясь на камни плавными движениями обтекаемого и гладкого тела.

Очарование дня, однако, было нарушено душераздирающими криками. На огромной зеленой лужайке, очевидно, играющей роль центрального приморского парка, как в своей тенистой квартире, окруженные сумками и тележками с нехитрым скарбом, расположились неряшливого вида люди – по числу деревьев с пушистыми кронами. Одна из них, неопределенного возраста блондинка, ярко одетая, с торчащими во все стороны волосами, энергично жестикулируя зажатой в двух пальцах сигаретой, зычным голосом обличала грехопадение человечества.

Прохожие, опустив глаза и стыдливо отвернувшись, ускоряли шаг, чтобы побыстрее миновать неприятную часть курортной тропы.

В Америке существует закон, не позволяющий беспокоить бездомного в течение двух часов. А бездомным считают персону, которая в ночное время не имеет определенного, постоянного и адекватного места проживания, достойного человека.

Бездомное население графства Сан-Диего, составляющее примерно 15 000 человек, делится на две группы: подённые работники и городские бездомные.

По приблизительным оценкам, первая группа составляет более 7000 человек. Это в основном нелегальные иммигранты из Мексики в первом поколении, поощряемые местными властями и используемые в качестве дешевой рабочей силы в сельском хозяйстве и строительстве. Они считают своим домом поля, холмистые склоны и каньоны этого благодатного края и располагаются примерно в 100 лагерях на общественных и частных землях поблизости от ферм и строительных участков, где находят работу. Это в основном мужчины, зарабатывающие деньги, чтобы послать своим семьям, и потому экономящие на жилье. Нередко и семьи присоединяются к своим кормильцам.

Вторая группа – городские, или «традиционные», бездомные – на 64% состоит из одиноких людей в возрасте 27–40 лет. Одинокие или с детьми женщины составляют 8%; бездомные семьи – четверть, что сравнимо с третью по стране. Хотя в последние годы появились одинокие мужчины с детьми, половина семей представлена одинокими матерями, которые стали жертвами домашнего насилия, а треть из них испытала на себе плохое обращение еще в детском возрасте. Количество же бездомных детей, покинувших отчий дом из-за притеснений и издевательств, не поддается учету.

Согласно национальной статистике, проблемы 35–40% бездомных связаны с алкоголем и наркотиками. В графстве 1200 человек больны СПИДом; примерно 1900 человек страдают психическими расстройствами. Из них более половины белые и 70% – мужчины. Их средний возраст около 30 лет; большинство окончило школу и многие – колледж. Больная психика толкает людей к перемене мест, а суровый кочевой образ жизни обостряет эмоциональную нестабильность.

Пожилые люди составляют незначительную часть городских бездомных, очевидно, благодаря социальной защите и из-за сокращения продолжительности жизни в трудных условиях бродяжничества. Это мужчины в возрасте 60 лет, малообразованные, ничем не защищенные от злоупотреблений, серьезных болезней, преступлений и эксплуатации.

Следует отдельно сказать о бездомных американских ветеранах, которых в Сан-Диего гораздо больше, чем в других городах, благодаря значительному военному присутствию. Это 2000 человек в возрасте около 40 лет, многие из которых страдают посттравматическими психическими расстройствами, вызывающими провалы памяти, тяжелые воспоминания и ночные кошмары. Более 80%

ветеранов подвержены алкогольной и наркотической зависимости.

К категории бездомных, в масштабе страны составляющих около 2 миллионов человек, не относятся тысячи незарегистрированных рабочих, которые мигрируют в поисках работы и движутся через штат Калифорния на север, а также до 2000 тинэйджеров, убегающих из дома и после нескольких дней скитаний благополучно возвращающихся в «родные пенаты».

Судьба бездомных в Америке – это огромная социальная проблема, не имеющая простых решений. И пути ее решения, по которым идет общество, интересно сравнить с аналогичными методами решения другой злободневной социологической проблемы – преступности.

По этому поводу у меня состоялся интересный разговор с местным жителем, приехавшим в Америку более 20 лет назад, Семеном Зельвянским. Он показал мне еще одну «достопримечательность» Сан-Диего: в самом центре города возвышается прямое, как пенал, желтое неогороженное здание с узкими стрельчатыми окнами, в котором трудно признать тюрьму.

Имея юридическое и экономическое образование, Семен Ефимович работал в Московской областной адвокатуре, специализируясь по проблемам преступности, и сейчас исследует эту тему, так сказать, в американском варианте. Например, он рассказал, что как-то его коллега, американский криминалист, предложил ознакомить его с режимом пребывания в тюрьме уголовников, приговоренных к различным срокам заключения. А как раз в день «экскурсии» на территории тюремного двора бастовали зэки, протестуя против существующих условий их содержания. На транспарантах были начертаны требования:

– увеличить медицинский персонал;

– заменить черно-белое телевидение на цветное;

– разрешить свидания с женами и подругами чаще, чем один раз в месяц;

– пополнить тюремную библиотеку;

– всем нуждающимся обеспечить диетическое питание.

А пока в тюрьме имеется приличная библиотека и спортивный зал с современными тренажерами. В камерах функционирует водопровод, канализация, поэтажное кондиционирование. Заключенные получают трехразовое питание, включающее мясные, молочные и овощные продукты, а некоторые персоны пользуются привилегией заказывать еду в ресторанах. Как в армии, здесь есть возможность бесплатно закончить колледж, получив официальный диплом. Разрешены телефонные разговоры с родственниками, а при образцовом поведении и отпуск домой. Правда, по статистике некоторые зэки при этом вообще не возвращаются либо успевают по дороге совершить очередное преступление, включая убийство.

Все это произвело сильное впечатление на Семена Ефимовича, не понаслышке знакомого с положением заключенного в условиях российской пенитенциарной системы. Есть с чем сравнивать. Он даже пошутил, что не удивился бы, обнаружив в американской тюрьме казино, косметический кабинет или душ Шарко.

И вот, глядя сквозь призму такого сверхчеловеколюбивого отношения к преступникам на проблемы бездомных, бывший адвокат считает отношение к ним общества несправедливым. Действительно, пожилые и инвалиды получают государственное пособие. Но многим из них, особенно психически больным людям и ветеранам, потерявшим здоровье, защищая интересы Америки, необходимо стационарное лечение. Организация такого лечения вместе с увеличением сроков пребывания бездомных в приютах способствовала бы решению этой социальной проблемы.

Одна из руководителей городской службы социальной защиты бездомных Шарон Джонсон, любезно предоставила следующие данные: в графстве имеются 835 постоянных мест в приютах для семей, 246 мест для жертв домашнего произвола, 54 для ветеранов, 53 для отравленных наркотиками и 809 для выздоравливающих от наркотической зависимости, а также 191 место для 800 «хронических» бездомных юного возраста.

Это много или мало? Шарон полагает, что Америка достаточно богатая страна, чтобы обеспечить поголовно всех своих граждан жильем, пищей, одеждой и медицинской помощью.

Насчет поголовности, думаю, милая леди малость погорячилась, да и не нужно этого, а вот разработка специальных программ по работе с бездомными назрела давно. Таковыми могут быть: лечение и реабилитация людей с психическими расстройствами, особенно детей и ветеранов военных кампаний; организация осмысленного и полезного времяпрепровождения выбитых из общества людей; обязательное образование детей с целью их приобщения к культуре, нормальной оседлой жизни и домоводству.

Если Америке выпало назначение быть стражем мирового порядка, она должна прежде всего позаботиться о своих гражданах, ибо тени забытых под мостами людей – этого «невидимого населения» – не украшают великую державу.

Глава 4-8. Нас занесло на Гавайи

Пароход «Независимость», издав пронзительный гудок, взял курс в открытый океан. Нас было девять на борту, кто с детства мечтал о дальних странах и зачитывался рассказами о морских путешествиях, но кому томные звуки гавайской гитары могли воскресить в памяти разве что «марку Гонолулу» Льва Кассиля. И мог ли кто-то из нас, даже в легком подпитии, предположить, что в один прекрасный день с рюкзачком за плечами и с фотоаппаратом в руках окажется почти как Пятница посреди Тихого океана, на острове, который покрыт зеленью, «абсолютно весь»?

Цепь поросших буйной растительностью Гавайев, насчитывающих 8 больших и около 100 маленьких островов, лежит в 3200 км к западу от Калифорнии. Они вулканического происхождения и продолжают отстраиваться последние 5 миллионов лет. Это наиболее изолированные острова в мире, сохранившие уникальную фауну и флору. Например, птицы здесь большие и не умеют летать. Около 2000 лет назад с далеких Маркизских островов сюда прибыли на своих каноэ полинезийцы и вместе с привезенными с собой собаками, свиньями, курами, сладким картофелем, бананами и кокосами обосновались здесь отдельными кланами во главе с собственными вождями, занимаясь сельским хозяйством и рыболовством.

Американские торговые и китобойные суда часто заходили на острова, чтобы пополнить запасы продовольствия и питьевой воды. Примерно с 1790-х годов американцы начали торговать с гавайцами, заинтересовавшись местными ресурсами, например, сандаловым деревом, которое до того вывозили из Китая. К этому времени король Камехамеха Первый объединил все острова под своей властью, и большие деревни, такие как Гонолулу, имеющие удобные выходы к морю, начали быстро развиваться и богатеть. Однако пришельцы принесли с собой и неизведанные болезни, которые нещадно косили островное население, как раньше индейцев – коренных жителей американского континента.

С 1820 г. на острова потянулись миссионеры-христиане. Они подарили аборигенам алфавит из 12 букв, перевели на местный язык Библию и учредили школы. Еще лет через 10 на острова завезли сахарный тростник, и миссионеры наряду с торговцами кинулись скупать земли и создавать сахарные плантации. Для работы на которых ввозили тысячи иммигрантов из Японии, Китая и стран Океании. Постепенно американцы прибрали к своим рукам большую часть гавайских земель и бизнесов, завоевали авторитет в политике, выступая в качестве советников королевской семьи. Хотя Соединенные Штаты в 1842 г. признали независимость Гавайев, острова все больше подпадали под их влияние.

В 1887 г. США в обмен на разрешение ввозить в страну гавайский сахар без пошлин вынудили короля Калакауа дать согласие на строительство в своем лучшем порту военно-морской базы Пирл-Харбор.

Королева Лилиуокалани, вступившая на престол в 1891 г., пыталась восстановить национальный контроль над экономикой страны, но была свергнута белыми плантаторами, учредившими временное правительство. Их успеху явно способствовал глава американской дипломатии на Гавайях Джон Стевенс, который привел в боевую готовность солдат морской пехоты с военного корабля «Бостон» и тут же признал новое правительство, немедленно пославшее делегацию в Вашингтон для согласования договора об аннексии Гавайев к Соединенным Штатам. И президент Бенджамин Харрисон подписал соглашение.

Однако Сенат не торопился утвердить его, а новый президент Гровер Клевеленд, выяснив, что народные массы не поддержали восстания, и вовсе отозвал договор, назвав американское вмешательство в гавайскую революцию «бесславным». Хотя большинство коренного населения и иммигрантов из Азии были против аннексии, последнее слово оставалось за небольшой, но властной группой американских сахарных плантаторов, торговцев и миссионеров вместе с их гавайскими союзниками и влиятельными людьми из США. При следующем президенте Вильяме МакКинли Конгресс одобрил аннексию, и с 1900 г. Гавайи являются территорией Соединенных Штатов.

В состав США Гавайи вошли одновременно с Аляской в 1959 г., оказавшись 50-тым штатом. И было это уже, можно сказать, на наших глазах. Я помню, как во время Американской выставки в Москве на одной из открытых площадок в Сокольниках ведущая прервала показ модной одежды для «подмосковных вечеров» и сообщила эту волнующую новость, чтобы советские люди могли лично поздравить манекенщицу по имени Хиросима, уроженку одного из островов, с этим событием.

А острова, действительно, сказочные. Их называют не иначе как страной орхидей или земным раем. Легкий бриз с тревожным запахом моря ласкает душу. Ослепительный песок, нежнейшая травка и пальмы.

Мы объехали 4 самых больших острова, и оказалось, что каждый из них не повторим и имеет собственное лицо. Приземлились в аэропорту Кахулуи на острове Мауи, где в порту уже стоял под парами наш корабль. Самым распространенным словом было «Алоха!», означающее крайнюю степень доброжелательности, то есть «здравствуйте», «я вас люблю», «спасибо» и «до свидания» в одном выражении. Обычно оно сопровождается и подкрепляется надеванием на шею гостю венков из орхидей и выбрасыванием впред растопыренных мизинца и большого пальца правой руки – жест, по-русски означавший «выпить по маленькой». Но гавайцы пьют лишь молоко кокосов.

Обследуя остров, мы увидели невдалеке от берега цепочки фанатов сёрфинга, застывших на своих досках в ожидании знаменитой гавайской волны, а на горизонте загадочный остров Молокаи, где когда-то располагалась описанная Джеком Лондоном резервация прокажённых. Не обошлось и без личных открытий: оказалось, ананасы растут вовсе не на каких-нибудь пальмах или вообще деревьях, а всего лишь, как помидоры, на небольших кустиках. А какие благородные!

Чтобы увидеть побольше, на следующем острове Оаху взяли в аренду внедорожник и пустились в самостоятельное путешествие – по солнцу и картам. В Полинезийском центре, раскинувшемся под открытым небом, местный житель в юбке из тростника знакомил нас с историей Гавайев, Маркизских островов, Фиджи, Таити, Самоа и Тонга, имеющих общее культурное пространство. Для доходчивости он вдруг истошно закричал – мы вздрогнули, а он добродушно пояснил:

– Я сказал своей возлюбленной, которая живет напротив, что приду вовремя. Это маленькая деревня, – потом он дунул в большую ракушку, извлекая протяжный, довольно печальный звук. – А это означает, что детям пора в школу. Это большая деревня. В Полинезии учатся все, потому что в школу можно ходить босиком.

В красочном музыкальном шоу на воде участвовали студенты местного университета, приехавшие из 60 стран мира. Мы уже привыкли, что везде можно встретить наших бывших соотечественников, проживающих в Америке, Канаде или в Европе и ныне путешествующих. А здесь к нам обратился на русском языке бронзового цвета атлет в полинезийской юбке.

– Здравствуйте, добро пожаловать!

Оказалось, что Сенека, так звали нашего нового знакомого, родом из Шри Ланка. Он почти год учился в Московском автодорожном институте и даже может отличить Водный стадион от Речного вокзала. Сейчас осваивает компьютерное дело в Америке. Тесен мир!

Спускаясь с гор, попали в объятия столицы. Стекающий с предгорьев в океан Гонолулу особенно хорош ночью при освещении стационарными факелами: немного копоти, но стильно. В толпе, праздно шатающейся по самой фешенебельной части города под названием Вайкики, выделяются японцы, озабоченно снующие стайками в своих панамках и шляпках с короткими полями. Если в ресторан заходит японская молодёжная группа, то девочки и мальчики садятся за разные столы. Пользуясь послаблением налогов, последние 20 лет японцы много инвестировали в строительство на Гавайях высотных отелей и роскошных магазинов с внутренними двориками, где низвергаются водопады и шелестят пальмы.

Кульминацией нашего путешествия был Национальный парк вулканов на самом большом острове – Гавайи, давшем имя всему штату. Здесь находятся два самых активных вулкана в мире, но они «благородные» и не вызывают (пока!) массовых разрушений и жертв. Вулкан Мауна Лоа высотой около 4200 м, на счету которого 34 извержения, и сегодня жив и огнедышащ: ночью хорошо видно его раскалённое оранжевое горнило с вылетающими фонтанами красных брызг.

Другой действующий вулкан Килауэа высотой 1250 м за последние 100 лет извергался 40 раз; его лава, достигая вод океана, даже достраивает остров, добавив ему около 17 акров новой земли. Самое последнее его извержение было в 1983 г. и, признаюсь честно, от вида легковой машины, наполовину заполненной застывшей лавой, мне стало не по себе. Сейчас сеть компьютеров обсчитывает любое движение расплава из центра Земли, чтобы обезопасить жизнь 4000 людей, ежедневно прибывающих сюда, чтобы ознакомиться с этим загадочным явлением природы.

Мы вплотную подошли к краю огромного кратера, представляющего собой глубокую воронку диаметром около 1 км. Было видно, что вулкан живой, лишь задремал и дышит, выпуская через трещины в коре пары с запахом сероводорода.

К океану спускались по «свеже»-застывшему угольно-черному потоку 18-летней давности. Было полное впечатление, что ты на другой планете и как луноход обследуешь лунную поверхность, перекатываясь с одного поблескивающего на солнце валуна или глубокого кратера на другой. Время и океан превратили прибрежную лаву в черный песок, создав уникальный, но страшноватый «черный пляж». Местами сквозь застывшую лаву пробиваются чахлые побеги бледно-желтых растений, любовно обнесённые камнями для защиты от ветра. Я бы показывала эту первозданную картину школьникам как доказательство эволюции жизни на Земле.

На последнем – острове садов Кауай – у нас была еще одна приятная встреча, на сей раз запланированная. За руль нашей машины сел абориген по убеждению, гид по профессии, писатель и артист по призванию – загорелый, высокий и красивый Витя Сагаловский. Он рассказал нам историю острова, где впервые в 1778 г. высадился английский исследователь капитан Кук, и показал знаменитый, самый грандиозный на Тихом океане Большой каньон Веймеа.

От русского форта Елизаветы остались одни руины как память о секретной миссии Георга Шейфера из меховой компании на Аляске, которого русский император послал, чтобы войти в доверие к местному царьку и прибрать к рукам этот цветущий край. Наивный! Россия далеко, а американцы очень скоро дали понять незадачливому эмиссару, кто в лавке хозяин. Он был с позором выдворен, но в 1815–1864 гг. на Гавайях существовали построенные им два русских форта.

Объехав добрую половину острова, мы остановились у залива, отгороженного от океана камнями, где, надев маску, можно плавать вместе с океанскими рыбами, и они будут с удовольствием есть хлеб, тыкаясь мордой в твои ладони. Тут под пальмой и под мерный шум прибоя я попросила Виктора рассказать о себе.

Для своих 29 лет он имеет красочную биографию. Приехав в семилетнем возрасте с родителями из Киева в Америку, окончил школу в Скоки и изучал экономику в университете Лойола и историю искусств в Риме, где этот университет имеет свой кампус. Заинтересовался йогой и здоровым образом жизни, а для воплощения своих идей о рациональном питании открыл в Сан-Франциско вегетарианский ресторан «Сырой», где впервые было представлено конопляное масло как источник энергии и бодрости. Через полгода продал свою долю и отправился в Голливуд, чтобы попробовать себя в мире кино, но почувствовав, что в Лос-Анджелесе ему трудно дышать, в 1995 г. окончательно обосновался на Гавайях. Круг его интересов широк: он водит экскурсии, в том числе на велосипедах и под водой; снимает документальные и рекламные ролики, рисует, пишет музыку и исполняет свои песни. Кроме того, как кулинарный художник дает частные обеды для пропаганды здоровой еды. Он считает, что именно рациональное питание помогло ему, в общем-то неспортсмену, при посещении своих родителей в Чикаго в прошлом году показать лучшее время в городском марафоне.

Являясь энтузиастом и активным сторонником действенной охраны окружающей среды, два года назад Виктор основал фирму по исследованию и широкому внедрению конопляного масла не только для медицины и здорового питания, но и взамен бензина, что поможет сохранить уникальную экологию Гавайев в условиях туристического бума.

Виктор, Вы сказали, что оставшуюся жизнь хотели бы провести на Гавайях. Что здесь привлекает больше всего?

– На Гавайях самым важным в жизни человека являются: Бог, мана – сила, айна – земля, охана – семья, алоха – любовь. Кроме того, я ценю такие качества здешней жизни как воздух, океан, свежие фрукты и овощи, которые сам выращиваю.

А не чувствуете ли Вы себя здесь изолированным от цивилизованного мира подобно Наполеону на острове Святой Елены?

– При наличии телевидения и Интернета я чувствую себя полнокровным гражданином мира. И у нас есть очень интересное общество единомышленников, в которое входят местные писатели, художники, музыканты.

Есть ли на острове наши соотечественники?

– Русскоговорящие люди появились на острове лет 10 назад. Это 2–3 русские семьи; кто-то из них открыл магазин сувениров и матрёшек. Еврейская диаспора, насчитывающая около 200 человек, имеет более глубокие корни.

Мы арендуем помещение для синагоги и встречаемся во время еврейских праздников. Ребе приезжает из Гонолулу.

Каков примерно этнический состав вашего острова?

– Население острова в основном смешанное и составляет около 65 тысяч человек; из них 3 тысячи приходятся на главный город – Ваймея. Коренные гавайцы, христиане и частично мормоны, живут на острове около 400 лет. Сейчас их осталось всего 20 тысяч. Они продают свои земли, так как не могут платить налогов, и уезжают в Лас Вегас, чтобы работать в обслуге. Здесь живут 3 поколения японцев, которые адвокатствуют и занимаются политикой; много филиппинцев, которые ловят рыбу, китайцев – бизнесменов, португальцев – фермеров.

Когда вдыхаешь этот упоительный воздух и смотришь на цветущие поля, кажется, что вы, действительно, живёте в раю, не зная никаких проблем. Так ли это?

– Проблем много как везде: безработица, коррупция, слишком быстро всё застраивается во вред окружающей среде. Но главное – многие жители Гавайев считают незаконной аннексию и требуют самоопределения и суверенитета.

Известно, что в 1993 г. Конгресс принял, а президент Клинтон подписал закон «Извинительная резолюция», в котором США приносят извинения коренным гавайцам за поведение своих граждан и агентов, способствовавших свержению королевства Гавайи 17 января 1893 г. и лишению прав коренных гавайцев на самоопределение. В 1995 г. была публично подписана гавайская конституция. Какие требования выдвигаются сегодня?

– Существует движение за независимость Гавайев, и переговоры с Вашингтоном идут. В результате на островах образовано собственное правительство, а в школах начали изучать гавайский язык. Но борьба за свои права – процесс длительный, для этого потребуется не один десяток лет.

Вы упомянули, что здесь люди живут более 100 лет и мало бедных. Я не думаю, что в королевстве Самоа выше уровень жизни, чем в США. Так зачем возвращаться к патриархальному укладу и становиться банановой республикой?

— А что в этом плохого? Мы будем на более высоком уровне выращивать кофе, ананасы, манго, сахарный тростник, кукурузу, промышленную коноплю, которая вызревает всего за 60 дней. Разводить коров и кур. Принимать туристов. И сохранять уникальную экологию.

Мне это слегка напоминает остров Утопия. Хотя бы потому, что без мощи США имеющиеся сейчас на острове 130 полицейских не в состоянии будут обеспечивать туристам полную безопасность. И в случае отделения такой туристический поток, а вместе с ним и основной источник дохода скорее всего иссякнут. Но прекрасно, что переговорный процесс идёт мирным путем, без катаклизмов с обеих сторон. Бог в помощь!

…В последний день рано утром я сидела на палубе, наблюдая как интернациональная команда под руководством одетого в белоснежную форму офицера готовилась швартоваться к причалу. Было грустно расставаться с океаном, который оказался таким же спокойным и уравновешенным, как живущие здесь люди. Неожиданно из-за соседнего столика поднялся немолодой мужчина и, повернувшись на восток, негромко произнёс: «*God bless America!*»

Все окружающие приняли это как должное. Им понятен и близок такой патриотический порыв, с которым американцы исполняют государственной гимн, устанавливают звёздно-полосатый флаг перед своим домом и идут служить в армию. Им есть чем гордиться.

Глава 4-9. «Семеро смелых» покоряют Аляску

Не правда ли, каждый из нас, читая в детстве Джека Лондона, мечтал промчаться в собачьей упряжке по белому безмолвию или на худой конец намыть немного золотишка, холодящего ладонь и приятно оттягивающего карман?

Уверенные, что все мечты когда-нибудь сбываются, «семеро смелых», или скорее не в меру любознательных, прибыли в Анкоридж, самый крупный город Аляски (он же «северная Ривьера») и, загрузившись в просторный внедорожник, отправились в «кругосветку» по центральной части штата через центр золотоискательства и нефтедобычи Фербэнкс и рыбацкий Сиворд.

Погода была великолепная, дороги отменные, а перевалы через горные хребты отличались только большим количеством смотровых площадок.

При территории более 1,5 миллиона квадратных километров и населении всего 600 тысяч человек даже небольшие города имеют ту же инфраструктуру, что крупные мегаполисы, те же привычные фирменные символы – *MacDonalds, Wal-mart, Shell, Fargo.* То есть за 137 лет владения этим суровым краем американцы хорошо обустроили его, живут достойно, любят эту землю, гордятся ею и радушно принимают гостей, чтобы показать истинную красоту мироздания.

Здесь поражает воображение многое. Прежде всего необъятные просторы и девственная природа. Будто новая планета на седьмой день существования. Стройные хвойные леса, инкрустированные голубыми озерами, постепенно сменяются одинокими островерхими елями, которые, как стоящие навытяжку солдаты, знаменуют переход тайги в болотисто-зеленую тундру или неприступные горы с их вечно белеющими ледниками. Здесь все красиво, гармонично, законченно. Природа – главное богатство края – сохраняется и приумножается.

Национальный парк Денали является жемчужиной Аляски, где дикая природа представлена во всей своей дикой первозданности. Кадры старой кинохроники рассказывают о том, как три миловидные американки в легкомысленных шляпках впервые отправились в путешествие по этим местам, где встреча с медведем-гризли или стаей волков обычна и непредсказуема. А в 1908 г. натуралист и охотник Чарльз Шелдон провел зиму на реке Токлат и, «заболев» этими необыкновенной красоты местами, 9 лет работал над тем, чтобы в 1917 г. по указанию президента Вудро Вилсона здесь был создан национальный парк, который раскинулся сегодня на 6 миллионов акров и является самой большой защищаемой экосистемой в мире.

На территории заповедника находится самая высокая гора Северной Америки – шеститысячник Маккинли, который почти всегда как белой мантией окутан облаками, что не мешает людям со всего мира приезжать сюда, чтобы полюбоваться ею. Более 1000 человек в год поднимаются на ее вершину, а остальные почитатели с расстояния в десятки километров, настроив объективы, часами ждут того момента, когда это таинственное создание скинет с себя вуаль из туч и туманов. Поддавшись общему ажиотажу, мы тоже в погоне за «синей птицей» два дня колесили вокруг, не сводя глаз с темных хребтов, за которыми поднимались снежные вершины, но... самая высокая из них не желала обнажаться. И только когда, потеряв надежду, мы покидали этот загадочный край, она вдруг предстала во всей красе, с мощными голубоватыми ледниками и отточенными ветрами острыми скальными обрывами, за которые цеплялись нежные облачка. И через несколько мгновений снова затянулась молочной пеленой, оставив треугольную вершину парить в воздухе. Нам повезло!

Повезло и во время общего тура по заповеднику, когда прямо из-под колес выскакивали куропатки, на склонах временами появлялись дикие лоси и карибу – северные олени с длинными ветвистыми рогами, а совсем близко у дороги пасся, как дойная корова на выгоне, огромный медведь, пожирая клыкастой пастью тонны черники. Узнали, что в последний месяц короткого лета перед тем, как залечь в берлогу, медведи таким образом нагуливают жир, который спасает их лютой зимой от холода и голода.

С братьями нашими меньшими были и более близкие встречи. Одной белой ночью мы решили перед сном прогуляться по берегу горной речки. Неожиданно на краю хайвэя увидели рыжеватую, с черными лапами лису, которая в упор смотрела на нас. Она сидела, лапой прижав к земле еще трепещущую утку и, видимо, пережидала поток машин. Ее почти человеческий взгляд соединял настороженность, холодную расчетливость и полное презрение к опасности. Мы пожалели, что не прихватили с собой фотоаппарат, а она, зажав в зубах жертву, трусцой пересекла шоссе и скрылась в лесу.

Другая встреча была грустной. Мы вспугнули бобра, который, неуклюже переваливаясь, медленно и как-то нехотя ушел с дороги. И тогда мы поняли, что он приходил прощаться со своей безжизненно лежащей подругой, нещадно сбитой проезжим лихачом...

На протяжении всего пути мы встречали многих людей, живущих там или путешествующих, и все они были едины в выражении восторга и преклонения перед природой и сохраняющими ее людьми. На мой вопрос, нравится ли ему Аляска, студент из Санкт-Петербурга ответил:

– Не права была Екатерина, нельзя было продавать такую землю.

Ответ не удивителен и потому, что земля волшебная, и потому, что мало кто знает, что на самом деле купля-продажа Аляски состоялась гораздо позже – в 1867 г., при царе Александре Втором, которого многие историки за это называли «разбазаривателем земель русских».

Так почему была продана Русская Америка? Главными причинами была нехватка средств в государственной казне после Крымской войны и опасение, что «не продашь – возьмут даром». Еще на памяти была сделка молодых и экспансивных Северо-Американских Штатов с ослабевшим в боях Наполеоном, продавшим огромную территорию Луизианы за 15 долларов.

Решение россияне обдумывали более десяти лет. Отношения двух стран тогда были дружественными – никакой видимой угрозы кроме потенциальной. Однако учитывали уязвимость колонии, невозможность защитить ее от индейцев, подстрекаемых английскими и американскими торговцами, от международных китобоев, флибустьеров и золотоискателей. Признание собственной слабости было нелегким, и сделку готовили в большой тайне. Русская сторона хотела «5 миллионов, не меньше»; американцы же дали за «ящик со льдом», каковым представлялась тогда Аляска, 7 миллионов 200 тысяч долларов, причем нехотя, за взятки, которые раздавала русская сторона, опасаясь, что сделка не состоится.

Российский флаг был спущен, а американский поднят в административном центре Ситка как известие о том, что территория Аляски добровольно передана Россией под юрисдикцию США.

И сразу о ней забыли, а вспомнили лишь через 30 лет, когда страну охватила «золотая лихорадка» и тысячи людей двинулись туда на поиски счастья и богатства.

Но «русский след» на Аляске присутствует и бережно сохраняется. В 1962 г. была построена новая церковь с луковичными куполами, где в 1994 г. пышно отпраздновали 200-летие православия в Америке. Церковь ведет активную жизнь и поныне – мы присутствовали при заключительной части конференции слетевшихся сюда со всего мира православных священнослужителей, которые вышли на зеленую лужайку, охотно позируя телевизионщикам и репортерам.

Знаете, какие отличительные символы этого штата-заповедника? – белая куропатка, голубая незабудка и седая ситкинская ель. Поэтично и мирно. В памяти остаются картины, как идем мы по леднику, обходя длинные узкие трещины, в синей глубине которых плещется озерцо. Или вот река Маккинли, вторая после Миссисипи самая длинная в Америке, текущая по широкой каменистой долине, проложенной для нее сползшим когда-то с гор ледником. Под ее ложем – вечная мерзлота, и вода растекается сотнями рукавов и ручейков подобно переплетению корней гигантского дерева. Есть даже шутка: когда в этой реке воды бывает от берега до берега? Ответ – никогда!

В прелестном морском Сиворде мы попали на открытие дерби по отлову окольцованных серебристых лососей. Такие соревнования проводятся последние 50 лет ежегодно в течение 2-х недель, после чего на торжественной, почти «оскаровской» церемонии победителям вручают 50 премий, учрежденных разными организациями за самые крупные окольцованные рыбины, за необычных рыб, за самые большие из пойманных с яхты, с лодки, юными рыболовами и даже за рисунок, посвященный этому событию.

Неудивительно, что уже задолго сюда съехались рыболовы со всей страны, раскинув вдоль побережья, где развернутся будущие рыбацкие страсти, свои палаточные городки. Это, конечно, не «золотая лихорадка», но в этих играх обычно принимают участие более 12 тысяч любителей.

Была пятница, теплый летний вечер. В городе царило необычайное оживление. Заполнялись гостиницы, на стоянках трудно было найти свободное место. В приморских ресторанах под открытым небом молодые ребята с длинными ножами движениями фокусников разделывали гигантских лососей и кидали аппетитные куски на раскаленные угли. Отведав дары океана, в приподнятом настроении вновь прибывшие шумно отправлялись в «Дом рыбака» покупать билеты участников дерби.

Купили билет и мы. Назавтра на 5.30 утра была назначена регистрация участников; начинать лов можно только в 6.00 утра, после ружейного выстрела. Мы поставили будильник.

Однако утро не порадовало: темно, холодно, туман, ни зги не видно. Вылезать из теплой постели не хотелось.

А на набережной уже толпились участники, бойко компостируя билеты. Выстрел прозвучал отдаленно, и в тот же момент рыбаки вошли в воду, балансируя на скользких валунах, а из гавани, как призраки, растворяясь в тумане, один за другим потянулись, перекликаясь гудками, катера, боты и яхты. Охота началась.

Недалеко от нас расположился приветливый, средних лет мужчина, в высоких, до пояса, резиновых сапогах и мягкой фетровой шляпе. Когда первый порыв по-быстрому сорвать банк прошел и все поняли, что в такое утро рыбе тоже не очень хочется просыпаться, он подошел и представился.

– Вы профессиональный рыбак? – спрашиваю.

– Профессионалы только банки грабят, – отшутился он.

И все-таки дал кучу ценных советов и подарил специальные крючки для ловли лосося, посочувствовав, что нам надо уезжать, а клёва нет и в такой туман не предвидится. Сам он влюблен в Аляску, потому и живет здесь уже 30 лет, а семья в Вирджинии. Еще он рассказал о русской женщине, которая, приехав сюда, взяла кредит, построила небольшое суденышко и выходила в открытое море. Сейчас у нее целая рыболовецкая флотилия и десяток работающих на нее мужиков.

Думаю, это не рыбацкая байка, а продолжение рассказов Джека Лондона о мужестве и бесстрашии женщины на Аляске, которая может и дом построить, и отбить мужа из лап медведя. Нам тоже встречались женщины не из робких. Одна, например, выращивает и тренирует собак, а чтобы показать товар лицом, вихрем носится на средней величины тракторе, впряженном в упряжку из десятка северных лаек. В Фербэнксе мы видели женщину, которая 30 лет проработала на золотых приисках, а после, когда большинство из них, истощившись, закрылось, превратила одну из шахт в природный музей «золотой лихорадки», где мы собственными руками отмывали золотоносную породу и радовались, как дети, когда на дне лотка заблестели, переливаясь, чешуйки драгоценного металла.

Встречали мы и представителей современной «русской Америки», которых, как говорят, в Анкоридже уже треть. На центральной площади в просторной лавочке молодая женщина продавала русские сувениры – матрешки, расшитые фартуки и иконы. Я спросила, как идет торговля, кто покупатели и вообще как живется-можется.

– Покупают православные индейцы и эскимосы, а главное – тысячи туристов из всех стран. Три летних месяца я торгую, зимой езжу в Москву за новой партией товара. Там все по-прежнему: палехскую брошку вывозить нельзя – замочек у нее металлический. Не позволим разворовывать Россию, говорят! Иными словами, раскошеливайся, бабка! На Аляске живу уже 10 лет и никуда отсюда не уеду. Красота-то здесь какая! Наш дом стоит у ручья, где рыба водится, в гости рысь заглядывает, недавно медведь повадился. Звоню в полицию, говорю, что боюсь детей на *бэкъярде* оставить. Они спрашивают:

– А что он сейчас делает?

– Да вот уже собачью конуру ломает.

– Вот когда он в дом войдет, тогда и звоните.

В парке у озера большая русская семья пригласила к столу на вареники с картошкой и жареным луком, да и огурчики-помидорчики только с грядки. Наперебой рассказывали, что приехали из Хабаровска, потому как криминал там невозможный. Молодым людям, которые из Владивостока и Магадана по обмену приезжают учиться в университеты Аляски, легко дают рабочие визы. Американцы удивляются, как быстро русские здесь осваиваются. Вот они, поймав лосося, икру выбрасывают, а старообрядцы такое производство наладили, на всю страну!

Заключительным крещендо-аккордом была поездка на пароходике по заливу. Гряда крошечных, будто нарочно рассыпанных, каменистых островков с бархатными шапками зеленого леса; узкие фьорды, врезающиеся в мрачную готику скал, снежные горы вдалеке и яркое солнце над голубым океаном. *Парадайз*, и только! И среди всего этого великолепия то кит взмахнет своим трехлопастным хвостом, то морские львы затеют игры или среди птичьего базара откроется вдруг лежбище котиков.

– *Watch 3 o'clock!* – крикнет в микрофон капитан, и все пассажиры, вооруженные мыслимой и немыслимой оптической техникой, бросаются на правый борт, чтобы увековечить смешную усатую нерпу. Особенно восторженны тинэйджеры, в волнении бегающие с кормы на нос и обратно, боясь пропустить самое интересное. Может быть, с детства привитая родителями любовь к природе приучит их поуменьшить скорость, проезжая по сельским дорогам?

И, наконец, падающий в океан ледник. Пароходики, катера и смельчаки на каяках – все замирают в ожидании зрелища. И как в театре, сначала прелюдией раздаются звуки далекой канонады, потом отдельные пушечные выстрелы и... взрыв! – снежная лавина стеной рушится в воду, чтобы в следующую минуту всплыть белоснежными айсбергами.

Заслышав русскую речь, к нам подошел пожилой бывший кинодокументалист из Нью-Йорка, приехавший сюда ребенком и работавший в области истории и этнографии США. Он, как и мы, покорен Аляской и ее людьми и сожалеет, что уже не может рассказать о них киноязыком. «За такую красоту надо бороться», – сказал он.

Уезжали мы уверенными, что этой земле повезло – она попала в хорошие руки.

Глава 4-10. Солнечная Флорида

4-10-1. Новый год с океаном!

Кто из нас не мечтал на Новый год оказаться на берегу океана, чтобы после двенадцатого удара неумолимых часов и третьей рюмки тигром броситься в его прохладные объятья под вкрадчивый рокот прилива? И самые неугомонные осуществили свою мечту, сбежав от городской суеты и одиночества на юг, к солнцу и теплу. А я еду, а я еду за туманом, за мечтами и за запахом тайги... Никогда бы не подумала, что во Флориде такие прекрасные хвойные леса.

А имя чародея, подарившего нам на несколько дней целый океан с истошными криками чаек, стонами белогребешковых волн и лунной дорожкой по ночам, – Феликс Нитис, вместе со своей женой и боевой подругой Олей Петровой понимающий толк в новогодних подарках. И в новогоднем банкете с сюрпризами тоже.

Феликс одним из первых основал в Чикаго свое туристическое агентство: более 30 длинных и коротких туров, которые постоянно обновляются и усовершенствуются, чему немало способствуют его эрудиция и неуемная энергия, а также уместная критика постоянного оппонента Оли.

Феликс жил в жемчужной Одессе, впитывая ее запахи и неповторимый юмор, учил детей русскому языку и литературе в сельской школе, отслужил в армии, куда пошел добровольно. Вернувшись в Одессу, преподавал во французской спецшколе, когда в 1980 г. родители решили уехать в Америку. Им отказали, но Феликса тут же уволили, на школьном партсобрании за него заступились... дети: «Наш Феликс Михайлович – не предатель Родины!»

На работу не брали, и он работал на Одесской киностудии «негром», переписывая сценарии фильмов в угоду постановщикам. А потом произошло чудо: он – отказник – попал в Киев на закрытый факультет Партшколы по подготовке первых в Союзе специалистов по рекламе и через год получил диплом и прекрасную работу на Одесской киностудии, которая заключалась в просмотре самых последних фильмов, их творческом обмене с другими киностудиями и широкой рекламе самых интересных. Так что пришедшее через 8 лет долгожданное разрешение на выезд застало Феликса врасплох: ехать – не ехать. Он думал 24 часа. Помогли стихи Редьярда Киплинга:

И если ты способен все, что стало
Тебе привычным, – выложить на стол,
Все проиграть и все начать сначала,
Не пожалев того, что приобрел...
И если будешь мерить расстоянье
Секундами, пускаясь в дальний бег, –
Земля – твоё, мой мальчик, достоянье!
И более того, ты – человек!

И еще очень хотелось посмотреть мир. Проведенные в Австрии 8 месяцев и затем 6 месяцев в Италии вдохновили: Феликс взял в руки микрофон и начал рассказывать любознательным русскоязычным группам о стране Данте и Леонардо да Винчи.

В Америке он – свободный человек! – работал в Голливуде, увлекся «квадратными танцами» (на фестивалях среди 3–4 тысяч участников он был единственным русским, на него приходили посмотреть), преподавал, в общем, порхал, и за этим приятным занятием его нашли туристы, которых он водил по Италии, и уговорили снова взять в руки микрофон.

А наши люди с удовольствием ездят по стране, открывая для себя неизведанное, смотрят, спрашивают, возвращаются вновь. И очень много приезжает русскоязычных гостей из разных стран мира.

На своем туре Феликс и встретил Олю, которая родилась в Башкирии, в семье геологов, после окончания Свердловского юридического института работала юрисконсультом на комбинате и случайно (кто-то заболел) попала в Чикаго – на трехнедельные курсы по менеджменту и праву. Можно себе представить, каким соловьем заливался Феликс перед понравившейся ему молодой девушкой; во всяком случае через месяц после возвращения домой по первому зову она вернулась на крыльях любви, чтобы вместе с Феликсом открыть семейный бизнес, который существует уже 18 лет.

Оба Кролики и Коты по гороскопу, они прекрасно ладят и дополняют друг друга. «Президент всегда прав!» – Оля ценит творческое начало и жизнерадостность, привносимые Феликсом в разработку любого маршрута, но при его обкатке стоит жестко, стремясь к тому, чтобы тур был логически завершенным, имел, как страсть, свою кульминацию и развязку.

Так и было построено наше девятидневное путешествие, начиная с олимпийской Атланты и посещения штаб-квартиры CNN и заканчивая незабываемой поездкой в Космический центр на мысе Канаверал, когда с помощью стереосъемок мы вместе с космонавтами вышли в открытый космос и всей кожей своей ощутили то самое парение в мировом океане над укутанной белым шлейфом облаков Землей-матушкой, ради которого космические «гурманы» готовы выбрасывать миллионы!

По дороге домой, когда в голову уже лезут мысли о неотложных делах, сюрпризы не закончились: как 450 лет тому назад, по воображаемым пиратам стреляют крепостные пушки белокаменно-краснокрышего испанского города Сент-Августин и зазывает остановиться на пару деньков своими рукотворными зимними садами и венецианскими каналами Отель музыкальных звезд в музыкальной столице страны – приветливом Нешвилле.

Что касается наших путешественников, то они мужественны, пытливы и любознательны, особенно когда показывают мир детям. Например, не смирившись с тем, что из-за погодных условий отменили «самую интересную» экскурсию в Волшебное королевство Диснея, они взяли такси и до глубокой ночи самостоятельно общались с Микки-Маусом и Белоснежкой. Свободная страна!

А наши гиды как истинные педагоги потихоньку учат народ жить по-американски, наряду с обычным: туда не ходи, этого не покупай, мой руки! – в назидание рассказывая поучительные истории из своей богатой истории.

– Отъезжаем от гостиницы; в автобусе 54 человека. Через несколько минут: «Ой, забыла кошелек!» Шофер маневрирует, разворачивается. Возвращаемся, обыскиваем номер. Тщетно. Трогаемся в скорбном молчании. Через несколько минут: «Ой, нашелся. В куртке!» Другая женщина через 4 дня вспомнила, что оставила деньги... под матрацем. А то оставят чемодан на нашем паркинге и неделю не звонят. Мораль: отправляясь в вояж, всё своё носи с собой.

– Путешественнице понадобилось что-то достать из багажа. Шофер-американец, не особенно вдаваясь в суть проблемы, открыл багажное отделение, а через некоторое время поехал на заправку. Каково же было его удивление, когда снова открыв багажник, увидел там перепуганную женщину: «Леди, Вы здесь спали?» Мораль: вы – не багаж, чтобы сдавать себя в камеру хранения.

Феликс по натуре коллекционер; коллекционирует книги, женщин, оружие, скульптуру, маски... и смешные выражения:

– Здесь картошка и та на валюту!

– У вас сегодня конфеты на сале (*сейле*)?

Единственно, с чем я не согласилась, это утверждение, что неважно, правильно ли говорят люди; главное – чтобы они понимали друг друга. Ведь народная речь, как речная вода, вкусна и живительна. Что может быть напевнее и образнее, чем согласительное:

– Океюшки!

Мне тоже нравится сочный и богатый язык, но, как говорят англичане, *good English is good English* – с грамотным человеком легче и приятнее общаться. А потому знания, которые Феликс и Оля самоотверженно несут людям, дело нужное и полезное. И надо будет пару месяцев посидеть дома, чтобы освоить полученную информацию и уложить в памяти впечатления от увиденного. Успехов вам!

4-10-2. Майами – город будущего

А если хотите представить себе город будущего, отправляйтесь в Майами, быстрорастущую жемчужину Южной Флориды. И вы почувствуете, да, мы живем уже в XXI веке, который вовсю хозяйничает на планете.

В моем представлении Майами всегда был веселым курортом, как Ялта или Сочи, где летом негде яблоку упасть, а зимой опускается долгая провинциальная спячка. В печати же его наряду с Лас-Вегасом называют не иначе, как «волшебный» или «греховный».

Если это и справедливо, то скорее для Майами-Бич, славного своими песчаными пляжами и бурной ночной жизнью. А вот деловая часть города – совсем другая, современная, и отличается четкой продуманностью, будто кто-то мудрый и заботливый привнес сюда всё рациональное, что накопило человечество за времена мирного существования.

Даунтаун расположен на берегу океана, и легкий бриз приятно освежает лицо и мысли, когда вы оказываетесь в этих гигантских каменных джунглях. Чтобы вы не чувствовали себя жалкой песчинкой, на высоте птичьего полета курсируют автоматические остекленные вагончики, в которых можно – заметьте, бесплатно! – перемещаться по городу.

Фантастические конструкции пастельных тонов на фоне морских волн и готовых к отплытию океанских лайнеров создают впечатление нереальности, особенно вечером, когда многоэтажные громады неоново мерцают, лучи прожекторов высвечивают их верхушки, а прямо перед вами разводят мост, чтобы пропустить небольшую флотилию.

В последние десятилетия мощный импульс развитию этого самого «иностранного» города Америки (население 362 тысяч, 68% говорят по-испански) дал латиноамериканский и карибский капитал, который щедрым потоком вливается в его банки, отели и кондоминиумы. Растет вполне самостоятельный район – Маленькая Гавана. Многотысячный десант богатых «русских» из России, Украины и Литвы на Рыбачий остров умело поддерживается открытой в 2006 г. беспосадочной авиалинией Москва-Майами.

За развлечениями все отправляются в Майами-Бич, где вдоль океана тянется широкий дощатый настил с перилами, скамейками и навесами для тени, по которому днем и ночью идут, бегут, гуляют люди, а ездить на велосипедах разрешено лишь полицейским. В отличие от медленной нарядной толпы, дефилирующей по набережным Ниццы и Ялты, здесь царит спортивный дух и едва ли встретишь «даму с собачкой»: не только потому, что «*no pets*», – настрой другой. Не пустует и окруженный развевающимися радужными флагами вполне обыденный здесь «семейный» пляж для нетрадиционалов.

На Южном берегу в районе *Art Deco* царит атмосфера вечного праздника: светятся рестораны и ночные клубы с танцующими на столах юными девами; художественные галереи привлекают внимание модерн-шедеврами. Здесь на лестнице у входа в свой салон был убит итальянский дизайнер Версаче. Перед другим вальяжная публика утонула в мягких креслах, потягивая ледяные «дринки» и лениво участвуя в аукционе антиквариата. На продажу выставлены бронзовые львы, римские воины, египетские фараоны и бело-мраморный Иосиф Виссарионович, в грубых сапогах, с трубкой в руке. И ведь покупают!

Сохраняемые здесь дома были построены для поднятия духа американцев во время Великой Депрессии. Название *Deco* восходит к 1901 году, когда в Париже было образовано Общество художников-декораторов, стремящихся привнести в изобразительное искусство элементы промышленных технологий. После Парижской выставки 1925 г. по всему миру появились здания в виде белого парохода с иллюминаторами и оконными козырьками или распластанного самолета, подобно клубу Русакова, построенному тогда же в Москве как дань модному конструктивизму.

В *Art Deco* представлены разные стили модерн, от «водоворотов» Art Nouveau до жестких линий кубистов, которые местные архитекторы развили в направление *Tropical Deco*, оживив холодные индустриальные изыски нежным колоритом южных морей и желто-зеленым орнаментом экзотической растительности с обязательно-розовым фламинго. Это место стало первым архитектурным ансамблем XX века, внесенным в 1979 г. в Национальный реестр исторических памятников.

В центре Майами-Бич находится один из самых впечатляющих мемориалов, посвященных Холокосту. Издалека видна выбивающаяся из-под земли гигантская зелено-бронзовая рука в окружении изможденных тел. Это единый стон боли и страданий, единый крик о помощи миллионов детей и взрослых, посланных на смерть.

Этот памятник скорби был сооружен по инициативе жителей Майами, выживших в Катастрофе и поддержанных еврейскими общинами Филадельфии, Атланты, Сан-Франциско и Детройта. Идею композиции выразил ее автор Кеннет Трейстер: «Трагедию Холокоста невозможно передать в камне и бронзе... но я попытался сделать это... Невозможно понять шесть миллионов моментов смерти... но мы все должны пытаться».

Открытие Мемориала состоялось в 1990 г. при участии Нобелевского лауреата Эли Визеля, пережившего страшные дни в фашистском концлагере и написавшего об этом книгу для будущих поколений.

Основание архитектурного ансамбля выполнено из светло-розового иерусалимского камня и будто стражами окружено полукругом черной гранитной стены, на которой высечены имена бесчисленных жертв. А вокруг как символ вечной жизни цветет сад и отражаются в воде белые лилии...

Заключительным аккордом нашего путешествия была поездка в самую южную точку штата *Key West*, где начинается главная федеральная дорога 1 US.

Но что за путешествие без приключений? Началось с того, что в городском турбюро очаровательная кубинская девушка Мария зарезервировала нам места в экскурсионном автобусе:

– В 7 утра вас подберут у гостиницы. Оплата на месте.

Утром, когда город только просыпался, мы, не дожидаясь континентального завтрака, спустились вниз, но ни в 7.20, ни в 7.40 никто нас не «подобрал». Шофер другой фирмы, забиравший соседей, был неумолим:

– Я бы с удовольствием взял вас, но скажут, что я переманиваю клиентов. *Sorry.*

Турбюро еще закрыто, никаких бумаг у нас нет, что делать? И тут кто-то вспомнил, что звонил нашей кубинке на ее «мобильник». Как в детективном кино, затаив дыхание, следили мы за телефонным дисплеем, на котором – о радость! – высветилось имя Марии. И чуть ли не сразу к подъезду подкатила машина-«перехватчик».

Оказалось, водитель туристического автобуса не знал, что нашу гостиницу недавно переименовали, и просто не нашел нас. Теперь задача состояла в том, чтобы пересечься с другим «перехватчиком», принявшим на борт в другой части города таких же «заблудших овец», чтобы потом вместе догонять экспресс.

Поколесив по оживающим улицам, вооруженные современной связью мобильные «перехватчики» встретились, мы перегрузились в машину помощнее и... погоня началась.

Горячих испанских кровей шофер Педро объявил, что дорога пойдет по островам, где живут миллионеры и нет ни трафика, ни полиции. Ранее, с катера, мы уже видели и белоснежную, словно из рафинада выпиленную виллу Мадонны, и игрушечного Шакила О‘Нила на воротах его роскошного дома. Но Педро, разговорчивому как Фидель Кастро, не терпелось поделиться информацией о жизни знаменитых; он закатывал глаза и бросал руль, возводя руки к небу; машина визжала на поворотах, сердце останавливалось.

– Этот мост заснят в двадцати кинофильмах. Именно здесь автомобиль бесстрашного Сталлоне, пробивая ограду, врезается в воду!

Я приготовилась к погружению, но Педро с сожалением сделал последний эффектный вираж и остановился у фешенебельного отеля, где наша группа приканчивала завтрак. Мы были счастливы, что все обошлось, что мы, наконец, сидим в «спокойном» комфортабельном автобусе и даже «легли на курс».

Если Венеция – город каналов, то *Florida Keys* – это цепь из 45 соединенных мостами островов, выдвинутых в океан наподобие крокодильего хвоста.

По аналогии вспомнила, как накануне мы бороздили болота в заказнике *Everglades*, распугивая игуан и крокодилов. Дикая природа впечатляет, но осталось ощущение страха и некоторого отвращения.

Совсем не то, когда вы мчитесь по мосту длиною 7 миль, а вокруг вода и ничего кроме неба, солнца и Атлантики. Стихия! Вас охватывает непередаваемое чувство восторга. Океанский простор, насквозь продуваемые морскими ветрами островные городки, узкой лентой раскинувшиеся по обеим сторонам хайвэя, притягивают, будят воображение.

На самом большом острове *Key Largo* находится государственный заповедник коралловых рифов, а в лагуне *Grassy Key* можно поплавать вместе с дельфинами. К скульптурной композиции, расположенной на обрывистом берегу пограничного *Key West*, выстраивается очередь, чтобы сфотографироваться, потому что всего в 90 милях отсюда находится Остров Свободы, и этот приятный, под пальмами, курорт уже многие десятилетия является центром иммиграции и политической активности кубинцев.

Запомнился печальный образ: старый железнодорожный мост, обрывающийся в океан. Это всё, что осталось от снесенной ураганом 1935 г. железнодорожной ветки, построенной в 1912 г. Этот мост – *The Old Seven Mile Bridge* – является историческим памятником и самым длинным на планете мостом для рыбной ловли, местом паломничества рыбаков со всего мира.

Так история вплетается в жизнь, делая нас своими очевидцами и участниками.

Глава 4-11. «Когда воротимся мы в Портлэнд, нас примет родина в объятья»

Эта волнующая пиратская песня Булата Окуджавы позвала нас в дорогу, а самолет до Портлэнда доставил в Новую Англию, в самый северо-восточный штат страны – Мейн. Правда, в песне поется о британском городе, а в США, в штате Орегон, есть еще и сухопутный Портлэнд. Но когда мы ступили на эту землю, запах океана, крик чаек, сохранившиеся укрепления военных фортов и развивающийся на мачте черный пиратский флаг напомнили о Владычице морей и влиянии Старого Света на американскую историю.

Вечерами в порту загораются таинственные огни, из каждой таверны доносится музыка, и отчаянно пахнет рыбой. В Старом городе с его невысокими, красного кирпича зданиями в викторианском стиле, построенными после пожара 1866 года, неуловимо присутствует европейский дух: мощеные булыжником улочки, газовые фонари, многочисленные банки, магазинчики и галереи, на каждом свободном пятачке и заднем дворе уютно раскинулись ресторанные столики.

Шумный портовый город со своими верфями и доками, шхунами, баркасами, яхтами и катерами вытянулся вдоль атлантического побережья. «Прекрасный город, присевший у моря», – напишет поэт Лонгфелло о родных пенатах. На горизонте рассыпаны, как грибы из корзинки, живописные Календарные острова, которых ровно 365.

Ранние поселенцы, несмотря на постоянные опустошительные набеги американских индейцев и пиратов, успешно занимались рыболовством. Благодаря их свободолюбию в 1775 г. после стычек с англичанами Портлэнд, как мудрый Колобок, сумел уйти и от могучей Великобритании, и от непомерных аппетитов Бостона, получив статус независимого города, что помогло ему стать самым крупным торговым и культурным центром на севере Новой Англии.

Штат Мейн, его называют Сосновым, – это тысячи океанских бухт и островов, падающие в море скальные обрывы, белоснежные песчаные пляжи, непроходимые леса и ласковые озера. Его жемчужиной является Национальный парк Акадия, расположенный на огромном скалистом острове *Mount Desert Island* и открытый в 1916 г. на пожертвования граждан.

Мы остановились в очаровательном городке Бар Харбор, на берегу залива Француза, чтобы побродить по лесным тропам, преодолевая себя, вскарабкаться на горные вершины и выйти в океан на каравелле под алыми парусами. Особенный вид открывается с горы Кадиллак, которая является самой высокой на атлантическом побережье к северу от Бразилии. Французский дворянин Антуан Кадиллак первым ступил на ее вершину, до того как двинуться на Средний Запад и увековечить себя в Детройте.

Если вы кому-нибудь скажете, что собрались поехать в штат Мейн, в ответ получите широкую улыбку:

– Аааа, за лобстерами?!

И действительно, этот штат снабжает ракообразным чудом всю Америку. Здешние рыбаки – а их 7 тысяч и ставят они более 3 миллионов ловушек в год! – ловят и продают примерно 55–65 миллионов фунтов своей добычи ежегодно.

Ярко-красный лобстер является символом штата: эмблемы, бренды и товарные знаки, украшения, стилизованная посуда и ресторанные вывески – на каждом углу; девочки носят на голове бархатный обруч с огромным пучеглазым чудовищем, а мальчики утопают в разноцветной татуировке на ту же тему.

Под влиянием всеобщего ажиотажа и по настоятельной рекомендации мы свернули с шоссе в поселке Трентон и подъехали к придорожному ресторанчику, рядом с которым дымилась «полевая кухня» – настоящий печной агрегат с пятью высокими трубами, в который молодой парень артистично подкидывал дровишки и из пяти клокочущих котлов с морской водой по очереди вытаскивал сетки с вареными дарами моря.

Пиво можно приносить с собой, так что многочисленная публика в ожидании заказа возбужденно галдела за длинными деревянными столами. Мы оказались рядом с семьей из Марселя, тоже славящимся своими морскими изысками, но когда перед взрослым сыном появилась тарелка с огромным животным, он беспомощно оглянулся по сторонам:

– И что с ним делать?

Но... дорога не ждет! Мы проехали через весь штат по изрезанному заливами и бухтами побережью, охраняемому прибрежными маяками, коих насчитывается более 60, начиная с первого, сооруженного здесь в 1791 г. по указанию президента Джорджа Вашингтона.

Настоящим сюрпризом был дом-музей Франклина Рузвельта на канадском острове Кампобелло, где сейчас расположен единственный национальный парк, находящийся в совместном владении США и Канады. В этих суровых местах, в родительском доме, который не сохранился, проходило детство будущего президента, здесь он учился плавать и управлять лодкой.

Новый дом постройки 1897 г. был куплен матерью президента и, как утверждают сотрудники музея, подарен ею ко дню свадьбы сына и племянницы президента Теодора Рузвельта Элеонор, так что молодая семья проводила здесь все последующие летние месяцы, здесь росли их дети.

Трехэтажный коттедж насчитывает 34 апартамента, включая отдельные комнаты для гостей, учителей и обслуги. Дом комфортабельный, однако в нем не было ни электричества, ни телефона. Использовали свечи и «лампы Аладдина», которые каждое утро на заднем дворе чистили и заправляли керосином. Питьевую воду из ближайшего родника доставляли в больших бутылях на лошади, а хозяйственную воду закачивали в резервуар на башне с помощью ветряной мельницы или, когда не было ветра, газового движка. Плиту топили углем и дровами; комнаты обогревали каминами.

Сейчас по дому экскурсий не водят, просто особо любознательные посетители задают вопросы находящимся поблизости сотрудникам музея, и они с воодушевлением рассказывают, какой умницей была Элеонор, каким красивым и спортивным был президент до того, как переохладился при купании в заливе на третий день после приезда из Нью-Йорка в 1939 г. и не смог противостоять вирусу полиомиелита. А вообще он выкуривал по 3 пачки папирос в день, а в остальное время не расставался с любимой трубкой. Стоящий рядом с нами молодой общительный канадец из Квебека, с бутылкой воды в руках, отреагировал быстро:

– Мы бы никогда в президенты такого куряку не выбрали!..

В заливе на песчаных дюнах указатель напоминает, что в этих водах плавал на лодке президент Франклин Рузвельт. На скалистом мысе у подножия маяка люди с биноклями и подзорными трубами упоенно наблюдают за игрой китов. Жизнь продолжается, а наше путешествие подходит к концу.

И уже грустно звучит в голове мелодия все той же пиратской песни «...но только в Портлэнд воротиться нам не придется никогда!..» А это очень жаль.

Пора уже в своих писаниях поставить точку, но память продолжает, как кинопроектор с бесконечной пленкой, прокручивать события, которые произошли, начиная с того дня золотой осени, когда я ступила на эту благодатную землю.

Я не знаю, к какому жанру отнести их – радостные, грустные и трагические, они составили целую жизнь. И потери... Все чаще приходится в скорбном молчании снимать перед ними шляпу. А время бежит так быстро, так безудержно...

Вступил в свои права тигровый 2010 год. Разномастные эксперты и бойкие журналисты дают страшилки-прогнозы о коллапсе в одной стране, дефолте в других и вообще о всемирном потеплении и скором конце света.

Но я люблю Америку, верю в нее и думаю, что и на этот раз она выйдет победительницей, стряхнув с себя все устаревшее и непроизводительное. Откуда такая уверенность? В своих поездках по стране я видела десятки больших и малых городов, с любовью благоустроенных, чистых и зеленых, с просторными, всегда оживленными библиотеками, концертными залами и кинотеатрами, с ухоженными национальными парками и умопомрачительными спортивными сооружениями. Люди трудятся, считая это своим долгом и предназначением. Размах благотворительности поражает. А дееспособность гражданского общества восхищает. И это исторически заложено в трудолюбивом, активном и предприимчивом народе, который привык заботиться о себе сам.

И примеров тому не счесть. Сто лет назад, в 1910 году, рядовые американцы не допустили, чтобы на вершине Медвежьей горы в штате Нью-Йорк власти построили тюрьму. Поддержанная населением, в кружевном чепчике миссис Харриман предложила создать там парк, пожертвовав на это богоугодное дело свои 10 000 акров земли и 1 миллион долларов. И сейчас здесь высятся вековые корабельные сосны, а в зоопарке здравствуют животные, которым угрожало вымирание, в том числе символ Америки – северный лысый орел.

А родителями даже по американским меркам молодого города Майами – его основали в 1896 г. вместе с железной дорогой – считают Джулию Туттл, которая в течение двадцати лет скупала окрестные земли, и Генри Флаглера, партнера Рокфеллера по нефтяному бизнесу, проложившего железнодорожную ветку по восточному побережью Северной Флориды. Джулия обратилась к Флаглеру с предложением продлить дорогу жизни на юг до Майами в обмен на часть ее земельной собственности, но магнат не заинтересовался.

Однако в дело вмешалась природа: в 1895 г. жестокий мороз уничтожил на большей части штата весь урожай цитрусовых – основу его жизни. Но не в Майами. Тогдато, как гласит предание, Джулия срезала с апельсинового дерева в своем саду на реке Майами несколько цветущих веток и послала будущему инвестору с приглашением взглянуть на это чудо собственными глазами.

Попав в настоящий тропический рай, Флаглер безоговорочно подписал договор с мудрой женщиной, и вскоре новая железная дорога дала возможность армии торговцев, рабочего и служилого люда этой глухой провинции встроиться в хозяйственную жизнь страны. Начался настоящий бум, и плоды того апельсинового дерева мы с удовольствием вкушаем сегодня.

Жизнь – это толстая или тощая, увлекательная или скучная книжица, каждую страницу которой перелистываешь и проживаешь ежедневно и самостоятельно. От тебя зависит ее жанр и идейное содержание. Девиз «На волю, в пампасы!» стар, как мир. Это стремление человека заложено в его крови. Как птенцы, оперившись и окрепнув, улетают из теплого гнезда, как дети, осмелев, покидают родительский кров, так и нормальные люди не хотят жить по чьей-то указке. Не все осознают свою несвободу, принимая за нее насиженное болотце, и далеко не каждому удается выбраться из его засасывающей трясины. Для мыслящего же человека наряду с жизнью и любовью самое главное – это стремление к свободе. Нельзя привыкать к несвободе. Каждый человек может и обязан найти собственный путь, чтобы обрести в душе своей подлинную свободу, когда он может жить в согласии со своей совестью.

Вместе со всей прогрессивной Америкой я радовалась избранию первого чернокожего президента как символу того, что постепенно расизм в этой стране уходит в прошлое. Но сейчас я с нетерпением жду ближайших парламентских выборов, чтобы отдать свой голос республиканцам. Почему? Потому что мне не нравится, что Демократическая партия становится полновластной хозяйкой не только в Белом доме, но и на Капитолийском холме, бесцеремонно покупая голоса и выкручивая конгрессменам руки подобно знакомым нам Салтычихе или мадам КПСС. И превращая тем самым демократию в свою противоположность. Мне не нравится, что демократическое правительство, раздуваясь по известному закону Паркинсона, вмешивается во все житейские дела, желая самолично контролировать всё – от квот на выброс в атмосферу до здравоохранения, которое они за счет налогоплательщиков хотят сделать государственным.

Свободолюбивые американцы не хотят, чтобы их насильно загоняли в счастье, вводя обязательное медицинское страхование; они сами могут решить, нужно ли им это. Поэтому необходима альтернатива, баланс мнений, который не даст какой-то группе населения диктовать условия всей стране. Мы помним, к чему привело стремление согласовывать на федеральном уровне всё и вся, вплоть до рецептов пирожных (тех самых, прибалтийских).

И еще мне не нравится получившая в последние годы бешеное распространение безоглядная политкорректность, доведенная левыми до абсурда.

– Политическая корректность убивает нашу страну, – сказал один телеведущий по поводу того, что трем коммандос, тайно захватившим одного из самых разыскиваемых террористов Ирака, который руководил убийством и расчленением (!) четырех американцев, грозит уголовное обвинение за... разбитую губу убийцы. Заметьте, «морские котики» его не убили – хотя могли; не изуродовали – хотя, наверное, очень хотелось отомстить за трагически погибших товарищей, а доставили в Зеленую зону и затем передали иракцам, тут же выпустившим его на волю.

При Обаме даже произносить слово «террорист» нельзя: расстрел 11 американцев на военной базе Форт-Худ теперь называется «трагедия, совершенная руками человека». Мертвым не больно!

А человек ли этот ублюдок, хладнокровно расстрелявший 11 своих товарищей? Согласно пресловутой политкорректности этим отморозкам предоставляют все гражданские права, в том числе возможность высказать в суде свои взгляды, чтобы – не дай Бог! – не обидеть стоящий за ними исламофашизм. И, наоборот, достаточно расквашенной губы этого мракобеса, чтобы его охранник попал под трибунал.

Нашим политкорректным властям неведомы слова Чернышевского о том, что жертва – это сапоги всмятку. Они готовы жертвовать военнослужащими, чтобы ублажить смертельных врагов и чтобы остальной мир о них думал хорошо. Им невдомек, что мир смеется только над слабыми и колеблющимися, над сильными не посмеёшься. А они не смеют отдать под суд террориста с руками по локоть в крови, и американский суд никогда не посмеет приговорить его к смерти – в назидание другим «воинам Аллаха». Террориста будут годами переводить из одной тюрьмы в другую и вполне комфортно содержать на деньги налогоплательщиков, благо это создает дополнительные рабочие места.

Таковы парадоксы демократии и, как известно, ничего лучшего человечество пока не придумало.

Но пока телеведущий в открытом эфире может усомниться в правильности действий властей, пока у нас выборы свободные и результаты не подтасовывают, мы должны – в рамках закона! – отстаивать свою жизненную позицию. Если не мы, то кто?

Мы хорошо знаем, что такое фашизм и можно ли о чем-либо договариваться с фашистами. А потому через своих депутатов мы должны убедить нашего вальяжного президента не благодушествовать, а мужественно посмотреть правде в глаза и за бойней в Форт-Худ, за многочисленными попытками взорвать гражданские самолеты, за проповедями имамов в американских мечетях увидеть звериный оскал исламофашизма.

Мы должны убедить законодателей, что Соединенным Штатам ни при каких условиях не следует бросать на произвол судьбы своего верного друга и союзника Израиль, находящегося, говоря пафосно, на переднем крае усиливающейся битвы цивилизаций, ибо без нашей финансовой, военной, дипломатической помощи и моральной поддержки ему в окружении мусульманских фанатиков будет худо.

В то же время, помогая другу, не очень благородно требовать от него всеобщего подчинения, ведь Израиль не американская колония или протекторат, а демократическое государство, независимость которого народ Израиля завоевал кровью и за нее идет на бой каждый день из всех 60 лет своего существования.

Америка – это саморегулируемый живой поток, неуклонно движущийся в будущее. И я, как большинство моих соотечественников, горжусь своей страной. Только Амсрика способна предотвратить хаос на Земле и в космосе. Только Америка может в трудную минуту протянуть щедрую руку помощи странам и целым континентам, как сегодня народу Гаити, пострадавшему от ужасного землетрясения; явить пример землянам, как жить мирно в многонациональном доме.

И еще я горжусь тем, что наши дети заняли достойное место в созидательной жизни этой прекрасной страны, став ее равноправными и законопослушными гражданами. Нам же, старшему поколению, выпал редкий шанс прожить две жизни, каждая из которых была непростой, но захватывающе интересной. А вот умереть хотелось бы все-таки в свободной стране.

God bless America!

Именной указатель

Наталия Шур

ЗА СВОБОДОЙ
ИЗ ЖИЗНИ ОДНОЙ РУССКОЯЗЫЧНОЙ ОБЩИНЫ В АМЕРИКЕ

Текст печатается в авторской редакции

Формат 60x90/16. Бумага офсетная
Печать офсетная. Печ. л. 31,5 + 1,5 вкл.
Подписано в печать 02.06.2010
Заказ №

Отпечатано в ППП «Типография «Наука»
121099, Москва, Шубинский пер., 6